BIBLIOTHÈQUE LATINE-FRANÇAISE

ŒUVRES COMPLÈTES

DE

VALÈRE MAXIME

TRADUCTION FRANÇAISE

DE

C. A. F. FRÉMION

Nouvelle édition, revue avec le plus grand soin

PAR

M. PAUL CHARPENTIER

TOME PREMIER

PARIS

GARNIER FRÈRES, LIBRAIRES-ÉDITEURS

6, RUE DES SAINTS-PÈRES, ET PALAIS-ROYAL, 215

BIBLIOTHÈQUE LATINE-FRANÇAISE

37

ŒUVRES COMPLÈTES

DE

VALÈRE MAXIME

I

PARIS — IMPRIMERIE ÉDOUARD BLOT
rue Saint-Louis, 46, au Marais

ŒUVRES COMPLÈTES

DE

VALÈRE MAXIME

TRADUCTION FRANÇAISE

DE

C. A. F. FRÉMION

Nouvelle édition, revue avec le plus grand soin

PAR

M. PAUL CHARPENTIER

TOME PREMIER

PARIS

GARNIER FRÈRES, LIBRAIRES-ÉDITEURS

6, RUE DES SAINTS-PÈRES, ET PALAIS-ROYAL, 215

1864

PRÉFACE

On sait combien fut rapide, à partir d'Auguste, le déclin de la littérature latine : trois ou quatre auteurs, dont un seul est supérieur, voilà tout ce que nous offre le règne de Tibère. Comment expliquer une telle stérilité, après cette moisson si brillante de l'âge d'or des lettres romaines? Auguste, en supprimant la liberté, avait, il est vrai, tari la source la plus abondante de l'éloquence; mais à cette perte il y avait eu de nombreuses et magnifiques compensations. La poésie donna Virgile et Horace, Tibulle et Ovide; Tite-Live, s'inspirant des souvenirs encore si vifs de la république, trouva, pour les peindre, une émotion éloquente et les plus riches couleurs. Cette fécondité et cette grandeur de la littérature romaine, au siècle d'Auguste, s'expliquent, je le sais, par l'heureuse rencontre des grands esprits qui parurent alors; mais le caractère particulier et l'habile politique de ce prince y furent aussi pour beaucoup. Auguste, si je puis ainsi parler, inaugura l'empire, plutôt qu'il ne l'exerça. De la république, il conserva presque toutes les formes et laissa subsister quelques vestiges de liberté : sous lui, nous dit Sénèque, on pouvait encore parler sans péril. Outre cette tolérance, qui seule aurait pu suffire à soutenir les lettres, Auguste avait pour elles des encouragements qui les devaient inspirer, et des attentions qui les ennoblissaient ; il ne les récompensait pas seulement avec une grande libéralité, il les honorait de son amitié, jaloux d'obtenir la louange d'Horace, et indulgent aux souvenirs pompéiens de Tite-Live. Tel fut Auguste, à l'égard des lettres, au moins dans la première partie de son règne : dans ses dernières années, il leur fut beaucoup moins bienveillant. D'où vint ce changement ? qui rendit ainsi Auguste différent de lui-même, et lui inspira un esprit si contraire à sa première et sage politique ? Il se passa alors quelque chose de semblable à ce que l'on vit sur la fin du règne de Louis XIV : sous le gouvernement officiel et apparent, il y eut un gouvernement secret, une influence maligne ; à côté d'Auguste il y eut Livie, comme madame de Maintenon à côté de Louis XIV ; mais Livie, plus ambitieuse, plus hardie, et avec des projets tout autrement vastes que n'étaient les pensées de madame de Maintenon : pour Livie, en effet, il ne s'agissait de rien moins que de préparer l'élévation de son fils à l'empire sur les ruines de la famille d'Auguste ; faire de Tibère le successeur d'Auguste, telle fut donc l'unique préoccupation de Livie, et tel est aussi le secret du changement qui se fit à l'égard des lettres ; ce n'est plus alors Auguste, mais Livie qui gouverne, Livie qui provoque et maintient l'exil d'Ovide; Livie, dont les conseils font porter des lois sévères contre les écrivains, entre autres, cette loi de lèse-majesté, qui devait être, sous l'empire, le principal instrument de la tyrannie : Livie par avance en armait Tibère. Deux orateurs célèbres en furent les premiers atteints, Labiénus et Cassius Sévérus. Labiénus était singulièrement éloquent; mais pauvre, mais fier, un peu âpre peut-être, il s'était fait beaucoup d'ennemis, et, si l'on ne pouvait méconnaître la puissance de son talent, on ne l'acceptait qu'à regret. Il avait composé une histoire où il parlait avec une franchise qui n'était plus de saison; en vertu de la loi sur les libelles, ses livres furent livrés aux flammes. Labiénus ne put dévorer cet outrage, et il ne voulut pas survivre à son génie. Il se fit porter et renfermer dans la sépulture de ses ancêtres, afin que la flamme, qui devait consumer les œuvres de son génie, consumât aussi son corps : mort un peu théâtrale, je l'avoue, mais généreuse après tout. Labiénus, je le veux bien encore, n'était pas d'humeur facile (on l'avait surnommé Rabiénus), mais ne punissait-on pas en lui le vieux républicain? Car, dans ces temps de servitude, ou de paix profonde, comme on disait, Labiénus avait retenu la vivacité des opinions pompéiennes.

Au moment où l'on brûlait les œuvres de Labiénus, un homme s'était écrié : « Qu'on me brûle donc aussi, car je les sais par cœur; » cet homme, c'était Cassius Sévérus. Cassius n'était pas moins illustre que Labiénus.

Il avait débuté dans les audiences du forum à l'époque où l'éloquence, qui avait répandu sur elles un si grand éclat, dégénérait sous l'influence des nouvelles institutions données aux Romains par Auguste : il y avait promptement conquis le premier rang parmi les orateurs. Incisif, mordant, fécond en saillies, en traits brillants, la contradiction lui était un aliment, la colère, une inspiration ; indépendant surtout, si, comme Labiénus, il ne cherchait point les inimitiés, il ne les redoutait pas non plus. Toutefois, malgré sa hardiesse et sa franchise, il eût peut-être fourni sans encombre sa carrière oratoire, s'il n'eût rencontré dans son chemin un favori d'Auguste, Nonnius Asprénas. Asprénas était cité devant le préteur pour un crime atroce ; on l'accusait d'avoir empoisonné cent trente convives ; l'accusateur, c'était Sévérus. Auguste, qui ne pouvait se résoudre à laisser condamner un de ses partisans les plus dévoués, vint au sénat pour assurer par sa présence l'issue favorable du jugement. Cette intervention ne fit qu'enflammer la colère de Cassius. Il s'emporta aux allusions les plus amères contre l'odieuse influence qui arrachait un tel coupable à la vengeance des lois, contre cette puissance nouvelle qui se déclarait elle-même incompatible avec la justice. Auguste dissimula ses ressentiments, et ajourna sa vengeance à une occasion plus favorable ; cette occasion ne tarda pas à se présenter. A l'appui d'une cause, digne de la corruption de ce siècle, Sévérus avait, dans un mémoire, dévoilé les turpitudes de graves personnages qui s'y trouvaient compromis et soulevé contre eux l'opinion publique : on l'attendait à cette imprudence. Accusé devant le préteur d'avoir abusé des écrits publics en faveur de ses clients, pour déchirer par des calomnies les plus illustres citoyens, il fut, en vertu d'un sénatus-consulte, relégué dans l'île de Crète. Ce n'était que le commencement de ses disgrâces. A son retour, accusé de nouveau et pour le même délit, sous le principat de Tibère, il fut déporté à Sériphe, aride rocher qui forme l'une des îles Cyclades, et finit ses jours dans la plus affreuse misère (la déportation entraînait la confiscation des biens) : Cassius avait passé successivement en exil vingt-cinq années. L'éloquence de Cassius n'était pas, je le crois, non plus que celle de Labiénus, sans âpreté et sans violence, mais la persistance que le tribunal des centumvirs mettait à absoudre ceux qu'il accusait prouve assez qu'il n'attaquait pas les ennemis du prince.

Telle fut, dans les dernières années d'Auguste et au commencement du règne de Tibère, la condition faite à l'éloquence : on conçoit que les lettres en aient été effrayées. Tibère cependant, semblait leur promettre de meilleurs jours. Il cultiva avec ardeur, dit Suétone, les lettres grecques et latines; en fait d'éloquence, il prit pour modèle Messala Corvinus, que dans sa jeunesse il avait pratiqué. Tacite vante l'art avec lequel il savait peser et choisir ses expressions : il défendit plus d'une fois, avec l'agrément d'Auguste, des causes civiles importantes. Tibère pouvait donc mieux faire espérer que ce qu'il donna. Mais ces nobles goûts ne tardèrent pas à se démentir, comme ces vertus civiles dont, sous Auguste, il s'était fait un masque et une feinte popularité. La littérature ne s'y trompa pas, et c'est là, ce qui mieux que les raisons données par Velleius Paterculus, me semble en expliquer la prompte décadence. Les écrivains de ce temps sont sous l'impression de la crainte. Si, comme Phèdre, ils sont d'un esprit inquiet et timoré, ils se réfugient dans l'apologue, et attendent, pour publier leurs ouvrages que la tyrannie ait passé. Plus avisés, sinon plus hardis, ils ne se sauvent de la crainte que par l'adulation : ainsi font Velléius Paterculus et Valère Maxime. On connaît les louanges que Velléius a prodiguées à Tibère; Valère Maxime n'en est pas plus avare : sa dédicace ne fait pas plus d'honneur à son goût qu'à son indépendance. On est confondu, en la lisant, du degré de bassesse où est déjà arrivée la flatterie. Rome n'en est qu'à son second maître, et ce maître, ce n'est déjà plus un mortel, c'est un dieu ; on l'adore, on le met au nombre des immortels et au-dessus des astres divins. Les Césars ne veillent pas seulement sur le monde, ils règnent dans l'Olympe : effet déplorable du despotisme de corrompre ainsi la nature humaine en même temps qu'il ravalait la divinité ! On a besoin, pour pardonner à Valère Maxime cet excès d'adulation, de se rappeler que plus tard il parlera de Cicéron, non pour louer son talent, son éloquence, son amour du bien public ; mais pour flétrir son assassin du nom de monstre : franchise qui, sous un fils adoptif d'Auguste, n'était pas sans danger; car le premier assassin de Cicéron n'était pas, on le savait, celui qui lui trancha la tête, mais l'ingrat qui eut l'indignité de le livrer à son plus cruel ennemi, à Marc-Antoine.

Nous avons vu dans quelles conditions peu favorables et sous quelles préoccupations de crainte ou de flatterie écrivaient les auteurs du temps de Tibère; peut-être faut-il expliquer par là le peu d'intérêt que les contemporains prenaient à leurs ouvrages, du moins si l'on en juge par les rares renseignements que nous possédons sur eux. Que savons-nous de Phèdre? Et sur Velléius Paterculus, sur Valère Maxime, que d'incertitudes et de lacunes! Valère Maxime nous donne cependant, çà et là dans son ouvrage, quelques détails sur lui-même.

Descendait-il de l'illustre maison des Fabius Maximus, ou, ce qui est plus vraisemblable, était-il d'une naissance inférieure? Il est difficile de le dire ; nous savons seulement qu'il vivait sous Tibère. Ami de Sextus Pompée, qui le premier, en qualité de consul, prêta serment de fidélité à Tibère, et qui, pour cette raison, fut toujours chéri de ce prince, il l'accompagna dans un voyage d'Asie; il rend, dans son ouvrage, hommage à la mémoire de Sextus, dont la bienveillante protection lui a fait des envieux.

Voilà tout ce que nous savons de sa vie; quant à son livre même, nous sommes moins éclairés encore. Avons-nous son recueil tel qu'il l'avait composé lui-même ? Quelques savants soutiennent que nous en avons seulement un abrégé : cet abrégé aurait pour auteur un certain Januarius Népotianus, personnage obscur que l'on suppose avoir vécu au temps de Constantin ; ou un Jules Paris, tout aussi obscur et inconnu. Nous ne voyons dans ces hypothèses qu'une présomption et point de preuve ; jusqu'à plus amples renseignements, nous tiendrons donc l'ouvrage de Valère Maxime pour l'original même qu'il avait composé, et non pour un abrégé.

Au premier coup d'œil, cet ouvrage paraît d'une médiocre importance ; en y regardant de plus près, on y découvre, avec un intérêt réel, un grand fonds d'instruction. Valère Maxime y traite, en effet, principalement de ce qu'il y avait de capital dans la société romaine, la religion, les institutions militaires et civiles, les mœurs. Au moment où il écrivait, les vieilles coutumes romaines, les fortes disciplines de la paix comme celles de la guerre, avaient reçu de profondes atteintes ; la religion surtout. Les doctrines d'Épicure, d'un côté ; de l'autre, la corruption des mœurs, résultat inévitable des richesses qu'avait introduites dans Rome la conquête de l'univers, avaient singulièrement affaibli la foi antique et discrédité les dieux. Auguste, qui dans sa jeunesse et même dans son âge mûr ne les avait guère respectés, ces dieux, tâcha plus tard de les réhabiliter, et Horace, on le sait, lui vint en aide dans cette restauration religieuse : à l'exemple du maître, il se convertit. Il ne paraît pas que cette tentative eût eu un grand succès ; du moins, voyons-nous Tibère se plaindre de l'abandon où étaient tombées les choses de la religion. Ce prince essaya-t-il de lutter contre cette indifférence, et était-ce pour répondre à une de ses secrètes pensées que Valère Maxime rassembla tous les exemples de cette piété antique qui avait fait la vertu et la grandeur de Rome ? Je ne sais ; mais il est difficile de ne point apercevoir dans son ouvrage un dessein qui n'est pas purement littéraire. Quoi qu'il en soit, Valère Maxime paraît sincère dans ses diverses admirations pour le génie religieux, politique et guerrier de Rome. On désirerait seulement que son enthousiasme fût plus éclairé, et qu'à côté de la fidélité qui retrace avec tant d'exactitude les divers traits du caractère et du génie romain se trouvât le sens philosophique qui y découvrît et y montrât les causes de la fortune romaine. Valère Maxime n'a point cette intuition ; toutefois, il se distingue par des qualités précieuses encore, quoique moindres. Il enchaîne soigneusement entre eux, autant que faire se peut, les livres et les chapitres ; il s'attache à graduer jusqu'aux exemples d'un même chapitre : ce qui, dans la variété des sujets et des détails, fait de son recueil un ensemble bien ordonné. Il offre non-seulement sur les vertus, mais aussi sur les usages publics ou privés des Romains, les documents les plus curieux et les plus précis : cérémonies religieuses, lois qui présidaient aux mariages, explication des choses merveilleuses, notions certaines sur la jurisprudence, sur la discipline, sur l'autorité paternelle, l'ordre de juridiction des diverses charges de la république, la manière de rendre les jugements, d'exécuter les sentences, d'appliquer les peines, tous les faits enfin qui attestent la fidélité des Romains aux coutumes et aux mœurs de leurs ancêtres, et leur docilité à s'y soumettre, s'y trouvent gravés d'un burin exact et quelquefois brillant.

J'ai dit que Valère Maxime était sincère dans son admiration pour les anciennes mœurs et les vieilles institutions romaines. Une chose pourtant en pourrait faire douter, c'est la continuité même de cette admiration et l'emphase soutenue avec laquelle elle se produit : double vice qui fait ressembler son ouvrage à un panégyrique et à un traité de morale plutôt qu'à un récit historique. Je vois le même défaut dans son contemporain Velléius Paterculus, il faut donc en chercher l'explication.

Le caractère particulier de la littérature latine au siècle d'Auguste, c'est, avec l'éclat et la majesté, la simplicité, la sobriété dans l'abondance, la proportion du style au sujet, la retenue dans la force; la nuance, en un mot, et la mesure. Or, Phèdre excepté, c'est ce qui manque surtout aux écrivains du temps de Tibère : Valère Maxime, comme Velléius Paterculus, est un déclamateur : Phèdre a encore des teintes de l'âge d'or; eux, ils annoncent la décadence. D'où sont venues à la littérature latine cette emphase et cette exagération qu'elle n'avait point? Dans un déclin littéraire, on concevrait mieux une certaine faiblesse, élégante encore, que la pompe et l'affectation. Évidemment, il faut reconnaître ici l'influence de l'école espagnole, que, dans les dernières années du règne d'Auguste, Sénèque le père établit à Rome. C'est dans cette atmosphère brillante, mais factice, dans ces salles de déclamation où manquaient l'air et la lumière, dans leur voisinage du moins, que Velléius Paterculus et Valère Maxime ont probablement vécu : ils en ont été pénétrés et enivrés ; c'est ainsi qu'ils ont transporté dans leur style les habitudes de la déclamation, et dans l'histoire l'emphase du panégyrique. On rencontre souvent chez Valère Maxime, à côté d'un expression vive, énergique, hardie même, des métaphores outrées, des termes abstraits, personnifiés, des acceptions nouvelles ; on y trouve, ainsi que chez Phèdre, de ces expressions qui trahissent la décadence et appartiennent presque à la basse latinité ; c'est le genre de corruption qu'avait apporté dans la langue romaine cette multitude d'étrangers qui, déjà du temps de Cicéron, altéraient par leur mélange les teintes primitives du langage romain. Tel est donc le double caractère de Valère Maxime : l'emphase et l'absence de pureté, deux signes non trompeurs de décadence.

Malgré ces défauts, Valère Maxime est un auteur curieux à lire ; écrivain monotone dans sa pompe, c'est un historien intéressant : s'il ne pense, il fait penser : Montesquieu ne l'a pas consulté sans profit. Où Valère Maxime n'avait vu que des faits ou des usages mémorables, mais détachés les uns des autres, Montesquieu a saisi quelques-unes des causes mêmes de la grandeur des Romains ; c'est ainsi que, sous la plume du génie, les recherches de l'érudition deviennent des monuments immortels : le travail rassemble les matériaux, l'art élève l'édifice.

J.-P. Charpentier.

VALÈRE MAXIME

FAITS ET PAROLES MÉMORABLES

PRÉFACE

A L'EMPEREUR TIBÈRE

Les actions et les paroles mémorables du peuple romain et des nations étrangères sont trop disséminées dans les autres ouvrages pour qu'on puisse s'en instruire en peu de temps. Je me suis proposé d'en faire un choix, extrait des auteurs les plus célèbres, et de le publier, pour épargner de longues recherches aux lecteurs qui désirent puiser des enseignements dans l'histoire. Je n'ai pas eu l'ambition de tout embrasser : qui pourrait renfermer en quelques livres les faits de tous les âges précédents? quel homme sensé, voyant toute la suite de l'histoire, tant étrangère que nationale, traitée avec une telle supériorité par les écrivains

AD TIBERIUM CÆSAREM AUGUSTUM

PRÆFATIO

Urbis Romæ, exterarumque gentium facta simul ac dicta memoratu digna, quæ apud alios latius diffusa sunt, quam ut breviter cognosci possint, ab illustribus electa auctoribus deligere constitui, ut documenta sumere volentibus longæ inquisitionis labor absit. Nec mihi cuncta complectendi cupido incessit : quis enim omnis ævi gesta modico voluminum numero comprehenderit? aut

antérieurs, oserait se flatter d'apporter dans le même travail ou une exactitude plus scrupuleuse, ou une plus rare éloquence? Aussi, dans mon entreprise, c'est vous, aux mains de qui le suffrage unanime des hommes et des dieux a confié le gouvernement de la terre et des mers, vous, salut assuré de la patrie; c'est vous, César, dont j'invoque l'appui tutélaire! vous qui, dans votre céleste providence, encouragez avec une bonté suprême les vertus que je vais décrire, et châtiez les vices avec une égale sévérité. Si les anciens orateurs commençaient à juste titre leurs discours par une invocation à Jupiter souverainement bon, souverainement grand; si les plus excellents poëtes ont emprunté leurs débuts au souvenir de quelque divinité, je dois, dans ma faiblesse, recourir à votre auguste bienveillance, avec d'autant plus de raison que la divinité des autres dieux ne se connaît que par la pensée, au lieu que la vôtre, frappant nos sens de témoignages visibles, offre à nos regards l'aspect d'un astre semblable à ceux de votre père et de votre aïeul, astres radieux dont l'éclat a jeté sur nos cérémonies un lustre mémorable. Nous avons reçu les autres dieux; mais nous avons donné les Césars. Mon intention étant de commencer par la religion, je vais entrer en matière par un exposé sommaire de ses principes.

quis, compos mentis, domesticæ peregrinæque historiæ seriem, felici superiorum stilo conditam, vel attentiore cura, vel præstantiore facundia traditurum se speraverit? Te igitur huic cœpto, penes quem hominum deorumque consensus maris ac terræ regimen esse voluit, certissima salus patriæ, Cæsar, invoco : cujus cœlesti providentia virtutes, de quibus dicturus sum, benignissime foventur, vitia severissime vindicantur. Nam si prisci oratores ab Jove Optimo Maximo bene orsi sunt, si excellentissimi vates a numine aliquo principia traxerunt, mea parvitas eo justius ad favorem tuum decurrerit, quo cætera divinitas opinione colligitur, tua præsenti fide paterno avitoque sideri par videtur; quorum eximio fulgore multum cærimoniis nostris inclytæ claritatis accessit. Deos enim reliquos accepimus, Cæsares dedimus; et quoniam initium a cultu deorum petere in animo est, de conditione ejus summatim disseram.

FAITS ET PAROLES MÉMORABLES

LIVRE PREMIER

CHAPITRE I

DE LA RELIGION OBSERVÉE OU NÉGLIGÉE

De la Religion observée.

1. Nos ancêtres attachèrent à la science des pontifes la connaissance des cérémonies fixes et annuelles; à l'art des augures, les autorisations pour entreprendre et conduire avec succès les affaires; aux livres des devins, l'explication des oracles d'Apollon, et aux pratiques étrusques, le secret de conjurer de sinistres présages. Les usages de nos ancêtres ont encore déterminé

LIBER PRIMUS

CAPUT I

DE RELIGIONE OBSERVATA VEL NEGLECTA

De Religione observata.

1. Majores nostri statas solennesque cærimonias pontificum scientia, bene gerendarum rerum auctoritates augurum observatione, Apollinis prædictiones vatum libris, portentorum depulsiones Etrusca disciplina, explicari voluerunt. Prisco etiam instituto rebus divinis opera datur, quum aliquid commendandum

la manière de s'adresser aux dieux : on se recommande à eux par la prière ; pour leur demander une faveur, on fait un vœu ; pour s'acquitter de sa promesse, on a recours aux actions de grâces ; on consulte ou les entrailles des victimes, ou les oracles, par une offrande ; on accomplit une solennité par un sacrifice : il faut également sacrifier, pour détourner les maux dont on est menacé par des prodiges et des éclairs.

Tel fut le zèle des anciens Romains, non-seulement pour l'observation du culte, mais encore pour son agrandissement, qu'à une époque où la république était déjà parvenue à un très-haut degré de fortune et de prospérité, ils confièrent à chaque peuple de l'Étrurie, en vertu d'un sénatus-consulte, dix enfants des premières familles, pour s'instruire à leur école dans la science des choses sacrées ; et que, voulant honorer Cérès à la manière des Grecs, ils firent venir de Vélia, petite ville qui n'avait pas encore reçu le titre de cité, une prêtresse nommée Calcitana, ou, selon d'autres, Calliphenna, pour présider au culte de la déesse et le régler selon les rites anciens. (An de R. 356.) Et quoique Cérès eût dans Rome un temple magnifique, à l'époque des troubles excités par les Gracques, néanmoins, avertis par les livres Sibyllins d'apaiser l'antique Cérès, ils députèrent à Enna,

---

est, precatione ; quum exposcendum, voto ; quum solvendum, gratulatione ; quum inquirendum vel extis vel sortibus, impetrito ; quum solemni ritu peragendum, sacrificio : quo etiam ostentorum ac fulgurum denuntiationes procurantur.

Tantum autem studium antiquis non solum servandæ, sed etiam amplificandæ religionis fuit, ut florentissima tum et opulentissima civitate, decem principum filii S. C. singulis Etruriæ populis, percipiendæ sacrorum disciplinæ gratia, traderentur ; Cererique, quam more græco venerari instituerant, sacerdotem a Velia, quum id oppidum nondum civitatis nomen accepisset, Calcitanam peterent, vel, ut alii dicant, Calliphennam, ne deæ vetustis ritibus perita deesset antistes. Cujus quum in urbe pulcherrimum templum haberent, Gracchano tumultu moniti Sibyllinis libris, ut vetustissimam Cererem placarent, Ennam,

qu'ils regardaient comme le berceau de son culte, dix ambassadeurs pour obtenir sa bienveillance. (An de R. 620.)

Plus d'une fois la mère des dieux vit pareillement nos généraux, après un triomphe, aller à Pessinunte acquitter la promesse des vœux qu'ils lui avaient faits.

2. Métellus, souverain pontife, voyant Postumius, qui était à la fois consul et prêtre de Mars, disposé à partir pour faire la guerre en Afrique, ne lui permit pas de quitter son saint ministère, et, par la menace d'une amende, l'empêcha de sortir de Rome. Ainsi la religion vit fléchir devant elle le commandement suprême. On craignait que Postumius ne pût s'exposer sans danger aux hasards d'un combat, après avoir déserté le culte du dieu des batailles. (An de R. 511.)

3. S'il est beau de voir douze faisceaux céder respectueusement à la religion, il est plus beau encore d'en voir vingt-quatre se signaler en pareille occasion par la même soumission. Tibérius Gracchus, déjà arrivé dans son gouvernement, informa le collége des augures, qu'en parcourant le livre des cérémonies publiques, il avait remarqué un vice de formalité, dans la manière dont les auspices avaient été observés, lors des comices

---

quoniam sacra ejus inde orta credebant, decem viros ad eam propitiandam miserunt.

Item matri deum sæpenumero imperatores nostri, compotes victoriarum, suscepta vota Pessinuntem profecti solverunt.

2. Metellus vero, pontifex maximus, Postumium consulem, eumdemque flaminem Martialem, ad bellum gerendum Africam petentem, ne a sacris discederet, multa indicta, urbem egredi passus non est, religionique summum imperium cessit, quod tuto se Postumius Martio certamini commissurus non videbatur, cærimoniis Martis desertis.

3. Laudabile duodecim fascium religiosum obsequium; laudabilior quatuor et viginti in consimili re obedientia. A Tib. enim Graccho ad collegium augurum litteris ex provincia missis, quibus significabat, se, quum libros ad sacra populi pertinentes legeret, animadvertisse, vitio tabernaculum captum, comitiis consu-

consulaires qu'il présidait lui-même. Les augures firent à ce sujet un rapport au sénat; et, sur l'ordre de cette compagnie, C. Figulus et Scipion Nasica revinrent à Rome, le premier de la Gaule, celui-ci de la Corse, et abdiquèrent le consulat. (An de R. 591.)

4. En vertu du même principe, P. Clélius Siculus, M. Cornélius Céthégus et C. Claudius, pour avoir négligemment placé les entrailles des victimes sur les autels des dieux, se virent, à diverses époques et dans des guerres différentes, invités, et même contraints à quitter le sacerdoce. (Ans de R. 532, 543.) Sulpicius, au milieu d'un sacrifice, eut le malheur de laisser tomber son ornement de tête, et cet accident lui enleva le ministère des autels. (An de R. 532.)

5. Le cri d'une souris fut un motif suffisant pour faire abdiquer à Fabius Maximus la dictature, à Flaminius le commandement de la cavalerie. (An de R. 532.)

6. A ces exemples joignons le suivant : Une des vierges consacrées à Vesta, ayant, une nuit, gardé avec peu de vigilance le feu éternel, parut au souverain pontife P. Licinius mériter la correction des verges. (An de R. 547.)

---

laribus, quæ ipse fecisset; eaque re ab auguribus ad senatum relata, jussu ejus C. Figulus e Gallia, Scipio Nasica e Corsica Romam redierunt, e se consulatu abdicaverunt.

4. Consimili ratione P. Clælius Sicúlus, M. Cornelius Cethegus, et C. Claudius, propter exta parum curiose admota aris deorum immortalium, variis temporibus bellisque diversis flaminio abire jussi sunt, coactique etiam. At Sulpicio inter sacrificandum apex e capite prolapsus, eidem sacerdotium abstulit.

5. Occentusque soricis auditus Fabio Maximo dictaturam, C. Flaminio magisterium equitum, deponendi causam præbuit.

6. Adjiciendum his, quod P. Licinio pontifici maximo virgo Vestalis, quia quadam nocte parum diligens æterni ignis custos fuisset, digna visa est, quæ flagro admoneretur.

7. Une élève d'Émilia, la première des Vestales, ayant laissé s'éteindre le feu sacré, fut mise à l'abri de tout reproche par la puissance de Vesta. La jeune prêtresse se mit en prière, après avoir étendu sur le foyer le voile le plus précieux qu'elle possédait, et tout à coup elle vit le feu s'allumer.

8. On n'a donc pas lieu de s'étonner que les dieux aient toujours veillé avec une bonté persévérante à l'agrandissement et à la garde d'un empire qu'on voit, en matière de religion, peser si scrupuleusement les moindres circonstances. Il faut se persuader que notre patrie ne perdit jamais de vue la stricte observation du culte religieux. C'est dans cette même patrie que Marcellus, pendant son cinquième consulat, voulant consacrer à l'Honneur et au Courage un temple promis par des vœux solennels, pour la prise de Clastidium et pour celle de Syracuse, en fut empêché par le collége des pontifes, qui soutint qu'un même sanctuaire ne pouvait être régulièrement dédié à deux divinités réunies. En effet, s'il y survenait quelque prodige, on ne saurait discerner à laquelle des deux il faudrait offrir le sacrifice ; et l'usage ne confond dans un même culte que certaines divinités déterminées. Par suite de cette remontrance des pontifes, Marcellus éleva des

---

7. Maximæ vero virginis Æmiliæ discipulam, exstincto igne, tutam ab omni reprehensione Vestæ numen præstitit : qua adorante, quum carbasum quam optimam habebat, foculo imposuisset, subito ignis emicuit.

8. Non mirum igitur, si pro eo imperio augendo custodiendoque pertinax deorum indulgentia semper excubuit, quod tam scrupulosa cura parvula quoque momenta religionis examinare videtur; quia nunquam remotos ab exactissimo cultu cærimoniarum oculos habuisse nostra civitas existimanda est. In qua quum Marcellus quintum consulatum gerens templum Honori et Virtuti, Clastidio prius, deinde Syracusis potitus, nuncupatis debitum votis consecrare vellet, a collegio pontificum impeditus est, negante unam cellam duobus diis recte dicari; futurum enim, si quid prodigii in ea accidisset, ne dignosceretur, utri rem divinam fieri oporteret : nec duobus nisi certis diis una sacrificari solere. Ea pontificum admonitione effectum est, ut Marcellus, separatis ædibus, Honoris ac

statues à l'Honneur et au Courage dans deux temples séparés. Ainsi, ni le crédit d'un personnage si considérable n'eut assez d'empire sur le collége des pontifes, ni la nécessité d'une dépense nouvelle assez d'influence sur la volonté de Marcellus, pour empêcher que la religion ne conservât l'intégrité de son culte et de ses prérogatives. (An de R. 545.)

9. Le nom de L. Furius Bibaculus se trouve éclipsé par ceux de tant d'illustres consulaires, et son exemple peut à peine trouver place après Marcellus. Mais sa docilité filiale et sa piété ne doivent pas être privées d'un juste tribut d'éloges. Il était préteur, et, néanmoins, sur l'invitation de son père qui était chef du collége des Saliens, il porta les boucliers sacrés, précédé de ses six licteurs, quoique le privilége de sa dignité le dispensât de ce service. Rome a toujours pensé que tout devait céder à la religion, même dans les personnages qu'elle a voulu faire briller à nos yeux de l'éclat d'une majesté suprême. Aussi le pouvoir s'est-il soumis, sans hésiter, au ministère sacré, persuadé qu'il ne réussirait à gouverner le monde que par une sage et constante obéissance à l'autorité divine.

10. De pareils sentiments ont animé aussi le cœur des simples

---

Virtutis simulacra statueret; neque aut collegio pontificum auctoritas amplissimi viri, aut Marcello adjectio impensæ impedimento fuit, quominus religionibus suus tenor, suaque observatio redderetur.

9. Obruitur tot etiam illustribus consularibus L. Furius Bibaculus, exemplique locum vix post Marcellum invenit. Sed pii simul ac religiosi animi laude fraudandus non est; qui prætor a patre suo collegii Saliorum magistro jussus, sex lictoribus præcedentibus, arma ancilia tulit, quamvis vacationem hujus officii honoris beneficio haberet. Omnia namque post religionem ponenda semper nostra civitas duxit; etiam in quibus summæ majestatis conspici decus voluit. Quapropter non dubitaverunt sacris imperia servire, ita se humanarum rerum futura regimen existimantia, si divinæ potentiæ bene atque constanter fuissent famulata.

10. Quod animi judicium in privatorum quoque pectoribus versatum est.

particuliers. A la prise de Rome par les Gaulois, le prêtre de Quirinus et les Vestales s'en allaient, portant les objets sacrés dont ils s'étaient partagé le précieux fardeau. Ils venaient de passer le pont de bois et descendaient la côte qui mène au Janicule, lorsque L. Alvanius, qui conduisait sur son chariot sa famille et ses enfants, les aperçut : plus sensible aux intérêts de la religion publique qu'à ses affections privées, il fit aussitôt descendre sa famille du chariot, et, y plaçant les Vestales avec les objets sacrés, il se détourna de sa route et les conduisit au bourg de Céré. Ils y furent accueillis avec la plus grande vénération, et la reconnaissance a perpétué jusqu'à ce jour le souvenir de cette généreuse hospitalité : car dès lors s'établit l'usage de donner aux rites sacrés le nom de *cérémonies*, parce que les habitants de Céré les avaient respectés aussi bien pendant les malheurs de la république qu'au temps de sa prospérité. Aussi, ce rustique et grossier chariot, qui fut alors si à propos chargé de ces pieux objets, peut-il égaler et même surpasser en gloire le plus brillant char de triomphe. (An de R. 363.)

11. Dans ces mêmes calamités, C. Fabius Dorso donna un mémorable exemple de dévouement pour le maintien du culte.

Urbe enim a Gallis capta, quum flamen Quirinalis virginesque Vestales sacra onere partito ferrent, easque pontem Sublicium transgressas, et clivum, qui ducit ad Janiculum, descendere incipientes, L. Alvanius, plaustro conjugem et liberos vehens, aspexisset, propior publicæ religioni, quam privatæ caritati, suis, ut plaustro descenderent, imperavit; atque, in id virgines et sacra imposita, omisso cœpto itinere, Cæretem oppidum pervexit. Ubi cum summa veneratione recepta, grata memoria, ad hoc usque tempus hospitalem humanitatem testantur. Inde enim institutum est, sacra cærimonias vocari, quia Cæretani ea, infracto reipublicæ statu perinde ac florente, coluerunt. Quorum agreste illud et sordidum plaustrum tempestive capax, cujuslibet fulgentissimi triumphalis currus, vel æquaverit gloriam, vel antecesserit.

11. Eadem reipublicæ tempestate C. Fabius Dorso memorabile exemplum servatæ religionis dedit. Namque Gallis Capitolium obsidentibus, ne statum

Les Gaulois assiégeaient le Capitole : ne voulant pas laisser manquer un sacrifice que la famille Fabia faisait à une époque déterminée, Fabius, la robe retroussée à la manière gabienne, portant à la main et sur les épaules les objets sacrés, traversa les postes ennemis, parvint sur le mont Quirinal, y accomplit le sacrifice avec les cérémonies d'usage ; et, après cet hommage rendu à la divinité, il revint au Capitole comme en vainqueur d'une armée victorieuse. (An de R. 363.)

12. Nos ancêtres montrèrent encore sous le consulat de P. Cornélius et de Bébius Tamphilus une grande sollicitude pour la conservation du culte des dieux. Des ouvriers, en remuant la terre à quelque profondeur dans le champ du greffier L. Pétilius, au pied du Janicule, trouvèrent deux coffres de pierre, dont l'un, selon l'inscription qu'on y lisait, avait été le cercueil de Numa Pompilius, fils de Pompo ; l'autre renfermait sept livres en latin sur le droit pontifical, et un pareil nombre en grec sur les principes de la philosophie. Les livres latins furent très-soigneusement conservés : quant aux grecs, comme ils parurent contenir des propositions de nature à relâcher les liens de la religion, Q. Pétilius, préteur de ville, en vertu d'un ordre du sénat, les fit brûler en place publique par la main des ministres chargés d'é-

---

Fabiæ gentis sacrificium interrumperetur, Gabino ritu cinctus, manibus humerisque sacra gerens, per medias hostium stationes, in Quirinalem collem pervenit : ubi omnibus solemni more peractis, in Capitolium post divinam venerationem victricium armorum perinde ac victor, rediit.

12. Magna conservandæ religionis etiam, P. Cornelio et Bæbio Tamphilo coss., apud majores nostros acta cura est. Siquidem in agro L. Petilii scribæ sub Janiculo cultoribus terram altius versantibus, duabus arcis lapideis repertis, quarum in altera scriptura indicabat corpus Numæ Pompilii, Pomponis filii, fuisse, in altera libri reconditi erant Latini septem de jure pontificum, totidemque Græci de disciplina sapientiæ, Latinos magna diligentia asservandos curaverunt; Græcos, quia aliqua ex parte ad solvendam religionem pertinere existimabantur, Q. Petilius, prætor urbanus, ex auctoritate senatus per victimarios, igne facto,

gorger les victimes. Ces anciens Romains ne voulurent permettre au sein de la patrie aucun objet qui pût détourner les hommes du culte des dieux. (An de R. 572.)

13. Sous le règne de Tarquin, M. Tullius, duumvir, gagné par Pétronius Sabinus, avait laissé copier un livre contenant les mystères secrets du culte civil, et qui avait été confié à sa garde : le roi le fit coudre dans un sac de cuir et jeter à la mer. Ce genre de supplice devint, longtemps après, le châtiment des parricides; et cela était bien juste, car une même peine doit venger les outrages faits aux auteurs de nos jours et ceux qui atteignent les dieux.

14. Mais en ce qui concerne le maintien de la religion, je ne sais si personne a égalé M. Atilius Régulus. Ce général, après de brillants avantages, tombant dans les piéges d'Asdrubal et de Xanthippe, général lacédémonien, se vit réduit à la triste condition de prisonnier : député auprès du sénat et du peuple romain, pour s'échanger lui seul, tout âgé qu'il était, contre un grand nombre de jeunes Carthaginois, il donna un avis contraire à ce projet, et revint à Carthage, quoiqu'il n'ignorât point à quels ennemis cruels et justement irrités il allait se livrer. Mais il leur

---

in conspectu populi cremavit. Noluerunt enim prisci viri quidquam in hac asservari civitate, quo animi hominum a deorum cultu avocarentur.

13. Tarquinius autem rex M. Tullium duumvirum, quod librum secreta civilium sacrorum continentem, custodiæ suæ commissum, corruptus Petronio Sabino describendum dedisset, culeo insutum in mare abjici jussit : idque supplicii genus multo post parricidis lege irrogatum est. Justissime quidem, quia pari vindicta parentum ac deorum violatio expianda est.

14. Sed in his, quæ ad custodiam religionis attinent, nescio an omnes M. Atilius Regulus præcesserit; qui ex victore speciosissimo, insidiis Asdrubalis et Xanthippi Lacedæmonii ducis, ad miserabilem captivi fortunam deductus, ac missus ad S. P. Q. R. legatus, ut ex se et uno, et sene, complures Pœnorum juvenes pensarentur, in contrarium dato consilio, Carthaginem repetiit, non ignarus, ad quam crudeles, quamque merito sibi infestos hostes reverteretur,

avait juré de venir reprendre ses fers, si leurs captifs n'étaient pas rendus. (An de R. 498.) Les dieux sans doute pouvaient adoucir la fureur d'un barbare ennemi : mais, afin que la gloire de Régulus éclatât davantage, ils laissèrent les Carthaginois suivre leur penchant naturel, réservant à la troisième guerre punique le soin de leur faire subir, par la destruction de leur ville, une juste expiation de tant de cruauté envers un si religieux esprit.

15. Combien l'on trouve plus de respect pour les dieux dans notre sénat, quand on le voit, après le désastre de Cannes, défendre, par un décret, aux dames romaines de prolonger leur deuil au delà de trente jours, afin qu'elles puissent célébrer les mystères de Cérès : car plus de la moitié peut-être des citoyens romains étant restée sur ce champ d'exécrable et cruelle mémoire, il n'était presque aucune famille qui n'eût quelque perte à déplorer. Ainsi, les mères et les filles, les épouses et les sœurs de guerriers récemment tombés sous le fer de l'ennemi, furent contraintes de sécher leurs larmes, de quitter les signes de l'affliction, et d'aller en robes blanches porter l'encens sur les autels. Sans doute cette constance à maintenir la religion toucha vivement les dieux, et les fit rougir de maltraiter plus longtemps une

---

verum quia his juraverat, si captivi eorum redditi non forent, ad eos se rediturum. Potuerunt profecto dii immortales mitigare sævitiam : cæterum, quo clarior esset Atilii gloria, Carthaginienses moribus suis uti passi sunt, tertio punico bello religiosissimi spiritus tam crudeliter vexati, urbis eorum interitu, justa exacturi piacula.

15. Quanto nostræ civitatis senatus venerabilior in deos! qui post Cannensem cladem decrevit, ne matronæ ultra tricesimum diem luctus suos extenderent, uti ab his sacra Cereris peragi possent; quia majore pæne Romanarum virium parte in exsecrabili ac diro solo jacente, nullis penates mœroris expertes erant. Itaque matres ac filiæ, conjugesque, et sorores nuper interfectorum, abstersis lacrymis, depositisque doloris insignibus, candidam induere vestem, et aris dare thura coactæ sunt. Qua quidem constantia obtinendæ religionis, magnus cœlestibus

nation que rien n'avait pu détourner de leur culte, pas même les plus cruelles injustices. (An de R. 537.)

De la Religion négligée.

16. On a cru que la bataille de Cannes, livrée par le consul Varron aux Carthaginois, ne fut si désastreuse que par le ressentiment de Junon : étant édile, et célébrant en cette qualité les jeux du Cirque, il avait mis en faction, dans le temple de Jupiter tout-puissant, un jeune comédien d'une rare beauté. L'on se rappela cette circonstance quelques années après, et l'on en fit une expiation par des sacrifices. (An de R. 533.)

17. Hercule ne se montra pas moins sévère : on rapporte qu'il punit le mépris de son culte d'une manière aussi terrible qu'éclatante. Les Potitiens étaient attachés au service de ses autels. Honorés de cette faveur par Hercule lui-même, ils en avaient joui comme d'un bien héréditaire dans leur famille; mais ayant abandonné ce ministère à de vils esclaves, par l'autorisation du cen-

---

injectus est rubor ulterius adversus eam sæviendi gentem, quæ ne injuriarum quidem acerbitate ab eorum cultu absterreri potuerit.

De Religione neglecta.

16. Creditum est, Varronem consulem apud Cannas cum Carthaginiensibus tam infeliciter dimicasse ob iram Junonis, quod, quum ludos Circenses ædilis faceret, in Jovis Opt. Max. eximia facie puerum histrionem ad excubias tenendas posuisset : quod factum, post aliquot annos memoria repetitum, sacrificiis expiatum est.

17. Hercules quoque detractæ religionis suæ, et gravem et manifestam pœnam exegisse traditur. Nam quum Potitii sacrorum ejus ritum, quem, pro dono genti eorum ab ipso assignatum, velut hereditarium obtinuerant, auctore Appio Cen-

seur Appius, tous les membres de la famille en âge de puberté, au nombre de plus de trente, expirèrent dans l'année, et la race des Potitiens, qui se partageait en douze branches, fut anéantie. Quant au censeur Appius, il perdit la vue. (An de R. 411.)

18. Apollon aussi vengea rigoureusement sa divinité. Dépouillé de sa tunique d'or, à la prise de Carthage, ce dieu fit qu'on trouva les mains du sacrilége parmi les lambeaux de la tunique déchirée. (An de R. 607.) Brennus, général des Gaulois, eut l'audace d'entrer dans le temple d'Apollon à Delphes, et aussitôt, cédant à la volonté du dieu, il tourna ses armes contre lui-même. (An de R. 475.)

19. Son fils Esculape ne fit pas éclater moins hautement sa vengeance contre les profanateurs. Il avait eu la douleur de voir le bois sacré, qui entourait son temple, en grande partie abattu par Turullius, lieutenant d'Antoine, pour construire des vaisseaux au triumvir : le parti d'Antoine fut défait dans le temps même que son lieutenant prêtait la main à cet odieux sacrilége. Destiné à la mort par l'ordre de César, l'impie Turullius (visible effet de la puissance du dieu) fut entraîné dans le bois qu'il avait profané, afin qu'immolé en ce lieu même par les soldats de César,

sore, ad humile servorum ministerium transtulissent, omnes, qui erant numero super xxx puberes, intra annum exstincti sunt, nomenque Potitium in duodecim familias divisum interiit. Appius vero luminibus captus est.

18. Acer etiam sui numinis vindex Apollo, qui, Carthagine a Romanis oppressa, veste aurea nudatus, id egit, ut sacrilegæ manus inter fragmenta ejus abscissæ invenirentur. Brennus, Gallorum dux, Delphis Apollinis templum ingressus, dei voluntate in se manus vertit.

19. Nec minus efficax alter contemptæ religionis filius quoque ejus Æsculapius, qui consecratum templo suo lucum a Turullio, præfecto Antonii, ad naves ei faciendas, magna ex parte succisum dolens, inter ipsum nefarium ministerium devictis partibus Antonii, imperio Cæsaris destinatum morti Turullium, manifestis numinis sui viribus eum in lucum, quem violaverat, traxit; effecitque, ut ibi potissimum a militibus Cæsarianis occisus, eodem exitio, et eversis jam arbo-

il servit à la fois, en expirant, et à réparer l'outrage fait aux arbres abattus, et à garantir d'un semblable attentat les arbres encore debout : le dieu redoubla ainsi la profonde vénération que les peuples avaient toujours eue pour son culte. (An de R. 723.)

20. Q. Fulvius Flaccus n'eut pas lieu de se féliciter d'avoir, pendant sa censure, transporté les marbres du temple de Junon Lacinienne sur celui qu'il élevait à Rome, en l'honneur de la Fortune Équestre. L'on dit, en effet, qu'après cette action sa raison fut ébranlée, et même qu'il expira au milieu de la plus douloureuse affliction, en apprenant que de ses deux fils, au service dans les armées d'Illyrie, l'un était mort et l'autre dangereusement malade. Frappé d'un sort si déplorable, le sénat fit reporter aussitôt les marbres à Locres, et, par un décret plein de sagesse, détruisit l'ouvrage impie du censeur. (An de R. 579.)

21. Les mêmes sentiments se manifestent dans la juste punition qu'il infligea à Q. Pléminius, lieutenant de Scipion, pour avoir, par une sacrilége avarice, pillé le temple de Proserpine. Il le fit traîner à Rome chargé de chaînes : et ce misérable, avant l'instruction de son procès, périt dans la prison d'une maladie

---

ribus pœnas lueret, et adhuc superantibus immunitatem consimilis injuriæ pareret; suamque venerationem, quam apud colentes maximam semper habuerat, deus multiplicavit.

20. Q. autem Fulvius Flaccus impune non tulit, quod in censura tegulas marmoreas ex Junonis Laciniæ templo in ædem Fortunæ Equestris, quam Romæ faciebat, transtulit. Negatur enim post hoc factum mente constitisse : quin etiam per summam ægritudinem animi exspiravit, quum, ex duobus filiis in Illyrico militantibus, alterum decessisse, alterum graviter audisset affectum. Cujus casu motus senatus, tegulas Locros reportandas curavit, decretique circumspectissima sanctitate impium opus censoris retexuit.

21. Tam me hercule quam Q. Pleminii, legati Scipionis, in thesauro Proserpinæ spoliando sceleratam avaritiam justa animadversione vindicavit. Quum enim eum vinctum Romam protrahi jussisset, ante causæ dictionem in carcere

épouvantable. Le double de l'argent volé fut rendu à la déesse, en vertu d'un décret du sénat. (An de R. 549.)

Exemples de Piété ou d'Impiété donnés par des étrangers.

1. Si le crime de Pléminius envers Proserpine reçut des pères conscrits une digne récompense, la violente et sordide avarice du roi Pyrrhus trouva dans la puissance de la déesse même un châtiment exemplaire. Ce prince avait forcé les Locriens à lui livrer une grosse somme d'argent prise dans le trésor de Proserpine. Il naviguait chargé de cet horrible butin, lorsque, assailli subitement par la tempête, il vit sa flotte échouer et se briser sur le rivage voisin du temple de la déesse. La somme d'argent fut retrouvée tout entière, et rendue au dépôt sacré de Proserpine. (An de R. 478.)

2. Ce n'est pas ainsi que se conduisit le roi Masinissa. Le commandant de sa flotte aborde sur les côtes de Malte, enlève du temple de Junon des dents d'éléphant d'une grandeur extraordinaire, et vient lui en faire présent. Sitôt qu'il sait où elles ont été

teterrimo genere morbi consumptus est : pecuniam dea ejusdem senatus imperio, et quidem summam duplicando, recuperavit.

Externa exempla observatæ vel neglectæ Religionis.

1. Quæ, quod ad Pleminii facinus pertinuit, bene a patribus conscriptis vindicata est, quod ad violentas regis Pyrrhi sordes attinuerat, se ipsam potenter atque efficaciter dea defendit. Coactis enim Locrensibus ex thesauro ejus magnam illi pecuniam dare, quum onustus nefaria præda navigaret, vi subitæ tempestatis tota cum classe vicinis deæ litoribus illisus est : in quibus pecunia incolumis reperta, sanctissimi thesauri custodiæ restituta est.

2. At non similiter Masinissa rex : cujus quum præfectus classis Melitam appulisset, et æque ex fano Junonis dentes eburneos eximiæ magnitudinis sub-

prises, il les fait charger sur une galère à cinq rangs de rames et reporter dans le temple, avec une inscription en sa langue dont voici le sens : *Le roi les avait acceptées par ignorance ; il s'est empressé de les rendre.* Cette action tenait plus du caractère personnel de Masinissa que du naturel des Carthaginois. Mais pourquoi juger d'un homme sur sa nation ? Celui-ci, né au milieu de la barbarie, répara un sacrilége commis par une main étrangère. (An de R. 549.)

3. Denys, au contraire, né à Syracuse, coupable de tous les sacriléges que je vais énumérer, trouvait fort divertissant d'en faire le sujet de ses plaisanteries. Après avoir pillé le temple de Proserpine à Locres, il s'en retournait sur sa flotte par un vent favorable : « Voyez-vous, dit-il en riant à ses amis, l'heureuse navigation que les dieux immortels eux-mêmes accordent aux sacriléges ? » Il enleva à Jupiter Olympien un manteau d'or d'un poids considérable que le roi Hiéron avait tiré des dépouilles des Carthaginois pour en orner ce dieu, et il dit, en le remplaçant par un manteau de laine : « L'or est trop lourd pour l'été, et trop froid pour l'hiver ; la laine convient mieux pour les deux saisons. » A Épidaure, il fit dépouiller Esculape de sa barbe

---

latos ad eum pro dono attulisset, ut comperit, unde advecti essent, quinqueremi reportandos Melitam, inque templo Junonis collocandos curavit, insculptos gentis suæ litteris, significantibus, regem ignorantem eos accepisse, libenter deæ reddidisse. Factum Masinissæ animo, quam punico sanguini conveniens : quanquam quid attinet mores natione perpendi ? in media barbaria ortus, sacrilegium rescidit alienum.

3. Syracusis Dionysius genitus, tot sacrilegia sua, quot jam recognoscimus, jocosis dictis prosequi voluptatis loco duxit. Fano enim Proserpinæ spoliato Locris, quum per altum secundo vento classe veheretur, ridens amicis : « Videtisne, ait, quam bona navigatio ab ipsis immortalibus sacrilegis tribuatur ? » Detracto etiam Jovi Olympio magni ponderis aureo amiculo, quo cum tyrannus Hiero e manubiis Carthaginiensium ornaverat, injectoque ei laneo pallio, dixit, æstate grave amiculum aureum esse, hieme frigidum : laneum autem ad utrum-

d'or, prétendant que la bienséance ne lui permettait pas de paraître avec une barbe, tandis qu'Apollon son père n'en avait pas. Il fit également enlever dans divers temples des tables d'argent et d'or ; et comme, selon l'usage des Grecs, on y avait inscrit le nom des dieux auxquels elles appartenaient, avec la qualité de *bons* : « Je veux, dit-il, profiter de leur bonté. » Les Victoires, les coupes, les couronnes d'or que les statues des dieux soutenaient de leurs mains étendues, devinrent la proie de sa rapacité ; et il disait en les prenant : « Je ne les prends pas : je les accepte. » — « Rien de plus absurde, ajoutait-il sentencieusement, que de demander des faveurs aux dieux et de refuser les dons qu'ils nous présentent. » Il ne subit point, il est vrai, la peine due à ses crimes ; mais, après sa mort, il trouva dans l'opprobre de son fils la punition à laquelle il avait échappé pendant sa vie. Si la colère divine est lente à se faire justice, elle compense la lenteur du châtiment par sa sévérité.

4. De peur d'encourir sa vengeance, Timasithée, premier magistrat de Lipari, pourvut sagement à sa sûreté personnelle et à celle de sa patrie par un exemple salutaire. Des citoyens de cette île, qui faisaient le métier de pirate, avaient capturé dans le dé-

---

que tempus anni aptius. Idem Epidauri Æsculapio barbam auream demi jussit, quod affirmaret, non convenire, patrem Apollinem imberbem, ipsum barbatum conspici. Idem mensas argenteas atque aureas e fanis sustulit : quodque in his more Græciæ scriptum erat, bonorum deorum eas esse, uti se bonitate eorum prædicavit. Idem victorias aureas et pateras, et coronas, quæ simulacrorum porrectis manibus sustinebantur, tollebat, et eas se accipere, non auferre, dicebat, perquam stultum esse argumentando, a quibus bona precamur, ab his porrigentibus nolle sumere. Qui tametsi debita supplicia non exsolvit, dedecore tamen filii, mortuus pœnas rependit, quas vivus effugerat. Lento enim gradu ad vindictam sui divina procedit ira ; tarditatemque supplicii gravitate compensat.

4. In quam ne incideret Timasitheus, Liparitanorum princeps, consilio sibi pariter, atque universæ patriæ, utili providit exemplo. Excepta namque in freto a civibus suis piraticam exercentibus magni ponderis aurea cratera, incitatoque

troit une urne d'or d'un poids considérable, et le peuple empressé allait en faire le partage. Timasithée, apprenant que c'était une offrande adressée par les Romains, à titre de dîme, au dieu vainqueur de Python, l'arracha des mains des vendeurs et la fit transporter dans le temple de Delphes. (An de R. 359.)

5. A la prise de Milet par Alexandre, Cérès, particulièrement révérée dans cette ville, protégea son temple contre les soldats qui s'y étaient précipités pour le dépouiller : elle fit étinceler à leurs yeux une flamme qui leur ôta la vue. (Av. J.-C. 334.)

6. Une flotte de mille vaisseaux perses, poussée sur les côtes de l'île de Délos, exerça, dans le temple d'Apollon, plutôt des actes de piété que des brigandages. (Av. J.-C. 479.)

7. Les Athéniens bannirent le philosophe Protagoras, pour avoir osé écrire qu'il ignorait d'abord s'il existait des dieux; ensuite, en supposant leur existence, quelle était leur nature. Le même peuple condamna Socrate, parce qu'il lui semblait introduire une religion nouvelle. Le même peuple écouta tranquillement Phidias, tant qu'il se contenta de soutenir l'avantage du marbre sur l'ivoire pour l'exécution de la statue de Minerve, en alléguant que l'ouvrage serait d'un éclat plus durable; mais quand il eut ajouté, et d'un prix plus modique, les Athéniens lui imposèrent silence.

---

ad eam partiendam populo, ut comperit a Romanis Pythio Apollini decimarum nomine dicatam, manibus venundantium ereptam deo Delphos perferendam curavit.

5. Milesia Ceres, Mileto ab Alexandro capta, milites, qui templum spoliaturi irruperant, flamma objecta privavit oculis.

6. Persæ, mille navium numero Delum compulsi, templo Apollinis religiosas potius manus quam rapaces adhibuerunt.

7. Athenienses Protagoram philosophum pepulerunt, quia scribere ausus fuerat, primum ignorare se, an dii essent; deinde si sint, quales sint. Iidem Socratem damnaverunt, quod novam religionem introducere videbatur. Iidem Phidiam tulerunt, quandiu is marmore potius quam ebore Minervam fieri debere dicebat, quod diutius nitor esset mansurus; sed ut adjecit, et vilius, tacere jusserunt.

8. Diomédon fut l'un des dix généraux athéniens qui, à la bataille d'Arginuse, assurèrent, tout ensemble, à leur patrie la victoire, à eux-mêmes leur propre condamnation. Au moment où il allait subir le supplice qu'il n'avait point mérité, il se contenta de demander aux Athéniens d'acquitter les vœux qu'il avait faits pour le salut de l'armée. (Av. J.-C. 406.)

CHAPITRE II

MENSONGES RELIGIEUX

Mensonges religieux chez les Romains.

1. Numa Pompilius, pour attacher le peuple romain à la religion, faisait croire qu'il avait des entretiens nocturnes avec la nymphe Égérie, et que, docile à ses conseils, il établissait un culte agréable aux dieux immortels. (Vers l'an 39.)

2. Scipion l'Africain n'entreprenait jamais aucune affaire publique ou particulière, qu'il ne se fût d'abord livré au recueille-

---

8. Diomedon, unus ex decem ducibus, qui Arginusæ eadem pugna Atheniensibus victoriam, sibi vero damnationem pepererunt, quum jam ad immeritum supplicium duceretur, nihil aliud locutus est, quam ut vota pro incolumitate exercitus ab ipso nuncupata solverentur.

CAPUT II

DE RELIGIONE SIMULATA

De Religione simulata a Romanis.

1. Numa Pompilius, ut populum Romanum sacris obligaret, volebat videri sibi cum dea Egeria congressus esse nocturnos, ejusque monitu se, quæ accepta diis immortalibus sacra forent, instituere.

2. Scipio Africanus non ante ad negotia publica vel privata ibat, quam

ment dans le sanctuaire de Jupiter au Capitole : aussi passait-il pour le fils de Jupiter. (An de R. 542.)

3. L. Sylla, toutes les fois qu'il se disposait à livrer bataille, prenait dans ses mains un petit Apollon qu'il avait enlevé à Delphes, et l'embrassant à la vue de son armée, le priait de hâter l'effet de ses promesses. (An de R. 671.)

4. Q. Sertorius traînait avec lui, à travers les âpres collines de la Lusitanie, une biche blanche, publiant hautement qu'elle l'avertissait de ce qu'il avait à faire ou à éviter. (An de R. 673.)

Mensonges religieux chez les étrangers.

1. Minos, roi de Crète, se retirait tous les neuf ans dans une caverne très-profonde et consacrée par un antique et religieux respect; et, au retour de ces retraites, il proposait ses lois comme un ouvrage de Jupiter dont il se disait le fils. (Av. J.-C. 1432.)

2. Pisistrate, pour recouvrer le pouvoir qu'il avait perdu, joua une scène de théâtre où il se représentait comme ramené dans la citadelle par Minerve elle-même : l'aspect d'une femme in-

---

in cella Jovis Capitolini moratus esset, et ideo Jove genitus credebatur.

3. L. Sylla, quoties prælium committere destinabat, parvum Apollinis signum Delphis sublatum, in conspectu militum complexus, orabat, uti promissa maturaret.

4. Q. Sertorius per asperos Lusitaniæ colles cervam albam trahebat, ab ea se, quænam aut agenda, aut vitanda essent, prædicans admoneri.

De Religione simulata ab externis.

1. Minos, Cretensium rex, nono quoque anno in quoddam præaltum, et vetusta religione consecratum, specus secedere solebat : et in eo moratus, tamquam a Jove, quo se ortum ferebat, traditas sibi leges prorogabat.

2. Pisistratus in recuperanda tyrannide, quam amiserat, simulatione reducentis se in arcem Minervæ est usus, quum per ostentationem ignotæ

connue, nommée Phya, sous le costume de la déesse, trompa les Athéniens. (Av. J.-C. 557.)

3. Lycurgue sut persuader à l'austère Lacédémone qu'il lui apportait des lois inspirées par Apollon. (Av. J.-C. 845.)

4. Zaleucus, en se couvrant du nom de Minerve, acquit chez les Locriens une haute réputation de sagesse. (Av. J.-C. 500.)

CHAPITRE III
CULTES ÉTRANGERS REJETÉS PAR LES ROMAINS

1. Les cérémonies des Bacchanales, nouvellement introduites à Rome, furent abolies, parce qu'elles entraînaient avec elles des excès pernicieux. (An de R. 567.)

Lutatius, qui termina la première guerre punique, reçut défense du sénat d'aller consulter l'oracle de la Fortune Prénestine. Les magistrats pensaient que, pour gouverner la république, il fallait des auspices pris au sein de la patrie, et non dans les pays étrangers. (An de R. 511.)

2. Sous le consulat de M. Popilius Lénas et de Cn. Calpur-

---

mulieris, quæ Phya vocabatur, formatæ ad habitum deæ, Athenienses deciperet.

3. Lycurgus consilio Apollinis gravissimæ Lacedæmoniorum civitati leges compositas ferre se persuasit.

4. Zaleucus sub nomine Minervæ apud Locrenses prudentissimus habitus est.

CAPUT III
DE PEREGRINA RELIGIONE REJECTA

1. Bacchanalium sacrorum mos novus institutus, quum ad perniciosam vesaniam iretur, sublatus est.

Lutatius, qui primum punicum bellum confecit, a senatu prohibitus est sortes Fortunæ Prænestinæ adire : auspiciis enim patriis, non alienigenis, rempublicam administrari oportere judicabant.

2. C. Cornelius Hispallus, prætor peregrinus, M. Popilio Lænate, Cn. Calpur-

nius, C. Cornélius Hispallus, préteur chargé de la surveillance des étrangers, enjoignit, par un édit, aux Chaldéens de sortir, dans les dix jours, de Rome et de l'Italie, parce que, à l'aide d'une prétendue divination astrologique, ils abusaient les esprits faibles et sans lumières au profit de leur charlatanisme. Le même magistrat, voyant d'autres imposteurs s'efforcer de corrompre les mœurs des Romains, sous prétexte d'honorer Jupiter Sabazius, les força de retourner dans leurs foyers. (An de R. 614.)

3. Le sénat avait décrété la démolition des temples d'Isis et de Sérapis, et aucun ouvrier n'osait y porter la main : le consul L. Æmilius Paulus, quittant sa robe prétexte, saisit une hache, et en frappa lui-même les portes du temple. (An de R. 534.)

CHAPITRE IV

DES AUSPICES

Des Auspices chez les Romains.

1. Le roi Tarquin, voulant ajouter de nouvelles centuries de

nio coss.; edicto Chaldæos intra decimum diem abire ex urbe atque Italia jussit, levibus et ineptis ingeniis, fallaci siderum interpretatione, quæstuosam mendaciis suis caliginem injicientes. Idem, qui Sabazii Jovis cultu simulato mores Romanos inficere conati sunt, domos suas repetere coegit.

3. L. Æmilius Paulus consul, quum senatus Isidis et Serapis fana diruenda censuisset, eaque nemo opificum attingere auderet, posita prætexta securim arripuit, templique ejus foribus inflixit.

CAPUT IV

DE AUSPICIIS

De Auspiciis quæ cepere Romani.

1. L. Tarquinius rex centuriis equitum, quas Romulus auspicato conscripse-

chevaliers aux centuries créées par Romulus d'après les auspices, rencontra un obstacle dans l'opposition d'un augure nommé Attius Navius. Piqué de sa résistance, le roi lui demanda si l'on pouvait exécuter ce à quoi il songeait en lui-même. On le peut, répondit l'augure, et Tarquin lui proposa de partager un caillou avec un rasoir. On apporta l'un et l'autre, et Atticus, accomplissant un prodige incroyable, fit éclater aux yeux du roi le pouvoir de sa science. (Vers l'an 140.)

2. Tibérius Gracchus, se préparant à introduire des innovations dans la république, consulta, au point du jour, les auspices dans sa maison ; leur réponse fut des plus sinistres. En effet, étant sorti de chez lui, il se heurta le pied assez rudement pour se disloquer un doigt : un peu plus loin, trois corbeaux, croassant à sa rencontre, détachèrent un morceau de tuile et le précipitèrent à ses pieds. Il ne tint compte de ces présages, et bientôt, chassé du Capitole par Scipion Nasica, souverain pontife, il expira, frappé d'un fragment de banquette. (An de R. 620.)

3. Dans la première guerre punique, P. Claudius, se disposant à livrer un combat naval, voulut, selon l'ancien usage, consulter les auspices. Sur l'avis donné par l'augure que les poulets

rat, alias adjicere cupiens, quum ab Attio Navio augure prohiberetur, offensus interrogavit, possetne fieri, quod ipse mente conceperat? Posse fieri dicente, jussit novacula cotem discindi. Qua Attius allata, administrato incredibili facto, effectum suæ professionis oculis regis subjecit.

2. Tib. Gracchus, quum ad res novas pararetur, auspicia domi prima luce petiit : quæ illi perquam tristia responderunt. Nam janua egressus, ita pedem offendit, ut digitus ei decuteretur : tres deinde corvi, in eum adversum occinentes, partem tegulæ decussam ante ipsum propulerunt. Quibus omnibus contemptis, a Scipione Nasica pontifice maximo decussus Capitolio, fragmento subsellii ictus procubuit.

3. P. Claudius bello punico primo, quum prælium navale committere vellet, auspiciaque more majorum petiisset, et pullarius non exire cavea pullos nuntias-

sacrés ne sortaient pas de leur cage, il les fit jeter à la mer, en disant : « Puisqu'ils ne veulent pas manger, qu'ils boivent. » Aussi impie que lui, son collègue L. Julius négligea de prendre les auspices, et perdit sa flotte dans une tempête. Une sentence du peuple fit justice du premier ; le second prévint par une mort volontaire l'ignominie d'une condamnation. (An de R. 504.)

4. Métellus, souverain pontife, se rendait à sa terre de Tusculum : deux corbeaux se précipitent au-devant de lui comme pour l'empêcher d'avancer, et ne le déterminent qu'avec peine à retourner à Rome. La nuit suivante, le feu prend au temple de Vesta : pendant cet incendie, Métellus, s'élançant au milieu des flammes, enlève et sauve le Palladium. (An de R. 512.)

5. Cicéron fut averti par un augure de l'approche de sa mort. Il était dans sa maison de campagne près de Caïète : un corbeau secoua et fit sauter en sa présence l'aiguille d'un cadran solaire ; puis, accourant à lui, saisit le pan de sa robe et s'y tint attaché jusqu'à ce qu'un esclave vînt annoncer à Cicéron l'arrivée des soldats chargés de l'assassiner. (An de R. 710.)

6. Lorsque M. Brutus eut rangé en bataille les débris de son

---

set, abjici eos in mare jussit, dicens : « Quia esse noluut, bibant. » Et L. Junius, P. Claudii collega, neglectis auspiciis, classem tempestate amisit. Quorum ille populi judicio concidit, damnationisque hic ignominiam voluntaria morte prævenit.

4. Quum Metellus pontifex maximus Tusculanum peteret, corvi duo in os ejus adversum veluti iter impedientes advolaverunt, vixque extuderunt, ut domum rediret. Insequenti nocte ædes Vestæ arsit : quo incendio, Metellus inter ipsos ignes raptum Palladium incolume servavit.

5. M. Ciceroni mors imminens auspicio prædicta est : quum enim villa Caietana esset, corvus in conspectu ejus horologii ferrum loco motum excussit, et protinus ad ipsum tetendit, ac laciniam togæ eo usque morsu tenuit donec servus ad occidendum eum milites venisse nuntiaret.

6. M. Brutus quum reliquias exercitus sui adversus Cæsarem et Antonium

armée contre César et Antoine, deux aigles, partis des camps opposés, fondirent l'un sur l'autre, et, après une lutte opiniâtre, l'oiseau venu du côté de Brutus s'enfuit couvert de blessures. (An de R. 711.)

Des Auspices chez les étrangers.

1. Lorsque le roi Alexandre voulut fonder une ville en Égypte, son architecte Dinocratès, faute de craie, en traça le plan avec de la farine : bientôt une nuée d'oiseaux, sortis d'un lac voisin, se mit à la manger : selon l'interprétation des prêtres égyptiens, c'était le présage que cette ville suffirait à réunir une grande affluence d'étrangers. (Av. J.-C. 331.)

2. Le roi Déjotarus, qui réglait presque toujours sa conduite sur les auspices, dut son salut à l'apparition d'un aigle : averti par la vue de cet oiseau, il évita d'entrer dans une maison qui, la nuit suivante, s'écroula et couvrit le sol de ses débris. (Vers l'an 54 av. J.-C.)

eduxisset, duæ aquilæ ex diversis castris advolaverunt, et edita inter se pugna, ea quæ a parte Bruti fuerat, male mulcata fugit.

De Auspiciis quæ cepere externi.

1. Quum rex Alexander urbem in Ægypto constituere vellet, architectus Dinocrates, quum cretam non haberet, polentaque futuræ urbis lineamenta duxisset, ingens avium multitudo proximo lacu emersa polentam depasta est : quod sacerdotes Ægyptiorum interpretati sunt, advenarum frequentiæ alimentis suffecturam urbem.

2. Dejotaro vero regi omnia fere auspicato gerenti salutaris aquilæ conspectus fuit : qua visa, abstinuit se ab ejus tecti usu, quod, nocte insequenti, ruina solo æquatum est.

CHAPITRE V

DES PRÉSAGES

Des Présages chez les Romains.

1. Les présages ont aussi quelque rapport avec la religion, parce qu'on les regarde non comme un effet du hasard, mais comme un avertissement de la Providence divine.

C'est la Providence qui inspira le mot que je vais citer. Après la ruine de la ville par les Gaulois, dans le temps même où les sénateurs discutaient l'alternative de passer à Véies ou de relever leurs murailles, un centurion, revenant d'un poste avec sa troupe, cria dans la place des Comices : « Porte-enseigne, plante le drapeau ; nous serons bien ici. » Cette parole entendue, le sénat en accepta le présage, et renonça dès lors à l'idée d'aller s'établir à Véies. Combien peu de mots suffirent pour fixer le siège du plus vaste empire qui dût exister un jour ! Les dieux, sans doute, s'indignèrent qu'on eût l'idée d'abandonner pour le nom de

CAPUT V

DE OMINIBUS

De Ominibus quæ accepere Romani.

1. Ominum etiam observatio aliquo contactu religionis innexa est, quoniam non fortuito motu, sed divina providentia constare creditur.

Quæ effecit, ut urbe a Gallis disjecta, deliberantibus P. C. utrum Veios migrarent, an sua mœnia restituerent, forte eo tempore e præsidio cohortibus redeuntibus, centurio in comitio exclamaret : « Signifer, statue signum; hic optime manebimus. » Ea enim voce audita, senatus se accipere omen respondit, e vestigioque Veios transeundi consilium omisit. Quam paucis verbis de domicilio futuri summi imperii confirmata est conditio ! credo, indignum diis existimantibus, pro-

Véies ce nom de Rome, qui avait pris naissance sous de brillants auspices, et d'ensevelir l'éclat d'une illustre victoire sous les débris d'une ville récemment renversée. (An de R. 363.)

2. Camille, auteur d'un exploit si éclatant, pria le ciel, si la prospérité du peuple romain paraissait excessive à quelque divinité, de s'en venger sur lui seul par quelque disgrâce personnelle, et à l'instant même il fit une chute. On regarda cet accident comme un présage de la condamnation dont il fut frappé dans la suite. Entre la victoire de ce grand homme et sa généreuse prière, il y a eu rivalité naturelle de titres à la louange : car il était également glorieux et d'accroître le bonheur de sa patrie, et de vouloir en détourner sur soi les malheurs. (An de R. 357.)

3. Parlerai-je de ce qui arriva au consul Paul-Émile ? Est-il rien de plus mémorable ? Le sort venait de lui assigner le commandement de l'expédition contre le roi Persée. Rentré chez lui au retour du sénat, il embrassa sa fille Tertia, encore fort jeune : il remarqua chez elle un air de tristesse, et lui demanda quelle en pouvait être la cause : « Persa est mort, » répondit-elle. Elle pleurait le trépas d'un petit chien, nommé Persa, qu'elle affec-

---

sperrimis auspiciis Romanum nomen ortum, Veientanæ urbis appellatione mutari, inclytæque victoriæ decus modo abjectæ urbis ruinis infundi.

2. Hujus tam præclari operis auctor Camillus, quum esset precatus, ut si cui deorum nimia felicitas populi Romani videretur, ejus invidia suo aliquo incommodo satiaretur, subito lapsu decidit : quod omen ad damnationem, qua postea oppressus est, pertinuisse visum est. Merito autem de laude inter se victoria et pia precatio amplissimi viri certaverunt : æque enim virtutis est, et bona patriæ auxisse, et mala in se transferre voluisse.

3. Quid illud, quod L. Paulo consuli evenit, quam memorabile! Quum ei sorte evenisset, ut bellum cum rege Perse gereret, et domum e curia regressus, filiolam suam nomine Tertiam, quæ tum erat admodum parvula, osculatus, tristem animadverteret, interrogavit, quid ita eo vultu esset. Quæ respondit, Persam periisse. Decesserat autem catellus, quem puella in deliciis habuerat,

tionnait beaucoup. Paul-Émile saisit avidement ce présage; et une parole fortuite lui fournit, par avance, la certitude d'un triomphe éclatant. (An de R. 585.)

4. Cécilia, femme de Métellus, cherchant, selon l'antique usage, pendant le silence de la nuit, un présage d'hyménée pour sa nièce, jeune fille en âge d'être mariée, le donna elle-même sans le savoir. A cet effet, elle s'était rendue dans une chapelle, et y était restée assise quelque temps sans qu'aucune parole conforme à ses désirs vînt frapper son oreille : fatiguée de se tenir si longtemps debout, la jeune fille pria sa tante de lui laisser un instant la place pour s'asseoir. « En vérité, répondit-elle, je te cède bien volontiers ma place. » Ce mot, dicté par la bienveillance, devient un présage frappant du mariage de sa nièce; car, bientôt après, Métellus, ayant perdu sa femme Cécilia, épousa la jeune personne qui fait le sujet de ce récit. (Vers l'an 622.)

5. C. Marius fut certainement redevable de la vie à l'observation d'un présage, lorsque, déclaré ennemi public par le sénat, il fut confié à la garde de Fannia à Minturne. Il avait vu un âne, laissant la nourriture qu'on lui présentait, courir à l'eau. A cet

---

nomine Persa. Arripuit igitur omen Paulus, exque fortuito dicto quasi spem certam clarissimi triumphi animo præsumpsit.

4. At Cæcilia Metelli, dum sororis filiæ, adultæ ætatis virgini, more prisco, nocte concubia, nuptialia petit, omen ipsa fecit. Nam quum in sacello quodam, ejus rei gratia, aliquandiu persedisset, nec ulla vox proposito congruens esset audita, fessa longa standi mora puella rogavit materteram, ut sibi paulisper locum residendi accommodaret. Cui illa : « Ego vero, inquit, libenter tibi mea sede cedo. » Quod dictum, ab indulgentia profectum, ad certi ominis processit eventum, quoniam Metellus, non ita multo post, mortua Cæcilia, virginem, de qua loquor, in matrimonium duxit.

5. C. autem Mario observatio ominis procul dubio saluti fuit, quo tempore hostis a senatu judicatus, in domum Fanniæ Minturnis custodiæ causa deductus est. Animadvertit enim asellum, quum ei pabulum objiceretur, neglecto eo, ad

2.

aspect, comprenant que la Providence divine lui montrait sa route, et d'ailleurs profondément versé dans la science des augures, il obtint de la multitude, accourue pour lui prêter main-forte, de le conduire au bord de la mer. Il se jeta aussitôt dans une barque, qui le transporta en Afrique et le déroba ainsi au fer victorieux de Sylla. (An de R. 665.)

6. Le grand Pompée, vaincu à la bataille de Pharsale par César, et cherchant son salut dans la fuite, dirigea sa course vers l'île de Chypre, dans le dessein d'y faire quelques levées. Abordant à Paphos, il aperçut un magnifique édifice sur le rivage; il en demanda le nom au pilote, qui lui répondit : « On le nomme le *Palais du mauvais roi.* » Ce mot acheva de détruire le peu d'espoir qui lui restait encore : il ne put même le dissimuler. Il détourna la vue de cet objet sinistre, et manifesta, par un soupir, la douleur que lui causait un affreux présage. (An de R. 706.)

7. Le sort que méritait M. Brutus pour son parricide fut annoncé d'avance par un présage. Après cet horrible forfait, comme il célébrait l'anniversaire de sa naissance, et qu'il voulait citer

---

aquam procurrentem. Quo spectaculo, deorum providentia, quod sequeretur, oblatum ratus, alioquin etiam interpretandarum religionum peritissimus, a multitudine, quæ ad opem illi ferendam confluxerat, impetravit, ut ad mare perduceretur; ac protinus naviculam conscendit; eaque in Africam pervectus, arma Syllæ victricia effugit.

6. Pompeius vero Magnus in acie Pharsalica victus a Cæsare, fuga quærens salutem, cursu in insulam Cyprum, ut aliquid in ea virium contraheret, classem direxit; appellensque ad oppidum Paphum, conspexit in litore speciosum ædificium; gubernatoremque interrogavit, quod ei nomen esset; qui respondit Κακοβασιλία vocari : quæ vox spem ejus, quantulacunque restabat, comminuit. Neque id dissimulanter tulit : avertit enim oculos ab illis tectis, ac dolorem, quem ex diro omine conceperat, gemitu patefecit.

7. M. etiam Bruti dignus, admisso parricidio, eventus omine designatus est. Siquidem post illud nefarium opus natalem suum celebrans, quum Græcum ver-

un vers grec, sa mémoire lui rappela de préférence ce vers d'Homère :

Ἀλλά με μοῖρ' ὀλοὴ καὶ Λητοῦς ἔκτανεν υἱός.

Mais la Parque et Phœbus avaient juré ma perte.

(*Iliade*, XVI, 349.)

Ce fut en effet Apollon, dont le nom avait été donné pour signe de ralliement par César et Antoine, qui dirigea sur lui, à la bataille de Philippes, ses traits inévitables. (An de R. 710.)

8. Ce fut encore par un mot que la fortune donna un avertissement à C. Cassius. Les Rhodiens le suppliaient de ne pas les dépouiller de toutes les statues de leurs dieux : « Je laisserai le Soleil, » leur dit-il; la fortune voulut mettre au jour, par ce propos insolent, tout l'orgueil d'un vainqueur insatiable, et le forcer, après sa déroute en Macédoine, à abandonner non pas l'image du Soleil, seul objet qu'il avait accordé à leurs prières, mais la lumière même du soleil. (An de R. 710.)

9. Je citerai aussi comme digne de mémoire le présage qui annonça la mort du consul Pétilius dans une guerre de Ligurie. Il assiégeait une colline nommée *Letum* (mot qui, en latin, si-

---

sum expromere vellet, ad illud potissimum Homericum referendum animo tetendit :

Ἀλλά με μοῖρ' ὀλοὴ καὶ Λητοῦς ἔκτανεν υἱός.

Qui deus Philippensi acie, a Cæsare et Antonio signo datus, in eum tela convertit.

8. Consentaneo vocis jactu C. Cassii aurem fortuna pervellit : quem orantibus Rhodiis, ne ab eo cunctis deorum simulacris spoliarentur, Solem a se relinqui respondere voluit, ut rapacissimi victoris insolentiam dicti tumore protraheret, abjectumque Macedonica pugna; non effigiem Solis, quam tantummodo supplicibus cesserat, sed ipsum Solem revera relinquere cogeret.

9. Annotatu dignum illud quoque omen, sub quo Petilius consul in Liguria bellum gerens occidit. Nam quum montem, cui Leto cognomen erat, oppugnaret;

gnifie la *mort*) ; et dans son exhortation aux soldats, il prononça ces paroles : « Oui, j'aurai aujourd'hui Létum. » En effet, s'étant exposé témérairement au péril, il justifia par sa mort ce mot échappé au hasard. (An de R. 577.)

Des Présages chez les étrangers.

1. On peut, sans disparate, joindre à ces traits, que fournit notre histoire, deux exemples du même genre empruntés aux étrangers. Les habitants de Priène, en guerre avec les Cariens, implorèrent le secours de Samos. Celle-ci, cédant à un mouvement d'orgueil, leur envoya, par dérision, au lieu d'une flotte et d'une armée, une petite gondole. Envisagé néanmoins comme un secours du ciel, ce faible présent fut accueilli avec joie, et, justifiant les présages des Priéniens, les conduisit à la victoire.

2. Les Apolloniates, dans une guerre qu'ils avaient peine à soutenir contre les Illyriens, n'eurent pas lieu de se repentir d'avoir demandé du secours aux habitants d'Épidamne. Ceux-ci leur avaient dit qu'ils leur envoyaient pour auxiliaire le fleuve Æas, qui coule près de leurs remparts : « Nous en acceptons le se-

---

interque adhortationem militum dixisset : Hodie ego Letum utique capiam, » inconsideratius prœliando, fortuitum jactum vocis leto suo confirmavit.

De Ominibus quæ accepere externi.

1. Adjici nostris duo ejusdem generis alienigena exempla non absurde possunt. Samii, Prienensibus auxilium adversus Caras implorantibus, arrogantia instincti, pro classe et exercitu cymbulam eis derisus gratia miserunt. Quam illi velut divinitus datum præsidium interpretati, libenter receptam, vera fatorum prædictione victoriæ ducem habuerunt.

2. Ne Apolloniatæ quidem pœnitentiam egerunt, quod quum bello Illyrico pressi, Epidamnios, ut sibi opem ferrent, orassent, atque illi flumen vicinum mœnibus suis nomine Æantem in adjutorium eorum sese mittere dixissent,

cours, » répondirent-ils; et ils lui assignèrent la première place dans l'armée comme à leur général. Ils remportèrent sur leurs ennemis une victoire inespérée; et, regardant ce triomphe comme un effet de la confiance accordée au présage, ils offrirent dès lors des sacrifices au fleuve Æas comme à un dieu, et le mirent depuis lors à leur tête dans toutes les batailles.

CHAPITRE VI

DES PRODIGES

Des Prodiges chez les Romains.

Le récit des prodiges, heureux ou malheureux, entre aussi dans le plan de mon ouvrage.

1. Servius Tullius, encore en bas âge, dormait paisiblement : tout à coup brilla autour de sa tête une flamme qui frappa les regards de la famille. Saisie d'admiration à la vue de ce prodige, Tanaquil, épouse de Tarquin l'Ancien, prit un intérêt particu-

---

« Accipimus, quod datur, » responderunt : eique primum in acie locum, perinde ac duci, assignaverunt. Ex insperato enim superatis hostibus, successum suum omini acceptum referentes, et tunc Æanti ut deo immolaverunt, et deinceps omnibus præliis duce uti constituerunt.

CAPUT VI

DE PRODIGIIS

De Prodigiis Romanorum.

Prodigiorum quoque, quæ aut secunda, aut adversa acciderunt, debita proposito nostro relatio est.

1. Serv. Tullio etiam tum puerulo dormienti circa caput flammam emicuisse, domestici oculi annotaverunt. Quod prodigium Prisci Tarquinii regis uxor Ta-

lier à Servius, quoiqu'il dût le jour à une esclave : elle le fit élever comme son fils, et finit par le placer sur le trône. (An de R. 150.)

2. Voici un prodige semblable, qui fut suivi d'un événement non moins heureux. L. Marcius se trouvait chef de deux armées affaiblies par la perte de leurs généraux, Publius et Cnéus Scipion, en Espagne. Pendant qu'il harangue ses troupes, sa tête paraît étincelante de lumière. A cet aspect, les soldats, encore tout tremblants, retrouvent leur ancien courage : ils marchent à l'ennemi, taillent en pièces trente-huit mille hommes, font un grand nombre de prisonniers, et se rendent maîtres de deux camps remplis de richesses carthaginoises. (An de R. 541.)

3. Les Romains, après une guerre longue et opiniâtre, avaient réduit les Véiens à se réfugier dans l'enceinte de leurs murailles, mais sans pouvoir prendre la ville. Cette lenteur semblait fatiguer également les assiégeants et les assiégés. On faisait des vœux ardents pour la victoire, lorsque les dieux immortels en ouvrirent le chemin par un prodige extraordinaire. Tout à coup le lac d'Albe, sans le secours des eaux du ciel, sans aucun débordement de rivière, sort de ses limites accoutumées. On envoie, à ce su-

---

naquil admirata, Servium serva natum in modum filii educavit, et ad regium fastigium evexit.

2. Æque felicis eventus illa flamma, quæ ex L. Marcii ducis duorum exercituum, quos interitus P. et Cn. Scipionum in Hispania debilitaverat, capite concionantis eluxit. Namque ejus aspectu pavidi adhuc milites pristinam recuperare fortitudinem admoniti, octo et triginta millibus hostium cæsis, magnoque numero in potestatem redacto, bina castra punicis opibus referta ceperunt.

3. Item quum bello acri et diutino Veientes, a Romanis intra mœnia compulsi, capi non possent, eaque mora non minus obsidentibus, quam obsessis, intolerabilis videretur, exoptatæ victoriæ iter miro prodigio dii immortales patefecerunt. Subito enim Albanus lacus, neque cœlestibus imbribus auctus, neque inundatione ullius amnis adjutus, solitum stagni modum excessit : cujus rei

jet, consulter l'oracle de Delphes; et les députés rapportent cette réponse : les destins vous ordonnent de lâcher les eaux du lac et d'en inonder la campagne; c'est un moyen assuré de faire tomber Véies au pouvoir du peuple romain. Avant l'arrivée de cette nouvelle, un aruspice de Véies avait donné la même réponse : nos soldats l'avaient pris et amené dans le camp, parce qu'aucun des Romains ne savait expliquer le prodige. Averti par cette double prédiction, le sénat satisfit à la volonté du dieu, et presque en même temps se rendit maître de la ville assiégée. (An de R. 356).

4. Il y a aussi beaucoup de bonheur dans l'événement qui suit. L. Sylla, commandant l'armée en qualité de consul dans la guerre Sociale, faisait un sacrifice sur le territoire de Nole, devant la tente prétorienne. Tout à coup il voit s'échapper un serpent du pied de l'autel. A cette vue, sur l'avis de l'aruspice Postumius, il se hâte de mettre son armée en campagne, et force un camp retranché de Samnites : victoire qui fut le premier degré et comme le fondement de la puissance extraordinaire où il parvint dans la suite. (An de R. 664.)

5. L'on est encore saisi d'un étonnement tout particulier au récit des prodiges arrivés dans notre ville, sous le consulat de

---

explorandæ gratia legati, ad Delphicum oraculum missi, retulerunt, « præcipi sortibus, ut aquam lacus ejus emissam per agros diffunderent : sic enim Veios in potestatem populi Romani futuros. » Quod priusquam legati renuntiarent, aruspex Veientium a milite nostro (quia domestici interpretes deerant) raptus et in castra perlatus futurum dixerat. Ergo senatus duplici prædictione monitus, eodem pæne tempore et religioni paruit, et hostium urbe potitus est.

4. Nec parum prosperi successus est, quod sequitur. L. Sylla consul Sociali bello, quum in agro Nolano ante prætorium immolaret, subito ab ima parte aræ prolapsam anguem prospexit. Qua visa, Postumii aruspicis hortatu continuo exercitum in expeditionem eduxit, ac fortissima Samnitum castra cepit. Quæ victoria futuræ ejus amplissimæ potentiæ gradus et fundamentum exstitit.

5. Præcipuæ admirationis etiam illa prodigia, quæ, P. Volumnio, Ser. Sulpi-

P. Volumnius et de Servius Sulpicius, aux approches et dans le trouble des guerres de cette époque. Une génisse, au lieu de mugir, se mit à parler, et, par la nouveauté de ce prodige, épouvanta ceux qui l'entendirent. Des lambeaux de chair tombèrent dispersés comme une pluie : une grande partie fut enlevée par des oiseaux de proie; le reste demeura plusieurs jours sur la terre sans répandre aucune odeur infecte, sans éprouver visiblement aucune altération. (An de R. 292.)

Dans un autre moment d'alarmes, on crut à des prodiges du même genre : un enfant de six mois avait crié victoire dans le marché aux bœufs (an 536); un autre était venu au monde avec une tête d'éléphant; une pluie de pierres était tombée dans le Picénum (an 544); dans la Gaule, un loup avait arraché du fourreau l'épée d'une sentinelle; en Sardaigne, une sueur de sang avait coulé de deux boucliers; auprès d'Antium, des épis ensanglantés étaient tombés dans une corbeille de moissonneurs; des eaux sanglantes étaient sorties des fontaines de Céré (an 536). A l'époque de la seconde guerre punique, il fut aussi établi qu'un bœuf de Cn. Domitius avait proféré ces paroles : « Rome, prends garde à toi. »

---

cio consulibus, in Urbe nostra inter initia motusque bellorum acciderunt. Bos namque, mugitu suo in sermonem humanum converso, novitate monstri audientium animos exterruit. Carnis quoque in modum nimbi dissipatæ partes ceciderunt : quarum majorem numerum præpetes diripuerunt aves, reliquum humi per aliquot dies neque odore tetro, neque deformi aspectu mutatum jacuit.

Ejusdem generis monstra alio tumultu credita sunt : puerum infantem semestrem in foro boario triumphum proclamasse; alium cum elephantino capite natum; in Piceno lapidibus pluisse; in Gallia lupum vigili e vagina gladium abstulisse; in Sardinia scuta duo sanguinem sudasse; apud Antium metentibus cruentas spicas in corbem decidisse; Cærites aquas sanguine mixtas fluxisse. Bello etiam punico secundo constitit, Cn. Domitii bovem dixisse : *Cave tibi, Roma*.

6. C. Flaminius, créé consul au mépris des auspices, était sur le point de livrer bataille à Annibal, près du lac Trasimène. Au moment où il donne l'ordre d'élever les enseignes, son cheval s'abat, et, roulant lui-même par-dessus la tête du cheval, il tombe à terre. Ce prodige néanmoins ne peut l'arrêter : les porte-enseignes annoncent l'impossibilité d'arracher de terre les drapeaux : il commande sous les peines les plus terribles de les enlever avec la bêche. Fatale témérité! Mais du moins que n'en a-t-il lui seul porté la peine, sans faire essuyer au peuple romain un affreux désastre! On vit, en effet, quinze mille citoyens rester sur le champ de bataille, six mille tomber au pouvoir de l'ennemi, et dix mille subir la honte d'être mis en fuite. Flaminius perdit la vie dans cette affaire, et Annibal fit chercher son corps pour rendre les honneurs funèbres à un consul qui avait, autant qu'il était en lui, enseveli l'empire romain dans les champs de Trasimène. (An de R. 536.)

7. La téméraire audace de Flaminius servit de modèle à l'extravagante opiniâtreté de C. Hostilius Mancinus, qui, sur le point de partir pour l'Espagne en qualité de consul, fut vainement averti par les prodiges suivants. Comme il se disposait à faire un sacrifice dans le bourg de Lavinium, les poulets sacrés, lâchés de

---

6. C. autem Flaminius inauspicato consul creatus, quum apud lacum Trasimenum, cum Annibale conflicturus, *convelli signa* jussisset, lapso equo, super caput ejus humi prostratus est : nihilque eo prodigio inhibitus, signiferis negantibus, *signa moveri sua sede posse*, malum, ni ea continuo effodissent, minatus est. Verum hujus temeritatis utinam sua tantum, non etiam populi Romani maxima clade pœnas pependisset! In ea namque acie quindecim millia Romanorum cæsa, sex millia capta, decem millia fugata sunt. Consulis obtruncati corpus ad funerandum ab Annibale quæsitum est; qui, quantum in ipso fuerat, Romanum sepelierat imperium.

7. Flaminii autem præcipitem audaciam C. Hostilius Mancinus vesana perseverantia subsequitur : cui consuli in Hispaniam ituro hæc prodigia acciderunt. Quum Lavinii sacrificium facere vellet, pulli cavea emissi in proximam silvam

leur cage, s'enfuirent dans la forêt voisine, et l'on fit inutilement les recherches les plus actives pour les retrouver. Pendant son embarquement au port d'Hercule, où il s'était rendu à pied, ces mots, partis d'une bouche invisible, vinrent frapper son oreille : « Mancinus, demeure. » Effrayé, il changea de route et se rendit à Gênes. Là, à peine entré dans une barque, il aperçut un serpent d'une grandeur extraordinaire qui disparut aussitôt. Autant de prodiges, autant de malheurs : bataille perdue, traité honteux, soumission funeste. (An de R. 616.)

8. La témérité dans un homme si peu réfléchi n'a pas lieu de nous surprendre, quand nous voyons un citoyen aussi recommandable que T. Gracchus éprouver, malgré sa prudence, le triste sort qu'un prodige lui avait annoncé. Étant proconsul, il faisait un sacrifice dans la Lucanie; tout à coup deux serpents, sortis d'une retraite cachée, se jettent sur la victime qu'il venait d'immoler, en rongent le foie, et retournent dans leur réduit ténébreux. Sur cet incident, l'on recommence le sacrifice; même prodige. On immole une troisième victime, et malgré l'attention la plus scrupuleuse à veiller sur les entrailles, on ne put empêcher ni l'arrivée ni la retraite des deux serpents. Les aruspices

---

fugerunt, summaque diligentia quæsiti reperiri nequiverunt. Quumque ab Herculis portu, quo pedibus pervenerat, navem conscenderet, talis vox sine ullo auctore ad aures ejus pervenit, *Mancine, mane.* Qua territus, quum itinere converso Genuam petisset, et ibi scapham esset ingressus, anguis eximiæ magnitudinis visus e conspectu abiit. Ergo numerum prodigiorum numero calamitatum æquavit, infelici pugna, turpi fœdere deditione funesta.

8. Minus miram in homine parum considerato temeritatem T. Gracchi gravissimi civis tristis exitus, et prodigio denuntiatus, nec evitatus consilio, facit. Proconsul enim quum in Lucanis sacrificasset, angues duo ex occulto prolapsi, repente hostiæ, quum immolaverat, adeso jecinore, in easdem latebras se retulerunt. Ob id deinde factum instaurato sacrificio, idem prodigii evenit. Tertia quoque cæsa victima, diligentiusque asservatis extis, neque allapsus serpentum arceri, neque fuga impediri potuit. *Quod quamvis aruspices ad salutem impera-*

ne manquent pas de déclarer que ce prodige intéresse la vie du général : mais Gracchus ne sait pas prévenir le piége que lui préparait la perfidie de Flavius, son hôte. Conduit par lui dans un endroit où Magon, général des Carthaginois, s'était embusqué avec des soldats armés, il y est assassiné sans défense. (An de R. 541.)

9. Après lui, son collègue dans le consulat, victime de la même erreur, surpris par le même genre de mort, Marcellus se présente naturellement à l'esprit. La prise de Syracuse, la gloire d'avoir le premier, devant Nole, forcé Annibal à prendre la fuite enflammait son courage : il redoublait d'efforts dans le dessein ou d'exterminer les Carthaginois en Italie, ou de les en chasser. A cet effet, il veut consulter la volonté des dieux par un sacrifice solennel : une première victime tombe devant le brasier sacré; elle offre un foie sans lobe : une seconde est aussitôt immolée; on y trouve un foie à deux lobes. A l'inspection de ces prodiges, l'aruspice attristé annonce de mauvais présages : il est effrayé de voir des signes, d'un côté trop fâcheux, de l'autre trop favorables. C'était pour Marcellus un avertissement de ne faire aucune démarche imprudente. Néanmoins, la nuit suivante, il s'aventure à la découverte avec une faible escorte; il rencontre dans

---

loris pertinere dixissent, Gracchus tamen non cavit, ne perfidi hospitis sui Flavii insidiis in eum locum deductus, in quo Pœnorum dux Mago cum armata manu delituerat, inermis occideretur.

9. Et consulatus collegium, et erroris societas, et par genus mortis, a T. Graccho ad Marcelli memoriam me trahit. Is captarum Syracusarum, et Annibalis ante Nolana mœnia a se primum fugere coacti, gloria inflammatus, quum summo studio niteretur, ut Pœnorum exercitum aut in Italia prosterneret, aut Italia pelleret, solemnique sacrificio voluntates deorum exploraret, quæ prima hostia ante foculum decidit, ejus jecur sine capite inventum est; proxima caput jecinoris duplex habuit. Quibus inspectis aruspex tristi vultu, *non placere sibi exta, quia prima trunca, secunda nimis læta apparuissent*, respondit. Ita monitus M. Marcellus, ne quid temere conaretur, insequenti nocte speculandi gratia cum

le Bruttium un gros d'ennemis qui l'enveloppe et lui donne la mort, cruel sujet de pleurs, perte irréparable pour la patrie. (An de R. 539.)

10. Octavius, consul, appréhenda également l'effet d'un affreux présage sans pouvoir l'éviter. La tête d'une statue d'Apollon s'était détachée d'elle-même et tellement fixée en terre qu'elle n'en pouvait plus être arrachée. Comme Octavius était en guerre avec Cinna son collègue, il se crut menacé d'une ruine totale par ce prodige, et la crainte de ce malheur servit à l'y précipiter par une fin déplorable. Ce ne fut qu'après sa mort que la tête du dieu, jusqu'alors inébranlable, se laissa soulever de terre. (An de R. 666.)

11. M. Crassus, dont la perte doit être comptée parmi les plus grandes calamités de notre empire, ne nous permet point, en cette occasion, de le passer sous silence. Une foule de prodiges, avant-coureurs d'un si grand désastre, était venue frapper ses sens de témoignages irrécusables. Il allait quitter Carre avec son armée pour marcher contre les Parthes, lorsqu'il reçoit une cotte d'armes de couleur sombre, au lieu du manteau blanc ou couleur de pourpre que l'on donne ordinairement aux généraux, à leur départ pour une bataille. Les soldats arrivent à la place

paucis egredi ausus, a multitudine hostium in Bruttiis circumventus, æque magnum dolorem, ac detrimentum patriæ, interitu suo attulit.

10. Jam Octavius consul dirum omen quemadmodum timuit, ita vitare non potuit. Ex simulacro enim Apollinis per se abrupto capite, et ita infixo humi, ut avelli nequiret, armis cum collega suo Cinna dissedens, præsumpsit animo, ea re significari exitium suum : in quod, metu augurii, tristi fine vitæ incidit; ac tum demum immobile dei caput terra refigi potuit.

11. Non sinit nos M. Crassus, inter gravissimas Romani imperii jacturas numerandus, hoc loco de se silentium agere, plurimis et evidentissimis ante tantam ruinam monstrorum pulsatus ictibus. Ducturus erat a Carris adversus Parthos exercitum; pullum ei traditum est paludamentum, quum in prælium exeuntibus album aut purpureum dari soleret : mœsti et taciti milites ad principia conve-

CHAP. VI, DES PRODIGES   41

d'armes, tristes et silencieux, au lieu d'y accourir, selon l'usage, avec des cris d'allégresse. Une aigle ne peut être enlevée qu'avec peine par le premier centurion; une autre, arrachée avec les plus grands efforts, se porte d'elle-même en arrière. C'étaient de grands prodiges; mais les malheurs furent plus grands encore. Tant de brillantes légions massacrées, tant de drapeaux tombés au pouvoir de l'ennemi, l'honneur des armes romaines foulé aux pieds par la cavalerie des Barbares; un fils, d'un rare mérite, égorgé sous les yeux de son père; le corps du général exposé, au milieu de monceaux de cadavres, à la voracité des animaux et des oiseaux de proie : voilà un tableau effrayant, sans doute; mais je n'en saurais adoucir les traits sans mentir à l'histoire. Ainsi s'allume le courroux des dieux méprisés; ainsi est châtié l'orgueil de la raison humaine, quand elle ose préférer ses conseils à ceux de la divinité. (An de R. 700.)

12. Cn. Pompée fut aussi suffisamment averti par le maître des dieux, de ne pas tenter les hasards d'une bataille décisive contre J. César. Au sortir de Dyrrachium, la foudre tomba devant son armée; des essaims d'abeilles, obscurcissant les drapeaux, jetèrent la tristesse dans le cœur du soldat; tout le camp fut en

---

nerunt, qui vetere instituto cum clamore alacri accurrere debebant : aquilarum altera vix convelli a primipilo potuit; altera aegerrime extracta, in contrariam, ac ferebatur, partem se ipsa convertit. Magna haec prodigia : sed et illae clades aliquanto majores; tot pulcherrimarum legionum interitus; tam multa signa hostilibus intercepta manibus, tantum Romanae militiae decus barbarorum obtritum equitatu; optimae indolis filii cruore paterni respersi oculi; corpus imperatoris, inter promiscuas cadaverum strues, avium ferarumque laniatibus objectum. Vellem quidem placidius; sed, quod relatum, verum est. Sic dii spreti excandescunt; sic humana consilia castigantur, ubi se coelestibus praeferunt.

12. Cn. etiam Pompeium Jupiter omnipotens abunde monuerat, ne cum C. Caesare ultimam belli fortunam experiri contenderet, egresso a Dyrrachio adversa agmini ejus fulmina jaciens, examinibus apum signa obscurando, subita tristitia implicatis militum animis, nocturnis totius exercitus terroribus, ab ipsis

proie à des terreurs nocturnes; au moment du sacrifice, les victimes s'enfuirent de l'autel. Mais les lois inévitables du destin ne permirent pas à cette âme, d'ailleurs si éloignée d'une folle arrogance, de peser et d'apprécier sainement ces prodiges. Aussi eut-il l'imprudence de les dédaigner; et bientôt il vit ce crédit immense, cette fortune excessive pour un particulier, tous ces titres accumulés en dépit de l'envie depuis son adolescence, s'évanouir dans l'espace d'une seule journée. Et cette même journée fut témoin des phénomènes les plus extraordinaires : dans les temples, les statues des dieux se retournèrent spontanément; un cri militaire et un cliquetis d'armes retentirent à Antioche et à Ptolémaïde avec une telle force, que l'on accourut sur les remparts; à Pergame, on entendit un bruit de tambour au fond des sanctuaires; à Tralles, on vit un palmier verdoyant d'une dimension ordinaire naître tout d'un coup dans le temple de la Victoire, entre les pierres de l'édifice, au-dessous de la statue de César : preuves évidentes que les dieux s'intéressaient à la gloire de César, mais qu'ils voulaient arrêter Pompée dans sa funeste erreur. (An de R. 705.)

13. Pénétré d'une vénération profonde pour tes autels et tes temples augustes, divin Jules César, je te supplie d'avoir pour

---

altaribus hostiarum fuga. Sed invictæ leges necessitatis pectus alioqui procul ab amentia remotum, prodigia ista justa æstimatione perpendere passæ non sunt. Itaque dum illa elevat, auctoritatem amplissimam, et opes privato fastigio excelsiores, omniaque ornamenta, quæ ab ineunte adolescentia ad invidiam usque contraxerat, spatio unius diei confregit. Quo constat in delubris deum sua sponte signa conversa; militarem clamorem, strepitumque armorum adeo magnum Antiochiæ et Ptolemaide auditum, ut in muros concurreretur; sonum tympanorum Pergami abditis delubris editum; palmam viridem Trallibus in æde Victoriæ, sub Cæsaris statua, inter coagmenta lapidum justæ magnitudinis enatam. Quibus apparet cœlestium numen et Cæsaris gloriæ favisse, et Pompeii errorem inhibere voluisse.

13. Tuas aras, tuaque sanctissima templa, dive Juli, veneratus oro, ut propitio

ces grands hommes une bonté propice, de vouloir bien accorder un refuge à leur infortune sous l'abri tutélaire de ton exemple. On raconte, en effet, que le jour où, revêtu d'un manteau de pourpre, tu consentis à t'asseoir sur un trône d'or, pour ne pas paraître dédaigner les honneurs extraordinaires que le sénat te déférait avec tant d'empressement, tu voulus, avant de t'offrir aux regards impatients de tes concitoyens, rendre tes hommages aux dieux parmi lesquels tu devais bientôt passer toi-même, et que, dans un taureau magnifique, immolé au pied des autels, on ne trouva point de cœur; prodige qui menaçait ta vie et ta pensée, selon la réponse de l'aruspice Spurina, puisque la vie et la pensée résident l'une et l'autre dans le cœur. Alors éclata le projet parricide de ceux qui, voulant te retrancher du nombre des hommes, t'associèrent au conseil des dieux. (An de R. 709.)

Des Prodiges chez les étrangers.

1. Terminons ici le récit des prodiges de cette nature, fournis par notre histoire : si je prenais maintenant des exemples chez les Romains, je paraîtrais descendre d'un temple céleste, pour

---

ac faventi numine tantorum casus virorum sub tui exempli præsidio ac tutela delitescere patiaris. Te enim accipimus, eo die, quo purpurea veste velatus, aurea in sella consedisti, ne maximo studio senatus exquisitum et delatum honorem sprevisse videreris, priusquam exoptatum civium oculis conspectum tui offerres, cultui religionis, in quam mox eras transiturus, vacasse; mactatoque opimo bove cor in extis non reperisse : ac responsum tibi a Spurina aruspice, *pertinere id signum ad vitam et consilium tuum, quod utraque hæc corde continerentur.* Erupit deinde eorum parricidium, qui dum te hominum numero subtrahere volunt, deorum concilio adjecerunt.

De Prodigiis quæ evenere externis.

1. Claudatur hoc exemplo talium ostentorum domestica relatio, ne si ulterius Romana apprehendero, e cœlesti templo ad privatas domos, non consentaneos

chercher mal à propos des leçons dans les demeures des hommes. Je vais donc emprunter quelques traits aux étrangers : en passant dans un ouvrage latin, ils perdent, sans doute, de leur importance; mais ils peuvent y répandre une agréable variété.

Dans l'armée que Xerxès rassembla contre les Grecs, on vit, c'est un fait avéré, une cavale donner le jour à un lièvre; ce prince avait à peine enfin passé le mont Athos. Un pareil prodige annonçait bien quelle devait être l'issue d'une expédition entreprise avec tant d'appareil. En effet, celui qui avait, peu auparavant, couvert la mer de ses flottes, la terre de ses bataillons, fut réduit à fuir, comme un lièvre timide, et à regagner en tremblant le cœur de ses États. (Av. J.-C. 480.)

Avant de détruire Athènes, comme il s'occupait du dessein d'attaquer Lacédémone, il fut témoin, pendant son repas, d'un phénomène extraordinaire. Le vin qu'on versa dans sa coupe se convertit en sang, à trois reprises différentes. Les mages consultés à ce sujet lui conseillèrent de renoncer à son dessein ; et s'il fût resté quelques vestiges de raison dans cette âme extravagante, Xerxès aurait pu éviter son malheur : il avait reçu, d'avance, assez d'avertissements sur Léonidas et sur les Spartiates. (Même année.)

---

usus transtulisse videar. Attingam igitur externa : quæ Latinis inserta litteris, ut auctoritatis minus habent, ita aliquid gratæ varietatis afferre possunt.

In exercitu Xerxis, quem adversus provinciam Græciam contraxerat, equæ partu leporem editum constat, eodem montem Athon vix tandem transgresso. Quo genere monstri tanti apparatus significatus est eventus. Nam qui mare classibus, terram pedestri operuit exercitu, ut fugax animal, pavido regressu regnum suum repetere est coactus.

Priusquam Athenas deleret, Lacedæmonis invadendæ consilium agitanti, admirabile inter cœnam prodigium incidit. Infusum namque pateræ ejus vinum, in sanguinem, nec semel, sed iterum, et tertio, conversum est. Qua de re consulti magi monuerunt, ut se ab incepto abstineret : et, si quod vestigium in vecordi pectore sensus fuisset, cavere potuisset, ante de Leonida et Spartanis abunde monitus.

2. Midas, qui régna sur la Phrygie, était encore enfant, lorsque des fourmis amoncelèrent des grains de blé dans sa bouche, pendant son sommeil. Ses parents consultèrent les devins, pour découvrir le sens de ce prodige : ceux-ci répondirent qu'il deviendrait le plus riche des hommes. La prédiction se vérifia. Midas posséda presque plus de trésors que tous les rois ensemble; à la place des utiles présents dont les dieux avaient gratifié le berceau de son enfance, il entassa des monceaux d'or et d'argent.

3. Ces fourmis de Midas, je les mets à juste titre bien au-dessous des abeilles de Platon : celles-là présagèrent une fortune fragile et périssable; celles-ci annoncèrent une félicité solide et éternelle, en déposant leur miel sur les lèvres de l'enfant paisiblement endormi dans son berceau. A cette nouvelle, les devins prédirent qu'une éloquence d'une douceur merveilleuse coulerait de sa bouche. Mais, au lieu du mont Hymette, où l'odeur du thym parfume les airs, ces abeilles, ce me semble, poussées par les Muses, choisirent les collines de l'Hélicon, séjour de ces déesses, embelli de toutes les productions de la science, pour y cueillir le suc de ses fleurs, et en distiller dans cet admirable génie le délicieux aliment d'une sublime éloquence. (Vers l'an 329 av. J.-C.)

---

2. Midæ vero, cujus imperio Phrygia fuit subjecta, puero dormienti formicæ in os grana tritici congesserunt. Parentibus deinde ejus, quorsum prodigium tenderet, explorantibus, augures responderunt, *omnium illum mortalium futurum ditissimum*. Nec vana prædictio exstitit : nam Midas cunctorum pæne regum opes abundantia pecuniæ antecessit; infantiæque incunabula utili deorum munere donata, onustis auro atque argento gazis pensavit.

3. Formicis Midæ jure meritoque apes Platonis prætulerim : illæ enim caducæ ac fragilis, hæ solidæ et æternæ felicitatis indices exstiterunt, dormientis in cunis parvuli labellis mel inserendo. Qua re audita, prodigiorum interpretes *singularem eloquii suavitatem ore ejus emanaturam* dixerunt. At mihi quidem illæ apes non montem Hymettum thymi flore redolentem, sed Musarum Heliconios colles, omni genere doctrinæ virentes, dearum instinctu depastæ, maximo ingenio dulcissima alimenta summæ eloquentiæ instillasse videntur.

3.

CHAPITRE VII

DES SONGES

Des Songes chez les Romains.

Mais puisque j'ai fait mention des richesses de Midas et du sommeil éloquent de Platon, je raconterai avec quelle vérité l'image de l'avenir a été fréquemment dévoilée dans le calme du sommeil.

1. Et par où puis-je mieux entamer ce sujet, que par le nom sacré du divin Auguste? Son médecin Artorius, la nuit qui précéda la sanglante journée où les armées romaines se rencontrèrent dans les plaines de Philippes, vit en songe la figure de Minerve, qui lui prescrivit d'avertir ce prince, alors dangereusement malade, de ne pas manquer, malgré son état de souffrance, d'assister au prochain combat. Sur cet avis, César se fait porter en litière dans les rangs de l'armée, et tandis qu'il veille au succès de la bataille avec un courage au-dessus de ses forces, son camp tombe

CAPUT VII

DE SOMNIIS

De Somniis Romanorum.

Sed quoniam divitias Midæ, disertumque Platonis somnum attigi, referam, quam certis imaginibus multorum quies adumbrata sit.

1. Quem locum unde potius exordiar, quam a divi Augusti sacratissima memoria? Ejus medico Artorio somnum capienti nocte, quam dies insecutus est, quo in campis Philippicis Romani inter se exercitus concurrerunt, Minervæ species oborta præcepit, « ut illum gravi morbo implicitum moneret, ne propter adversam valetudinem proximo prælio non interesset. » Quod quum Cæsar audisset, lectica se in aciem deferri jussit : ubi dum supra vires corporis pro

au pouvoir de Brutus. Que devons-nous penser, sinon que la bonté divine, protégeant une tête destinée dès lors à l'immortalité, l'empêcha d'essuyer des mains de la fortune un outrage indigne d'une âme céleste (An de R. 711.)

2. Auguste, indépendamment d'une vivacité de pénétration et de discernement qui le servit en toute occasion, trouvait dans un exemple domestique assez récent un avertissement salutaire de déférer au conseil donné par le songe d'Artorius. Il savait que Calpurnie, épouse du divin Jules, son père, la dernière nuit que celui-ci passa sur la terre, avait vu ce héros couvert de blessures, expirant entre ses bras, et que, vivement frappée de l'horreur de ce spectacle, elle l'avait supplié sans repos de ne pas aller au sénat le lendemain; mais que César, ne voulant point avoir l'air de régler sa conduite d'après le songe d'une femme, n'avait pas laissé de se rendre à l'assemblée, où des mains parricides l'immolèrent à leur fureur. Il est inutile de faire, sous aucun rapport, un parallèle entre le père et le fils, aujourd'hui surtout que la même élévation les réunit au conseil des dieux : seulement l'un s'était déjà ouvert, par ses exploits, l'entrée du ciel, et l'autre avait encore à parcourir sur la terre un long cercle de vertus.

---

adipiscenda victoria excubat, castra ejus a Bruto capta sunt. Quid ergo aliud putamus, quam divino munere effectum, ne destinatum jam immortalitati caput indignam cœlesti spiritu fortunæ violentiam sentiret?

2. Augustum vero præter naturalem animi in omnibus rebus subtiliter perspiciendis vigorem, etiam recens et domesticum exemplum, ut Artorii somnio obtemperaret, admonuit. Audiverat enim divi Julii patris sui uxorem Calpurniam nocte, quam is in terris ultimam egit, in quiete vidisse multis eum confectum vulneribus in suo sinu jacentem; somniique atrocitate vehementer exterritam, rogare non destitisse, *ut proxima die a curia se abstineret* : at illum, ne muliebri somnio motus id fecisse existimaretur, senatum, in quo ei parricidarum manus allatæ sunt, adire contendisse. Non est operæ inter patrem et filium ullius rei comparationem fieri, præsertim divinitatis fastigio junctos : sed jam alter operibus suis aditum sibi ad cœlum instruxerat, alteri longus adhuc ter-

Ainsi les immortels se proposèrent uniquement de faire voir à l'un que son apothéose approchait; à l'autre, qu'il devait s'attacher même à la reculer : destinés tous deux à honorer les demeures célestes, le premier était dès lors accordé à l'Olympe, le second lui était seulement promis. (An de R. 709.)

3. Un autre songe, bien étonnant encore et bien mémorable par ses suites, est celui que les deux consuls P. Décius et T. Manlius Torquatus eurent la même nuit, dans leur camp, au pied du mont Vésuve, pendant la guerre à la fois meurtrière et périlleuse qu'ils soutenaient contre les Latins. Un inconnu apparut en songe à l'un et à l'autre, et leur annonça que les dieux infernaux et la Terre, mère commune du genre humain, réclamaient pour victimes le général de l'un des deux partis, et l'armée de l'autre; que celui, dont le chef attaquerait les troupes ennemies et se dévouerait lui-même pour leur ruine, aurait la victoire. Le lendemain, les généraux firent un sacrifice pour servir ou d'expiation, si le présage pouvait se détourner, ou d'offrande préparatoire à son accomplissement, si la volonté des dieux demeurait inébranlable : les entrailles des victimes s'accordèrent avec le songe. Ils convinrent que le premier qui verrait plier l'aile soumise à son commandement, assurerait par

---

restrium virtutum orbis restabat. Quapropter ab hoc tantummodo impendentem mutationem status cognosci, ab illo etiam differri dii immortales voluerunt, ut aliud cœlo decus daretur, aliud promitteretur.

3. Illud etiam somnium et magnæ admirationis et clari exitus, quod eadem nocte duo consules P. Decius et T. Manlius Torquatus, Latino bello, et gravi et periculoso, non procul a Vesuvii montis radicibus positis castris, viderunt. Utrique enim quidam per quietis speciem prædixit, « ex altera acie imperatorem, ex altera exercitum, diis Manibus Matrique Terræ deberi : utrius autem dux copias hostium aggrederetur, superque eas sese ipsum devovisset, victricem abituram. » Id luce proxima consulibus sacrificio vel expiaturis, si posset averti, vel, si certum deorum etiam monitu visum foret, exsecuturis, hostiarum exta somnio congruerunt; convenitque inter eos, cujus cornu prius laborare cœpis-

sa mort le salut de la patrie. L'un et l'autre s'offrirent avec courage ; les dieux demandèrent la vie de Décius. (An de R. 413.)

4. Le songe suivant n'intéresse pas moins la religion de l'État. Un jour de célébration des jeux plébéiens, avant l'ouverture de la cérémonie, un père de famille avait traversé le cirque Flaminien, précédé de son esclave, qu'il faisait battre de verges et conduire au supplice, la fourche au cou. T. Atinius, homme du peuple, reçut en songe un avertissement du ciel, d'aller dire aux consuls que Jupiter n'avait pu voir sans déplaisir le premier acteur mis en scène aux derniers jeux du cirque ; que si l'on ne s'attachait à expier cette faute en recommençant les jeux, on attirerait sur la patrie les plus grands malheurs. Atinius, craignant de ne pouvoir, sans danger pour sa personne, jeter des scrupules dans l'esprit des premiers magistrats, garda le silence. Peu après, son fils mourut subitement. La nuit suivante, le même dieu lui apparut encore, et lui demanda s'il n'était pas assez puni de n'avoir tenu aucun compte de ses ordres ; et comme il persistait à garder le silence, il tomba en paralysie. Alors seulement il se décida, par le conseil de ses amis, à se faire porter en litière

---

set, ut is patriæ fata capite suo lueret : quæ, neutro formidante, Decium depoposcerunt.

4. Sequitur æque ad publicam religionem pertinens somnium. Quum plebiis ludis quidam paterfamilias per circum Flaminium, priusquam pompa induceretur, servum suum verberibus mulcatum, sub furca ad supplicium egisset, T. Atinio, homini ex plebe, Jupiter in quiete præcepit, ut consulibus diceret, sibi præsultorem ludis circensibus proximis non placuisse : quæ res nisi attenta ludorum instauratione expiata esset, secuturum non mediocre Urbis periculum. Ille veritus, ne cum aliquo incommodo suo religione summum implicaret imperium, silentium egit; e vestigioque filius ejus subita vi morbi correptus interiit. Ipse etiam per quietem ab eodem deo interrogatus, *an satis magnam pœnam neglecti imperii sui pependisset*, in proposito perseverans debilitate corporis solutus est : ac tum demum ex consilio amicorum, lectica ad

au tribunal des consuls, puis au sénat. Il y raconta tout ce qui lui était arrivé, et, au grand étonnement de tout le monde, il recouvra l'usage de ses membres, et revint chez lui à pied. (An de R. 264.)

5. Encore un trait qu'il ne faut pas ensevelir dans le silence. Cicéron, banni de Rome par les cabales de ses ennemis, s'arrête dans une maison de campagne près d'Atina. Il s'y abandonne au sommeil, et bientôt il lui semble qu'égaré à travers des pays déserts et sauvages, il rencontre C. Marius, environné de toutes les marques de la dignité consulaire; ce général lui demande pourquoi il marche ainsi à l'aventure et d'un air si triste; et, apprenant son infortune, Marius le prend par la main et le remet à son premier licteur, pour le conduire vers un édifice qu'il avait fait élever, l'assurant qu'il y trouverait un sort plus heureux : promesse que l'événement ne démentit point, puisque ce fut dans le temple de Jupiter, monument érigé par les soins de Marius, que le sénat porta le décret du rappel de Cicéron. (An de R. 695.)

6. C. Gracchus fut averti, en songe, de la manière la plus claire et la plus frappante, du sort affreux qui le menaçait. Étant

---

tribunal consulum, et inde ad senatum perlatus, ordine totius casus sui exposito, magna cum omnium admiratione, recuperata membrorum firmitate, pedibus domum rediit.

5. Ac ne illud quidem involvendum silentio. Inimicorum conspiratione Urbe pulsus M. Cicero, quum in villa quadam campi Atinatis deversaretur, is animo in somnum profuso, per loca deserta et invias regiones vaganti sibi C. Marium consulatus ornatum insignibus putavit obvium factum, et interrogantem eum, *quid ita tam tristi vultu incerto itinere ferretur;* audito deinde casu, quo conflictabatur, comprehendisse dexteram suam, ac se proximo lictori in monumentum ipsius deducendum tradidisse, quod diceret, *ibi esse lætiorem status spem repositam.* Nec aliter evenit : nam in æde Jovis Mariana senatusconsultum de reditu ejus est factum.

6. C. autem Graccho imminentis casus atrocitas palam atque aperte per quie-

profondément endormi, il vit l'ombre de Tib. Gracchus, son frère ; elle lui annonçait l'impossibilité d'éviter le destin cruel qui lui avait arraché la vie à lui-même en le chassant du Capitole. Gracchus, avant de prendre possession de ce fameux tribunat qui lui attira le sort de son frère, fit lui-même le récit de ce songe à plusieurs personnes, et Célius, écrivain digne de foi, assure, dans son Histoire romaine, en avoir entendu parler du vivant de Caïus Gracchus. (An de R. 626.)

7. Cette apparition, tout effrayante qu'elle est, n'est pas comparable à celle que je vais raconter. Après la destruction de la puissance d'Antoine auprès d'Actium, Cassius de Parme, l'un de ses partisans, se réfugia dans Athènes. Accablé de chagrin et d'inquiétude, il se jeta sur un lit et s'abandonna au sommeil. Vers le milieu de la nuit, il lui sembla qu'il voyait venir à lui un homme d'une taille gigantesque, le teint noir, la barbe négligée et les cheveux épars ; que, lui ayant demandé qui il était, le spectre répondit : « Ton mauvais génie. » Épouvanté d'une vision si affreuse et d'un nom si horrible, il appela ses esclaves à grands cris, et leur demanda s'ils avaient vu entrer dans la chambre ou en

---

tem denuntiata est. Somno enim pressus, Tib. Gracchi fratris effigiem vidit, dicentis sibi, *nulla ratione eum vitare posse, ut eo fato non periret, quo ipse propulsus e Capitolio occidisset.* Id ex Graccho prius, quam tribunatum, in quo fraternum exitum habuit, iniret, multi audiverunt. Cœlius etiam, certus Romanæ historiæ auctor, sermonem de ea re ad suas aures illo adhuc vivo pervenisse scribit.

7. Vincit hujusce somnii dirum aspectum, quod sequitur. Apud Actium M. Antonii fractis opibus, Cassius Parmensis, qui partes ejus secutus fuerat, Athenas confugit : ubi concubia nocte, quum sollicitudinibus et curis mente sopita in lectulo jaceret, existimavit ad se venire hominem ingentis magnitudinis, coloris nigri, squalidum barba, et capillo demisso ; interrogatumque, quisnam esset, respondisse κακοδαίμονα. Perterritus deinde tam tetro visu, et nomine horrendo, servos inclamavit, sciscitatusque, *si quem talis habitus aut intrantem cubiculum, aut exeuntem vidissent.* Quibus affirmantibus, *neminem illuc accessisse,*

sortir un homme d'un pareil aspect : « Personne n'a pénétré ici, » répondirent-ils : Cassius se recoucha, se rendormit, et le même spectre vint encore se présenter à ses yeux. Alors, bannissant le sommeil, il fait apporter de la lumière, et défend à ses esclaves de le quitter. Entre cette nuit cruelle et l'instant de son supplice ordonné par César, il n'y eut qu'un bien faible intervalle. (An de R. 733.)

8. Moins d'espace encore sépara le songe d'Atérius Rufus de l'événement qu'il présageait. Se trouvant à Syracuse pendant les jeux de gladiateurs, il crut voir en songe un rétiaire lui percer le sein d'un coup d'épée. Le lendemain, assistant au combat, il raconta son rêve aux spectateurs assis à ses côtés. Bientôt après, un rétiaire, avec un mirmillon, entra dans l'arène, du côté où se trouvait le chevalier romain. A cette vue, Rufus s'écria : « Voilà le rétiaire par qui j'ai cru être assassiné ; » et il voulut se retirer aussitôt. Mais ses voisins ayant réussi, par leurs discours, à dissiper sa frayeur, causèrent la perte de cet infortuné ; car le rétiaire vint à pousser le mirmillon dans cet endroit et à le terrasser : voulant le frapper après l'avoir abattu, il perça Atérius et lui donna la mort.

iterum quieti et somno se dedit : atque eadem animo ejus obversata est species. Itaque fugato somno, lumen introferri jussit, puerosque a se discedere vetuit. Inter hanc noctem et supplicium capitis, quo eum Cæsar affecit, paululum admodum temporis intercessit.

8. Propioribus tamen, ut ita dicam, lineis Aterii Rufi, equitis Romani, somnium certo eventu admonitum est. Qui, quum gladiatorium munus Syracusis ederetur, inter quietem retiarii se manu confodi vidit, idque postero die in spectaculo concessoribus narravit. Incidit deinde, ut proximo ab equite loco retiarius cum mirmillone introduceretur : cujus quum faciem vidisset, idem dixit, *ab illo se retiario trucidari putasse*, protinusque inde discedere voluit. Illi, sermone suo metu ejus discusso, causam exitii misero attulerunt. Retiarius enim, in eum locum compulso mirmillone et abjecto, dum jacentem ferire conatur, trajectum gladio Aterium interemit.

Des Songes chez les étrangers.

1. Annibal eut aussi un songe d'un présage non moins assuré qu'effroyable pour les Romains ; tant cet homme était ennemi de notre-empire non-seulement quand il veillait, mais encore pendant son sommeil. Il eut, en effet, une vision bien conforme à ses desseins et à ses vœux : il crut voir un jeune homme d'une taille plus qu'humaine, envoyé du ciel pour le guider dans l'invasion de l'Italie. D'abord, selon le conseil de ce guide, il suit ses pas sans détourner la vue d'aucun côté. Bientôt par un mouvement de cette curiosité naturelle qui nous porte à vouloir pénétrer les choses mystérieuses, il regarde derrière lui et aperçoit un serpent monstrueux qui, d'une course rapide, renverse et écrase tout ce qui se rencontre sur son passage. A sa suite, éclatent des orages avec un bruit de tonnerre épouvantable, et le ciel est enveloppé d'épaisses ténèbres. Saisi d'étonnement, il demande ce que c'est que ce prodige et quel événement il présage. « Tu vois, lui répondit son guide, la dévastation de l'Italie : ton devoir est de garder le silence et d'abandonner le reste aux conseils secrets du destin. »

De Somniis externorum.

1. Annibalis, quoque, ut detestandum Romano sanguini, ita certæ prædictionis somnium : cujus non vigiliæ tantum, sed etiam ipsa quies hostilis imperio nostro fuit. Hausit enim proposito et votis suis convenientem imaginem, existimavitque missum sibi ab Jove mortali specie excelsiorem juvenem, invadendæ Italiæ ducem : cujus monitu primo vestigia nullam in partem motis secutus oculis, mox humani ingenii prona voluntate vetita scrutandi pone respiciens, animadvertit immensæ magnitudinis serpentem, concitato impetu, omne quidquid obvium fuerat, proterentem ; postque eam magno cum cœli fragore erumpentes nimbos, lucemque caliginosis involutam tenebris. Attonitus deinde, *quidnam esset monstri, et quid portenderet*, interrogavit. Hic dux : « *Italiæ vides*, inquit, *vastitatem : proinde sile, et cætera tacitis permitte fatis.* »

2. Alexandre, roi de Macédoine, avait été suffisamment averti en songe de veiller avec plus de soin à la sûreté de ses jours ; mais il aurait fallu que la fortune l'armât encore de prudence contre le péril. En effet, il avait eu lieu de reconnaître, pendant le sommeil, avant d'en faire l'expérience par sa mort, que la main de Cassandre lui était fatale. Il se crut assassiné par cet officier qu'il n'avait cependant jamais vu. Quelque temps après, Cassandre parut devant le roi, et celui-ci, à son aspect, reconnut l'image qui l'avait effrayé en songe : mais apprenant qu'il était le fils d'Antipater, il se contenta de réciter un vers grec sur la vanité des songes : et, au moment même où l'on tenait déjà préparé le poison mortel que l'on impute à Cassandre de lui avoir donné, il bannit tout soupçon de son esprit. (Av. J.-C. 323.)

3. Les dieux manifestèrent plus particulièrement encore leur bienveillance envers le poëte Simonide : ils assurèrent l'effet d'un salutaire avis qu'ils lui avaient donné pendant le sommeil, en lui inspirant la ferme résolution de le suivre. Ayant abordé sur un rivage, il y trouva un cadavre étendu sans sépulture et prit soin de l'inhumer. L'ombre du mort l'avertit de ne point se mettre en mer le jour suivant. Il obéit. Ceux qui s'étaient embarqués furent

---

2. Quam bene Macedoniæ rex Alexander per quietem viso imagine præmonitus erat, ut vitæ suæ custos esset diligentior, si eum cavendi etiam periculi consilio fortuna instruere voluisset! Namque Cassandri pestiferam sibi dexteram somnio prius cognovit, quam exitu sensit : existimavit enim, ab illo se interfici, quum eum nunquam vidisset. Interposito deinde tempore, postquam in conspectum venisset, nocturni metus patefacta imagine, ut Antipatri filium esse cognovit, adjecto versu græco, qui fidem somniorum elevat, præparati jam adversus caput suum veneficii, quo occidisse Cassandri manu creditur, suspicionem animo repulit.

3. Longe indulgentius dii in poeta Simonide, cujus salutarem inter quietem admonitionem consilii firmitate roboraverunt. Is enim quum ad litus navem appulisset, inhumatumque corpus jacens sepulturæ mandasset, admonitus ab eo, ne proximo die navigaret, in terra remansit. Qui inde solverunt, fluctibus et

assaillis par une tempête et engloutis dans les flots sous ses yeux. Simonide s'applaudit de s'être reposé du soin de sa vie sur un songe plutôt que sur un vaisseau. En reconnaissance du bienfait, le poëte immortalisa cette ombre généreuse par un très-beau poëme, lui érigeant ainsi dans la mémoire des hommes un monument plus noble et plus durable que celui qu'il lui avait élevé dans les sables d'un désert inconnu. (Av. J.-C. 464.)

4. Un songe encore bien fidèlement vérifié fut celui qui remplit l'âme du roi Crésus, d'abord des plus vives alarmes, ensuite de la plus grande affliction. Il avait deux fils, dont l'un, nommé Atys, supérieur à l'autre par une rare activité et par les qualités du corps, était destiné à l'empire; il crut le voir en songe tomber sous un fer homicide. Sa tendresse paternelle se hâta de prendre toutes les précautions qui pouvaient prévenir le cruel malheur dont il était menacé. Jusque-là il ne s'était point fait de guerre que le jeune prince n'y fût envoyé; dès lors on le retint dans le palais. Il avait un magasin rempli d'armes de toute espèce; Crésus les fit éloigner. Des gardes l'accompagnaient, l'épée au côté; on leur défendit de se tenir trop près de sa personne. Mais la nécessité sut bien donner accès au malheur. Un sanglier monstrueux

---

procellis in conspectu ejus obruti sunt. Ipse lætatus est, quod vitam suam somnio, quam navi, credere maluisset. Memor autem beneficii, elegantissimo carmine æternitati consecravit, melius illi et diuturnius in animis hominum sepulcrum constituens, quam in desertis et ignotis arenis struxerat.

4. Efficax et illa quietis imago, quæ Crœsi regis animum maximo prius metu, deinde etiam dolore confecit. Nam e duobus filiis, et ingenti agilitate, et corporis dotibus præstantiorem, imperiique successioni destinatum Atym, existimavit ferro sibi ereptum. Itaque quidquid ad evitandam denuntiatæ cladis acerbitatem pertinebat, nulla ex parte patria cura cessavit avertere. Solitus erat juvenis ad bella gerende mitti; domi retentus est : habebat armamentarium omnis generis telorum copia refertum; id quoque amoveri jussit : gladio cinctis comitibus utebatur; vetiti sunt propius accedere. Necessitas tamen adi-

ravageait les campagnes cultivées du mont Olympe, et souvent même dévorait les habitants. On implora le secours du roi contre un fléau si terrible. Atys voulut aller en délivrer le pays; il arracha cette permission à son père, avec d'autant moins de difficulté, que ce n'était pas un coup de dent, mais un coup de fer qu'on redoutait. Mais tandis que tous les chasseurs, animés du désir de tuer le monstre, faisaient, à l'envi, les plus grands efforts, le sort, s'opiniâtrant à la perte du malheureux prince, détourna sur lui une des lances dirigées contre l'animal, et voulut souiller de cet affreux homicide la main même à laquelle un père infortuné avait confié la garde de son fils, la main d'un suppliant que le roi Crésus, dans une religieuse crainte des dieux hospitaliers, avait déjà purifié d'un meurtre involontaire par un sacrifice expiatoire. (Av. J.-C. 550.)

5. Le premier Cyrus est un exemple non moins frappant de l'invincible pouvoir du destin. Astyage, son aïeul maternel, averti par deux songes de la naissance future d'un petit-fils destiné à régner sur toute l'Asie, fit de vains efforts pour empêcher l'accomplissement de ce présage. Ayant rêvé que sa fille Mandane inondait de son urine toutes les nations asiatiques, il craignit,

---

tum luctui dedit. Quum enim ingentis magnitudinis aper Olympi montis culta, crebra cum agrestium strage, vastaret, inusitatoque malo regium imploratum esset auxilium, filius a patre extorsit, ut ad eum opprimendum mitteretur; eo quidem facilius, quod non dentis, sed ferri sævitia in metu reponebatur. Verum dum acri studio interficiendi suem omnes sunt intenti, pertinax casus imminentis violentiæ lanceam, petendæ feræ gratia missam, in eum detorsit; et quidem eam potissimum dexteram nefariæ cædis crimine voluit aspergi, cui tutela filii a patre mandata erat, quamque Crœsus imprudentis homicidii sanguine violatam, hospitales veritus deos, supplicem sacrificio expiaverat.

5. Nec Cyrus quidem superior invictæ fatorum necessitatis parvulum argumentum est; cujus ortus, ad imperium totius Asiæ spectantis, maternus avus Astyages duos prænuntios somnii frustra discutere tentavit. Mandanen filiam suam, quod in quiete viderat urinam ejus omnes Asiaticas gentes inundasse, non

s'il lui faisait épouser un personnage distingué parmi les Mèdes, qu'un jour la dignité royale ne passât dans sa famille, et il lui donna pour époux un Perse d'une médiocre condition. Dès que Cyrus fut au monde, il le fit exposer à cause d'un autre songe où il avait cru voir une vigne, sortant du sein de Mandane, s'accroître bientôt jusqu'à ombrager toutes les parties de son empire. Mais il s'abusa lui-même, en s'efforçant de mettre obstacle, par des moyens humains, à la prospérité que les décrets de la Providence réservaient à son petit-fils. (Av. J.-C. 594.)

6. Dans le temps où Denys de Syracuse n'était encore que simple particulier, une femme de distinction de la ville d'Himère, s'imagina, pendant son sommeil, qu'elle était montée au ciel, et que, parcourant les demeures des diverses divinités, elle voyait au bas du trône, et sous les pieds de Jupiter, un homme très-vigoureux, les cheveux blonds, le visage parsemé de taches rousses, et chargé de chaînes de fer. « Quel est ce malheureux? demanda-t-elle au jeune homme qui la conduisait dans cette visite céleste. — C'est, répondit-il, le mauvais génie de la Sicile et de l'Italie, qui, une fois déchaîné, causera la ruine d'un grand nombre de villes. » Ce songe se répandit dans le public dès le len-

---

Medorum excellentissimo, ne in ejus familiam regni decus transferretur, sed Persarum modicæ fortunæ viro collocando, natumque Cyrum exponi jubendo, quia similiter quietis temporibus existimaverat, génitali parte Mandanes enatam vitem eo usque crevisse, donec cunctas dominationis suæ partes inumbraret. Sed frustratus est se ipse, nepotis felicitatem, cœlestium judicio destinatam, humanis consiliis impedire conando.

6. Intra privatum autem habitum Dionysio Syracuso adhuc se continente, Himeræ quædam non obscuri generis femina, inter quietem opinione sua cœlum conscendit, atque ibidem deorum omnium lustratis sedibus, animadvertit prævalentem virum flavi coloris, lentiginosi oris, ferreis catenis vinctum, Jovis solio pedibusque subjectum; interrogatoque juvene, quo considerandi cœli duce fuerat usa, *quisnam esset*, audiit *illum Siciliæ atque Italiæ, dirum esse fatum, solutumque vinculis, multis urbibus exitio futurum* : quod somnium postero die ser-

demain. Bientôt la fortune, jalouse de la liberté de Syracuse, ayant juré la perte des citoyens vertueux, délivra Denys de sa prison céleste, et le lança comme une sorte de foudre au milieu de la paix et de la tranquillité des peuples. Se trouvant dans la foule accourue pour le voir et lui rendre hommage, à son entrée à Himère, cette femme l'eut à peine aperçu qu'elle s'écria : « C'est l'homme que j'ai vu en songe. » Le tyran, qui en eut connaissance, prit soin de la faire périr. (Av. J.-C. 405.)

7. La mère de Denys eut un songe moins funeste pour elle. Tandis qu'elle le portait dans son sein, elle crut mettre au monde un petit satyre. Le devin consulté répondit que son fils serait le plus illustre et le plus puissant des Grecs : l'événement le prouva.

8. Amilcar, général des Carthaginois, faisait le siège de Syracuse. Il crut entendre, dans un songe, une voix qui lui disait : « Demain tu dîneras à Syracuse. » Dans sa joie, comme si le ciel lui promettait la victoire, il dispose son armée pour livrer un assaut. Mais, à la faveur d'une querelle survenue tout à coup entre les Carthaginois et les Siciliens qui faisaient partie de son armée, les Syracusains font une sortie, s'emparent de son camp, et l'emmènent lui-même prisonnier dans leur ville. Trompé de cette

---

mone vulgavit. Postquam deinde Dionysium inimica Syracusarum libertati capitibusque insontium infesta fortuna cœlesti custodia liberatum, velut fulmen aliquod, otio ac tranquillitati injecit, Himeræorum mœnia inter effusam ad officium et ad spectaculum ejus turbam intrantem ut aspexit, *hunc esse, quem in quiete viderat*, vociferata est. Id cognitum tyranno, curam tollendæ mulieris dedit.

7. Tutioris somnii mater ejusdem Dionysii : quæ quum eum conceptum utero haberet, parere visa est satyriscum; consultoque prodigiorum interprete, clarissimum ac potentissimum Graii sanguinis futurum, certo cum eventu cognovit.

8. At Carthaginiensium dux Amilcar, quum obsideret Syracusas, inter somnium exaudisse voce credidit nuntiantem, futurum, ut proximo die in ea urbe cœnaret. Lætus igitur, perinde ac divinitus promissa victoria, exercitum pugnæ comparabat : in quo inter Siculos et Pœnos orta dissensione, castris ejus Syra-

manière, moins par le songe que par l'espérance qu'il en avait conçue, il dîna, il est vrai, à Syracuse, mais en prisonnier, et non en vainqueur, comme il s'en était flatté. (Av. J.-C. 309.)

9. Alcibiade eut aussi, pendant le sommeil, une image assez fidèle du sort déplorable qui l'attendait. Car le manteau de sa maîtresse dont il s'était vu couvert dans son sommeil, servit, après son assassinat, à envelopper son corps resté sans sépulture. (Av. J.-C. 404.)

10. Le songe suivant, bien qu'un peu long, mérite néanmoins, par l'extrême évidence du présage, d'être consigné dans ce recueil. Deux Arcadiens, amis intimes, voyageant ensemble, arrivèrent à Mégare, et allèrent loger, l'un chez son hôte, l'autre dans une auberge. Le premier vit en songe son ami qui le suppliait de venir le défendre contre la perfidie de l'aubergiste, et l'assurait qu'avec un prompt secours il pourrait l'arracher à un péril imminent. Il s'éveille subitement, s'élance du lit et prend le chemin de l'auberge où était logé son ami. Mais ensuite, par une funeste fatalité, il condamne comme inutile une résolution si généreuse ; il regagne son lit et se rendort. Bientôt son ami lui ap-

---

cusani subita irruptione oppressis, ipsum intra mœnia sua vinctum pertraxerunt. Itaque magis spe, quam somnio, deceptus, cœnavit Syracusis captivus, non, ut animo præsumpserat, victor.

9. Alcibiades quoque miserabilem exitum suum haud fallaci nocturna imagine speculatus est. Quo enim pallio amicæ suæ dormiens opertum se viderat, eo, interfectus et insepultus jacens, contectus est.

10. Proximum somnium, etsi paulo est longius, propter nimiam tamen evidentiam ne omittatur impetrat. Duo familiares Arcades, iter una facientes, Megaram venerunt : quorum alter ad hospitem se contulit, alter in tabernam meritoriam deverit. Is, qui in hospitio erat, vidit in somnis comitem suum orantem, ut sibi cauponis insidiis circumvento subveniret : posse enim celeri ejus accursu se imminenti periculo subtrahi. Quo viso excitatus, prosiluit, tabernamque, in qua is deversabatur, petere conatus est. Pestifero deinde fato ejus humanissimum propositum tanquam supervacuum damnavit; et lectum ac somnum repetiit:

paraît cruellement déchiré, et le conjure, puisqu'il a négligé de lui sauver la vie, de ne pas refuser au moins de venger sa mort, ajoutant qu'au moment même où il parlait, son assassin portait son cadavre mutilé hors de la ville, dans un chariot couvert de fumier. Cédant à des prières aussi persévérantes, il court aussitôt à la porte de la ville, arrête le chariot qui lui avait été désigné en songe, et fait punir le perfide aubergiste du dernier supplice. (Av. J.-C. 403.)

CHAPITRE VIII

DES MIRACLES

Des Miracles chez les Romains.

On voit souvent, même en plein jour et lorsqu'on est le plus éveillé, des choses qui paraissent comme enveloppées des ténèbres de la nuit et de l'obscurité des songes : ces sortes de visions, dont il est difficile de connaître l'origine et la cause, reçoivent à juste titre le nom de miracles.

Tunc idem ei saucius oblatus obsecravit, ut, qui auxilium vitæ suæ ferre neglexisset, neci saltem ultionem non negaret. Corpus enim suum, a caupone trucidatum, tum maxime plaustro ad portam ferri stercore coopertum. Tam constantibus familiaris precibus compulsus, protinus ad portam cucurrit, et plaustrum, quod in quiete demonstratum erat comprehendit, cauponemque ad capitale supplicium perduxit.

CAPUT VIII

DE MIRACULIS

De Miraculis quæ contigere Romanis.

Multa etiam interdiu et vigilantibus acciderunt, perinde ac tenebrarum somniique nube involuta : quæ, quia unde manaverint, aut qua ratione constiterint, dignoscere arduum est, merito miracula vocantur.

CHAP. VIII, DES MIRACLES

1. Au milieu d'une foule d'exemples, voici le premier qui se présente. Le dictateur A. Postumius et Mamilius Octavius, général des Tusculans, combattaient avec acharnement auprès du lac Régille ; l'un et l'autre parti luttaient depuis longtemps sans plier, lorsque Castor et Pollux, aperçus tout à coup à la tête des Romains, mirent les troupes ennemies dans une entière déroute. (An de R. 257.)

De même, dans la guerre de Macédoine, P. Vatinius, de la préfecture de Réate, allant à Rome pendant la nuit, crut voir deux jeunes gens d'une beauté extraordinaire, montés sur des chevaux blancs, venir à sa rencontre, et lui annoncer que, la veille, Paul-Émile avait fait prisonnier le roi Persé. Il en donna connaissance au sénat : on le prit pour un imposteur qui se jouait, par un mensonge, de la majesté de cette auguste compagnie ; on le mit en prison. Mais lorsque les dépêches de Paul-Émile eurent apporté la nouvelle que Persé avait été réellement pris ce jour-là, on ne se contenta pas de rendre la liberté à Vatinius, on lui accorda encore pour récompense une terre considérable et l'exemption de toute charge. (An de R. 585.)

Castor et Pollux veillèrent encore à la prospérité du peuple

---

1. Quorum e magno acervo in primis illud occurrit. Quum apud lacum Regillum A. Postumius dictator, et Tusculanorum dux Mamilius Octavius magnis viribus inter se concurrerent, ac neutra acies aliquandiu pedem referret, Castor ac Pollux, Romanarum partium propugnatores visi, hostiles copias penitus fuderunt.

Item bello Macedonico P. Vatinius, Reatinæ præfecturæ vir, noctu Urbem petens, existimavit duos juvenes excellentis formæ, albis equis residentes, obvios sibi factos nuntiare, *die, qui prætericrat, Persen regem a Paulo captum.* Quod quum senatui indicasset, tanquam majestatis ejus et amplitudinis vano sermone contemptor, in carcerem conjectus ; postquam Pauli litteris illo die Persen captum apparuit, et custodia liberatus, et insuper agro et vacatione donatus est.

Castorem vero et Pollucem etiam illo tempore pro imperio populi Romani

romain, lorsqu'on les vit se baigner eux et leurs chevaux dans les eaux du lac Juturne; et que leur temple, bâti vers la source du même lac, s'ouvrit de lui-même, et sans l'action d'aucune force humaine. (An de R. 257.)

2. Les autres dieux ont aussi montré pour cette ville des dispositions bienveillantes. J'en citerai des exemples. Une maladie contagieuse y faisait de grands ravages depuis trois années consécutives; et l'on ne pouvait trouver un terme à des maux si terribles et si durables, ni dans la miséricorde divine, ni dans les secours humains. Les prêtres, consultant les livres sibyllins, découvrirent que le seul moyen de ramener la salubrité dans Rome était de faire venir Esculape d'Épidaure. La république se persuada que, par une ambassade, son crédit déjà fort étendu lui obtiendrait l'unique ressource, l'unique remède que le destin lui désignait. Elle ne fut point trompée dans son espérance : autant on avait mis d'empressement à solliciter le secours, autant on en mit à l'accorder; sur-le-champ les Épidauriens conduisirent les ambassadeurs dans le temple d'Esculape, situé à cinq milles de leur ville, et les invitèrent généreusement à y prendre à leur gré tout ce qu'ils croiraient capable de contribuer à la sa-

excubuisse, cognitum est, quo ad lacum Juturnæ, suum equorumque sudorem abluere visi sunt; junctaque fonti ædes eorum nullius hominum manu reserata patuit.

2. Sed ut cæterorum quoque deorum propensum huic Urbi numen exsequamur, triennio continuo vexata pestilentia civitas nostra, quum finem tanto et tam diuturno malo, neque divina misericordia, neque humano auxilio, imponi videret, cura sacerdotum inspectis sibyllinis libris, animadvertit, non aliter pristinam recuperari salubritatem posse, quam si ab Epidauro Æsculapius esset arcessitus. Itaque eo legatis missis, unicam fatalis remedii opem auctoritate sua, quæ jam in terris erat amplissima, impetraturam se credidit; neque eam opinio decepit : pari namque studio petitum ac promissum est præsidium, e vestigioque Epidaurii Romanorum legatos in templum Æsculapii, quod ab eorum urbe quinque millibus passuum distat, perductos; ut, quidquid inde salubre patriæ

CHAP. VIII, DES MIRACLES 63

lubrité de leur patrie. Un zèle si obligeant fut imité par le dieu lui-même, dont la céleste complaisance ratifia la parole des mortels. En effet, le serpent, qui se montrait rarement aux yeux des Épidauriens, mais toujours avec les plus heureux présages, et qu'ils adoraient comme Esculape lui-même, se mit à parcourir les quartiers les plus fréquentés de la ville, se promenant paisiblement et d'un air de douceur. Après s'être fait voir pendant trois jours à la foule pénétrée d'une religieuse admiration, il se dirigea vers la galère des Romains, manifestant ainsi bien visiblement le désir empressé d'une plus glorieuse résidence : à la vue des matelots, effrayés d'un spectacle si nouveau, il y entra, gagna la chambre de Q. Ogulnius, chef de l'ambassade, et, s'y roulant en nombreux replis, y demeura dans une profonde tranquillité. Les ambassadeurs, au comble de leurs vœux, après avoir fait leurs actions de grâce et s'être informés de la manière de traiter le serpent, se hâtèrent de remettre à la voile, et, après une heureuse navigation, ils abordèrent à Antium. Là, le serpent, qui jusque-là était resté dans le vaisseau, en sortit, se glissa dans le vestibule du temple d'Esculape, et alla s'entortiller autour d'un palmier dont la cime superbe dominait majestueusement un

laturos se existimassent, pro suo jure sumerent, benignissime invitaverunt. Quorum tam promptam indulgentiam, numen ipsius dei subsecutum, verba mortalium cœlesti obsequi comprobavit. Siquidem is anguis, quem Epidaurii raro, sed nunquam sine magno ipsorum bono visum, in modum Æsculapii venerati fuerunt, per urbis celeberrimas partes mitibus oculis et leni tractu labi cœpit, triduoque inter religiosam omnium admirationem conspectus, haud dubiam præ se appetitæ clarioris sedis alacritatem ferens, ad triremem Romanam perrexit ; paventibusque inusitato spectaculo nautis, eo conscendit, ubi Q. Ogulnii legati tabernaculum erat, inque multiplicem orbem per summam quietem est convolutus. Tum legati, perinde atque exoptatæ rei compotes, expleta gratiarum actione, cultuque anguis a peritis accepto, læti inde solverunt : ac prosperam emensi navigationem postquam Antium appulerunt, anguis, qui ubique in navigio remanserat, prolapsus in vestibulo ædis Æsculapii, myrto frequentibus

myrte large et touffu. On lui apporta sa nourriture ordinaire, et après s'être arrêté trois jours dans le temple d'Antium, non sans faire vivement appréhender aux ambassadeurs qu'il ne voulût plus regagner le vaisseau, il y retourna prendre sa place pour être conduit à Rome. Tandis que les députés débarquaient sur le rivage du Tibre, il se rendit à la nage dans l'île où depuis on lui consacra un temple, et sa présence dissipa l'horrible fléau contre lequel on avait imploré son secours. (An de R. 461.)

3. L'arrivée de Junon dans notre ville ne fut pas moins volontaire. A la prise de Véies par Camille, des soldats, sur l'ordre du général, essayaient d'enlever de son piédestal la statue de Junon Monéta, principal objet du culte des Véiens pour la transférer à Rome. L'un d'eux lui demanda en riant si elle était bien aise de venir à Rome : « Oui, » répondit-elle. Cette parole entendue changea leur badinage en admiration. Croyant dès lors porter, non pas la statue, mais Junon elle-même descendue du ciel, ils vinrent avec allégresse la placer dans cette partie du mont Aventin où nous voyons aujourd'hui son temple. (An de R. 357.)

4. On voit à quatre milles de Rome, sur la voie Latine, une

---

ramis diffusæ supereminentem excelsæ magnitudinis palmam circumdedit; perque tres dies positis, quibus vesci solebat, non sine magno metu legatorum, ne inde in triremem reverti nollet, Antiensis templi hospitio usus, Urbi se nostræ advehendum restituit, atque in ripam Tiberis egressis legatis, in insulam, ubi templum dicatum est, transnavit, adventuque suo tempestatem, cui remedio quæsitus erat, dispulit.

3. Nec minus voluntarius Junonis in Urbem nostram transitus. Captis a Furio Camillo Veiis, milites jussu imperatoris simulacrum Junonis Monetæ, quod ibi præcipua religione cultum erat, in Urbem translaturi, sede sua movere conabantur. Quorum ab uno per jocum interrogata dea, *an Romam migrare vellet*, *velle se* respondit. Hac voce audita, lusus in admirationem versus est. Jamque non simulacrum sed ipsam cœlo Junonem petitam, portare se credentes, læti in ea parte montis Aventini, in qua nunc templum ejus cernimus, collocaverunt.

4. Fortunæ etiam Muliebris simulacrum, quod est via Latina ad quartum mil-

statue érigée à la Fortune des femmes, et consacrée, avec son temple, à l'époque où Coriolan, prêt à détruire sa patrie, fut arrêté par les larmes de sa mère. Cette statue proféra plus d'une fois, à peu près, ces paroles : « Mères de familles, c'est sous de favorables auspices que vous m'avez vue et consacrée. » (An de R. 265.)

5. Après l'expulsion des rois, Valérius Publicola, étant consul, fit la guerre aux Véiens et aux Étrusques; ces peuples voulaient rétablir Tarquin sur le trône, tandis que les Romains n'avaient rien plus à cœur que de conserver la liberté récemment conquise. Vainqueurs à l'aile droite, sous les ordres de Tarquin, les Étrusques furent tout à coup saisis d'une telle épouvante, que, malgré la victoire, ils prirent eux-mêmes la fuite, et, communiquant leur frayeur à leurs alliés, entraînèrent avec eux les Véiens. Pour expliquer cette déroute, on ajoute un fait miraculeux. De la forêt d'Arsia, située dans le voisinage, partit subitement une voix terrible, attribuée au dieu Sylvain, et qui éclata à peu près en ces termes : « Il en tombera un de plus du côté des Étrusques, et les Romains auront la victoire. » Paroles qui furent merveilleusement vérifiées par le nombre des cadavres trouvés sur le champ de bataille. (An de R. 244.)

---

liarium, eo tempore cum æde sua consecratum, quo Coriolanum ab excidio Urbis maternæ præces repulerunt, non semel, sed bis locutum constitit, pæne his verbis : « Rite me, matronæ, vidistis, riteque dicastis. »

5. Valerio autem Poplicola consule, qui post exactos reges bellum cum Veientibus et Etruscis gessit, illis Tarquinio pristinum imperium restituere, Romanis nuper partam libertatem retinere cupientibus, Etruscis et Tarquinio in cornu dextero prælio superioribus, tantus terror subito incessit, ut non solum victores ipsi profugerent, sed etiam pavoris sui consortes secum Veientes traherent. Cui rei pro argumento miraculum adjicitur, ingens repente vox e proxima silva Arsia, quæ ore Silvani in hunc pæne modum missa traditur : « Uno plus Etrusci cadent; Romanus exercitus victor abibit. » Miram dicti fidem digesta numero cadavera exibuere.

4.

6. Et le secours donné aux Romains par le dieu Mars pour leur procurer la victoire, comment ne pas en éterniser le souvenir? Les Bruttiens et les Lucaniens, animés d'une haine violente contre la ville de Thurium, avaient réuni leurs efforts pour la détruire; le consul C. Fabricius Luscinus mettait, au contraire, un soin particulier à la protéger. Le succès était douteux; les deux armées étaient en présence; les Romains n'osaient pas hasarder le combat. Un jeune homme d'une taille remarquable les exhorte d'abord à s'armer de courage : puis les voyant irrésolus, il saisit une échelle, traverse l'armée des ennemis, va droit à leur camp, y applique l'échelle et monte sur le retranchement. Là, il crie d'une voix éclatante : « Voici le chemin de la victoire. » A ce cri, tous accourent à la fois, les nôtres pour s'emparer du camp ennemi, les Bruttiens et les Lucaniens pour le défendre : alors s'engage un combat meurtrier et incertain; mais bientôt, du choc de ses armes, le même guerrier renverse les ennemis, et les livre à la mort ou à la captivité. Vingt mille hommes restés sur la place, cinq mille faits prisonniers avec Statius Statilius, général de l'armée confédérée, et vingt-trois drapeaux tombés en notre pouvoir furent le résultat de cette journée. Le lendemain, le consul, s'oc-

---

6. Quid? Martis auxilium, quo victoriam Romanorum adjuvit, nonne memoria celebrandum est? Quum Bruttii atque Lucani odio incitatissimo maximisque viribus Thurinæ urbis peterent exitium, ac præcipuo studio incolumitatem ejus C. Fabricius Luscinus consul protegeret, resque ancipiti eventu, collatis unum in locum utriusque partis copiis, gereretur, non audentibus Romanis prælium ingredi, eximiæ magnitudinis juvenis primum eos hortari ad capessendam fortitudinem cœpit. Deinde, ubi tardiores animadvertit, arreptis scalis per mediam hostium aciem ad contraria castra evasit, et admotis vallum conscendit. Inde voce ingenti clamitans, factum victoriæ gradum, et nostros ad aliena castra capienda, et Lucanos Bruttiosque ad sua defendenda, illuc traxit, ubi conserti dubio certamine terebantur. Sed idem impulsu armorum suorum prostratos hostes jugulandos capiendosque Romanis tradidit. Viginti enim millia cum Statio Statilio, duce utriusque gentis, et tribus atque viginti militaribus signis capta

cupant de récompenser les soldats qui s'étaient distingués par leur courage, annonça qu'il destinait une couronne vallaire au guerrier qui avait forcé le retranchement; et comme personne ne se présenta pour la recevoir, on crut, et l'on sut également, que le dieu Mars était venu lui-même, en cette occasion, secourir son peuple. Entre autres signes évidents de cette merveille, on se rappela le casque au double panache qui couvrait la tête du dieu. En vertu d'un ordre de Fabricius, on rendit à Mars des actions de grâces solennelles, et les soldats, couronnés de lauriers, publièrent avec des transports d'allégresse le secours qu'ils en avaient reçu. (An de R. 471.)

7. Je raconterai ici un fait bien connu dans son temps et qui est parvenu jusqu'à nous, c'est qu'Énée établit à Lavinium les dieux Pénates sauvés de la ruine de Troie; que, transférés par son fils Ascagne dans la ville d'Albe qu'il venait de fonder, ces dieux retournèrent d'eux-mêmes dans leur premier sanctuaire; et que, ce retour pouvant paraître l'ouvrage de l'homme, on les porta de nouveau dans la ville d'Albe, d'où ils revinrent une seconde fois, manifestant clairement par là leur volonté. Je n'ignore pas combien les opinions diffèrent sur ces actions et ces paroles

---

sunt. Postero die quum consul inter honorandos, quorum strenua opera fuerat usus, vallarem coronam ei se servare dixisset, a quo castra erant oppressa, nec inveniretur, qui id præmium peteret, cognitum pariter atque creditum est, Martem patrem tunc populo suo adfuisse. Inter cætera hujusce rei manifesta indicia, galea quoque duabus distincta pinnis, qua cœleste caput tectum fuerat, argumentum præbuit. Itaque Fabricii edicto, supplicatio Marti est habita, et a laureatis militibus magna cum animorum lætitia oblati auxilii testimonium ei est redditum.

7. Referam nunc, quod suo seculo cognitum manavit ad posteros, Penates deos Æneam Troja advectos Lavinii collocasse; inde ab Ascanio filius ejus Albam, quam ipse condiderat, translatos, pristinum sacrarium repetisse, et, quia id humana manu factum existimari poterat, relatos Albam, voluntatem suam altero transitu significasse. Nec me præterit, de motu et voce deorum immortalium,

des dieux, qui n'ont eu pour témoin que les yeux et les oreilles des hommes : mais comme je ne raconte point des événements nouveaux, que je me borne à reproduire des traditions, les auteurs à qui je les emprunte seront mes garants. Mon devoir est de ne point rejeter, comme autant d'impostures, ce que je trouve consacré dans les plus illustres monuments de l'histoire.

8. Je ne puis nommer une ville qui fut le berceau de Rome, sans que le divin Jules, noble rejeton de cette antique cité, ne se présente à mon esprit. A la journée de Philippes, C. Cassius, dont le nom ne peut se prononcer sans qu'on y ajoute celui de parricide de la patrie, continuant à se battre avec acharnement, vit ce héros sous des traits plus qu'humains, couvert du manteau de pourpre, l'air menaçant, fondre sur lui à toute bride. A cet aspect, il est saisi d'épouvante; il tourne le dos à l'ennemi en s'écriant : « Que lui faire de plus, s'il ne suffit pas de l'avoir tué? » Non, Cassius, tu n'avais pas tué César : est-il une puissance capable d'ôter la vie à une divinité? Mais en l'outrageant dans un corps périssable, tu as mérité d'être ainsi poursuivi par la vengeance d'un dieu. (An de R. 711.)

---

humanis oculis auribusque percepto, quam in ancipiti opinione æstimatio versetur : sed quia non nova dicuntur, sed tradita repetuntur, fidem auctores vindicent; nostrum sit, inclytis litterarum monumentis consecrata, perinde ac vana, non refugisse.

8. Facta mentione urbis, e qua primordia civitas nostra traxit, divus Julius, fausta proles ejus, se nobis offert : quem C. Cassius, nunquam sine præfatione publici parricidii nominandus, quum acie Philippensi ardentissimo animo perstaret, vidit humano habitu augustiorem, purpureo paludamento amictum, minaci vultu, et concitato equo in se impetum facientem : quo aspectu perterritus, tergum hosti dedit, voce illa prius emissa : « Quid enim amplius agas, si occidisse parum est? » Non occideras tu quidem, Cassi, Cæsarem; neque enim exstingui ulla vi divinitas potest : sed mortali adhuc corpore utentem violando, meruisti ut tam infestum haberes deum.

9. L. Lentulus côtoyait par hasard le rivage où l'on brûlait, avec les débris d'une barque mise en pièces, les restes du grand Pompée. Sans savoir le sort de ce grand homme, il ne put s'empêcher, à la vue d'un bûcher qui devait faire honte à la Fortune elle-même, de dire à ses compagnons d'armes : « Qui sait si cette flamme funèbre n'est pas celle de Cnéus Pompée? » N'était-ce pas une inspiration du ciel, une révélation miraculeuse? (An de R. 705.)

10. Ce mot ne sortait que de la bouche d'un homme, et par un effet du hasard : mais en voici un qu'Apollon prononça presque lui-même, et qui devint, par l'organe prophétique de la Pythie, un signe certain de la mort d'Appius. A l'époque de la guerre civile, lorsque Pompée, pour son propre malheur, sans aucun avantage pour la république, rompit les liens qui l'unissaient à César, Appius, voulant découvrir l'issue de ce mouvement terrible, usa de l'empire que lui donnait sa dignité de gouverneur de l'Achaïe; il força la prêtresse de Delphes à descendre au fond de la caverne sacrée d'où l'oracle fait entendre la vérité à ceux qui le consultent, mais où l'excès du souffle divin qu'on y respire suffoque les ministres chargés de rendre ses réponses. Saisie de l'enthousiasme prophétique, la prêtresse, d'une voix effroyable, et au milieu d'une mystérieuse obscurité de paroles, annonce à

---

9. Jam quod L. Lentulus, litus prænavigans, in quo Cn. Pompeii Magni, perfidia Ptolemæi regis interempti, corpus conscissæ scaphæ lignis comburebatur, ignarus casus ejus, quum ipsi Fortunæ erubescendum rogum vidisset, commilitonibus dixit : « Quid scimus, an hac flamma Cn. Pompeius cremetur ? » divinitus missæ vocis miraculum est.

10. Atque hoc quidem hominis, et casu : illud tantum non ore ipsius Apollinis editum, quo Appii interitum veridica pythicæ vaticinationis fides præcurrit. Is bello civili, quo se Cn. Pompeius a Cæsaris concordia, pestifero sibi, nec reipublicæ utili consilio, abruperat; eventum gravissimi motus explorare cupiens, viribus imperii (namque Achaiæ præerat) antistitem delphicæ cortinæ in intimam sacri specus partem descendere coegit; unde ut certæ consulentibus sortes petuntur, ita nimius divini spiritus haustus reddentibus pestifer existit. Igitur

Appius le sort qui l'attendait : « Romain, dit-elle, cette guerre n'a rien qui te regarde, tu resteras à Cœla, en Eubée. » Persuadé qu'Apollon lui conseillait de ne prendre aucune part à cette querelle, il se retira dans le pays nommé *Cœla Eubœa*, et situé entre Rhamnus, célèbre canton de l'Attique, et Caryste, ville voisine du détroit de Chalcis : là, il mourut de maladie avant la bataille de Pharsale, et eut pour sépulture l'endroit désigné par l'oracle. (An de R. 704.)

11. L'on peut encore compter au nombre des miracles les faits suivants : Après l'incendie du sanctuaire des Saliens, on ne trouva d'intact, au milieu des cendres, que le bâton augural de Romulus : la statue de Servius Tullius ne fut point endommagée dans l'embrasement du temple de la Fortune : la statue de Claudia, placée dans le vestibule du temple de Cybèle, échappa au double incendie qui dévora ce temple, d'abord sous le consulat de P. Scipion Nasica et de L. Bestia, ensuite sous celui de M. Servilius et de L. Lamia ; chaque fois, elle demeura intacte sur son piédestal. (Ans de R. 364, 642, 749.)

12. Rome ne vit pas non plus sans étonnement les funérailles

---

impulsu concepti numinis instincta virgo, horrendo sono vocis, Appio inter obscuras verborum ambages fata cecinit. « Nihil enim, inquit, ad te hoc, Romane, bellum : Eubϙϙϙϙϙ Cœla obtinebis. » At is ratus, consiliis se Apollinis moneri, ne illi discrimini interesset, in eam regionem secessit, quæ inter Rhamnunta, nobilem Attici soli partem, Carystumque Chalcidico freto vicinam interjacens, Cœlæ Eubœæ nomen obtinet; ubi ante Pharsalicum certamen morbo consumptus, prædictum a deo locum sepultura possedit.

11. Possunt et illa miraculorum loco poni, quod, deusto sacrario Saliorum, nihil in eo præter lituum Romuli integrum repertum est; quod Ser. Tullii statua, quum ædes Fortunæ deflagrasset, inviolata permansit; quod Q. Claudiæ statua in vestibulo templi Matris deum posita, bis ea æde incendio consumpta, prius P. Nasica Scipione et L. Bestia, item M. Servilio et L. Lamia consulibus, in sua basi flammis intacta stetit.

12. Aliquid admirationis civitati nostræ Acilii etiam Aviolæ rogus attulit, qui,

CHAP. VIII, DES MIRACLES

d'Acilius Aviola. Regardé comme mort et par les médecins et par sa famille, il avait été porté sur le bûcher après avoir été quelque temps exposé; et sitôt que le feu eut touché son corps, il s'écria qu'il n'était pas mort, et implora le secours de son gouverneur, qui seul était resté auprès de lui : mais déjà enveloppé par les flammes, il ne put échapper à son cruel destin. (An de R. 720.)

L'on assure que L. Lamia, ancien préteur, proféra aussi des paroles sur le bûcher. (An de R. 711.)

Des Miracles chez les étrangers.

1. Ces derniers prodiges paraîtront moins étonnants à côté de celui d'Éris de Pamphylie. On lit dans Platon que cet homme resta dix jours sur le champ de bataille parmi les morts; que, placé sur le bûcher deux jours après avoir été enlevé du milieu des cadavres, il revint à la vie, et raconta certaines merveilles qu'il avait vues pendant sa mort.

2. Puisque nous en sommes venus à parler des étrangers, voici un fait arrivé à Athènes. Un homme très-savant reçut à la tête

---

et a medicis et a domesticis mortuus creditus, quum aliquandiu humi jacuisset, elatus, postquam ignis corpus ejus corripuit, *vivere se*, proclamavit, auxiliumque pædagogi sui, nam is solus ibi remanserat, invocavit. Sed jam flammis circumdatus, fato subtrahi non potuit.

L. quoque Lamiæ, prætorio viro, æque vocem fuisse super rogum constitit.

De Miraculis quæ contigere externis.

1. Quæ minus admirabilia Eris Pamphylii casus facit, quem Plato scribit, inter eos, qui in acie ceciderant, decem diebus jacuisse, biduoque postquam inde sublatus esset, impositum rogo revixisse, ac mira quædam tempore mortis visa narrasse.

2. Et quoniam ad externa transgressi sumus, quidam Athenis vir eruditissi-

un coup de pierre, qui, lui laissant un souvenir fidèle de tout le reste, le priva seulement des connaissances qu'il devait aux lettres, objet particulier de ses études. Cruelle et maligne blessure qui choisit, comme à dessein, dans ce malheureux, la plus précieuse de ses facultés, source de ses plus vives jouissances, pour la frapper sans pitié, et pour détruire en lui, par un indigne anéantissement, un trésor de science. S'il ne devait pas recueillir le fruit de ces connaissances, il eût été plus avantageux pour lui d'en trouver l'accès fermé à ses désirs, que d'en perdre les douceurs après les avoir acquises par ses travaux.

3. Le trait suivant est plus déplorable encore. L'épouse de Nausimène, citoyen d'Athènes, ayant surpris en inceste son fils et sa fille, fut tellement frappée à la vue de cette horreur inattendue, qu'elle demeura muette, sans pouvoir exprimer son indignation dans le moment même, ni recouvrer la parole dans la suite. Les deux coupables se punirent de leur infâme commerce par une mort volontaire. Ainsi la fortune irritée ôte à l'une la voix, aux autres la vie, et accorde sa faveur à celui que je vais citer.

4. Æglès, athlète de Samos, était muet; un jour qu'on vou-

---

mus, quum ictum lapidis capite excepisset, cætera omnia tenacissima memoria retinens, litterarum tantummodo, quibus præcipue inservierat, oblitus est. Dirum malignumque vulnus in animo percussi, quasi de industria scrutatis sensibus, in eum potissimum, quo maxime lætabatur, acerbitate nocendi erupit, singularem doctrinam hominis pleno invidiæ funere effendero. Cui si talibus studiis perfrui fas non erat, utilius aliquanto fuit, ad illa aditum non impetrasse, quam jam percepta eorum dulcedine caruisse.

3. Miserabilior tamen sequentis casus narratio. Nausimenis enim Atheniensis uxor, quum filii ac filiæ suæ stupro intervenisset, inopinati monstri perculsa conspectu, et in præsens tempus ad indignandum, et in posterum ad loquendum obtumuit; illi nefarium concubitum voluntaria morte pensarunt : hoc modo fortuna sæviens huic vocem, iis vitam ademit; illi propitia donat :

4. Ægles Samius, athleta mutus, quum ei victoriæ, quam adeptus

lait lui ravir l'honneur et le prix de la victoire qu'il avait remportée, enflammé par l'indignation, il trouva tout à coup la parole.

5. La naissance de Gorgias, brave et illustre personnage de l'Épire, fut aussi merveilleuse. Échappé du sein de sa mère, dont on faisait les funérailles, il força, par ses cris inattendus, de suspendre la marche du convoi, et offrit à sa patrie un spectacle extraordinaire, celui d'un enfant qui trouve presque sur le bûcher de sa mère la vie et son berceau. Car, dans le même instant, l'une enfanta du sein de la mort, l'autre fut porté sur le bûcher avant sa naissance.

6. Jason de Phères reçut d'un homme qui en voulait à sa vie une blessure d'un effet miraculeux. Le coup que lui porta l'assassin, dans un guet-apens, lui creva un abcès qu'aucun médecin jusque-là n'avait pu guérir, et le délivra ainsi d'un mal dangereux.

7. Même bienveillance des dieux envers Simonide, qui, déjà sauvé d'un péril imminent, leur dut encore d'échapper à la ruine d'une maison. Comme il était à dîner chez Scopas, à Cranon, ville de Thessalie, on vint l'avertir que deux jeunes gens l'atten-

---

erat, titulus et præmium eriperetur, indignatione accensus, vocalis evasit.

5. Gorgiæ quoque Epirotæ, fortis et clari viri origo : qui in funere matris suæ utero elapsus, inopinato vagitu suo lectum ferentes consistere coegit, novumque spectaculum patriæ præbuit, tantum non ex ipso genitricis rogo lucem et cunas assecutus : eodem enim momento temporis, altera jam fato functa parit; alter ante elatus, quam natus est.

6. Divinæ fortunæ vulnus Pheræo Jasoni quidam exitii ejus cupidus intulit; nam, quum inter insidias gladio eum percussisset, vomicam, quæ a nullo medicorum sanari potuerat, ita rupit, ut hominem pestifero malo liberaret.

7. Æque diis immortalibus acceptus Simonides, cujus salus ab imminenti exitio defensa, ruinæ quoque subtracta est. Cœnanti enim apud Scopam in Granone, quod est in Thessalia oppidum, nuntiatum est, *duos juvenes ad januam*

daient à la porte, et le priaient instamment d'aller les trouver aussitôt. Il sortit et ne vit personne; mais, au même instant, la salle où Scopas donnait le festin s'écroula et écrasa le maître de la maison avec tous ses convives. Est-il rien de comparable à ce bonheur, que ne peut épuiser ni le courroux de la mer ni celui de la terre?

8. Je n'hésite point à joindre à cet exemple celui de Daphidas: il fera voir comment la divinité distingue du mortel qui chante ses louanges l'impie blasphémateur qui l'outrage. Daphidas était un de ces philosophes qu'on nomme *sophistes*, secte frivole et satirique. Il vint à Delphes demander, par moquerie, à Apollon s'il pourrait trouver son cheval, lui qui n'en avait jamais eu. Le dieu fit répondre qu'il trouverait le cheval, qu'il en serait renversé et périrait de sa chute. Le sophiste s'en retournait en plaisantant, fort satisfait du tour qu'il croyait avoir joué à la sainteté de l'oracle. Dans son chemin, il rencontra le roi Attale, qui avait été plus d'une fois, quoique absent, l'objet de ses injures. Précipité, par l'ordre de ce prince, du haut d'un rocher, nommé *le Cheval*, il subit le châtiment que méritait un orgueil assez insensé pour oser se jouer des dieux.

---

venisse, magnopere rogantes, ut ad eos continuo prodiret : ad quos egressus, neminem reperit ibi. Cæterum, eo momento temporis, triclinium, in quo Scopas epulabatur, collapsum, et ipsum et omnes convivas oppressit. Quid hac felicitate locupletius, quam nec mare, nec terra sæviens, exstinguere valuit?

8. Non invitus huic subnecto Daphidam, ne quis ignoret, quantum interfuerit, cecinisse deorum laudes, et numen obtrectasse. Hic quum ejus studii esset, cujus professores *sophistæ* vocantur, ineptæ et mordacis opinationis, Apollinem Delphis irridendi causa consuluit, *an equum invenire posset?* quum omnino nullum habuisset : cujus ex oraculo reddita vox est, *inventurum equum, sed ut eo perturbatus periret.* Inde quum jocabundus, quasi delusa sacrarum sortium fide, reverteretur, indicit in regem Attalum, sæpenumero a se contumeliosis dictis absentem lacessitum; ejusque jussu, saxo, cui nomen erat *Equi,* præcipitatus, ad deos usque cavillandos dementis animi justa supplicia pependit.

9. Philippe, roi de Macédoine, averti par le même oracle de se tenir en garde contre les coups du *quadrige*, fit défendre cette sorte d'attelage dans tous ses États, et évita constamment d'entrer dans le canton de Béotie, que l'on nomme Quadrige : néanmoins ces précautions ne purent le soustraire au péril annoncé par l'oracle; car Pausanias avait un quadrige gravé sur la poignée de l'épée dont il se servit pour assassiner ce prince. (Av. J.-C. 336.)

10. Cette fatalité si opiniâtre à poursuivre Philippe se montra la même à l'égard de son fils Alexandre. Calanus, philosophe indien, était sur le point de se jeter dans les flammes d'un bûcher; Alexandre lui demanda s'il n'avait rien à lui recommander ou à lui dire : « Nous nous reverrons bientôt, » répondit-il; il n'avait pas tort, puisque son trépas volontaire ne tarda pas à être suivi de la mort prématurée d'Alexandre. (Av. J.-C. 327.)

11. La fortune de ces rois n'a rien de plus extraordinaire que l'aventure d'un simple matelot. Tandis qu'il s'occupe à vider la sentine, dans une galère tyrienne à six rangs de rames, une vague le jette dans la mer; bientôt une seconde vague, venant en sens contraire, le rejette, par l'autre côté, dans le vaisseau :

---

9. Eodem oraculo Macedonum rex Philippus admonitus, *ut a quadrigæ violentia salutem suam custodiret*, toto regno disjungi currus jussit, eumque locum, qui in Bœotia Quadriga vocatur, semper vitavit, nec tamen denuntiatum periculi genus effugit; nam Pausanias in capulo gladii, quo eum occidit, quadrigam habuit cælatam.

10. Quæ tam pertinax necessitas in patre et filio Alexandro consimilis apparuit : siquidem Calanus Indus, sua sponte se ardenti rogo superjacturus, interpellatus ab eo, *ecquid aut mandaret, aut dicere vellet :* « Brevi te, inquit, videbo; » nec id sine causa; quia voluntarium ejus e vita excessum rapida mors Alexandri subsecuta est.

11. Regios interitus magnitudine miraculi remigis casus æquat : quem in hexere Tyriorum sentinam haurientem, quum e navi fluctus abjecisset, altero

malheureux et heureux tout ensemble, il eut à se plaindre et à se féliciter de son sort.

12. Que dire des singularités que je vais raconter? Ne doit-on pas les prendre pour des jeux de la nature dans l'organisation du corps humain? Irrégularités supportables, puisqu'elles n'avaient rien de douloureux; mais elles n'en méritent pas moins d'être citées parmi les merveilles. Un fils de Prusias, roi de Bithynie, nommé Prusias, comme son père, avait, au lieu d'un rang de dents à la mâchoire supérieure, un os qui en remplissait toute l'étendue, sans qu'il en résultât pour lui ni difformité ni incommodité.

13. Au contraire, la fille de Mithridate et de Laodice, Dripétine, qui partagea la fuite de son père lorsqu'il eut été défait par Pompée, avait un double rang de dents qui la défigurait singulièrement.

14. Un objet bien étonnant encore, ce sont les yeux de cet homme qui avait la vue si perçante et si sûre que, du mont Lilybée, il voyait une flotte sortir du port de Carthage.

15. Mais ces yeux mêmes sont un phénomène moins surprenant que le cœur d'Aristomène le Messénien. Frappés de son

---

latere repercussum, fluctus contrarius in navem retulit; itaque miseri simul ac felicis complorationi permixta fuit gratulatio.

12. Quid illa, nonne ludibria naturæ in corporibus humanis fuisse credenda sunt? tolerabilia quidem, quia sævitia caruerunt; cæterum et ipsa miraculis annumeranda. Nam et Prusiæ, regis Bithyniæ, filius eodem nomine, quo pater, pro superiori ordine dentium unum os æqualiter extentum habuit, nec ad speciem deforme, neque ad usum ulla ex parte incommodum.

13. Mithridatis vero regis filia Dripetine, Laodice regina nata, duplici ordine dentium deformi admodum, comes fugæ patris, a Pompeio devicti, fuit.

14. Ne illius quidem parvæ admirationis oculi, quem constat tam certa acie luminum usum esse, ut a Lilybæo portu Carthaginiensium egredientes classes intueretur.

15. Oculis ejus admirabilius Aristomenis Messenii cor; quod Athenienses ob

CHAP. VIII, DES MIRACLES

adresse extraordinaire, les Athéniens eurent la curiosité d'ouvrir son cadavre, et trouvèrent son cœur tout couvert de poils : car après avoir été pris plusieurs fois, et s'être toujours échappé par ruse, il était enfin resté au pouvoir de ses ennemis.

16. Antipater, poëte de Sidon, avait tous les ans un accès de fièvre, seulement le jour qui l'avait vu naître. Parvenu à un grand âge, il mourut, à la suite de ces accès périodiques, le jour anniversaire de sa naissance. (IIe siècle avant J.-C.)

17. C'est ici le lieu de citer les philosophes Polystrate et Hippoclides. Tous deux nés le même jour, tous deux sectateurs d'Épicure, leur maître, ils possédèrent leur patrimoine en commun, firent en commun les frais de l'école, et moururent l'un et l'autre au même instant, dans un âge fort avancé. Pourrait-on croire qu'une telle conformité de destinée et d'inclinations n'ait pris naissance, ne se soit alimentée, ne se soit éteinte au sein même de la concorde céleste?

18. Mais pourquoi ces phénomènes se sont-ils précisément rencontrés dans des enfants de potentats, dans un prince illustre, dans un poëte d'un rare génie, dans des philosophes distingués par leur savoir, dans un homme obscur? c'est ce que la nature

---

eximiam calliditatem exsectum, pilis refertum invenerunt, quum eum aliquoties captum, et astutia elapsum, cepissent.

16. At poeta Antipater Sidonius, omnibus annis uno tantummodo die, quo genitus erat, felvri implicabatur, quumque ad ultimam ætatem pervenisset, natali suo certo illo circuitu morbi consumptus est.

17. Hoc loco apte referantur Polystratus et Hippoclides philosophi, eodem die nati, ejusdem præceptoris Epicuri sectam secuti, patrimonii etiam possidendi, alendæque scholæ communione conjuncti, eodemque momento temporis ultima senectute exstincti. Tam æqualem fortunæ pariter atque amicitiæ societatem, quis non ipsius cœlestis Concordiæ sinu genitam, nutritam, atque finitam putet?

18. Quapropter hoc potissimum fuerit, aut in liberis potentissimorum regum, aut in rege clarissimo, aut in vate ingenii florentis, aut in viris eruditissimis,

elle-même, cette mère féconde de tout bien et de tout mal, ne saurait expliquer ; pas plus que sa prédilection pour les chevreuils de Crète : ces animaux sont-ils percés de flèches, elle les conduit, pour ainsi dire, de sa main à la recherche du dictame, herbe salutaire, et douée d'une telle efficacité, qu'à peine absorbée, les traits et le venin tombent de leurs blessures. Pourquoi, dans l'île de Céphalénie, au lieu de boire de l'eau, comme partout ailleurs, pour se désaltérer, les troupeaux ont-ils, la majeure partie de l'année, l'instinct de respirer le grand air, la bouche béante et élevée, pour étancher leur soif? Pourquoi, dans le temple de Junon Lacinienne, à Crotone, la cendre de l'autel a-t-elle spécialement le privilége de demeurer immobile à tous les coups de vents? Pourquoi l'eau d'une source dans la Macédoine, et d'une autre dans le territoire de Calès, a-t-elle la propriété d'enivrer comme le vin? Mon devoir n'est pas d'exciter sur ces merveilles l'étonnement de mes lecteurs, mais de leur en rappeler le souvenir : je sais qu'une liberté indéfinie appartient justement à la nature, en qui réside un pouvoir souverain pour tous les genres de création.

19. A l'occasion de ces faits extraordinaires, citons aussi le ser-

---

aut in homine sortis ignotæ, ne ipsa quidem, omnis bonæ malæque materiæ fecunda artifex, rationem rerum natura reddiderit : non magis quam, quid ita silvestres capreas, Cretæ genitas, tantopere dilexerit, quas sagittis confixas ad salutare auxilium herbæ dictamni, tantum non suis manibus deducit, efficitque, ut, concepta ea, continuo et tela et vim veneni vulneribus respuant; aut in Cephalenia insula, quum omnio ubique pecora haustu aquæ quotidie recreentur, in ea pecudes majore ex parte anni ore aperto ex alto ventos recipientes, sitim suam sedare instituerit; aut quapropter Crotonæ in templo Junonis Laciniæ aram ad omnes ventos immobili cinere donaverit potissimum ; vel quare alteram in Macedonia, alteram in caleno agro aquam proprietatem vini, qua homines inebrientur, possidere voluerit. Non admiratione ista, sed memoria prosequi debemus, quum sciamus, recte ab ea plurimum licentiæ vindicari, penes quam infinitus cuncta gignendi labor consistit.

19. Quæ quia supra usitatam rationem excedentia attigimus, serpentis quoque

pent qui fait, dans Tite-Live, le sujet d'un récit tout à la fois intéressant et rempli d'éloquence. D'après cet historien, en Afrique, auprès du fleuve Bagrada, se trouva un serpent si énorme qu'il empêchait l'armée de Régulus d'en approcher pour puiser de l'eau; on perdit beaucoup de soldats, les uns engloutis dans ses vastes flancs, un plus grand nombre étouffés par les replis de sa queue, sans pouvoir réussir à le percer à coups de traits; enfin, à l'aide de machines de guerre braquées sur lui de tous côtés, on vint à bout d'accabler, sous une grêle de pierres très-pesantes, ce montre effroyable, plus terrible aux yeux des cohortes et des légions que Carthage elle-même; l'eau du fleuve, mêlée de son sang, et l'air du voisinage, infecté par les exhalaisons pestilentielles de son cadavre, forcèrent les Romains à éloigner leur camp. Tite-Live ajoute que la peau de ce prodigieux serpent, longue de cent vingt pieds, fut portée à Rome. (An de R. 498.)

a T. Livio curiose pariter ac facunde relata fiat mentio. Is enim ait, « in Africa apud Bagradam flumen, tantæ magnitudinis anguem fuisse, ut Atilii Reguli exercitum usu amnis prohiberet, multisque militibus ingenti ore correptis, compluribus caudæ voluminibus elisis, quum telorum jactu perforari nequiret, ad ultimum balistarum tormentis undique petitam, silicum crebris et ponderosis verberibus procubuisse, omnibusque et cohortibus et legionibus ipsa Carthagine visam terribiliorem, atque etiam cruore suo gurgitibus imbutis, corporisque jacentis pestifero afflatu vicina regione polluta, Romana inde submovisse castra. » Dicit etiam, *bellua corium CXX pedum longum, in Urbem missum.*

LIVRE DEUXIÈME

CHAPITRE I

DES CÉRÉMONIES DU MARIAGE ET DES DEVOIRS ENVERS LES PARENTS

Après avoir sondé le domaine inépuisable de la toute-puissante nature, je vais exercer ma plume sur les anciennes et mémorables institutions, tant de notre patrie que des nations étrangères. Il importe de faire connaître les antiques éléments du bonheur dont nous jouissons aujourd'hui sous le meilleur des princes, afin que la vue même du passé puisse servir au perfectionnement de notre siècle.

1. Chez nos ancêtres on n'entreprenait aucune affaire, soit particulière soit publique, sans avoir auparavant pris les auspices :

LIBER SECUNDUS

CAPUT I

DE MATRIMONIORUM RITU ET NECESSITUDINUM OFFICIIS

Dives et præpotens naturæ regnum scrutatus, injiciam stilum tam nostræ Urbis, quam cæterarum gentium priscis ac memorabilibus institutis : opus est enim cognosci, hujusce vitæ, quam sub optimo principe felicem agimus, quamnam fuerint elementa, ut eorum quoque respectus præsentibus aliquid moribus prosit.

1. Apud antiquos non solum publice, sed etiam privatim nihil gerebatur, nisi

de là vient que, même de nos jours, on fait intervenir dans les mariages des ministres nommés auspices. Quoiqu'ils aient cessé d'y exercer leur ministère, ils ne laissent pas de conserver, par cette dénomination même, les traces de l'ancienne coutume.

2. Dans les repas, les hommes étaient couchés, les femmes assises : usage qui a passé de la table des hommes à celle des dieux; car dans le banquet donné en l'honneur de Jupiter, on invite ce dieu à prendre place sur un lit, Junon et Minerve sur des siéges. Cette antique sévérité se conserve mieux, de nos jours, au Capitole que chez les particuliers. C'est, probablement, que les déesses sont plus attachées que les femmes au maintien de la discipline.

3. Les femmes qui ne contractaient pas un second mariage recevaient, dans l'opinion, la couronne de chasteté. L'on considérait comme le principal signe d'une fidélité incorruptible dans une femme, de ne pas savoir, après un premier hymen, quitter la couche nuptiale, dépositaire de sa virginité, pour se montrer aux regards du public : s'engager plusieurs fois dans les liens du mariage, était, aux yeux des anciens, faire preuve d'une incontinence en quelque sorte illégitime.

---

auspicio prius sumpto : quo ex more nuptiis etiam nunc auspices interponuntur, qui, quamvis auspicia petere desierint, ipso tamen nomine veteris consuetudinis vestigia usurpant.

2. Feminæ cum viris cubantibus sedentes cœnitabant. Quæ consuetudo ex hominum convictu ad divina penetravit; nam Jovis epulo ipse in lectulum, Juno et Minerva in sellas, ad cœnam invitantur. Quod genus severitatis ætas nostra diligentius in Capitolio, quam in suis domibus servat, videlicet quia magis ad rem pertinet dearum quam mulierum disciplina contineri.

3. Quæ uno contentæ matrimonio fuerant, corona pudicitiæ honorabantur. Existimabant enim eum præcipue matronæ sincera fide incorruptum esse animum, qui post depositæ virginitatis cubile in publicum egredi nesciret, multorum matrimoniorum experientiam quasi illegitimæ cujusdam intemperantiæ signum esse credentes.

4. Rome, depuis sa fondation jusqu'à l'an 520, n'offre aucun exemple de divorce. Sp. Carvilius le premier répudia sa femme pour cause de stérilité. Quoiqu'il parût déterminé par un motif supportable, il ne put néanmoins échapper au blâme, parce que l'on croyait que le désir même d'avoir des enfants ne devait pas prévaloir sur la foi conjugale. (An de R. 523.)

5. Mais, afin que l'honneur des femmes trouvât une sauvegarde plus assurée de ses droits, on défendit à quiconque appellerait en justice une mère de famille, de porter la main sur elle, de peur de profaner, par le contact d'une main étrangère, la pureté de sa robe. Autrefois l'usage du vin était interdit aux femmes romaines : on craignait sans doute qu'il ne les entraînât dans quelque infamie; car il n'est souvent qu'un pas de l'intempérance de Bacchus aux désordres de Vénus. Cependant, pour garantir leur vertu d'un air triste et sauvage, pour l'embellir même par tous les agréments compatibles avec la décence, leurs époux leur permettaient d'user largement et de l'or et de la pourpre : ils ne trouvaient pas mauvais qu'elles prissent un soin extrême de rehausser leur beauté naturelle, en donnant à leurs cheveux une couleur éclatante au moyen de la poudre. Alors la fidélité

---

4. Repudium inter uxorem et virum a condita Urbe usque ad vicesimum et quingentesimum annum nullum intercessit. Primus autem Sp. Carvilius uxorem sterilitatis causa dimisit, qui quanquam tolerabili ratione motus videbatur, reprehensione tamen non caruit, quia nec cupiditatem quidem liberorum conjugali fidei præponi debuisse arbitrabantur.

5. Sed quo matronale decus, verecundiæ munimento tutius esset, in jus vocanti matronam corpus ejus attingere non permiserunt, ut inviolata manus alienæ tactu stola relinqueretur. Vini usus olim Romanis feminis ignotus fuit, ne scilicet in aliquod dedecus prolaberentur, quia proximus a Libero patre intemperantiæ gradus ad inconcessam Venerem esse consuevit. Cæterum ut non tristis earum et horrida pudicitia, sed honesto comitatis genere temperata esset, indulgentibus maritis, et auro abundanti, et multa purpura usæ sunt; et quo formam suam concinniorem efficerent, summa cum diligentia capillos cinere rutilarunt. Nulli

conjugale n'avait à redouter aucun regard suborneur : on voyait, on était vu avec un religieux respect ; une pudeur mutuelle retenait l'un et l'autre sexe.

6. Toutes les fois qu'il s'élevait quelque différend entre deux époux, ils se rendaient au temple de la déesse *Viriplaca*, sur le mont Palatin ; et là, après s'être expliqués l'un et l'autre, ils renonçaient à leur querelle et s'en retournaient réconciliés. Cette déesse, ainsi nommée, dit-on, parce qu'elle apaise les maris, est assurément bien respectable. Peut-être mérite-t-elle nos hommages avant tous les dieux ; peut-être réclame-t-elle un culte tout particulier, comme gardienne de la paix journalière des familles : son nom même exprime, sans blesser l'égalité d'une tendresse mutuelle, l'hommage que doit la femme à la dignité du mari.

7. Ces égards mutuels entre les époux ne conviennent-ils pas aussi aux autres genres de parenté? Le plus faible exemple en fera connaître toute la force : il s'écoula quelques siècles sans qu'un père entrât dans le bain avec son fils en âge de puberté, ou un beau-père avec son gendre ; preuve évidente que l'on avait un respect non moins religieux pour les liens du sang et de l'af-

---

enim tunc subsessorum alienorum matrimoniorum oculi metuebantur ; sed pariter et videre sancte, et aspici, mutuo pudore custodiebantur.

6. Quoties vero inter virum et uxorem aliquid jurgii intercesserat, in sacellum deæ Viriplacæ, quod est in Palatio, veniebant ; et ibi invicem locuti quæ voluerant, contentione animorum deposita concordes revertebantur. Dea nomen hoc a placandis viris fertur assecuta, veneranda quidem, et nescio an præcipuis et exquisitis sacrificiis colenda, utpote quotidianæ ac domesticæ pacis custos, in pari jugo caritatis ipsa sui appellatione virorum majestati debitum a feminis reddens honorem.

7. Hujusmodi inter conjuges verecundia : quid, inter cæteras necessitudines nonne apparet consentanea? nam ut minimo indicio maximam vim ejus significem, aliquandiu nec pater cum filio pubere, nec socer cum genero lavabatur. Manifestum igitur est, tantum religionis sanguini et affinitati, quantum ipsis

finité que pour les dieux mêmes. On pensait qu'en présence des personnes auxquelles on tient de si près, comme dans un lieu consacré à la divinité, on ne pouvait paraître nu sans commettre un sacrilége.

8. Nos ancêtres instituèrent aussi un repas annuel, nommé *Charistie*, où l'on n'admettait que des parents et des alliés. S'il existait quelque différend dans la famille, des esprits pacifiques trouvaient ainsi l'occasion, à la faveur des libations religieuses et de la joie des convives, de rétablir la bonne intelligence entre leurs proches.

9. Le jeune âge avait pour la vieillesse autant de respect et de vénération que si chaque vieillard eût été le père commun de tous les jeunes gens. Ainsi, les jours où le sénat devait s'assembler, ceux-ci ne manquaient pas de se rendre chez quelque sénateur, soit parent, soit ami de leur famille, pour l'accompagner jusqu'au lieu de la séance, et attendaient, sans s'écarter de la porte, afin de s'acquitter encore du même devoir à son retour. Cette assiduité volontaire fortifiait à la fois et leur corps et leur esprit, les mettait en état de supporter courageusement les fonctions publiques, et, par un modeste et laborieux exercice des vertus qu'ils devaient bientôt faire paraître au grand jour, leur

---

diis immortalibus tributum; quia inter ista tam sancta vincula non magis quam in aliquo sacrato loco nudare se, nefas esse credebatur.

8. Convivium etiam solemne majores instituerunt, idque *Charistia* appellaverunt, cui præter cognatos et affines nemo interponebatur; ut, si qua inter necessarias personas querela esset orta, apud sacra mensæ, et inter hilaritatem animorum, fautoribus concordiæ adhibitis tolleretur.

9. Senectuti juventus ita cumulatum et circumspectum honorem reddebat tanquam majores natu adolescentium communes patres essent. Quocirca juvenes, senatus die, utique aliquem ex patribus conscriptis, aut propinquum, aut paternum amicum ad curiam deducebant, affixique valvis exspectabant, donec reducendi etiam officio fungerentur : qua quidem voluntaria statione, et corpora et animos ad publica officia impigre sustinenda roborabant, brevique processurarum

assurait à eux-mêmes une capacité supérieure. Invités à un repas, ils s'enquéraient soigneusement de ceux qui devaient s'y trouver, de peur de prendre place avant un personnage plus âgé; et, le repas fini, ils attendaient patiemment que les convives placés au-dessus d'eux se levassent et sortissent de table. Par là on peut juger de la réserve et de la modestie de leurs paroles pendant la durée même du repas, en présence d'une telle compagnie.

10. Les anciens chantaient dans les repas, au son des instruments, des vers où étaient célébrées les belles actions de leurs prédécesseurs; ils animaient ainsi davantage la jeunesse à suivre ces exemples. Quoi de plus noble, quoi de plus utile à la fois que cette rivalité? L'adolescence rendait aux cheveux blancs un juste hommage; la vieillesse épuisée, au terme de sa course, enflammait, soutenait par ses encouragements l'ardeur du jeune âge, à l'entrée d'une laborieuse carrière. Séjour d'Athènes, académie, études étrangères, qu'êtes-vous, au prix de cette école domestique? De là sortaient les Camilles, les Scipions, les Fabricius, les Marcellus, les Fabius, et, pour abréger l'énumération de tant de héros, ornements de notre empire, de là, en un mot, on vit sortir, pour briller au premier rang parmi les astres, les divins Césars.

---

in lucem virtutum verecundà et laboriosa meditatione, ipsi doctiores erant. Invitati ad cœnam diligenter quærebant, *quinam ei convivio essent interfuturi*, ne senioris adventum discubitu præcurrerent; sublataque mensa priores consurgere et abire patiebantur. Ex quibus apparet, cœnæ quoque tempore, quam parco et quam modesto sermone his præsentibus soliti sint uti.

10. Majores natu in conviviis ad tibias egregia superiorum opera carmine comprehensa pangebant, quo ad ea imitanda juventutum alacriorem redderent. Quid hoc splendidius, quid etiam utilius certamine? Pubertas canis suum honorem reddebat; defuncta virium cursu ætas ingredientes actuosam vitam favoris nutrimentis prosequebatur. Quas Athenas, quam scholam, quæ alienigena studia huic domesticæ disciplinæ prætulerim? Inde oriebantur Camilli, Scipiones, Fabricii, Marcelli, Fabii; ac, ne singula imperii nostri lumina simul percurrendo im longior, inde, inquam, cœli clarissima pars, divi fulserunt Cæsares.

CHAPITRE II

DEVOIRS ET USAGES DES MAGISTRATS ET DES DIVERS ORDRES DE LA RÉPUBLIQUE

1. Tel était, dans tous les cœurs, l'amour de la patrie, que, pendant plusieurs siècles, on ne vit pas un sénateur divulguer le secret des délibérations. Seul, Q. Fabius Maximus commit une indiscrétion ; encore ne fut-ce que par imprudence : c'était au sujet de la déclaration de la troisième guerre punique, dont le sénat s'était occupé secrètement. Se rendant à la campagne, il rencontra P. Crassus qui revenait à Rome, et lui raconta ce qui s'était passé dans cette séance. (An de R. 603.) Il se rappelait que Crassus avait été fait questeur trois fois auparavant, mais il ignorait que les censeurs ne l'avaient pas encore inscrit au nombre des sénateurs ; formalité qui seule pouvait donner entrée dans le sénat aux citoyens même qui avaient déjà exercé des magistratures. Mais, tout excusable qu'elle était, cette erreur ne laissa pas d'attirer à Fabius de vifs reproches de la part des consuls. On ne

CAPUT II

DE MAGISTRATUUM ATQUE ORDINUM OFFICIIS ET INSTITUTIS

1. Adeo autem magna caritate patriæ tenebantur, ut arcana consilia patrum conscriptorum multis seculis nemo senator enuntiaverit. Q. Fabius Maximus tantummodo, et is ipse per imprudentiam, de tertio punico bello indicendo, quod secreto in curia erat actum, P. Crasso, rus petens, domum revertenti in itinere narravit, memor eum triennio ante quæstorem factum, ignarusque nondum a censoribus in ordinem senatorium allectum ; quo uno modo etiam his, qui jam honores gesserant, aditus in curiam dabatur ; sed quamvis honestus error Fabii esset, vehementer tamen a consulibus objurgatus est ; nunquam

voulait pas que la discrétion, ce nerf puissant et sûr de l'administration publique, reçût jamais aucune atteinte. Ainsi, lorsque Eumène, roi de Pergame, fidèle allié de notre république, eut donné avis au sénat que Persé faisait des préparatifs de guerre contre le peuple romain, on ne sut ni ce qu'il avait dit, ni ce qu'avait répondu le sénat, qu'à la nouvelle de la captivité de Persé. (An 581.)

Le sénat était l'âme de la république; il était le fidèle dépositaire de ses pensées les plus profondes, protégé de tous côtés par un secret impénétrable, qui lui servait comme de rempart. En y entrant, on déposait sur le seuil toute affection privée, pour ne plus respirer que l'amour du bien public. On eût dit, non pas qu'un seul homme, mais que personne n'avait entendu les paroles confiées aux oreilles d'une assemblée si nombreuse.

2. Combien nos anciens magistrats étaient attentifs à soutenir leur propre dignité et celle de la république! Entre autres indices de leur sévérité à cet égard, il suffit de citer la règle qu'on observa si invariablement, de ne jamais répondre aux Grecs qu'en latin. On fit plus : déconcertant cette volubilité qui les distingue, on les forçait à ne parler aux magistrats de la république que

---

enim taciturnitatem, optimum ac tutissimum administrandarum rerum vinculum, labefactari volebant. Ergo, quum Asiæ rex Eumenes, amantissimus nostræ Urbis, *bellum a Perse adversus populum Romanum comparari* senatui nuntiasset, non ante sciri potuit, quid aut ille locutus esset, aut patres respondissent, quam captum Persen cognitum est.

Fidum erat et altum reipublicæ pectus curia, silentiique salubritate munitum et vallatum undique, cujus limen intrantes, abjecta privata caritate publicam induebant. Itaque, non dicam unum, sed neminem audisse crederes, quod tam multorum auribus fuerat commissum.

2. Magistratus vero prisci quantopere suam populique Romani majestatem retinentes se gesserint, hinc cognosci potest, quod inter cætera obtinendæ gravitatis indicia, illud quoque magna cum perseverantia custodiebant, ne Græcis unquam nisi Latine responsa darent : quin etiam ipsa linguæ volubilitate, qua

par l'organe d'un interprète, non-seulement à Rome, mais en Grèce et en Asie, dans le dessein, sans doute, de répandre la langue latine chez toutes les nations, et de la rendre partout plus respectable. Ce n'est pas que le goût des lettres fût étranger à nos ancêtres; mais ils voulaient que le manteau grec fût en tout assujetti à la toge romaine, regardant comme une indignité de soumettre aux attraits et aux charmes de la littérature la puissance et la majesté de l'empire.

3. Aussi, Caïus Marius, ne mérites-tu pas le reproche de rusticité, toi qui, décorant ta vieillesse d'une double couronne de laurier, par tes éclatants triomphes et sur les Numides et sur les Teutons, dédaignas de joindre à tes victoires l'éloquence et la politesse d'une nation vaincue. Tu craignais, sans doute, de devenir, par l'exercice d'un talent étranger, un indigne déserteur des institutions de ta patrie. Qui donc introduisit l'usage de ces harangues grecques dont on étourdit aujourd'hui les oreilles des sénateurs? ce fut, je pense, le rhéteur Molon, celui qui excita l'ardeur de Cicéron pour l'étude. Ce qui est certain, c'est que, de tous les étrangers, il eut le premier l'honneur d'être entendu en plein sénat sans interprète; distinction dont il n'était pas in-

---

plurimum valent, excussa, per interpretem loqui cogebant, non in Urbe tantum nostra, sed etiam in Græcia et Asia; quo scilicet Latinæ vocis honos per omnes gentes venerabilior diffunderetur. Nec illis deerant studia doctrinæ; sed nulla non in re pallium togæ subjici debere arbitrabantur, indignum esse existimantes, illecebris et suavitati litterarum imperii pondus et auctoritatem donari.

3. Quapropter non es damnandus rustici rigoris crimine, C. Mari, qui gemina lauro coronatam senectutem tuam Numidicis et Germanicis illustrem tropæis, victor devictæ gentis facundia politiorem fieri noluisti; credo ne alienigena ingenii exercitatione, patrii ritus servus transfuga existeres. Quis ergo huic consuetudini, qua nunc Græcis actionibus aures curiæ exsurdantur, januam patefecit? ut opinor, Molo rhetor, qui studia M. Ciceronis acuit : eum namque ante omnes exterarum gentium in senatu sine interprete auditum constat; quem ho-

digne, pour avoir si puissamment contribué à la perfection de l'éloquence romaine. C'est un bonheur éclatant, un sort sans exemple, que celui d'Arpinum; soit que l'on envisage parmi ses enfants le plus illustre contempteur des lettres, soit que l'on y considère celui qui en fut la source la plus féconde.

4. Un usage que nos aïeux observèrent encore très-scrupuleusement, ce fut de ne souffrir jamais personne entre le consul et le premier licteur, quoiqu'on l'accompagnât par devoir. Un fils, pourvu qu'il fût encore enfant, avait seul le droit de marcher devant le consul. On tenait si fort à cette règle, que Q. Fabius Maximus, cinq fois consul, depuis longtemps environné de la plus haute considération, parvenu déjà à une extrême vieillesse, refusa de prendre cette liberté, malgré l'invitation de son fils, alors consul, qui le pressait de se placer entre lui et le licteur, de peur qu'il ne fût froissé par les Samnites, avec lesquels il allait avoir une entrevue. (An de R. 462.)

Le même Fabius, envoyé à Suesse par le sénat pour servir de lieutenant à son fils qui était consul, vit, aux approches de la ville, celui-ci sortir à sa rencontre : indigné que onze licteurs l'eussent dépassé sans le faire descendre de cheval, il continua de rester

---

norem non immerito cepit, quoniam summam vim Romanæ eloquentiæ adjuverat. Conspicuæ felicitatis Arpinum unicum, sive litterarum gloriosissimum contemptorem, sive abundantissimum fontem intueri velis.

4. Maxima autem diligentia majores hunc morem retinuerunt, ne quis se inter consulem et proximum lictorem, quamvis officii causa una progrederetur, interponeret; filio duntaxat, et ei puero, ante patrem consulem ambulandi jus erat. Qui mos adeo pertinaciter retentus est, ut Q. Fabius Maximus quinquies consul, vir etiam pridem summæ auctoritatis, et tunc ultimæ senectutis, a filio consule invitatus, ut inter se et lictorem procederet, ne hostium Samnitum turba, ad quorum colloquium descendebant, elideretur, id facere noluerit.

Idem a senatu legatus ad filium consulem Suessam missus, postquam animadvertit, eum ad officium suum extra mœnia oppidi processisse, indignatus quod ex lictoribus XI nemo se equo descendere jussisset, plenus iræ sedere perseve-

dans cette position, tout animé de colère. Son fils s'en aperçut, et donna ordre au premier licteur de faire son devoir. A sa voix, Fabius obéit aussitôt. « Mon fils, dit-il alors, je n'ai pas voulu mépriser le souverain pouvoir dont tu es revêtu; je n'ai eu d'autre intention que de m'assurer si tu savais être consul. Je n'ignore point les égards que l'on doit à un père; mais je mets les devoirs publics au-dessus des affections privées. » (An de R. 540.)

5. Les louanges de Fabius m'amènent naturellement à parler de l'admirable constance des ambassadeurs que le sénat envoya à Tarente pour demander réparation de quelques actes d'hostilité. A leur arrivée, on leur fait les plus graves insultes, jusqu'à souiller d'urine la toge de l'un d'entre eux : introduits au théâtre, selon l'usage des Grecs, ils exposent le sujet de leur ambassade dans les termes qui leur avaient été prescrits, sans ajouter la moindre plainte relative aux injures essuyées par eux, de peur d'outre-passer leurs instructions. Le plus vif ressentiment que l'on puisse éprouver, celui qui naît d'un outrage, ne peut leur faire perdre de vue les anciennes maximes gravées dans leur cœur. Oui, fastueuse Tarente, tu voulus mettre un terme à la jouissance de cette fortune dont la possession te fit longtemps

---

ravit : quod quum filius sensisset, proximo lictori ut sibi appareret imperavit; cujus voci Fabius continuo obsecutus : « Non ego, inquit, fili, summum imperium tuum contempsi, sed experiri volui, an scires consulem agere; nec ignoro, quid patriæ venerationi debeatur, verum publica instituta privata pietate potiora judico. »

5. Relatis Q. Fabii laudibus, offerunt se mirificæ constantiæ viri : qui, legati a senatu Tarentum ad res repetendas missi, quum gravissimas ibi injurias accepissent, unus etiam urina respersus esset, in theatrum, ut est consuetudo Græciæ, introducti, legationem, quibus acceperant verbis, peregerunt; de his, quæ passi erant, questi non sunt, ne quid ultra ac mandatum esset, loquerentur; insitusque pectoribus eorum antiqui moris respectus, dolore, qui ex contumelia gravissimus sentitur, convelli non potuit. Finem profecto fruendarum opum, quibus ad invidiam diu abundaveras, Tarentina civitas, quæsisti. Nam, dum

des envieux. Tandis qu'éblouie de l'éclat de ta postérité présente, tu regardes avec dédain l'austérité d'une vertu solidement appuyée sur elle-même, tu viens en aveugle, en insensée, te précipiter sur le fer irrésistible de la puissance romaine! (An de R. 471.)

6. Mais laissons ces mœurs corrompues par le luxe, et revenons à la sévère discipline de nos ancêtres. Autrefois le sénat se tenait assidûment dans le lieu qu'on nomme encore aujourd'hui *Senaculum*. Sans attendre une convocation par édit, il se rendait de là dans la salle des séances, à la première invitation. C'était, à leurs yeux, manifester une vertu équivoque, que d'attendre les ordres du magistrat pour s'acquitter de son devoir envers la république, au lieu d'y satisfaire spontanément. En effet, tout service forcé est une action dont on sait gré plutôt au pouvoir qui l'exige, qu'à l'obéissance qui l'accomplit.

7. Il faut ausi rappeler l'usage qui défendait aux tribuns du peuple d'entrer au sénat. Assis à la porte de la salle, sur des siéges qui leur étaient destinés, ils pesaient avec la plus grande attention les décrets des pères conscrits, afin d'y mettre opposition, s'ils y trouvaient quelque chose à reprendre. C'est pourquoi les anciens sénatus-consultes portaient ordinairement, au bas, la

---

horridæ virtutis in se ipsum connexum stabilimentum, nitore fortunæ præsentis inflata, fastidiose æstimas, in prævalidum imperii nostri mucronem cæca et amens irruisti.

6. Sed ut a luxu perditis moribus ad severissima majorum instituta transgrediar, antea senatus assiduam stationem eo loci peragebat, qui hodieque *Senaculum* appellatur; nec exspectabat, ut edicto contraheretur, sed inde citatus protinus in curiam veniebat, ambignæ laudis civem existimans, qui debitis reipublicæ officiis non sua sponte, sed jussus, fungeretur; quia quidquid imperio cogitur, exigenti magis, quam præstanti, acceptum refertur.

7. Illud quoque memoria repetendum est, quod tribunis plebis intrare curiam non licebat; ante valvas autem positis subselliis, decreta patrum attentissima cura examinabant, ut, si qua ex eis improbassent, rata esse non sinerent. Itaque

lettre T; c'était une preuve que les tribuns en avaient approuvé les dispositions. Leur zèle à veiller aux intérêts du peuple et à réprimer les abus du pouvoir ne les empêchait pas de souffrir que le trésor public fournît de l'argenterie et des anneaux d'or aux magistrats, pour rendre, par cette sorte d'appareil, l'autorité plus imposante.

8. Mais si l'on s'attachait à relever la dignité des magistrats, on les assujettissait aussi à un désintéressement rigoureux. Les entrailles des victimes immolées par eux étaient portées aux questeurs du trésor, qui les faisaient vendre. Les sacrifices du peuple romain, en honorant les dieux immortels, offraient aux hommes une leçon de désintéressement, et nos généraux apprenaient, au pied de ces autels, combien leurs mains devaient toujours rester pures. Tel était le mérite de cette vertu, que le sénat plus d'une fois paya les dettes de ceux qu'il savait avoir gouverné leur province avec intégrité; on trouvait indigne et flétrissant pour la république, qu'après avoir soutenu au dehors la gloire de l'empire, le magistrat, revenu au sein de ses foyers, tombât lui-même dans l'avilissement.

---

veteribus senatusconsultis *T* littera subscribi solebat, eaque nota significabatur, illa tribunos quoque censuisse. Qui, quamvis pro commodis plebis excubabant, inque imperiis compescendis occupati erant, instrui tamen ea argenteis vasis et annulis aureis publice præbitis patiebantur, quo talium rerum usu auctoritas magistratuum esset ornatior.

8. Quorum quemadmodum majestas amplificabatur, ita abstinentia arctissime constringebatur. Immolatarum enim ab his hostiarum exta, ad quæstores ærarii delata veniebant; sacrificiisque populi Romani tum deorum immortalium cultus, tum etiam hominum continentia inerat, imperatoribus nostris, quam sanctas manus habere deberent, apud ista altaria discentibus : continentiæque tantum tribuebatur, ut multorum æs alienum, quia provincias sincere administraverant, a senatu persolutum sit; nam quorum opera publicam auctoritatem splendorem suum procul obtinuisse viderant, eorum dignitatem domi collabi, indignum, sibique deforme esse arbitrabantur.

9. La jeunesse de l'ordre des chevaliers se donnait en spectacle deux fois par an, dans des fêtes instituées par d'illustres fondateurs, le jour des Lupercales et le jour de la revue des chevaliers. En effet, les Lupercales durent leur naissance à Romulus et à Rémus. Numitor, leur aïeul, roi des Albains, venait de leur permettre de fonder une ville, selon le conseil de leur père nourricier Faustulus, à l'endroit où ils avaient été élevés, au pied du Palatium, colline autrefois consacrée par Évandre, prince arcadien : dans la joie dont ils étaient transportés, ils firent un sacrifice, immolèrent des chevreaux, et célébrèrent un festin plein d'allégresse; excités par le vin, ils se revêtirent des peaux des victimes, et, à la tête de leurs bergers, partagés en deux bandes, ils s'avancèrent joyeusement l'un contre l'autre; divertissement dont le souvenir se renouvelle chaque année par une fête. Quant à la seconde solennité, ce fut Q. Fabius qui établit l'usage de faire passer en revue les chevaliers, vêtus de la trabée, le jour des ides de juillet (15 juillet). (An de R. 499.)

Le même Fabius étant censeur avec P. Décius, et voulant mettre fin aux cabales qui troublaient les comices, abandonnés à la plus vile populace, réunit dans quatre seules tribus, appelées tribus *urbaines*, toute cette multitude dont fourmille sans cesse

---

9. Equestris vero ordinis juventus omnibus annis bis Urbem spectaculo sui sub magnis auctoribus celebrabat, die Lupercalium, et equitum probatione. Lupercalium enim mos a Romulo et Remo inchoatus est tunc, quum lætitia exsultantes, quod his avus Numitor, rex Albanorum, eo loco, ubi educati erant, urbem condere permiserat sub monte Palatino, hortatu Faustuli educatoris sui, quem Evander Argivus consecraverat; facto sacrificio, cæsisque capris, epularum hilaritate ac vino largiore provecti, divisa pastorali turba, cincti pellibus immolatarum hostiarum, jocantes obvios petiverunt : cujus hilaritatis memoria annuo circuitu feriarum repetitur. Trabeatos vero equites idibus juliis Q. Fabius transvehi instituit.

Idem censor cum P. Decio, seditionis finiendæ gratia, quam comitia in humillimi cujusque potestatem redacta accenderant, omnem forensem turbam in qua-

la place publique. Une institution si salutaire valut à ce magistrat, d'ailleurs célèbre par ses exploits militaires, le surnom de *Maximus*.

CHAPITRE III

INSTITUTIONS MILITAIRES

Nous devons aussi des éloges au sentiment d'honneur qui animait le peuple : en se présentant avec courage aux fatigues et aux périls de la guerre, il dispensait les généraux d'enrôler les indigents dont la misère n'offrait aucune garantie, et à qui, pour cette raison, on ne confiait pas les armes destinées à la défense de l'État.

1. Cette coutume s'était fortifiée par une longue pratique; mais C. Marius lui porta un coup mortel, en appelant sous les drapeaux les gens sans fortune. Citoyen d'ailleurs illustre, mais trop prévenu par le sentiment de sa propre *nouveauté*, contre ce qui était ancien, il jugea que, si on laissait à de lâches soldats,

tuor tantummodo tribus descripsit, easque *urbanas* appellavit. Quo tam salubri facto, vir alioqui bellicis operibus excellens, *Maximus* cognominatus est.

CAPUT III

DE MILITARIBUS INSTITUTIS

Laudanda etiam populi verecundia est, qui, impigre se laboribus et periculis militiæ offerendo, dabat operam, ne imperatoribus capite censos sacramento rogare esse necesse, quorum nimia inopia suspecta erat, ideoque iis publica arma non committebantur.

1. Sed hanc diutina usurpatione firmatam consuetudinem C. Marius capite censum legendo militem abrupit; civis alioqui magnificus, sed novitatis suæ conscientia, vetustati non sane propitius, memorque, si militaris ignavia humi-

CHAP. III, INSTITUTIONS MILITAIRES. 95

sortis des classes aisées, le droit de dédaigner encore le menu peuple, l'orgueil, injuste appréciateur de son mérite, pouvait le qualifier lui-même de général sorti d'un rang méprisable. Il crut donc devoir abolir dans les armées romaines ce dédaigneux enrôlement, de peur que la contagion de cette espèce de flétrissure ne s'étendît enfin jusqu'à sa gloire. (An de R. 646.)

2. L'exercice des armes fut introduit parmi les soldats par le consul P. Rutilius, collègue de Cn. Mallius. Sans qu'aucun des généraux ses prédécesseurs lui eût donné un pareil exemple, il fit venir des maîtres de gladiateurs de l'école de Cn. Aurélius Scaurus, et naturalisa dans nos légions l'ingénieuse méthode de parer et de porter les coups par principes. Grâce à cette institution, l'art et le courage se prêtèrent un mutuel secours, le premier se fortifiant de l'énergie du second, et celui-ci empruntant du premier la circonspection et la sagesse. (An de R. 648.)

3. L'emploi des vélites fut imaginé pendant le siége de Capoue, sous le commandement de Fulvius Flaccus. Comme la cavalerie des Campaniens, dans leurs fréquentes sorties, avait toujours l'avantage sur la nôtre, par la supériorité du nombre, le centurion Q. Névius choisit dans l'infanterie ce qu'il y avait de plus

---

litatem spernere perseveraret, se a maligno virtutum interprete velut capite censum imperatorem compellari posse. Itaque fastidiosum delectus genus in exercitibus Romanis obliterandum duxit, ne talis notæ contagio ad ipsius quoque gloriæ sugillationem penetraret.

2. Armorum tractandorum meditatio a P. Rutilio consule, Cn. Mallii collega, militibus est tradita. Is enim, nullius ante se imperatoris exemplum secutus, ex ludo Cn. Aurelii Scauri doctoribus gladiatorum arcessitis, vitandi atque inferendi ictus subtiliorem rationem legibus ingeneravit; virtutemque arti, et rursus artem virtuti miscuit, ut illa impetu hujus fortior, hæc illius scientia cautior fieret.

3. Velitum usus eo bello primum repertus est, quo Capuam Fulvius Flaccus imperator obsedit. Nam quum equitatui Campanorum crebris excursatiouibus equites nostri, quia numero pauciores erant, resistere non possent, Q. Nævius

agile, et en forma un corps auquel il donna pour armure sept javelots recourbés, avec un petit bouclier; il leur apprit à sauter rapidement en croupe derrière les cavaliers, et à descendre avec la même promptitude, afin que ces fantassins, paraissant subitement au milieu d'un combat de cavalerie, pussent blesser à coups de traits et les hommes et les chevaux des ennemis. (An de R. 542.) Cette nouvelle manière de combattre priva la perfidie campanienne de son unique ressource; et nous honorons encore aujourd'hui la mémoire de Névius, qui en fut l'inventeur.

CHAPITRE IV

DES SPECTACLES

1. Des institutions militaires il convient de passer à celle d'une autre milice, campée au milieu de la ville, je veux dire celle de nos théâtres : car on y a vu souvent des partis se battre avec fureur; et des jeux, imaginés pour honorer les dieux et divertir les hommes, ont, à la honte de la paix, taché du sang des ci-

---

centurio e peditibus lectos expediti corporis, brevibus et incurvis septenis armatos hastis, parvo tegmine munitos, veloci saltu jungere se equitantibus, et rursus celeri motu delabi instituit, quo facilius equestri prælio subjecti pedites, viros pariter atque equos hostium telis incesserent; eaque novitas pugnæ unicum Campanæ perfidiæ debilitavit auxilium : ideoque auctori ejus Nævio adhuc honos est habitus.

CAPUT IV

DE SPECTACULIS

1. Proximus militaribus institutis ad urbana castra, id est, theatra, gradus faciendus est; quoniam hæc quoque sæpenumero animosas acies instruxerunt, excogitataque cultus deorum, et hominum delectationis causa, non sine aliquo

toyens, pour d'infâmes histrions, la religion et les plaisirs publics.

2. Le premier amphithéâtre fut commencé par les soins des censeurs Messala et Cassius : mais sur la proposition de P. Scipion Nasica, tous les matériaux préparés pour cet ouvrage furent mis à l'encan et vendus en vertu d'un décret du sénat. Un sénatus-consulte défendit, en outre, à tout citoyen, de placer des bancs, soit dans la ville, soit à une distance moindre d'un mille, et d'assister assis aux jeux publics : on voulut sans doute que cette constance à se tenir debout, qualité particulière à la nation romaine, se fît remarquer au milieu même des délassements. (Ans de R. 599, 603.)

3. Pendant cinq cent cinquante-huit ans, les sénateurs assistèrent aux jeux publics, pêle-mêle avec les autres citoyens. Cet usage fut changé par les édiles Atilius Serranus et L. Scribonius. Aux jeux qu'ils célébrèrent en l'honneur de la mère des dieux, ils assignèrent, conformément à l'avis du premier Scipion l'Africain, des places séparées au sénat et au peuple ; circonstance qui indisposa la multitude et ébranla singulièrement la popularité de Scipion. (An de R. 559.)

4. Je vais maintenant remonter à l'origine des jeux publics,

---

pacis rubore voluptatem et religionem civili sanguine, scenicorum portentorum gratia, macularunt.

2. Quæ inchoata quidem sunt a Messala et Cassio censoribus : cæterum auctore P. Scipione Nasica omnem apparatum operis eorum subjectum hastæ venire placuit ; atque etiam senatusconsulto cautum est, *ne quis in Urbe, propiusve passus mille, subsellia posuisse, sedensve ludos spectare vellet*, ut scilicet remissioni animorum juncta standi virilitas, propria Romanæ gentis nota, esset.

3. Per quingentos autem et quinquaginta octo annos senatus populo mixtus spectaculo ludorum interfuit ; sed hunc morem Atilius Serranus et L. Scribonius ædiles, ludos matri deum facientes, superioris Africani sententiam secuti, discretis senatus et populi locis, solverunt ; eaque res avertit vulgi animum, et favorem Scipionis magnopere quassavit.

4. Nunc causam instituendorum ludorum ab origine sua repetam. C. Sulpicio

et exposer les causes de leur établissement. Sous le consulat de C. Sulpicius Béticus et de C. Licinius Stolon, une peste violente, détournant la république d'entreprises guerrières, l'accabla, au dedans, de maux domestiques. Déjà l'on ne voyait plus de ressources que dans la religion, dans un culte nouveau et particulier ; on n'attendait plus rien de la science humaine. On composa des hymnes pour apaiser la divinité. Ces chants furent avidement écoutés par le peuple, qui, jusqu'alors, s'était contenté des spectacles du Cirque, célébrés pour la première fois par Romulus, en l'honneur du dieu Consus, lors de l'enlèvement des Sabines. Mais comme les hommes s'attachent naturellement à poursuivre le développement des choses les plus simples dans leur origine, la jeunesse, toujours enjouée, joignit aux expressions de respect envers les dieux, des mouvements rustiques et des danses grossières. Cela fournit l'occasion de faire venir d'Étrurie une sorte de pantomime, dont la gracieuse agilité, mérite de tout temps fort estimé chez les Curètes et les Lydiens dont les Étrusques tirent leur origine, fut pour les yeux des Romains une agréable nouveauté. Et, comme ces sortes de comédiens se nomment *histrions* dans la langue étrusque, ce nom fut donné à tous les acteurs qui montent sur la scène. (An de R. 389.)

Betico, C. Licinio Stolone consulibus, intoleranda vis ortæ pestilentiæ civitatem nostram, a bellicosis operibus revocatam, domestici atque intestini mali cura afflixerat, jamque plus in exquisito et novo cultu religionis, quam in ullo humano consilio positum opis videbatur. Itaque placandi cœlestis numinis gratia compositis carminibus vacuas aures præbuit, ad id tempus circensi spectaculo contenta, quod primus Romulus, raptis virginibus Sabinis, Consualium nomine celebravit. Verum, ut est mos hominum parvula initia pertinaci studio prosequendi, venerabilibus erga deos verbis juventus, rudi atque incomposito motu corporum jocabunda, gestus adjecit; eaque res ludium ex Etruria accessendi causam præbuit, cujus decora pernicitas vetusto ex more Curetum Lydorumque, a quibus Etrusci originem traxerunt, novitate grata Romanorum oculos permulsit. Et, quia ludius apud eos *histrio* appellabatur, scenico nomen *histrionis* inditum est.

Ces jeux devinrent insensiblement des pièces de satyres. Le poëte Livius Andronicus sut le premier en détourner le spectateur pour attirer son attention sur des sujets dramatiques. Cet auteur jouait lui-même ses pièces; mais à force d'être redemandé par le public, il altéra sensiblement sa voix : alors, aidé des accords d'un chanteur et d'un joueur de flûte, il faisait les gestes en silence. Quant aux Atellans, ils vinrent de chez les Osques. Ce genre de divertissement, tempéré par la sévérité romaine, ne déshonore point les acteurs; car il ne les exclut ni du droit de suffrage ni du service militaire.

5. La plupart de nos jeux publics manifestent assez leur origine par le nom même qu'ils portent; mais il n'est pas hors de propos d'exposer ici celle des jeux Séculaires, qui est moins connue.

Pendant une violente épidémie qui ravageait la ville et les environs, un riche particulier, nommé Valésius, vivant à la campagne, voyait ses deux fils et sa fille malades au point que les médecins en désespéraient. Allant prendre pour eux de l'eau chaude à son foyer, il se jette à genoux et conjure ses dieux lares de détourner sur lui seul le danger qui menace ses enfants.

Paulatim deinde ludicra ars ad satyrarum modos perrepsit, a quibus primus omnium poeta Livius ad fabularum argumenta spectantium animos transtulit; isque sui operis actor, quum sæpius a populo revocatus vocem obtudisset, adhibito pueri et tibicinis concentu, gesticulationem tacitus peregit. Atellani autem ab Oscis acciti sunt : quod genus delectationis Italica severitate temperatum, ideoque vacuum nota est; nam neque tribu movetur, neque a militaribus stipendiis repellitur.

5. Et, quia cæteri ludi ipsis appellationibus unde trahantur apparet, non absurdum videtur, Secularibus initium suum, cujus generis minus trita notitia est, reddere.

Quum ingenti pestilentia Urbs agrique vastarentur, Valesius, vir locuples, rusticæ vitæ, duobus filiis et filia ad desperationem usque medicorum laborantibus, aquam calidam iis a foco petens, genibus nixus, Lares familiares, *ut puc-*

Une voix lui répond que le moyen de les sauver est de les transporter aussitôt, par la voie du Tibre, à Tarente, et là, de leur faire boire de l'eau chauffée sur l'autel de Pluton et de Proserpine. Cette prédiction l'embarrassa beaucoup ; on lui prescrivait une navigation longue et périlleuse ; néanmoins, cette crainte réelle et présente cédant à une vague espérance, il transporta aussitôt ses enfants au bord du Tibre (il habitait sa maison de campagne située près du village d'Érète, au pays des Sabins); de là, s'embarquant pour Ostie, il arriva au milieu de la nuit vers le Champ de Mars. Comme il désirait soulager ses malades, qui avaient soif, et qu'il manquait de feu dans sa barque, son marinier l'avertit qu'à peu de distance de là on voyait de la fumée. Invité par cet homme à descendre à Térente (tel était le nom de cet endroit), il saisit un vase avec empressement, puise de l'eau dans le Tibre, et, déjà plein de joie, la porte à l'endroit d'où l'on avait vu s'élever de la fumée, croyant avoir trouvé, dans le voisinage, comme la trace du remède indiqué par les dieux. Fortement pénétré de cette idée, il rassemble les matières combustibles que le hasard lui présente, les pose sur un sol, qui fumait plutôt qu'il ne contenait aucun reste d'un feu, parvient, à

---

rorum periculum in ipsius caput transferrent, oravit. Orta deinde vox est, « habiturum eos salvos, si continuo flumine Tiberi devectos Tarentum deportasset, ibique ex Ditis patris et Proserpinæ ara petita calda recreasset. » Eo prædicto magnopere confusus, quod et longa et periculosa navigatio imperabatur, spe tamen dubia præsentem metum vincente, pueros ad ripam Tiberis protinus detulit (habitabat enim in villa sua propter vicum Sabinæ regionis Eretum), ac lintre Ostiam petens, nocte concubia ad Martium campum appulit : sitientibusque ægris succurrere cupiens, igne in navigio non suppetente, ex gubernatore cognoscit, haud procul apparere fumum; et ab eo jussus egredi Terentum (id ei loco nomen est), cupide arrepto calice, aquam flumine haustam, eo, unde fumus erat oborius, jam lætior pertulit, divinitus dati remedii quasi vestigia quædam in propinquo nactum se existimans. In quo solo magis fumante, quam ullas ignis habente reliquias, dum tenacius omen apprehendit, contractis levibus

force de souffler, à les faire prendre, fait chauffer son eau et l'apporte à ses enfants. Ceux-ci, après l'avoir bue, s'endormirent d'un sommeil salutaire, et furent tout à coup délivrés d'une si longue et si violente maladie. Ils racontèrent à leur père qu'ils avaient vu en songe un dieu qui leur essuyait le corps avec une éponge, en leur prescrivant d'immoler des victimes noires devant l'autel de Pluton et de Proserpine, d'où leur était venue cette eau bienfaisante, et d'y célébrer un banquet sacré avec des jeux nocturnes. Comme Valésius n'avait point aperçu d'autel dans cet endroit, il se persuada qu'on lui demandait d'en élever un. Il courut donc aussitôt à Rome pour acheter un autel, laissant sur les lieux des gens chargés de creuser la terre jusqu'au tuf pour y construire de solides fondements. En conséquence des ordres de leur maître, ceux-ci creusèrent jusqu'à une profondeur de vingt pieds, et aperçurent un autel avec cette inscription : *A Pluton et à Proserpine.* Sur l'avis d'un esclave qui courut l'informer de cet événement, Valésius renonça au dessein d'acheter un autel. Prenant des victimes noires, que nos ancêtres appelaient *sombres*, il les immola à Térente, et célébra des jeux et un banquet sacré pendant trois nuits consécutives,

---

et quæ sors obtulerat nutrimentis, pertinaci spiritu flammam evomuit, calefactamque aquam pueris bibendam dedit : qua potata, salutari quiete sopiti, diutina vi morbi repente sunt liberati, patrique indicaverunt, « vidisse se in somniis, nescio a quo deorum spongia sua corpora pertergi, et præcipi, ut ad Ditis patris et Proserpinæ aram, a qua fuerat potio ipsis allata, furvæ hostiæ immolarentur, lectisterniaque et ludi nocturni fierent. » Is, quod eo loci nullam aram viderat, desiderari credens, ut a se construeretur, aram empturus in Urbem perrexit, relictis, qui fundamentorum constituendorum gratia terram ad solidum foderent. Hi, domini imperium exsequentes, quum ad xx pedum altitudinem humo egesta pervenissent, animadverterunt aram Diti patri Proserpinæque inscriptam. Hoc postquam Valesius nuntiante servo accepit, omisso emendæ aræ proposito, hostias nigras, quæ antiquitus *furvæ* dicebantur, Terenti immolavit; ludosque et lectisternia,

nombre égal à celui des enfants que ces divinités lui avaient sauvés.

À son exemple, Valérius Publicola, qui fut l'un des premiers consuls, cherchant du soulagement à ses concitoyens dans une calamité pareille, vint auprès du même autel, et, au nom de la république, y fit des vœux solennels, un sacrifice de taureaux noirs à Pluton, de génisses noires à Proserpine, un banquet et des jeux qui durèrent trois nuits; ensuite il recouvrit l'autel de terre, comme il l'était auparavant. (An de R. 249.)

6. À mesure que les richesses s'accrurent, la magnificence accompagna la célébration des jeux publics. Elle inspira à Q. Catulus d'imiter le luxe de Capoue, en procurant de l'ombre aux spectateurs au moyen de toiles tendues au-dessus de l'amphithéâtre. Cn. Pompée, le premier, établit des courants d'eau dans l'enceinte pour diminuer les chaleurs de l'été. Cl. Pulcher orna le théâtre de diverses peintures, qui remplacèrent les planches nues qu'on y voyait auparavant. C. Antonius le borda d'un bout à l'autre en argent, Pétréius en or, Q. Catulus en ivoire. Les Lucullus le rendirent mobile. P. Lentulus Spinther l'enrichit de décorations argentées. Au lieu de costumes d'écarlate, auparavant en usage, M. Scaurus introduisit un genre de vêtement fort recherché.

---

continuis tribus noctibus, quia totidem filii periculo liberati erant, fecit.
Cujus exemplum Valerius Publicola, qui primus consul fuit, studio succurendi civibus secutus, apud eamdem aram publice nuncupatis votis, cæsisque atris bubus, Diti maribus, feminis Proserpinæ, lectisternioque ac ludis trinoctio factis, aram terra, ut ante fuerat, obruit.

6. Religionum ludorum crescentibus opibus secuta lautitia est. Ejus instinctu Q. Catulus Campanam imitatus luxuriam, primus spectantium consessum velorum umbraculis texit; Cn. Pompeius ante omnes aquæ per semitos decursu æstivum minuit fervorem; Cl. Pulcher scenam varietate colorum adumbravit, vacuis ante pictura tabulis extentam; quam totam argento C. Antonius, auro Petreius, ebore Q. Catulus prætexuit; versatilem fecerunt Luculli; argentatis choragiis P. Lentulus Spinther adornavit; translatum, antea puniceis indutum tunicis, M. Scaurus exquisito genere vestis, cultum induxit.

7. Le premier spectacle de gladiateurs fut offert aux Romains sur la place aux Bœufs, sous le consulat d'Appius Claudius et de M. Fulvius. Il fut donné par les fils de Brutus pour honorer les funérailles de leur père. (An de R. 489.) Quant aux combats d'athlètes, on les dut à la munificence de Scaurus. (An de R. 695.)

CHAPITRE V

DE LA FRUGALITÉ ET DE LA PURETÉ DES MŒURS

1. On n'avait encore vu aucune statue dorée ni à Rome, ni dans aucune partie de l'Italie, avant l'époque où M. Acilius Glabrion érigea une statue équestre à son père dans le temple de la Piété filiale. Cet édifice même avait été consacré par lui-même, sous le consulat de P. Cornélius Lentulus et de M. Bébius Tamphilus, en reconnaissance de la victoire qu'il avait remportée sur Antiochus, auprès des Thermopyles. (An de R. 572.)

2. Le droit civil était resté pendant plusieurs siècles renfermé

---

7. Nam gladiatorium munus primum Romæ datum in foro Boario, Ap. Claudio, M. Fulvio consulibus : dederunt M. et D. Bruti, funebri memoria patris cineres honorando. Athletarum certamen a M. Scauri tractum est munificentia.

CAPUT V

DE FRUGALITATE ET INNOCENTIA

1. Statuam auratam nec in Urbe, nec in ulla parte Italiæ quisquam prius aspexit, quam a M. Acilio Glabrione equestris patri poneretur in æde Pietatis : eam autem ædem, P. Cornelio Lentulo et M. Bæbio Tamphilo consulibus, ipse dedicaverat, compos voti factus, rege Antiocho apud Thermopylas superato.

2. Jus civile per multa secula inter sacra cærimoniasque deorum immortalium

dans les temples parmi les mystères de la religion, et connu des seuls pontifes. Cn. Flavius, fils d'un affranchi, parvenu de simple scribe à la dignité d'édile curule, au grand mécontentement de la noblesse, le rendit public, et afficha, pour ainsi dire, dans tout le Forum, le livre des Fastes. Le même Flavius visitait un jour son collègue, qui était malade : trouvant la chambre remplie de patriciens qui ne daignaient pas même lui offrir un siége, il se fait apporter sa chaise curule, et s'y assied, pour venger sa personne de leur mépris et soutenir l'honneur de sa magistrature. (An de R. 449.)

3. La question de l'empoisonnement était inconnue aux Romains; ni leurs mœurs ni leurs lois n'en révélaient l'existence. Elle s'éleva dans la suite, quand on découvrit un grand nombre de femmes coupables de ce crime. Elles faisaient secrètement périr leurs maris par le poison ; sur la dénonciation d'une esclave, elles furent traînées en justice, et cent soixante-dix d'entre elles furent condamnées à la peine capitale. (An de R. 422.)

4. La compagnie des joueurs de flûte ne manque pas les occasions de se montrer au peuple dans la place, au milieu des fêtes publiques et particulières : cachés sous un masque et en

---

abditum, solisque pontificibus notum, Cn. Flavius, libertino patre genitus, et scriba, cum ingenti nobilitatis indignatione factus ædilis curulis, vulgavit, ac fastos pæne toto foro exposuit. Qui, quum ad visendum ægrum collegam suum veniret, neque a nobilibus, quorum frequentia cubiculum erat completum, sedendi loco reciperetur, sellam curulem afferri jussit, et in ea, honoris pariter atque contemptus sui vindex, consedit.

3. Veneficii quæstio et moribus et legibus Romanis ignota, complurium matronarum patefacto scelere orta est : quæ, quum viros suos clandestinis insidiis veneno perimerent, unius ancillæ indicio protractæ, pars capitali judicio damnatæ, centum septuaginta numerum expleverunt.

4. Tibicinum quoque collegium solet in foro vulgi oculos in se convertere, quum inter publicas privatasque ferias, actiones, personis tecto capite variaque

habits de diverses couleurs, ils donnent à la multitude des scènes et des concerts. Voici l'origine de cet usage. On leur défendit un jour de prendre leur repas dans le temple de Jupiter, selon leur ancienne coutume. Ils se retirèrent de dépit à Tivoli. Le sénat vit avec peine leur retraite, à cause de l'utilité de leur ministère dans les cérémonies religieuses. Il fit demander par une ambassade, à la ville de Tivoli, de vouloir bien employer son crédit auprès d'eux, pour les ramener au service des temples de Rome. Les voyant obstinés dans leur refus, les Tiburtins feignirent de leur donner une fête, et les chargèrent, plongés dans le vin et le sommeil, sur des chariots qui les transportèrent à Rome. Non-seulement on leur rendit leurs anciens priviléges ; on leur accorda encore le droit de donner le spectacle dont nous avons parlé au commencement de cet article. L'usage du masque vient de la honte qu'ils éprouvèrent d'avoir été surpris dans un état d'ivresse. (An de R. 442.)

5. Les repas des anciens Romains et leur manière de les prendre attestent évidemment et leur tempérance et la simplicité de leurs mœurs. Les plus grands hommes ne rougissaient point de dîner et de souper en public ; il n'y avait sur leur table aucun mets qu'ils craignissent d'exposer aux yeux du peuple. Telle était leur attention à suivre les règles de la tempérance, qu'ils faisaient

---

veste velatis, concentusque edit. Inde tracta licentia. Quondam vetiti in æde Jovis, quod prisco more factitaverant, vesci, Tibur irati se contulerunt. Quorum ministerio, senatus deserta sacra non æquo animo ferens, per legatos a Tiburtibus petiit, *ut eos gratia sua Romanis templis restituerent :* quos illi in proposito perseverantes, interposita festæ epulationis simulatione, mero somnoque sopitos, plaustris in Urbem devehendos curaverunt ; quibus et honos pristinus restitutus, et hujusce lusus jus est datum. Personarum usus pudorem circumventæ temulentiæ causam habet.

5. Fuit etiam illa simplicitas antiquorum in cibo capiendo, humanitatis simul et continentiæ certissima index. Nam maximis viris prandere et cœnare in propatulo, verecundiæ non erat ; nec sane ullas epulas habebant, quas populi oculis

plus souvent usage de bouillie que de pain. Aussi ce qu'on appelle *mola* dans les sacrifices, est-il uniquement composé de farine et de sel; on saupoudre de farine les entrailles des victimes, et les poulets sacrés, qui servent aux augures, ne sont nourris que de bouillie : car c'était avec les prémices de leur nourriture que nos ancêtres se rendaient les dieux favorables, et ces offrandes avaient d'autant plus d'efficacité qu'elles étaient plus simples.

6. Ils honoraient les dieux, en général, pour en obtenir des bienfaits; excepté la Fièvre, à qui ils élevaient des temples pour en éprouver moins de mal. Un de ces temples subsiste encore aujourd'hui sur le mont Palatin, un autre dans la place des monuments de Marius, un troisième à l'extrémité supérieure de la rue Longue. On y déposait les remèdes qui avaient été appliqués au corps des malades. Ces pratiques avaient été imaginées, avec quelque raison d'utilité, pour calmer les agitations de l'esprit humain. Au reste, la santé des citoyens trouvait la plus solide et la plus sûre garantie dans une vie laborieuse; elle était, en quelque sorte, fille de la frugalité, cette ennemie de la gourmandise, des excès du vin et des plaisirs de Vénus.

---

subjicere erubescerent. Erant adeo continentiæ attenti, ut frequentior apud eos pultis usus, quam panis esset : ideoque in sacrificiis mola, quæ vocabatur, ex farre et sale constat; exta farre sparguntur, et pullis, quibus auspicia petuntur, puls objicitur. Primitus enim ex libamentis victus sui deos eo efficacius, quo simplicius, placabant.

6. Et cæteros quidem ab benefaciendum venerabantur; Febrem autem ad minus nocendum, templis colebant, quorum adhuc unum in Palatio, alterum in area Marianorum monumentorum, tertium in summa parte vici Longi exstat; in eaque remedia, quæ corporibus ægrorum adnexa fuerant, deferebantur. Hæc ad humanæ mentis æstus leniendos cum aliqua usus ratione excogitata. Cæterum salubritatem suam industriæ certissimo ac fidelissimo munimento tuebantur; bonæque valetudinis eorum quasi quædam mater erat frugalitas, inimica luxuriosis epulis, et aliena nimiæ vini abundantiæ, et ab Veneris usu aversa.

CHAPITRE VI

DES COUTUMES ÉTRANGÈRES

1. Tels furent aussi les sentiments de la république de Sparte, la plus digne d'être comparée à la nôtre pour la sévérité des mœurs. Docile aux lois austères de Lycurgue, elle tint pendant quelques siècles les regards de ses citoyens détournés du spectacle de l'Asie, de peur que cette vie séduisante ne les fît tomber dans la mollesse. Ils savaient que de là étaient sortis le luxe de la table, les somptuosités excessives et tous les genres de plaisirs superflus; que les Ioniens avaient introduit l'usage des parfums, des couronnes dans les repas, et des seconds services, puissant aiguillon de débauche. Il n'est pas étonnant que des hommes qui trouvaient leur bonheur dans une vie dure et laborieuse ne voulussent point laisser détendre et affaiblir, par la contagion des délices étrangères, les plus fermes liens de leur constitution civile; ils voyaient que le passage est souvent plus facile de la vertu au vice, que du vice à la vertu. Leur crainte d'ailleurs a

CAPUT VI

DE EXTERNIS INSTITUTIS

1. Idem sensit proxima majorum nostrorum gravitati Spartana civitas, quæ severissimis Lycurgi legibus obtemperans, aliquandiu civium suorum oculos a contemplanda Asia retraxit, ne illecebris ejus capti, ad delicatius vitæ genus prolaberentur. Audierant enim, lautitiam inde, et immodicos sumptus, et omnia non necessariæ voluptatis genera, fluxisse; primosque Ionas unguenti, coronarumque in convivio dandarum, et secundæ mensæ ponendæ consuetudinem, haud parva luxuriæ irritamenta, reperisse. Ac minime mirum est, quod homines labore ac patientia gaudentes, tenacissimos patriæ nervos, externarum deliciarum contagione solvi et hebetari noluerunt; quum aliquando faciliorem virtutis ad luxuriam, quam luxuriæ ad virtutem, transitum viderent : quod eos non frustra

été bien justifiée par l'exemple de Pausanias, l'un de leurs généraux, qui, après de brillants exploits, à peine livré aux délices de l'Asie, ne rougit plus d'avilir sa bravoure en imitant les manières efféminées de ces peuples. (Av. J.-C. 473.)

2. Les armées de cette même république n'engageaient point un combat, qu'elles n'eussent été enflammées par un concert de flûtes, joint à une sorte de poésie composée d'anapestes, dont les sons énergiques et redoublés portaient dans les âmes l'ardeur d'une vigoureuse attaque. Pour cacher et dérober aux ennemis la vue de leurs blessures, ces mêmes Spartiates avaient soin de prendre les jours de bataille, des tuniques d'écarlate, non dans la crainte que la vue de leur sang ne les effrayât eux-mêmes, mais pour empêcher qu'elle n'inspirât quelque confiance à l'ennemi.

3. Après le génie guerrier des Lacédémoniens se présente naturellement la sagesse pacifique des Athéniens. Chez eux l'oisiveté, arrachée des ténèbres, où elle se cache et croupit honteusement, vient, comme un criminel, comparaître devant les tribunaux, pour s'y disculper d'une inaction coupable et ignominieuse.

---

dux ipsorum Pausanias patefecit, qui maximis operibus editis, ut primum se Asiæ moribus permisit, fortitudinem suam effeminato ejus culta mollire non erubuit.

2. Ejusdem civitatis exercitus non ante ad dimicandum descendere solebant, quam tibiæ concentu, et anapæsti pedis modulo cohortationis calorem animo traxissent vegeto et crebro ictus sono strenue hostem invadere admoniti. Iidem ad dissimulandum et occultandum vulnerum suorum cruorem, puniceis in prælio tunicis utebantur; non, ne ipsis aspectus ejus terrorem, sed ne hostibus fiduciæ aliquid afferret.

3. Egregios virtutis bellicæ spiritus Lacedæmoniorum prudentissimi pacis moribus Athenienses subsequuntur: apud quos inertia e latebris suis languore marcens, in forum perinde ac delictum aliquod protrahitur, atque, ut facinorosæ, ita erubescendæ rea culpæ.

CHAP. VI, DES COUTUMES ÉTRANGÈRES 109

4. Cette même ville possédait un tribunal vraiment auguste, nommé l'Aréopage, qui faisait les recherches les plus scrupuleuses sur les actions de chaque citoyen, ou sur ses moyens de subsister, afin que les hommes, sachant le compte qu'ils avaient à rendre de leur conduite, suivissent le chemin de la vertu.

5. C'est cette même ville qui la première introduisit l'usage d'honorer d'une couronne les citoyens vertueux, en ceignant de deux branches d'olivier entrelacées la tête illustre de Périclès : institution recommandable, soit que l'on envisage la chose ou la personne ; car l'honneur est l'aliment le plus fécond de la vertu, et Périclès méritait surtout d'être offert à la postérité comme le premier exemple d'une pareille distinction.

6. Mais combien est mémorable cette loi d'Athènes qui dépouille de la liberté l'affranchi convaincu d'ingratitude envers son patron ! « Je ne veux plus, dit-elle, te reconnaître pour un citoyen, toi dont la conduite impie montre si peu d'estime pour un bien si précieux. Je ne saurais jamais croire qu'on puisse devenir utile à l'État, après s'être montré scélérat envers sa famille. Va donc, sois esclave, puisque tu n'as pas su être libre. »

---

4. Ejusdem urbis sanctissimum consilium Areopagus, quid quisque Atheniensium ageret, aut quonam quæstu sustentaretur, diligentissime inquirere solebat; ut homines honestatem, vitæ rationem memores reddendam esse, sequerentur.

5. Eadem bonos cives corona decorandi primo consuetudinem introduxit, duobus oleæ connexis ramulis clarum Periclis cingendo caput. Probabile institutum, sive rem, sive personam intueri velis. Nam et virtutis uberrimum alimentum est honos; et Pericles dignus, a quo talis muneris dandi posteritas potissimum initium caperet.

6. Age, quid illud institutum Athenarum, quam memorabile, quod convictus a patrono libertus ingratus jure libertatis exuitur! «Supersedeo te, inquit, habere civem, tanti muneris impium æstimatorem. Nec adduci possum, ut credam urbi utilem, quem domui scelestum cerno : abi igitur, et esto servus, quoniam liber esse nescisti. »

7. Cette loi sévère s'est perpétuée jusqu'à nos jours chez les Marseillais, peuple éminemment distingué par son respect pour les anciens usages et par son attachement aux Romains. Ils permettent d'annuler jusqu'à trois fois l'affranchissement d'un esclave, s'il est convaincu trois fois d'avoir trahi son maître. Mais à la quatrième fois, la loi ne juge point à propos de venir u secours du maître, parce qu'il doit imputer à sa propre faute l'injure à laquelle il s'est exposé après tant d'épreuves. Cette même cité surveille les mœurs avec une grande sévérité. Elle ne laisse point monter sur la scène les bouffons dont les pièces ne représentent que des actions infâmes, de peur que l'habitude de voir de pareilles fictions n'inspire l'idée de les imiter. Tous les charlatans qui, sous les dehors de quelque cérémonie religieuse, cherchent un aliment à leur paresse, trouvent les portes de cette ville rigoureusement fermées : on croit devoir repousser une superstition mensongère et hypocrite. Enfin, depuis la fondation de Marseille, on y conserve un glaive destiné à trancher la tête aux criminels : il est, à la vérité, tout rongé de rouille, et presque hors de service ; mais il montre que jusque dans les moindres choses il faut conserver tous les monuments des antiques usages.

---

7. Inde Massilienses quoque ad hoc tempus usurpant disciplinæ gravitatem, prisci moris observantia, caritate populi Romani præcipue conspicui; qui tres in eodem manumissiones rescindi permittunt, si ter ab eodem deceptum dominum cognoverint. Quarto errori subveniendum non putant; quia sua jam culpa injuriam accepit, qui ei se toties objecit. Eadem civitas severitatis custos acerrima est, nullum aditum in scenam mimis dando, quorum argumenta majore ex parte stuprorum continent actus; ne talia spectandi consuetudo etiam imitandi licentiam sumat. Omnibus autem, qui per aliquam religionis simulationem alimenta inertiæ quærunt, clausas portas habet, et mendacem et fucosam superstitionem submovendam esse existimans. Cæterum a condita urbe gladius est ibi, quo noxii jugulantur; rubigine quidem exesus, et vix sufficiens ministerio, sed index in minimis quoque rebus omnia antiquæ consuetudinis monumenta servanda.

CHAP. VI, DES COUTUMES ÉTRANGÈRES 111

Devant les portes de Marseille se trouvent toujours deux caisses destinées à recevoir, l'une les corps des hommes libres, l'autre ceux des esclaves, pour les porter ensuite sur un char au lieu de la sépulture. Point de cris lamentables, point de démonstration de douleur ; le deuil finit, le jour des funérailles, par un sacrifice domestique, suivi d'un banquet de famille. Que sert, en effet, de s'abandonner à l'affliction, cette faiblesse de la nature humaine, de reprocher en quelque sorte à la puissance divine de nous avoir refusé la participation à son immortalité ? On garde, dans un dépôt public de cette ville, une potion mêlée de ciguë et destinée à quiconque justifie devant le conseil des Six-Cents (tel est le nom de son sénat) des motifs qui lui font désirer la mort : espèce de jugement où préside une humanité sans faiblesse, qui ne permet pas de sortir légèrement de la vie, et qui, pour de justes raisons, fournit un moyen expéditif de mettre fin légalement, soit à l'adversité, soit à la prospérité. Car l'une et l'autre fortune offre de grands motifs de désirer la mort ; nous devons craindre que l'une ne soit durable, que l'autre ne nous abandonne.

8. Cette coutume des Marseillais ne me semble pas avoir pris

Duæ etiam ante portas eorum arcæ jacent; altera, qua liberorum, altera, qua servorum corpora ad sepulturæ locum plaustro devehuntur. Sine lamentatione, sine planctu luctus funeris die, domestico sacrificio, adjectoque necessariorum convivio, finitur. Etenim quid attinet, aut humano dolori indulgeri, aut divino numini invidiam fieri, quod immortalitatem suam nobiscum partiri noluerit? Venenum cicuta temperatum in ea civitate publice custoditur, quod datur ei, qui causas Sexcentis (id enim senatus ejus nomen est) exhibuit, propter quas mors sit illi expetenda : cognitione virili benevolentia temperata, quæ nec egredi vita temere patitur, et sapienter excedere cupienti celerem fati viam præbet; ut vel adversa, vel prospera nimis usus fortuna (utraque enim finiendi spiritus, illa, ne perseveret, hæc, ne destituat, rationem præbuerit) comprobato exitu terminetur.

8. Quam consuetudinem Massiliensium non in Gallia ortam, sed e Græcia

naissance dans la Gaule : je la crois apportée de la Grèce ; car je l'ai vue observée aussi dans l'île de Céos, à l'époque où, me rendant en Asie avec Sextus Pompée, j'entrai dans la ville de Julis. Il arriva par hasard qu'une femme de la plus haute distinction, mais fort avancée en âge, après avoir rendu compte à ses concitoyens des raisons qu'elle avait de quitter la vie, résolut d'en sortir par le poison, et trouva singulièrement précieux de pouvoir illustrer sa mort par la présence de Pompée. Ses prières ne furent pas dédaignées d'un personnage qui joignait à toutes les autres vertus la plus rare humanité. Il alla donc lui rendre visite, lui parla longtemps avec cette douce éloquence qui coulait de sa bouche comme d'une source abondante, et après avoir fait de vains efforts pour la détourner de son dessein, il prit le parti de la laisser accomplir sa résolution. Cette femme, plus que nonagénaire, et jouissant d'une parfaite santé d'esprit et de corps, était couchée sur son lit, qui paraissait orné avec plus d'élégance qu'à l'ordinaire. Appuyée sur le coude, elle prit la parole : « Sextus Pompée, dit-elle, puissent les dieux que je quitte, et non pas ceux que je vais trouver, acquitter envers vous ma reconnaissance pour n'avoir dédaigné ni de m'exhorter à vivre,

---

translatam inde existimo, quod illam etiam in insula Ceo servari animadverti; quo tempore Asiam cum Sex. Pompeio petens, Julida oppidum intravi. Forte enim evenit, ut tunc summæ dignitatis ibi femina, sed ultimæ jam senectutis, reddita ratione civibus, cur excedere vita deberet, veneno consumere se destinarit, mortemque suam Pompeii præsentia clariorem fieri magni æstimarit. Nec preces ejus vir ille, ut omnibus virtutibus, ita humanitatis quoque laudibus instructissimus, aspernari sustinuit. Venit itaque ad eam, facundissimoque sermone, qui ore ejus quasi e beato quodam eloquentiæ fonte manabat, ab incepto consilio diu nequidquam revocare conatus, ad ultimum propositum exsequi passus est. Quæ nonagesimum annum transgressa, cum summa et animi et corporis sinceritate, lectulo, quantum dignoscere erat, quotidiana consuetudine cultius strato recubans, et innixa cubito : « Tibi quidem, inquit, Sex. Pompei, dii magis, quos relinquo, quam quos peto, gratias referant, quia nec hortator

CHAP. VI, DES COUTUMES ÉTRANGÈRES 113

ni de me voir mourir. J'ai constamment éprouvé la fortune favorable, et, dans la crainte d'essuyer ses rigueurs en tenant trop à la vie, je vais échanger le peu de jours qui me restent contre une fin bienheureuse, qui me permet de laisser après moi deux filles et sept petits-fils. » Ensuite elle exhorta ses enfants à demeurer toujours unis, leur distribua ses biens, remit à sa fille aînée sa garde-robe et les objets du culte domestique, et, prenant d'une main ferme la coupe où était préparé le poison, elle en fit une libation à Mercure, pria ce dieu de la conduire paisiblement dans le lieu le plus fortuné des enfers, et but avidement le mortel breuvage. A mesure que le froid s'emparait des diverses parties de son corps, elle le disait tranquillement. Quand elle le sentit approcher des entrailles et du cœur, elle invita ses filles à lui rendre le dernier devoir, celui de fermer ses yeux : les nôtres, malgré la stupeur où les jetait un spectacle si nouveau, ne laissèrent pas d'être baignés de larmes, au sortir de cette maison. (An de R. 771.)

9. Mais pour en revenir aux Marseillais, que cette digression m'a fait quitter un instant, il n'est permis à personne d'entrer dans leur ville avec des armes offensives. Un homme, chargé de

---

vitæ meæ, nec mortis spectator esse fastidisti. Cæterum ipsa hilarem fortunæ vultum semper experta, ne aviditate lucis tristem intueri cogar, reliquias spiritus mei prospero fine, duas filias et septem nepotum gregem superstitem relictura, permuto. » Cohortata deinde ad concordiam suos, distributo eis patrimonio, et cultu suo sacrisque domesticis majori filiæ traditis, poculum, in quo venenum temperatum erat, constanti dextra arripuit. Tum defusis Mercurio delibamentis, et invocato numine ejus, ut se placido itinere in meliorem sedis infernæ deduceret partem, cupido haustu mortiferam traxit potionem. Ac sermone significans, *quasnam subinde partes corporis sui rigor occuparet*, quum jam visceribus eum et cordi imminere esset elocuta, filiarum manus ad supremum opprimendorum oculorum officium advocavit : nostros autem, tametsi novo spectaculo obstupefacti erant, suffusos tamen lacrymis dimisit.

9. Sed ut ad Massiliensium civitatem, unde in hoc deverticulum excessi, re-

les recevoir à la porte et de les garder, vous les rend à votre départ. C'est ainsi qu'ils remplissent les devoirs de l'hospitalité, sans compromettre la sûreté de l'État.

10. En quittant Marseille, je rencontre cette ancienne coutume des Gaulois. On dit qu'ils se prêtaient souvent entre eux des sommes d'argent remboursables dans l'autre monde, parce qu'ils étaient persuadés que nos âmes sont immortelles. Je les traiterais d'insensés, si cette opinion des Narbonnais n'était pas aussi celle du philosophe grec Pythagore.

11. La philosophie des Gaulois enseigne l'avarice et l'usure; celle des Cimbres et des Celtibères respire l'activité et le courage. Ils tressaillaient d'allégresse dans les combats, espérant y sortir de la vie avec gloire et félicité. Étaient-ils malades, ils se désolaient comme des gens condamnés à une mort honteuse et misérable. Les Celtibères regardaient aussi comme un opprobre de survivre dans une bataille à celui qu'ils avaient promis de défendre au péril de leur vie. Admirons les nobles sentiments de ces deux peuples et dans leur dévouement au salut de la patrie, et dans leur constante fidélité envers leurs amis.

---

vertàr, intrare oppidum eorum nulli cum telo licet; præstoque est, qui id custodiæ gratia acceptum, exituro reddat, ut hospitia suâ, quemadmodum advenientibus humana sunt, ita ipsis quoque tuta sint.

10. Horum mœnia egresso vetus ille mos Gallorum occurrit, quos memoria proditum est, pecunias mutuas, quæ his apud inferos redderentur, dare solitos; quia persuasum habuerunt, animas hominum immortales esse : dicerem stultos, nisi idem braccati sensissent, quod palliatus Pythagoras credidit.

11. Avara et fœneratoria Gallorum philosophia : alacris et fortis Cimbrorum et Celtiberorum, qui in acie gaudio exsultabant, tanquam gloriose et feliciter vita excessuri; lamentabantur in morbo, quasi turpiter et miserabiliter perituri. Celtiberi etiam nefas esse ducebant, prælio superesse, quum is occidisset, pro cujus salute spiritum devoverant. Laudanda utrorumque populorum animi præsentia, quod et patriæ incolumitatem fortiter tueri, et fidem amicitiæ constanter præstandam arbitrabantur.

12. Nous ne pourrions raisonnablement refuser le titre de sage à cette nation thrace qui célèbre les jours de naissance par des pleurs, et les funérailles par des réjouissances : elle a deviné, sans le secours d'aucun philosophe, le véritable état de notre nature. Ainsi, le charme de la vie, cet attrait si puissant sur tous les êtres animés, qui nous fait commettre et essuyer tant d'indignités, s'évanouira du moment que nous trouverons plus de bonheur, plus de félicité à cesser de vivre.

13. Aussi est-ce avec raison que les Lyciens, dans les temps de deuil, prennent des vêtements de femmes, afin que la honte de cet extérieur humiliant les force à bannir au plus tôt une affliction insensée.

14. Mais pourquoi faire un mérite à des hommes d'avoir courageusement pratiqué cette sorte de philosophie? Considérez les femmes indiennes : selon la coutume du pays, le même mari a plusieurs épouses à la fois, et lorsque celui-ci vient à mourir, c'est entre elles un grand débat, qui va même devant les tribunaux, de savoir laquelle a été la plus chérie. Celle qui l'emporte est dans la joie, et, conduite par ses proches, qui portent eux-mêmes la gaieté sur le visage, elle s'avance vers le bûcher de son époux, se jette dans es flammes, et on la trouve fort heureuse

---

12. Thraciæ vero illa natio merito sibi sapientiæ laudem vindicaverit, quæ natales hominum flebiliter, exsequias cum hilaritate celebrat : sine ullis doctorum præceptis, verum conditionis nostræ habitum pervidit. Removeatur itaque naturalis omnium animalium dulcedo vitæ, quæ multa et facere et pati turpiter cogit; si ejus aliquanto felicior ac beatior finis reperietur.

13. Quocirca recte Lycii, quum iis luctus incidit, muliebrem vestem induunt, ut deformitate cultus commoti, maturius stultum projicere mœrorem velint.

14. Verum quid ego fortissimos hoc in genere prudentiæ viros laudem? Respiciantur Indorum feminæ, quæ, quum more patrio complures eidem nuptæ esse soleant, mortuo marito, in certamen judiciumque veniunt, quam ex iis maxime dilexerit. Victrix gaudio exultans, deductaque a necessariis lætum præferentibus vultum, conjugis se flammis superjacit, et cum eo tanquam felicissima cre-

d'être consumée avec lui : les vaincues sont tristes et désolées de conserver la vie. Rapprochez maintenant l'audace du Cimbre, la fidélité du Celtibère, la courageuse philosophie du Thrace; joignez-y encore l'ingénieux expédient des Lyciens pour abréger la durée du deuil ; rien de cela ne soutiendra le parallèle avec le bûcher indien, où la tendresse d'une épouse va se placer comme sur un lit nuptial, sans s'effrayer des approches de la mort.

15. A tant de gloire opposons la turpitude des femmes africaines, pour en mieux faire ressortir l'opprobre par la comparaison. A Sicca, ville d'Afrique, il est un temple de Vénus, où les femmes s'assemblaient. Ne sortant de là que pour aller trafiquer de leurs charmes, elles gagnaient ainsi une dot aux dépens de leur pudicité. C'était par un si honteux commerce qu'elles se préparaient à contracter un mariage honorable.

16. Les Perses avaient une coutume bien raisonnable, c'était de ne voir leurs enfants qu'après la septième année révolue, afin d'en supporter la perte avec plus de facilité.

17. Nous ne devons pas non plus blâmer les rois numides, qui, malgré l'usage établi parmi leurs sujets, ne donnaient le

---

matur; superatæ cum tristitia et mœrore in vita remanent. Protrahe in medium Cimbricam audaciam, adjice Celtibericam fidem, junge animosam Thraciæ sapientiam, annecte Lyciorum in luctibus abjiciendis callide quæsitam rationem; indico tamen rogo nihil eorum præferes, quem uxoris pietas in modum genialis tori propinquæ mortis secura conscendit.

15. Cui gloriæ, Punicarum feminarum, ut ex comparatione turpius appareat, dedecus subnectam. Siccæ enim fanum est Veneris, in quod se matronæ conferebant, atque inde procedentes ad quæstum, dotes corporis injuria contrahebant, honesta nimirum tam inhonesto vinculo conjugia juncturæ.

16. Jam Persarum admodum probabile institutum fuit, quod liberos suos non prius aspiciebant, quam septimum implessent annum; quo parvulorum amissionem æquiore animo sustinerent.

17. Ne Numidiæ quidem reges vituperandi, qui more gentis suæ nulli mortali

baiser à personne. Tout ce qui est placé au faîte de la grandeur a besoin, pour devenir plus vénérable, d'être affranchi des coutumes et des pratiques vulgaires.

CHAPITRE VII

DE LA DISCIPLINE MILITAIRE

De la Discipline militaire chez les Romains.

J'arrive à la principale gloire de l'empire romain, à son plus solide fondement, qu'une salutaire persévérance a conservé jusqu'à nos jours dans toute sa force et son intégrité, je veux dire la discipline militaire, au sein de laquelle nous trouvons un appui tutélaire, et le charme d'une paix profonde et inaltérable.

1. P. Cornélius Scipion, à qui la destruction de Carthage valut le surnom de son aïeul, fut envoyé en Espagne avec la

osculum ferebant. Quidquid enim in excelso fastigio positum est, humili et trita consuetudine, quo sit venerabilius, vacuum esse convenit.

CAPUT VII

DE DISCIPLINA MILITARI

De Disciplinæ militari observata a Romanis.

Venio nunc ad præcipuum decus, et ad stabilimentum Romani imperii, salutari perseverantia ad hoc tempus sincerum et incolume servatum, militaris disciplinæ tenacissimum vinculum; in cujus sinu ac tutela serenus tranquillusque beatæ pacis status acquiescit.

1. P. Cornelius Scipio, cui deleta Carthago avitum cognomen dedit, consul in Hispaniam missus, ut insolentissimos Numantinæ urbis spiritus, superiorum

qualité de consul, pour rabattre l'excessif orgueil des Numantins, soutenu par la faute des généraux ses prédécesseurs. A l'instant même de son entrée dans le camp, il donna ordre d'en chasser et d'en faire disparaître tout ce qui servait d'aliment au plaisir. Il en sortit, en conséquence, une foule de trafiquants et de valets, avec deux mille prostituées. Ainsi délivrée de cette troupe vile et infâme, l'armée romaine, qui naguère avait craint la mort au point de se déshonorer par une capitulation ignominieuse, se releva tout à coup, et, rappelant son ancienne valeur, fit tomber à ses pieds la fière et courageuse Numance, la réduisit en cendre et l'anéantit pour jamais. Ainsi, pour avoir négligé la discipline militaire, Mancinus se vit forcé à une capitulation déplorable, et, pour l'avoir relevée, Scipion obtint en récompense le plus brillant triomphe. (An de R. 619.)

2. A l'exemple de Scipion, Métellus, envoyé en Afrique pour faire la guerre à Jugurtha, et trouvant l'armée corrompue par l'excessive indulgence de Sp. Albinus, déploya toute l'énergie du commandement pour rappeler l'ancienne discipline. Au lieu d'y arriver par degré en attaquant le mal successivement, il la remit en vigueur d'un seul coup. Dès son entrée, il bannit du camp

ducum culpa nutritos, contunderet, eodem temporis momento, quo castra intravit, edixit, ut omnia ex his, quæ voluptatis causa comparata erant, auferrentur ac submoverentur; nam constat, tum maximum inde institorum et lixarum numerum cum duobus millibus scortorum abisse. Hac turpi atque erubescenda sentina vacuefactus noster exercitus, qui paulo ante metu mortis, deformi se fœderis ictu maculaverat, erecta virtute recreataque, acrem illam et animosam Numantiam incendiis exustam, ruinisque prostratam, solo æquavit. Itaque neglectæ disciplinæ militaris indicium, Mancini miserabilis deditio; servatæ merces, speciosissimus Scipionis triumphus exstitit.

2. Ejus sectam Metellus secutus, quum exercitum in Africa, Jugurthino bello nimia Sp. Albini indulgentia corruptum consul accepisset, omnibus imperii nervis ad revocandam pristinæ disciplinæ militiæ confisus est. Nec singulas partes apprehendit, sed totam continuo in statum suum redegit : protinus namque lixas

tous les valets, et défendit d'y vendre aucun aliment cuit. Dans les marches, il ne voulut pas que le soldat eût recours aux esclaves ou aux bêtes de somme pour porter ses armes et sa nourriture; chacun les portait soi-même. Chaque jour il changeait de camp, et chaque fois, comme si Jugurtha eût été en présence il se fortifiait soigneusement de fossés et de palissades. Et que lui valut le rétablissement de la frugalité et du travail dans l'armée? De fréquentes victoires, de nombreux trophées, remportés sur un ennemi à qui le soldat romain, sous un général complaisant, n'avait jamais vu tourner le dos. (An de R. 644.)

3. La discipline militaire trouva encore des soutiens dans ces généraux qui, brisant pour elle les liens de la parenté, n'hésitèrent pas d'en poursuivre, d'en punir les infractions aux dépens de l'honneur de leurs familles. Ainsi, dans la guerre qu'il fit en Sicile contre les esclaves fugitifs, le consul P. Rupilius, apprenant que Q. Fabius, son gendre, avait eu la négligence de laisser prendre la forteresse de Taurominium, lui envoya ordre de sortir sur-le-champ de la province. (An de R. 622.)

4. C. Cotta avait confié à Aurélius Pecuniola, son parent, la conduite du siége de Lipari, pendant qu'il allait lui-même à

---

e castris submovit, cibumque coctum venalem proponi vetuit; in agmine neminem militum ministerio servorum jumentorumque, ut arma sua et alimenta ipsi ferrent, uti passus est; castrorum subinde locum mutavit; eadem, tanquam Jugurtha semper adesset, vallo fossaque aptissime cinxit. Quid ergo restituta continentia, quid repetita industria profecit? crebras scilicet victorias, et multa tropæa peperit ex eo hoste, cujus tergum, sub ambitioso imperatore, Romano militi videre non contigerat.

3. Bene etiam illi disciplinæ militari adfuerunt, qui, necessitudinum perruptis vinculis, ultionem vindictamque læsæ, cum ignominia domuum suarum, exigere non dubitaverunt. Nam P. Rupilius consul eo bello, quod in Sicilia cum fugitivis gessit, Q. Fabium generum suum, quia negligentia Tauruminitanam arcem amiserat, provincia jussit decedere.

4. Jam C. Cotta P. Aurelium Pecuniolam, sanguine sibi junctum, quem obsi-

Messine pour y reprendre les auspices. A son retour, il le fit battre de verges, et le condamna à servir comme simple soldat dans l'infanterie, pour avoir, par sa faute, laissé brûler une redoute et presque enlever son camp. (An de R. 501.)

5. Voici encore un trait de sévérité. Q. Fulvius Flaccus, étant censeur, dégrada son frère Fulvius du rang de sénateur, pour avoir, sans l'ordre du consul, osé licencier une cohorte dans une légion où il était tribun militaire. (An de R. 579.)

De tels exemples mériteraient un récit moins succinct, si je n'en avais de plus frappants à raconter. En effet, quel courage ne faut-il pas pour condamner à un retour ignominieux dans ses foyers celui que l'on a associé à sa famille et à son illustration? ou pour infliger le honteux supplice des verges à un parent qui porte le même nom et qui descend, par une longue suite de générations, des mêmes aïeux? ou pour s'armer de l'austérité de la censure contre la tendresse fraternelle? Un seul de ces traits, dans les cités même les plus illustres, suffirait pour donner une assez haute idée de leur discipline militaire.

6. Mais notre république, qui a rempli l'univers entier d'exem-

---

dioni Liparitanæ, ad auspicia repetenda Messanam transiturus, præfecerat, virgis cæsum, militiæ munere inter pedites fungi coegit, quod ejus culpa agger incensus, et pæne castra fuerant capta.

5. Q. etiam Fulvius Flaccus censor, Fulvium fratrem, cohortem legionis, in qua tribunus militum erat, injussu consulis domum dimittere ausum, senatu movit.

Non digna exempla, quæ tam breviter, nisi majoribus urgerer, referrentur. Quid enim tam difficile factu, quam copulatæ societati generis et imaginum deformem in patria reditum indicere? aut communioni nominis, ac familiæ veteris propinquitatis serie cohærenti, virgarum contumeliosa verbera adhibere? aut censorium supercilium adversus fraternam caritatem destringere? Dentur hæc singula quamvis claris civitatibus; abunde tamen gloria disciplinæ militaris instructæ videbuntur.

6. At nostra Urbs, quæ omni genere mirificorum exemplorum totum orbem

CHAP. VII, DE LA DISCIPLINE MILITAIRE. 121

ples merveilleux en tout genre, vit revenir nos généraux avec des haches qu'ils avaient trempées de leur propre sang pour ne pas laisser impunie une infraction à la discipline. Elle vit ce spectacle aussi glorieux pour un homme public que lugubre pour un particulier, incertaine, à ce double aspect, s'il fallait les féliciter ou les plaindre. Aussi me trouvé-je moi-même embarrassé à rappeler votre souvenir et à faire votre éloge, illustres guerriers, Postumius Tubertus, et Manlius Torquatus, vous qui maintîntes avec une si grande sévérité la discipline militaire; car je prévois qu'accablé sous le poids des louanges que vous méritez, je réussirai bien plus à déceler la faiblesse de mon talent, qu'à peindre dignement vos vertus.

Toi, Postumius, pendant ta dictature, tu avais, dans la personne d'A. Postumius, un fils destiné à perpétuer ton nom et le culte de tes dieux domestiques; un fils que tu avais, dans son enfance, pressé sur ton sein, et dont tes baisers avaient tant de fois payé les caresses; un fils que tu avais pris soin d'instruire pendant ses jeunes années, dont tu avais armé le bras lorsqu'il entrait dans l'adolescence; un fils, enfin, vertueux, plein de bravoure, chérissant également son père et sa patrie : mais il avait, de son propre mouvement, sans attendre tes ordres, quitté

terrarum replevit, imperatorum proprio sanguine manantes secures, ne turbato militiæ ordine vindicta deesset, e castris publice speciosas, privatim lugubres, duplici vultu recepit, incerta, gratulandi prius, an alloquendi officio fungeretur. Igitur ego quoque hæsitante animo vos, bellicarum rerum severissimi custodes, Postumi Tuberte, et Manli Torquate, memoria ac relatione complector; quia animadverto fore, ut pondere laudis, quam meruistis, obrutus magis imbecillitatem ingenii mei detegam, quam vestram virtutem, sicut par est, repræsentem.

Tu namque, Postumi dictator, A. Postumium, quem ad generis penetraliumque sacrorum successionem propagandam genueras, cujus infantiæ blandimenta sinu atque osculis foveras, quem puerum litteris, quem juvenem armis instruxeras, sanctum, fortem, amantem tui, pariter ac patriæ, quia non tuo jussu, sed sua sponte præsidio progressus, hostes fuderat, victorem securi feriri

son poste et battu l'ennemi ; et, tout vainqueur qu'il était, tu prononças son arrêt de mort; et ta voix paternelle trouva assez de force pour remplir ce rigoureux ministère ; mais tes yeux, j'en suis sûr, tout couverts de ténèbres en plein jour, n'ont pu voir la grandeur de ton sacrifice. (An de R. 322.)

Toi aussi, Manlius Torquatus, pendant la guerre que tu fis aux Latins, en qualité de consul, tu vis revenir ton fils vainqueur de Géminius Métius, général des Tusculans, qui l'avait provoqué : il rapportait de brillantes dépouilles, glorieux trophées de la victoire; mais il avait accepté le défi à ton insu, et tu le fis saisir par ton licteur et immoler comme une victime; persuadé qu'un père devait faire le sacrifice d'un fils généreux, plutôt que la patrie celui de la discipline militaire. (An de R. 413.)

7. Quelle énergie de caractère ne fallut-il pas au dictateur L. Quintius Cincinnatus, lorsqu'après avoir vaincu les Æques et les avoir fait passer sous le joug, il força L. Minucius à se démettre du consulat, pour s'être laissé assiéger dans son camp par ces mêmes ennemis. Il regardait comme indigne du commandement suprême le général qui devait son salut, non à son courage, mais à ses retranchements; qui avait pu, sans rougir, voir

---

jussisti, et ad hoc peragendum imperium paternæ vocis ministerio sufficere valuisti ; nam oculos tuos certum scio, clarissima in luce tenebris offusos, ingens animi opus intueri nequivisse.

Tu item, Manli Torquate, Latino bello consul, filium, quod provocatus a Geminio Metio duce Tusculanorum ad dimicandum te ignaro descenderat, gloriosam victoriam et speciosa spolia referentem, abripi a lictore, et in modum hostiæ mactari jussisti, satius esse judicans, patrem forti filio, quam patriam militari disciplina carere.

7. Age, quanto spiritu putamus usum L. Quintium Cincinnatum dictatorem eo tempore, quo, devictis Æquis et sub jugum missis, L. Minucium consulatum deponere coegit ; quod castra ejus iidem hostes obsederant ? Indignum enim maximo imperio credidit, quem non sua virtus, sed fossa vallumque tutum præstiterat ; cuique verecundiæ non fuerat, arma Romana metu trepida clausis

trembler une armée romaine, et la tenir renfermée dans un camp. Ainsi douze faisceaux, emblème du pouvoir suprême, qui réunissaient la triple autorité du sénat, des chevaliers et du peuple, et dont le moindre signal imprimait le mouvement au Latium et aux forces de l'Italie entière, émoussés et brisés à la voix du dictateur, tombèrent aux pieds de son redoutable tribunal; et, en réparation de l'outrage fait à la gloire militaire, le consul, vengeur né de tous les crimes, fut puni lui-même comme criminel. (An de R. 295.)

Dieu Mars, père de notre empire, tels étaient en quelque sorte les sacrifices expiatoires par lesquels, après quelque violation de tes divins auspices, on apaisait ta divinité; des alliés, des proches, des frères condamnés à l'opprobre, des fils livrés à la hache meurtrière, des consuls ignominieusement dégradés.

8. Il faut mettre au même rang l'exemple qui suit. Q. Fabius Rullianus, maître de la cavalerie, avait, au mépris des ordres du dictateur Papirius, livré bataille aux Samnites; et quoiqu'il ne fût rentré dans le camp qu'après les avoir mis en déroute, néanmoins, sans être touché ni de sa valeur, ni de sa victoire, ni de sa noblesse, le dictateur lui fit arracher ses vêtements, et fit préparer les verges. Spectacle terrible! un Rullianus, un maître de

---

portis contineri. Ergo imperiosissimi XII fasces, penes quos senatus et equestris ordinis et universæ plebis summum decus erat, quorumque nutu Latium ac totius Italiæ vires regebantur, contusi atque fracti dictatoriæ se animadversioni substraverunt; ac ne inulta foret læsa gloria militaris, consul, delicto omnis vindex, punitus est.

His, ut ita dicam, piaculis, Mars imperii nostri pater, ubi aliqua ex parte a tuis auspiciis degeneratum erat, numen tuum propitiabatur, affinium et cognatorum et fratrum nota, filiorum strage, ignominiosa consulum ejuratione.

8. Ejusdem ordinis est, quod sequitur. Papirius dictator, quum adversus imperium ejus Q. Fabius Rullianus, magister equitum, exercitum in aciem eduxisset, quanquam fusis Samnitibus in castra redierat, tamen neque virtute ejus, neque successu, neque nobilitate motus, virgas expediri, eumque nudari jussit.

la cavalerie, un vainqueur, la robe mise en pièces, le corps dépouillé, prêt à subir un cruel et infâme supplice! Les blessures qu'il avait reçues dans le combat allaient se rouvrir sous les verges, et son sang arroser ignominieusement les titres de la glorieuse victoire qu'il venait de remporter. Tandis que l'armée supplie le dictateur, Fabius s'échappe, se réfugie à Rome, et vient implorer inutilement l'appui du sénat. Papirius n'en persiste pas moins à exiger son châtiment. Ainsi le père même de Fabius, après avoir été dictateur et trois fois consul, se voit réduit à recourir au peuple, et à demander humblement l'intercession des tribuns en faveur de son fils. La sévérité de Papirius reste inflexible. Néanmoins, cédant aux prières de tous les citoyens et des tribuns eux-mêmes, il déclare qu'il accorde la grâce du coupable, non à Fabius, mais au peuple romain et à la puissance tribunitienne. (An de R. 429.)

9. Dans la guerre que le consul L. Calpurnius Pison fit en Sicile contre les esclaves révoltés, C. Titius, commandant de cavalerie, se laissa surprendre par un gros d'ennemis, et rendit les armes, lui et les siens, à une troupe d'esclaves. Voici les divers

---

O spectaculum admirabile, et Rullianus, et magister equitum, et victor, scissa veste, spoliatoque corpore, lictorum verberibus lacerandus; ut in acie exceptorum vulnerum nodosis ictibus cruore renovato, victoriarum, quas modo speciosissimas adeptus erat, titulos respergeret. Precibus deinde suis exercitus occasionem Fabio confugiendi in Urbem dedit; ubi frustra senatus auxilium imploravit. Nihilominus enim Papirius in exigenda pœna perseveravit. Itaque coactus est pater ejus, post dictaturam tertiumque consulatum, rem ad populum devocare, auxiliumque tribunorum plebis supplex pro filio petere. Neque hac re severitas Papirii refrenari potuit; cæterum, quum ab universis civibus, et ipsis tribunis plebis rogaretur, testatus est, *non pœnam illam se Fabio, sed populo Romano et tribunitiæ concedere potestati.*

9. L. quoque Calpurnius Piso consul, quum in Sicilia bellum adversus fugitivos gereret, et C. Titius, equitum præfectus, fugitivorum multitudine hostium circumventus arma iis tradidisset, his præfectum ignominiæ generibus affecit.

genres d'ignominie que Calpurnius lui infligea. Il le fit tenir en toge dégarnie, sans ceinture, pieds nus, du matin au soir, sur la place d'armes, pendant toute la durée de la campagne; il lui défendit même toute espèce de commerce avec les hommes et l'usage des bains. Quant aux escadrons qu'il commandait, il les mit à pied et les incorpora dans des compagnies de frondeurs. En réparant ainsi l'honneur de sa patrie, Pison se fit beaucoup d'honneur à lui-même. Quoi de plus sage, en effet, que cette mesure? Ces hommes, épris de l'amour de la vie, avaient eu la bassesse de livrer leurs personnes, pour servir de trophées à des révoltés mille fois dignes du gibet; ils n'avaient pas rougi de laisser imposer sur des têtes libres, par des mains d'esclaves, un joug ignominieux; il les réduisit à éprouver toutes les amertumes de la vie, et à désirer, en hommes de cœur, une mort qu'ils avaient redoutée comme des femmes timides. (An de R. 620.)

10. Q. Métellus ne fut pas moins sévère que Pison. A l'affaire de Contrebie, cinq cohortes, auxquelles il avait confié la garde d'un poste, s'en étaient laissé débusquer par la force. Il leur donna l'ordre d'y retourner sur-le-champ : il ne comptait pas qu'elles pussent le reprendre; il voulait seulement les punir de la fai-

---

Jussit enim toga laciniis abscissis amictum, discinctaque tunica indutum, nudis pedibus, a mane in noctem usque ad principia per omne tempus militiæ adesse. Interdixit etiam ei convictum hominum, usumque balnearum : turmasque equitum, quibus præfuerat, ademptis equis in funditorum alas transcripsit. Magnum profecto dedecus patriæ magno Pisonis decore vindicatum est; quoniam quidem id egit Piso, ut qui, cupiditate vitæ adducti, cruce dignissimis fugitivis tropæa de se statuere concesserant, libertatique suæ servili manu flagitiosum imponi jugum non erubuerant, amarum lucis usum experirentur, mortemque, quam effeminate timuerant, viriliter optarent.

10. Nec minus Pisone acriter Q. Metellus, qui, quum apud Contrebiam res gereretur, collocatas a se in quadam statione quinque cohortes, atque ex ea viribus hostium depulsas, repetere eamdem stationem e vestigio jussit, non quod speraret ab iis amissum locum recuperari posse, sed ut præteritæ culpam pugnæ,

blesse de leur première défense par le péril évident d'un nouveau combat. Il ordonna même de tuer comme ennemi quiconque s'en échapperait pour revenir au camp. Cette rigueur les réduisit au désespoir, et, malgré leur extrême fatigue, les fit triompher à la fois et du désavantage de la position et du nombre des ennemis. Ainsi la nécessité est la trempe la plus efficace de la faiblesse humaine. (An de R. 612.)

11. Envoyé dans la même province, où il avait à combattre et à réduire la fierté d'une nation des plus belliqueuses, Q. Fabius Maximus se vit forcé de faire violence à son caractère, naturellement très-enclin à la douceur, et de renoncer quelque temps à la clémence, pour déployer une cruelle sévérité. Il fit couper la main à tous les transfuges de l'armée romaine qui étaient retombés en son pouvoir, afin que la vue de leurs bras mutilés fît trembler les autres à l'idée de la désertion. Leurs mains rebelles, séparées de leurs corps et éparses sur la terre ensanglantée, apprenaient au reste de l'armée à ne pas suivre un pareil exemple. (An de R. 612.)

12. Rien de plus doux que le premier Scipion l'Africain; cependant, pour affermir la discipline, il crut devoir emprunter un

---

insequentis certaminis manifesto periculo puniret; edixit etiam, ut, si quis ex his fugiens castra petiisset, pro hoste interficeretur. Qua severitate compressi milites, et corporibus fatigatis, et animis desperatione vitæ implicatis, loci tamen iniquitatem, multitudinemque hostium superarunt. Humanæ igitur imbecillitatis efficacissimum duramentum est necessitas.

11. In eadem provincia Q. Fabius Maximus, ferocissimæ gentis animos contundere et debilitare cupiens, mansuetissimum ingenium suum, ad tempus deposita clementia, sæviore uti severitate coegit. Omnium enim, qui ex præsidiis Romanis ad hostes transfugerant, captique erant, manus abscidit, ut trunca præ se brachia gestantes defectionis metum reliquis injicerent. Rebelles itaque manus a corporibus suis distractæ, inque cruentato solo sparsæ, cæteris, ne idem committere auderent, documento fuerunt.

12. Nihil mitius superiore Africano : is tamen, ad firmandam disciplinam

peu de cette cruauté si étrangère à son naturel. Après la soumission de Carthage, s'étant fait livrer tous ceux des nôtres qui avaient passé dans les rangs ennemis, il punit plus sévèrement les Romains que les Latins. Il condamna les premiers au supplice de la croix, comme déserteurs de la patrie; il fit trancher la tête aux autres, comme à de perfides alliés. (An de R. 552.) Je n'en dirai pas davantage sur ce fait, et parce qu'il est de Scipion, et parce qu'il ne convient pas que la croix, supplice des esclaves, s'enorgueillisse d'avoir puni des Romains, qui toutefois l'avaient bien mérité : nous pouvons d'ailleurs passer à des exemples qui n'ont point été douloureux pour la patrie.

13. Le second Scipion l'Africain, après la destruction de l'empire carthaginois, exposa aux bêtes, dans les spectacles qu'il donna au peuple, les soldats étrangers déserteurs des armées romaines. (An de R. 607.)

14. Même sévérité dans Paul-Émile. Après avoir défait Persé, il fit aussi fouler aux pieds des éléphants les soldats étrangers qui s'étaient rendus coupables du même crime de désertion : exemple vraiment salutaire, si l'on peut toutefois, sans encourir le reproche de témérité, exprimer modestement son avis sur les actions de

militarem, aliquid ab alienissima sibi crudelitate amaritudinis mutuandum existimavit. Si quidem devicta Carthagine, quum omnes, qui ex nostris exercitibus ad Pœnos transierant, in suam potestatem redegisset, gravius in Romanos, quam in Latinos transfugas animadvertit. Hos enim tanquam patriæ fugitivos crucibus affixit, illos tanquam perfidos socios securi percussit. Non prosequar hoc factum ulterius, et quia Scipionis est, et quia Romano sanguini, quamvis merito perpesso, servile supplicium insultare non attinet; quum præsertim transire ad ea liceat, quæ sine domestico vulnere gesta narrari possunt.

13. Nam posterior Africanus, everso Punico imperio, exterarum gentium transfugas, in edendis populo spectaculis, feris bestiis objecit.

14. Et L. Paulus, Perse rege superato, ejusdem generis et culpæ homines elephantis proterendos substravit; utilissimo quidem exemplo, si tamen acta excellentissimorum virorum humiliter æstimare sine insolentia reprehensione per-

nos plus grands capitaines. La discipline militaire a besoin de châtiments rudes et prompts; la force de l'empire est dans le soldat; une fois sortie de la droite ligne cette force devient bientôt oppressive, si elle n'est promptement réprimée. (An de R. 586.)

15. Mais il est temps d'exposer ce qu'ont fait, non pas les généraux individuellement, mais le corps entier du sénat, pour maintenir et défendre la discipline militaire. L. Marcius, tribun de légion, après avoir recueilli avec un courage admirable les débris dispersés de deux armées, celles de P. et de Cn. Scipion, tombés sous les coups des Carthaginois, en Espagne, reçut des soldats le titre de général. Dans la lettre qu'il adressa au sénat sur cet événement, il commença par ces mots : L. Marcius propréteur. Mais en se donnant cette qualité, il choqua les sénateurs, parce que la nomination des généraux appartient au peuple et non aux soldats. Dans une circonstance aussi grave, aussi critique, après l'affreux désastre que venait d'essuyer la république, il fallait flatter même un tribun de légion, puisqu'enfin un seul tribun s'était trouvé capable de relever les affaires. (An de R. 541.)

mittitur. Aspero enim et absciso castigationis genere militaris disciplina indiget, quia vires armis constant; quæ, ubi a recto tenore desciverunt, oppressura sunt, nisi opprimantur.

15. Sed tempus est, eorum quoque mentionem fieri, quæ jam non a singulis, verum ab universo senatu pro militari more obtinendo defendendoque administrata sunt. L. Marcius, tribunus militum, quum reliquias duorum exercituum P. et Cn. Scipionum, quos arma Punica in Hispania absumpserant, dispersas mira virtute collegisset, earumque suffragiis dux esset creatus, senatui de rebus actis a se scribens, in hunc modum orsus est : L. Marcius Propr. Cujus honoris usurpatione uti eum patribus conscriptis non placuit; quia duces a populo, non a militibus creari solerent. Quo tempore tam angusto, tamque gravi, propter immane reipublicæ damnum etiam tribunus militum adulandus erat, quoniam quidem ad statum totius civitatis corrigendum unus suffecerat.

Mais aucun malheur, aucun service ne put prévaloir, aux yeux du sénat, sur la discipline militaire. Il se rappelait la courageuse sévérité déployée par ses aïeux dans la guerre de Tarente, qui avait abattu et épuisé les forces de la république. Pyrrhus venait de leur renvoyer spontanément, sans rançon, un grand nombre de prisonniers. Ils décrétèrent que ceux d'entre eux qui avaient servi dans la cavalerie, passeraient dans les rangs de l'infanterie, que les fantassins iraient grossir le nombre des frondeurs auxiliaires, sans qu'il fût permis à aucun d'eux ni de loger dans l'intérieur du camp, ni de fortifier de fossés ou de palissades le lieu qui leur serait assigné au dehors, ni d'avoir des tentes couvertes de peaux. Une seule voie fut laissée à chacun pour regagner son premier rang, c'était de rapporter la dépouille de deux ennemis. Tel fut l'effet d'un pareil châtiment, que ces soldats avilis, misérables présents du roi d'Épire, devinrent ses ennemis les plus redoutables. (An de R. 475.)

Le sénat s'arma de la même rigueur contre ceux qui avaient abandonné la cause de la république, à la bataille de Cannes. Après les avoir bannis, par un décret terrible, plus affreux que la mort, il répondit à une lettre de Marcellus, qui demandait à

Sed nulla clades, nullum meritum, valentius militari disciplina fuit. Succurrebat enim illis, quam animosa severitate Tarentino bello majores eorum usi fuissent; in quo quassatis et attritis reipublicæ viribus, quum magnum captivorum civium suorum numerum a Pyrrho rege ultro missum recepissent, decreverunt, ut ex iis, qui equo meruerant, peditum numero militarent; qui pedites fuerant, in funditorum auxilia transcriberentur; neve quis eorum intra castra tenderet, neve locum extra assignatum vallo aut fossa cingeret, neve tentorium ex pellibus haberet; recursum autem iis ad pristinum militiæ ordinem proposuerunt, si quis bina spolia ex hostibus tulisset. Quibus suppliciis compressi, ex deformibus Pyrrhi munusculis acerrimi hostes exstiterunt.

Parem iram adversus illos senatus destrinxit, qui apud Cannas rempublicam deseruerant. Nam, quum eos gravitate decreti ultra mortuorum conditionem relegasset, acceptis a M. Marcello litteris, ut eorum sibi opera ad expugnatio-

les employer au siége de Syracuse, qu'ils étaient indignes d'être admis dans un camp romain; qu'il lui permettait toutefois d'en disposer pour le bien de la république, à condition qu'aucun d'eux ne fût exempt de services pénibles, ne reçût des récompenses militaires, et ne parût en Italie tant que les ennemis y seraient. Ainsi le courage ne saurait pardonner à la lâcheté. (Ans de R. 537, 541.)

Voyez l'indignation du sénat, à l'occasion de la mort du consul Q. Pétilius. Ce général faisait des prodiges de valeur contre les Liguriens; des soldats, témoins de ses efforts, n'eurent pas honte de le laisser périr. Le sénat défendit de compter désormais les années de service à la légion coupable, et de lui payer la solde, pour ne s'être pas offerte aux traits de l'ennemi, afin de sauver son général. Ce décret d'un corps si auguste devint pour Pétilius un magnifique et éternel monument, à l'ombre duquel sa cendre jouit paisiblement de la double gloire d'être mort sur le champ de bataille, et d'avoir été vengé dans le sénat. (An de R. 577.)

Les mêmes sentiments animaient le sénat, lorsqu'Annibal lui offrant le rachat de six mille Romains faits prisonniers dans leur

---

hem Syracusarum uti liceret, rescripsit, indignos esse, qui in castra reciperentur; cæterum se ei permittere, ut faceret, quod expedire reipublicæ judicasset, dum ne quis ex eis munere vacaret, aut dono militiæ donaretur, aut in Italiam, donec hostes in ea essent, accederet. Sic enerves animos odisse virtus solet.

Age, quam graviter senatus tulit, quod Q. Petilium consulem fortissime adversus Ligures pugnantem occidere milites passi essent. Legioni enim neque stipendium anni procedere, neque æra dari voluit; quia pro salute imperatoris, hostium telis se non obtulerant. Idque decretum amplissimi ordinis, speciosum et æternum Petilii monumentum exstitit, sub quo in acie, morte, in curia, ultione, clari cineres ejus acquiescunt.

Consimili animo, quum ei Annibal sex millium Romanorum, quæ capta in castris habebat, redimendorum potestatem fecisset, conditionem sprevit, memor,

CHAP. VII, DE LA DISCIPLINE MILITAIRE 131

camp, il rejeta cette proposition, persuadé qu'une aussi nombreuse jeunesse, ayant les armes à la main, ne pouvait être prise si honteusement, si elle avait voulu mourir avec gloire. Je ne saurais dire ce qu'il y a de plus honteux pour ces prisonniers, d'avoir inspiré à leur patrie si peu de confiance, ou de s'être si peu fait redouter de l'ennemi; l'une comptant pour rien de les voir dans ses rangs, l'autre d'avoir à les combattre. (An de R. 537.)

Mais parmi les exemples qui attestent la sévérité du sénat à veiller au maintien de la discipline militaire, je ne sais s'il en est de plus remarquable que le châtiment infligé aux soldats qui s'étaient emparés de Rhége contre le droit des gens, et qui, après la mort de Jubellius, leur chef, lui avaient substitué d'eux-mêmes M. Césius, son secrétaire. Le sénat les fit mettre en prison, et, malgré l'opposition de M. Fulvius Flaccus, tribun du peuple, qui faisait valoir en leur faveur le privilége des citoyens romains, il ne laissa pas de poursuivre leur punition. Seulement, afin de rendre l'exécution moins odieuse, il en faisait prendre chaque jour cinquante pour être battus de verges et frappés de la hache, sans permettre de leur donner la sépulture et de pleurer leur mort. (An de R. 482.)

---

tantam multitudinem armatorum juvenum, si honeste mori voluissent, turpiter capi non potuisse. Quorum nescio utrum majus dedecus fuerit, quod patria spei, an quod hostis metus nihil in his reposuerit; hæc pro se, ille ne adversus se dimicarent, parvi pendendo.

Sed quum aliquoties senatus pro militari disciplina severe excubuerit, nescio an tum præcipue, quum milites, qui Rhegium injusto bello occupaverant, mortuoque duce Jubellio, M. Cæsium scribam ejus sua sponte imperatorem delegerant, carcere inclusit, ac M. Fulvio Flacco, tribuno plebis, denuntiante, ne in cives Romanos adversus morem majorum animadverteret, nihilominus propositum exsecutus est. Cæterum, quo minore cum invidia ad perageretur, quinquagenos per singulos dies virgis cæsos, securi percuti jussit, eorumque corpora sepulturæ mandari, mortemque lugeri vetuit.

De la Discipline militaire chez les étrangers.

1. On trouvera de la douceur dans cette conduite des pères conscrits, si l'on considère la violence du sénat carthaginois, en fait de discipline militaire. Un général avait-il conduit une guerre avec témérité, vainement le succès venait le justifier ; on le mettait en croix : ses succès, on les attribuait à la protection divine; mais on lui faisait un crime de ses fausses mesures.

2. Cléarque, général des Lacédémoniens, maintenait la discipline dans son armée par le pouvoir d'un mot admirable ; il répétait souvent à ses troupes que le soldat doit plus craindre son général que l'ennemi. C'était leur déclarer ouvertement qu'ils devraient acquitter par les supplices la dette de leur vie qu'ils auraient craint de payer dans les combats. Ce langage dans la bouche de leur général n'étonnait point des Spartiates, encore pleins du souvenir des caresses de leurs mères, qui, à leur départ pour une expédition, les invitaient à ne reparaître devant elles que vivants avec leurs boucliers, ou morts, sur leurs boucliers.

De Disciplina militari observata ab externis.

1. Leniter hoc patres conscripti, si Carthaginiensium senatus in militiæ negotiis procurandis violentiam intueri velimus; a quo duces bella pravo consilio gerentes, etiamsi prospera fortuna subsecuta esset, cruci tamen suffigebantur : quod bene gesserant, deorum immortalium adjutorio; quod male commiserant, ipsorum culpæ imputantes.

2. Clearchus vero, Lacedæmoniorum dux, egregio dicto disciplinam militiæ continebat, identidem exercitus sui auribus inculcando, a militibus imperatorem potius, quam hostem, metui debere. Quo aperte denuntiabat futurum, ut spiritum pœnæ impenderent, quem pugnæ acceptum ferre dubitassent. Idque a duce præcipi non mirabantur, maternarum blanditiarum memores, quæ exituros eos ad præliandum monebant, ut aut vivi cum armis in conspectu earum venirent,

C'était avec ce mot d'ordre, reçu dans le sein de leur famille, que les soldats de Sparte allaient au combat. Mais c'est assez de ce coup d'œil jeté sur les exemples étrangers, puisque nous avons la gloire de trouver dans nos annales des traits et plus riches et plus heureux.

CHAPITRE VIII

DU TRIOMPHE

La discipline militaire, maintenue avec sévérité, acquit au peuple romain le premier rang dans l'Italie, lui soumit beaucoup de villes, de grands rois, des nations puissantes, lui ouvrit l'entrée du Pont-Euxin, lui livra le passage des Alpes et du mont Taurus, et fit de la petite chaumière de Romulus la capitale de tout l'univers. Puisqu'elle a été la source de tous les triomphes, il est naturel de parler ici des actions qui donnoient droit à cet honneur.

---

aut mortui in armis referrentur. Hoc intra domesticos parietes accepto signo, Spartanæ acies dimicabant. Sed aliena prospexisse tantummodo satis est, quum propriis, multoque uberioribus et felicioribus exemplis gloriari liceat.

CAPUT VIII

DE JURE TRIUMPHANDI

Disciplina militaris acriter retenta, principatum Italiæ Romano imperio peperit; multarum urbium, magnorum regum, validissimarum gentium regimen largita est; fauces Pontici sinus patefecit; Alpium Tauriqua montis convulsa claustra tradidit, ortumque e parvula Romuli casa totius terrarum orbis fecit columen. Ex cujus sinu quoniam omnes triumphi manarunt, sequitur, ut de triumphandi jure dicere incipiam

1. Des généraux y prétendirent pour de légères victoires. Afin de prévenir cet abus, une loi défendit de triompher, à moins qu'on n'eût tué cinq mille hommes dans une seule bataille. Car ce n'était pas sur le nombre, mais sur l'importance des triomphes, qu'ils fondaient la gloire à venir de notre république. Cependant, pour empêcher que l'appât du laurier triomphal ne rendît illusoire une loi si belle, une seconde loi, portée par L. Marius et M. Caton, tribuns du peuple, vint lui prêter son appui. Elle décerne une peine aux généraux qui se seraient permis, dans leurs dépêches au sénat, d'en imposer sur le nombre ou des ennemis, ou des citoyens restés sur le champ de bataille. Elle les oblige, dès leur entrée à Rome, de jurer, en présence des questeurs du trésor, qu'ils ont fait au sénat un rapport conforme à la vérité. (An de R. 691.)

2. Après ces lois, se place naturellement le récit de ce jugement fameux où le droit de triompher fut contesté et discuté entre deux illustres personnages. Le consul C. Lutatius et le préteur Q. Valérius avaient détruit une nombreuse flotte carthaginoise dans les parages de la Sicile. En conséquence, le sénat dé-

---

1. Ob levia prælia quidam imperatores triumphos sibi decerni desiderabant. Quibus ut occurreretur, lege cautum est, ne quis triumpharet, nisi qui quinque millia hostium una acie cecidisset. Non enim numero, sed gloria triumphorum, excelsius Urbis nostræ futurum decus [majores existimabant. Cæterum, ne tam præclara lex cupiditate laureæ obliteraretur, legis alterius adjutorio fulta est, quam L. Marius et M. Cato, tribuni plebis, tulerunt. Pœnam enim imperatoribus minatur, qui aut hostium occisorum in prælio, aut amissorum civium falsum numerum litteris senatui ausi essent referre; jubetque, eos, quum primum Urbem intrassent, apud quæstores urbanos jurare, de utroque numero vere ab his senatui esse scriptum.

2. Post has leges judicii illius tempestiva mentio introducetur, in quo de jure triumphandi inter clarissimas personas et actum et excussum est. C. Lutatius consul et Q. Valerius prætor circa Siciliam insignem Pœnorum classem deleverant : quo nomine Lutatio consuli triumphum senatus decrevit. Quum au-

cerna le triomphe au consul Lutatius. Valérius prétendit au même honneur; Lutatius soutint qu'il fallait le lui refuser, parce que c'eût été mettre au même rang des dignités inégales, que de les confondre dans les honneurs du triomphe. La dispute s'étant échauffée, Valérius offre un pari à Lutatius, se déclarant vaincu s'il n'établit pas que c'est sous sa conduite qu'a été écrasée la flotte carthaginoise. Lutatius l'accepte sans hésiter : ils choisissent pour arbitre Atilius Calatinus. Valérius fait valoir, comme fondement de sa cause, que, pendant le combat, le consul était couché dans sa litière, hors d'état de marcher, et qu'il l'avait remplacé dans toutes ses fonctions. Calatinus, sans attendre que Lutatius prît la parole, fit cette question à son adversaire : « Supposons qu'il se fût agi de décider s'il fallait ou non livrer bataille, et que vous eussiez été d'avis contraire; dites-moi, Valérius, lequel des deux, du consul ou du préteur, l'aurait emporté ? — Point de doute, répond Valérius, que l'avantage n'eût été du côté du consul. — Je suppose encore, continue l'arbitre, que vous eussiez pris les auspices séparément, et qu'ils eussent été opposés, lesquels aurait-on suivis de préférence? — Ceux du consul, dit Valérius. — Eh bien, reprend alors Calatinus, puisque dans la contesta-

---

tem Valerius sibi eum quoque decerni desideraret, negavit id fieri oportere Lutatius, ne in honore triumphi minor potestas majori æquaretur; pertinaciusque progressa contentione, Valerius sponsione Lutatium provocavit, *ni suo ductu Punica classis esset oppressa*. Nec dubitavit restipulari Lutatius. Itaque judex inter eos convenit Atilius Calatinus. Apud quem Valerius in hunc modum egit, « Consulem ea pugna in lectica claudum jacuisse, se autem omnibus imperatoriis partibus functum. » Tunc Calatinus, priusquam Lutatius causam suam ordiretur, « Quæro, » inquit, « Valeri, a te, si, dimicandum necne esset, contrariis inter vos sententiis discedissetis, utrum quod consul, an quod prætor imperasset, majus habiturum fuerit momentum ? » Respondit Valerius, « Non facere se controversiam, quin priores partes consulis essent futuræ. — Age deinde, inquit Calatinus, si diversa auspicia accepissetis, cujus magis auspicio staretur? » Item respondit Valerius : « Consulis. » At judex, « Jam mehercule,

tion soumise à mon jugement il ne s'agit que du commandement et des auspices, et que, de votre aveu, l'avantage sur ces deux points appartient à votre adversaire, je n'ai plus rien à examiner. Ainsi, Lutatius, quoique vous n'ayez encore rien dit, je vous donne gain de cause. » Décision admirable, parce qu'elle empêchait de perdre du temps à discuter une affaire évidente. J'approuve la fermeté de Lutatius à maintenir les prérogatives de la dignité suprême; mais je ne saurais désapprouver Valérius d'avoir réclamé le prix d'une victoire due à son courage et à sa bonne fortune; s'il n'avait pas la loi de son côté, il n'était pas moins digne de la récompense. (An de R. 242.)

3. Que dire de Cn. Fulvius Flaccus, qui dédaigna et repoussa un honneur si vivement ambitionné des autres généraux? Le sénat lui décerne le triomphe pour ses brillants exploits; il le refuse, n'envisageant d'avance, sans doute, que le sort qui l'attendait. En effet, à peine entré dans Rome, il fut mis en jugement au nom de l'État, et condamné à l'exil; il expia par ce châtiment l'outrage que son orgueil pouvait avoir fait à la religion. (An de R. 542.)

4. Ainsi Q. Fulvius et L. Opimius se montrèrent plus sages

---

inquit, quum de imperio et auspicio inter vos disceptationem susceperim, et tu utroque adversarium tuum superiorem fuisse fatearis, nihil est, quod ulterius dubitem; itaque, Lutati, quamvis adhuc tacueris, secundum te litem do. » Mirifice judex, quod in manifesto negotio tempus teri passus non est. Probabilius Lutatius, quod jus amplissimi honoris constanter defendit; sed ne Valerius quidem improbe, quia fortis et prosperæ pugnæ; ut non legitimum, ita se dignum præmium petiit.

3. Quid facias Cn. Fulvio Flacco, qui tam expetendum aliis triumphi honorem, decretum sibi a senatu ob res bene gestas, sprevit ac repudiavit? Nimirum non plura præcerpens, quam acciderunt; nam, ut Urbem intravit, continuo ipse quæstione publica afflictus, exsilio multatus est, ut, si quid religionis insolentia commisisset, pœna expiaret.

4. Sapientiores igitur Q. Fulvius, qui Capua capta, et L. Opimius, qui Fre-

en demandant au sénat la permission de triompher, celui-là pour la prise de Capoue, celui-ci pour avoir forcé les habitants de Frégelles à capituler. Tous deux s'étaient glorieusement signalés; cependant, ni l'un ni l'autre n'obtint l'objet de sa demande : non que les sénateurs fussent poussés par l'envie, ce sentiment n'entra jamais dans leur auguste assemblée; mais ils tenaient scrupuleusement à l'observation de la loi qui accordait le triomphe pour des accroissements de territoire, non pour des possessions recouvrées sur l'ennemi. Car il y a aussi loin d'une augmentation de fortune à une restitution que d'un acte de générosité à la réparation d'une injustice. (Ans de R. 542, 629.)

5. La loi qui fait le sujet de ce chapitre fut si bien observée, qu'on n'accorda le triomphe, ni à Scipion pour avoir reconquis l'Espagne, ni à Marcellus pour la prise de Syracuse, parce qu'ils avaient été envoyés à ces expéditions sans être revêtus d'aucune magistrature. Qu'on nous vante, après cela, ces hommes avides de gloire à tout prix, qui, pour des rochers déserts, pour des barques de pirates, se sont hâtés de cueillir, sans les avoir méritées, quelques branches de laurier ! L'Espagne, arrachée à l'empire de Carthage, Syracuse, séparée de la Sicile comme la tête

---

gellanis ad deditionem compulsis, triumphandi potestatem a senatu petierunt. Uterque editis operibus magnificus; sed neuter petitæ rei compos : non quidem invidia patrum conscriptorum, cui nunquam aditum in curia esse voluerunt; sed summa diligentia observandi juris, quo cautum erat, ut pro aucto imperio, non pro recuperatis, quæ populi Romani fuissent, triumphus decerneretur. Tantum enim interest, adjicias aliquid, an detractum restituas, quantum distat beneficii initium ab injuriæ fine !

5. Quin etiam, jus, de quo loquor, sic custoditum est, ut P. Scipioni ob recuperatas Hispanias, M. Marcello ob captas Syracusas, triumphus non decerneretur; quod ad eas res gerendas sine ullo missi erant magistratu. Probentur nunc cujuslibet gloriæ cupidi, qui ex desertis montibus, myoparonumque piraticis rostris, laudis inopes, laureæ ramulos festinabunda manu decerpserunt. Carthaginis imperio abrupta Hispania, et Siciliæ caput abscisum Syracusæ, triumphales

de son corps, ne purent mettre en mouvement le char triomphal : et pour quels hommes? pour Scipion et Marcellus, dont les noms mêmes représentent un triomphe éternel. Mais le sénat, quoiqu'il désirât voir couronner des héros, modèles d'une vertu solide et véritable, des Hercules portant sur leurs épaules le destin de la patrie, crut devoir néanmoins les réserver pour un triomphe encore mieux mérité. (An de R. 542.)

6. J'ajouterai une circonstance. L'usage était que, le jour de la cérémonie, le triomphateur invitât les consuls à un banquet, et les fît prier ensuite de ne pas s'y rendre, afin que, le jour de son triomphe, il n'eût à sa table aucun personnage d'un pouvoir supérieur.

7. Quelque brillants que fussent les succès obtenus dans une guerre civile, quelque avantageux qu'ils fussent à la république, ils ne valurent jamais à un général le titre d'*imperator*, ni le décret d'actions de grâces, ni le petit ni le grand triomphe. De telles victoires, nécessitées par les circonstances, ont toujours semblé lugubres, parce qu'elles étaient achetées au prix du sang des citoyens, non du sang étranger. Aussi est-ce avec douleur que Nasica massacra les partisans de T. Gracchus, et Opimius ceux de Caïus Gracchus. Q. Catulus, après avoir exterminé son

---

jungere currus nequiverunt; et quibus viris? Scipioni et Marcello, quorum ipsa nomina instar æterni sunt triumphi; sed clarissimos solidæ veræque virtutis auctores, humeris suis salutem patriæ gestantes, etsi coronatos intueri senatus cupiebat, justiori tamen reservandos laureæ putavit.

6. His illud subnectam : moris erat, ab imperatore triumphum ducturo consules invitari ad cœnam ; deinde rogari, *ut venire supersedeant*, ne quis eo die quo ille triumpharit, majoris in eodem convivio sit imperii.

7. Verum quamvis quis præclaras res, maximeque utiles reipublicæ civili bello gessisset, imperator tamen eo nomine appellatus non est, nec ullæ supplicationes decretæ sunt; neque aut ovans, aut curru triumphavit, quia ut necessariæ ista, ita lugubres semper existimatæ victoriæ sunt, ut pote non externo, sed domestico partæ cruore. Itaque et Nasica Tib. Gracchi, et Opimius C. Gracchi factiones

collègue M. Lépidus et son armée séditieuse, ne témoigna qu'une joie modérée à son retour dans Rome. C. Antonius, vainqueur de Catilina, fit essuyer les épées avant de les rapporter dans le camp. L. Cinna et C. Marius s'abreuvèrent avidement du sang des citoyens; mais ils ne se rendirent pas aussitôt dans les temples et au pied des autels. De même, L. Sylla, qui gagna tant de batailles contre ses citoyens, qui déshonora ses succès par tant de cruauté et d'orgueil, Sylla, après avoir élevé et consolidé sa puissance, voulut se donner les honneurs du triomphe : il y fit porter les images d'un grand nombre de villes grecques et asiatiques; mais il n'y représenta aucune cité romaine.

Mon cœur répugne et se refuse à parcourir plus longtemps les plaies de la république. Jamais le sénat ne donna la couronne triomphale, jamais un vainqueur ne la réclama pour prix d'une victoire qui plongeait dans les larmes une partie des citoyens : mais, faut-il décerner une couronne civique, les mains empressées des sénateurs se portent vers ce chêne auguste, qui fait à jamais l'orgueil du palais de César.

---

mœsti trucidarunt; Q. Catulus, M. Lepido collega suo cum omnibus seditiosis copiis exstincto, tantum moderatum præ se ferens gaudium, in Urbem revertitur; C. etiam Antonius Catilinæ victor abstersos gladios in castra retulit; L. Cinna et C. Marius hauserant quidem avidi civilem sanguinem, sed non protinus ad templa deorum et aras tetenderunt : item L. Sylla, qui plurima bella civilia confecit, cujus crudelissimi et insolentissimi successus fuerunt, quum consummata atque constricta potentia sua triumphum duceret, ut Græciæ et Asiæ multas urbes, ita civium Romanorum nullum oppidum vexit.

Piget tædetque per vulnera reipublicæ ulterius procedere. Lauream nec senatus cuiquam dedit nec quisquam sibi dari desideravit, civitatis parte lacrymante. Cæterum ad quercum pronæ manus porriguntur, ubi ob cives servatos corona danda est; qua postea Augustæ domus sempiterna gloria triumphant.

CHAPITRE IX

DE LA CENSURE

Le lien rigoureux de la discipline dans les camps, la stricte observation des lois de la milice, me conduisent naturellement à la censure, cette autorité salutaire qui règle et maintient la paix intérieure; car si la valeur des généraux a donné à la puissance du peuple romain une si vaste étendue, le regard sévère de la censure a tenu, comme dans une balance, les mœurs et la vertu : service non moins important que les exploits guerriers. Qu'importe d'être courageux au dehors, si l'on se conduit mal au dedans? Vainement on force des villes, on subjugue des peuples, on envahit des royaumes; si le devoir et l'honneur ne règnent pas dans la place publique et dans le sénat, ce colosse de puissance, élevé jusqu'au ciel, n'aura point une base durable. Il est donc important de connaître et de se rappeler les actes émanés des censeurs.

CAPUT IX

DE CENSORIA SEVERITATE

Castrensis disciplinæ tenacissimum vinculum et militaris rationis diligens observatio admonent me, ut ad censuram, pacis magistram custodemque, transgrediar. Nam ut opes populi Romani in tantum amplitudinis imperatorum virtutibus excesserunt, ita probitas et continentia censorio supercilio examinata est : opus effectu par bellicis laudibus. Quid enim prodest foris esse strenuum, si domi male vivitur? Expugnentur licet urbes, corripiantur gentes, regnis injiciantur manus; nisi foro et curiæ officium ac verecundia sua constiterit, partarum rerum æquatus cœlo cumulus sedem stabilem non habebit. Ad rem igitur pertinet nosse, atque adeo recordari acta censoriæ potestatis.

1. Camille et Postumius, pendant leur censure, obligèrent les citoyens qui avaient vieilli dans le célibat à verser dans le trésor public une somme d'argent à titre d'amende. (An de R. 301.) Ces vieillards auraient mérité une seconde punition, s'ils avaient seulement osé murmurer contre une ordonnance si sage, lorsqu'un magistrat leur tenait ce langage sévère : « La nature, en vous donnant l'être, vous fait une loi de le communiquer à d'autres. Vos parents, en prenant soin de vous élever, vous ont imposé une obligation que l'honneur vous commandait de remplir, celle d'élever comme eux une postérité. La fortune même vous a laissé un assez long espace de temps pour vaquer à l'accomplissement de ce devoir, et vous avez passé vos jours, étrangers à la condition et d'époux et de pères! Allez donc, dénouez vos bourses, et rendez-les profitables à une nombreuse famille. » (An de R. 301.)

2. M. Valérius Maximus et C. Junius Bubulcus Brutus imitèrent cette sévérité dans une occasion semblable. Ils exclurent du sénat L. Antonius, pour avoir répudié, sans consulter aucun de ses amis, une jeune personne qu'il avait épousée. Peut-être était-il plus blâmable encore que les célibataires : ceux-ci n'étaient cou-

---

1. Camillus et Postumius censores, æra, pœnæ nomine, eos qui ad senectutem cælibes pervenerant, in ærarium deferre jusserunt; iterum puniri dignos, si quo modo de tam justa constitutione queri sunt ausi, quum in hunc modum increparentur : « Natura vobis, quemadmodum nascendi, ita gignendi legem scribit; parentesque vos alendo, nepotum nutriendorum debito (si quis est pudor) alligaverunt. Accedit his, quod etiam fortuna longam præstandi hujusce muneris advocationem estis assecuti; quum interim comsumpti sint anni vestri, et mariti et patris nomine vacui, ite igitur, et nodosam exsolvite stipem utilem posteritati numerosæ. »

2. Horum severitatem M. Valerius Maximus et C. Junius Bubulcus Brutus censores in consimili genere animadversionis imitati, L. Antonium senatu moverunt, quod, quam virginem in matrimonium duxerat, repudiasset, nullo amicorum in consilium adhibito. At hoc crimen nescio an superiore majus : illo

pables que de mépris envers les liens sacrés du mariage ; L. Antonius les avait même outragés, foulés aux pieds. Ce fut donc par une décision bien sage que les censeurs le déclarèrent indigne de siéger dans le sénat. (An de R. 646.)

3. Même exclusion fut prononcée par M. Porcius Caton contre L. Flamininus qui, ayant condamné un homme au supplice de la hache dans la province qu'il gouvernait, avait choisi l'heure de l'exécution au gré de sa maîtresse, afin de lui en procurer le spectacle. (An de R. 569.) Caton pouvait être retenu, et par égard pour la dignité consulaire dont L. Flamininus avait été revêtu, et par le crédit de son illustre frère T. Flamininus ; mais la qualité de censeur tout à la fois et le nom de Caton, double obligation à la sévérité, lui prescrivaient de flétrir un citoyen qui avait déshonoré par un trait si odieux la majesté du commandement suprême, un patricien qui ne s'était pas mis en peine qu'on vît entre les images d'une même famille, à côté du roi Philippe, vaincu et suppliant, une vile courtisane, goûtant avec délices la vue du sang humain. (An de R. 569.)

4. Que dire de la censure de Fabricius Luscinus? Tous les âges ont raconté, tous les âges répèteront que Cornélius Rufinus, après deux consulats et une dictature des plus illustres, se vit

---

namque conjugalia sacra spreta tantum, hoc etiam injuriose tractata sunt. Optimo ergo judicio censores indignum eum aditu curiæ existimaverunt.

3. Sicut M. Porcius Cato L. Flamininum, quem e numero senatorum sustulit, quia in provincia quemdam damnatum securi percusserat, tempore supplicii ad arbitrium et spectaculum mulierculæ, cujus amore tenebatur, electo. Et poterat inhiberi respectu consulatus, quem in gesserat, atque auctoritate fratris ejus V. C. T. Flaminini; sed et censor, et Cato, duplex severitatis exemplum, eo magis illum notandum statuit, quod amplissimi honoris majestatem tam tetro facinore inquinaverat, nec pensi duxerat, iisdem imaginibus abscribi meretricis oculos humano sanguine delectatos, et regis Philippi supplices manus.

4. Quid de Fabricii Luscini censura loquar? narravit omnis ætas, et deinceps narrabit, ab eo Cornelium Rufinum, duobus consulatibus et dictatura speciosis-

effacé par lui de la liste des sénateurs, pour avoir acheté dix livres (15 marcs) d'argenterie, somptuosité qui paraissait alors du plus dangereux exemple. (An de R. 478.)

En vérité, l'histoire même, ce me semble, éprouve aujourd'hui une sorte de stupeur d'avoir à prêter son ministère au récit d'une pareille sévérité, et appréhende de paraître offrir au lecteur des faits étrangers à notre patrie. En effet, on a peine à croire que dix livres d'argenterie aient été un excès de luxe dans l'enceinte des mêmes murs où elles passent maintenant pour une misère à faire pitié.

5. Les censeurs M. Antonius et L. Flaccus renvoyèrent du sénat Duronius, pour avoir abrogé, pendant son tribunat, une loi qui mettait des bornes à la dépense de la table. Le fait qui motiva cette flétrissure est assurément bien étrange. Quelle impudence de monter à la tribune pour dire, comme fit Duronius : « Romains, on vous a mis, comme à de vils animaux, un frein que vous ne devez nullement souffrir; vous êtes attachés, assujettis au joug d'un dur esclavage. On a fait une loi qui vous ordonne la sobriété : brisons ce frein, couvert de la rouille d'une rustique antiquité. Que sert la liberté, si l'on n'a pas la per-

---

sime functum, quod decem pondo vasa argentea comparasset, perinde ac malo exemplo luxuriosum, in ordine senatorio retentum non esse.

Ipsæ, medius fidius, mihi litteræ seculi nostri obstupescere videntur, quum ad tantam severitatem referendam ministerium accommodare coguntur, ac vereri, ne non nostræ Urbis acta commemorare existimentur. Vix enim credibile est, intra idem pomerium decem pondo argenti, et invidiosum fuisse censum, et inopiam haberi contemptissimam.

5. M. autem Antonius et L. Flaccus censores Duronium senatu moverunt, quod legem de coercendis conviviorum sumptibus latam tribunus plebis abrogaverat. Mirifica notæ causa; quam enim impudenter Duronius rostra conscendit, illa dicturus : « Freni sunt injecti vobis, Quirites, nullo modo perpetiendi; alligati et constricti estis amaro vinculo servitutis : lex enim lata est, quæ vos esse frugi jubet; abrogemus igitur istud horridæ vetustatis rubigine obsitum

mission de périr, à son gré, d'intempérance? » (Vers l'an 655.)

6. Faisons maintenant paraître deux grands hommes, marchant, comme attachés au même joug, dans la carrière des vertus et des honneurs, et néanmoins divisés entre eux par le sentiment d'une âpre rivalité. Avec quelle rigueur Claudius Néron et Livius Salinator, ces deux fermes soutiens de la patrie pendant la seconde guerre punique, n'exercèrent-ils pas ensemble la censure! Ils passaient en revue les centuries des chevaliers, dont leur âge et leur forte constitution leur permettaient encore de faire partie. Quand le tour de la tribu Pollia fut venu, le crieur, apercevant sur la liste le nom de Salinator, s'arrêta, incertain s'il devait l'appeler. Néron comprit son embarras ; non-seulement il fit appeler son collègue, mais il lui commanda de vendre son cheval, pour avoir été condamné par un jugement du peuple. Salinator fit subir la même peine à Néron : il en donna pour motif que son collègue ne s'était pas sincèrement réconcilié avec lui. Si quelque divinité eût dès lors annoncé à ces grands hommes qu'un jour leur sang, après avoir passé par une longue suite de héros, se réunirait pour donner naissance à ce prince, notre génie tutélaire, sans doute, abjurant leur haine, ils se

---

imperium. Etenim quid opus libertate, si volentibus luxu perire non licet? »

6. Age, par proferamus æquali jugo virtutis honorumque societate junctum, instrictum autem æmulationis hamo dissidens. Claudius Nero, Liviusque Salinator, secundi punici belli temporibus firmissima reipublicæ latera, quam destrictam simul egerunt censuram ! Nam, quum equitum centurias recognoscerent, et ipsi propter robur ætatis etiam nunc eorum essent e numero, ut est ad Polliam ventum tribum, præco, lecto nomine Salinatoris, citandum necne sibi esset, hæsitavit. Quod ubi intellexit Nero, et citari collegam, et equum vendere jussit, quia populi judicio damnatus esset. Salinator quoque eadem animadversione Neronem persecutus est, adjecta causa, quod non sincera fide secum in gratiam rediisset. Quibus viris si quis cœlestium significasset futurum, ut eorum sanguis, illustrium imaginum serie deductus, in ortum salutaris principis nostri conflueret, depositis inimicitiis, arctissimo se amicitiæ fœdere junxissent servatam

seraient unis de la plus étroite amitié, pour laisser, de concert, à leur commune postérité, le soin de conserver une patrie qui leur devait son salut. Livius poussa la sévérité jusqu'à soumettre à la taxe du trésor trente-quatre tribus, pour l'avoir fait consul et censeur après l'avoir condamné : il expliqua cette mesure, en disant que ces tribus ne pouvaient manquer d'être coupables, soit d'injustice, soit de parjure. La seule tribu Mécia fut exceptée de cette flétrissure, parce qu'elle n'avait donné son suffrage ni pour sa condamnation, ni pour son élévation aux honneurs. Quelle constance et quelle force d'âme ne devons-nous pas supposer dans un homme qui ne se laisse ni contraindre par une rigoureuse condamnation, ni engager par la reconnaissance de tant d'honneurs, à se montrer moins sévère dans l'administration publique! (An de R. 549.)

7. Une partie considérable de l'ordre équestre, quatre cents jeunes Romains subirent sans murmurer l'animadversion des censeurs M. Valérius et P. Sempronius. Commandés pour aller achever les travaux d'un retranchement en Sicile, ils n'avaient tenu aucun compte de cet ordre : on les en punit en leur ôtant les chevaux que l'État leur fournissait, et en les réduisant à payer la taille. (An de R. 501.)

---

ab ipsis patriam communi stirpi servandam relicturi. Salinator vero quatuor et triginta tribus inter ærarios referre non dubitavit, quod, quum se damnassent, postea consulem atque censorem fecissent : prætexuitque causam, quia necesse esset eas alterutro facto, crimine temeritatis, vel perjurii teneri. Unam tantummodo tribum Mœciam vacuam nota reliquit; quæ eum suffragiis suis, ut non damnatione, ita ne honore quidem dignum judicaverat. Quam constantis et prævalidi illum putamus ingenii fuisse, qui neque tristi judiciorum exitu compelli, neque honorum magnitudine adduci potuit, quo se blandiorem in administratione reipublicæ gereret!

7. Equestris quoque ordinis bona magnaque pars, quadragenti juvenes, censoriam notam patiente animo sustinuerunt, quos M. Valerius, et P. Sempronius, quia in Sicilia, ad munitionum opus explicandum ire jussi, facere id neglexerant, equis publicis spoliatos, in numerum ærariorum retulerunt.

8. Les censeurs infligèrent aussi à la crainte publique des peines très-sévères. M. Atilius Régulus et P. Furius Philus, informés que L. Métellus, questeur, et un bon nombre de chevaliers, après l'affreuse journée de Cannes, avaient juré d'abandonner l'Italie, leur enlevèrent les chevaux de la république, et les assujettirent à la taille. Ils flétrirent également d'une note infamante ceux des prisonniers qui, députés par Annibal auprès du sénat pour traiter de l'échange des captifs, et n'ayant pas réussi dans leur demande, prirent le parti de rester à Rome. Un Romain devait être esclave de sa parole, et la perfidie ne pouvait manquer d'être flétrie sous la censure d'un Régulus, dont le père avait mieux aimé périr dans les plus horribles tortures, que de manquer de parole aux Carthaginois. Vous voyez la censure passer du sein de Rome jusque dans les camps, et ne permettre ni de craindre ni de tromper l'ennemi. (An de R. 539.)

9. Voici encore, dans le même genre, deux exemples qu'il suffira d'ajouter à ce chapitre. C. Géta, après avoir été exclu du sénat par les censeurs L. Métellus et Cn. Domitius, parvint dans la suite à la censure. (Ans de R. 638, 645.)

---

8. Turpis etiam metus censores summa cum severitate pœnam exegerunt. M. enim Atilius Regulus, et P. Furius Philus, L. Metellum quæstorem, compluresque equites Romanos, qui post infeliciter commissam Cannensem pugnam cum eo abituros se Italia juraverant, direptis equis publicis, inter ærarios referendos curaverunt. Eosque gravi nota affecerunt, qui, quum in potestatem Hannibalis venissent, legati ab eo ad senatum missi de permutandis captivis, neque impetrassent, quod petebant, in Urbe manserunt; quia et Romano sanguini fidem præstare conveniens erat, et M. Atilius Regulus censor perfidiam notabat, cujus pater per summos cruciatus exspirare, quam fallere Carthaginienses, satius esse duxerat. Jam hæc censura ex foro in castra transcendit, quæ neque timeri, neque dicipi voluit hostem.

9. Sequuntur duo ejusdem generis exempla, eaque adjecisse satis erit. C. Geta, quum a L. Metello et Cn. Domitio censoribus senatu motus esset, postea censor factus est.

De même M. Valérius Messalla, flétri par les censeurs, fut lui-même, plus tard, revêtu de cette magistrature. (An de R. 599.)

L'ignominie stimula leur vertu. Réveillés par la honte, ils s'appliquèrent de toutes leurs forces à montrer à leurs concitoyens qu'ils méritaient qu'on leur donnât la censure, plutôt que de la tourner contre eux.

CHAPITRE X

DE LA MAJESTÉ

De la Majesté chez les Romains.

Il est aussi une sorte de censure privée qui réside dans la majesté des hommes illustres; qui n'a besoin ni de l'appareil d'un tribunal, ni du ministère des licteurs, pour imposer le respect. Elle charme, elle gagne les cœurs à son approche, elle y

---

Item M. Valerius Messalla, censoria nota perstrictus, censoria postmodum potestate imperavit.

Quorum ignominia virtutem acuit : rubore enim ejus excitati, omnibus viribus incubuerunt, ut digni civibus viderentur, quibus dari potius, quam objici censura deberet.

CAPUT X

DE MAJESTATE

De Majestate Romanorum.

Est et illa quasi privata censura majestas clarorum virorum sine tribunalium fastigio, sine apparitorum ministerio, potens in sua amplitudine obtinenda; grato

pénètre sans autre décoration que l'admiration publique : on pourrait très-bien la définir une perpétuelle et heureuse dignité qui se passe des dignités.

1. Métellus pouvait-il être plus honorablement accueilli, consul, qu'il ne le fut, accusé? Il avait à se défendre d'une accusation de concussion : son adversaire avait requis l'exhibition de ses registres, et les faisait passer sous les yeux des juges pour vérifier un article; tout le tribunal détourna la vue, de peur de paraître témoigner quelque doute sur la sincérité de ses comptes. Ce n'est pas dans des registres, mais dans la conduite de Métellus qu'il crut devoir chercher les preuves d'une administration irréprochable, persuadé qu'il y aurait eu de l'indignité à juger, sur un peu de cire et quelques lignes d'écriture, de la probité d'un si grand homme. (An de R. 641.)

2. Mais est-il étonnant que Métellus reçoive un juste hommage de ces concitoyens, quand un ennemi même n'hésite pas à manifester un pareil sentiment envers le premier Scipion? Pendant la guerre qu'Antiochus, roi de Syrie, eut à soutenir contre les Romains, ce prince fit l'accueil le plus honorable au fils de Scipion l'Africain, qui venait de tomber entre les mains de ses soldats : il le combla de présents magnifiques, et, de son propre mouve-

---

enim et jucundo introitu animis hominum illabitur admirationis prætexta velata : quam recte quis dixerit longum et beatum honorem esse sine honore.

1. Nam quid plus honoris tribui potuit consuli, quam est datum reo Metello ? qui quum causam repetundarum diceret, tabulæque ejus ab accusatore expostulatæ ad nomen inspiciendum circa judicium ferrentur, totum consilium ab earum contemplatione oculos avertit, ne de aliqua re, quæ in his relata erat, videretur dubitasse. Non in tabulis, sed in vita Q. Metelli argumenta sincere administratæ provinciæ legenda sibi judices crediderunt, indignum rati, integritatem tanti viri exigua cera et paucis litteris perpendi.

2. Sed quid mirum, si debitus honos a civibus Metello tributus est, quem superiori Africano etiam hostis prestare non dubitavit ? Siquidem rex Antiochus bello, quod cum Romanis gerebat; filium ejus a militibus suis interceptum,

ment, se hâta de le renvoyer à son père, alors même que celui-ci s'efforçait de chasser Antiochus de son empire. Mais ce prince, tout maltraité qu'il était, eut plus à cœur de témoigner sa vénération pour un si grand homme, que de satisfaire son ressentiment. (An de R. 563.)

Lorsque le même Scipion vivait retiré dans sa maison de Literne, le hasard y amena en même temps plusieurs chefs de pirates curieux de le voir. Persuadé qu'ils ne s'étaient ainsi réunis que pour lui faire quelque violence, il posta convenablement ses esclaves sur la terrasse de sa maison, résolu à repousser l'ennemi avec courage et par tous les moyens qui étaient en son pouvoir. Les pirates s'en aperçurent, et aussitôt, renvoyant leurs soldats et quittant leurs armes, ils approchèrent de la porte, en criant qu'ils n'en voulaient pas à sa vie, qu'ils venaient comme admirateurs de sa vertu, qu'ils ambitionnaient comme un bienfait céleste le bonheur de voir un si grand homme et de lui parler, qu'ils le priaient de vouloir bien se montrer en toute assurance et se laisser contempler. Ces paroles furent portées à Scipion, qui fit ouvrir les portes, et introduire ces étrangers. Ceux-ci, après s'être inclinés religieusement devant les portes, comme devant

honoratissime excepit, regiisque muneribus donatum ultro et celeriter patri remisit, quanquam ab eo tum maxime finibus imperii pellebatur; sed et rex lacessitus, majestatem excellentissimi viri venerari, quam dolorem suum ulcisci, maluit.

Ad Africanum eumdem, in liternina villa se continentem, complures prædonum duces videndum eodem tempore forte confluxerant. Quos, quum ad vim faciendam venire existimasset, præsidium domesticorum in tecto collocavit; eratque in his repellendis et animo et apparatu occupatus. Quod ut prædones animadverterunt, dimissis militibus, abjectisque armis, januæ appropinquant, et clara voce nuntiant Scipioni : « Non vitæ ejus hostes, sed virtutis admiratores venisse, conspectum et congressum tanti viri quasi cœleste aliquod beneficium expetentes : proinde securum se spectandum præbere ne gravetur. » Hæc postquam domestici Scipioni retulerunt, fores reserari, eosque intromitti jussit.

l'autel le plus vénéré et le sanctuaire le plus auguste, saisirent avidement la main de Scipion, la couvrirent de baisers, et, après avoir déposé dans le vestibule des présents pareils à ceux que l'on offre ordinairement aux dieux immortels, ils retournèrent dans leurs foyers, satisfaits d'avoir vu Scipion. (An de R. 567.)

Est-il rien de plus grand que cette majesté personnelle; rien de plus délicieux même que la jouissance qu'elle procure? L'admiration de sa personne arrête le courroux d'un ennemi; des pirates le voient, et leurs yeux, à son aspect, sont comme saisis d'enchantement. Non, quand les astres détachés de la voûte céleste viendraient s'offrir aux hommes, ils ne seraient pas l'objet d'une plus profonde vénération.

3. Mais cet hommage était rendu à Scipion vivant; voici ce qui arriva à Paul-Émile après sa mort. Au moment où l'on célébrait ses funérailles, des Macédoniens de la première distinction, qui se trouvaient à Rome en qualité d'ambassadeurs, se présentèrent d'eux-mêmes pour porter son lit funèbre; et cet hommage paraîtra plus grand encore, quand on saura que la tête de ce lit funèbre était ornée de trophées macédoniens. Quelle vénération n'avaient-ils pas pour Paul-Émile, puisqu'en sa consi-

---

Qui postes januæ tanquam religiosissimam aram sanctumque templum venerati, cupide Scipionis dexteram apprehenderunt; ac diu deosculati, positis ante vestibulum donis, quæ deorum immortalium numini consecrari solent, læti quod Scipionem vidisse contigisset, ad lares reverterunt.

Quid hoc fructu majestatis excelsius? quid etiam jucundius? Hostis iram admiratione sui placavit; spectaculo præsentiæ suæ latronum gestientes oculos obstupefecit. Delapsa cœlo sidera hominibus si se offerant, venerationis amplius non recipient.

3. Et hæc quidem vivo Scipioni; illud autem Æmilis Paulo exanimi contigit. Nam quum exsequiæ ejus celebrarentur, ac forte tunc principes Macedoniæ legationis nomine Romæ morarentur, funebri lecto sponte sua sese subjecerunt. Quod aliquanto majus videbitur, si quis cognoscat, lecti illius frontem Macedonicis triumphis fuisse adornatam. Quantum enim Paulo tribuerunt, propter

dération ils eurent le courage de porter, sous les yeux du peuple romain, les monuments de leurs propres défaites? Un tel spectacle donnait à cette pompe funèbre l'aspect d'un second triomphe. Oui, Paul-Émile, deux fois la Macédoine fit éclater ta gloire aux yeux de la patrie : vivant, tu portas ses dépouilles sur ton char de triomphe; mort, tu fus porté sur les épaules de ses ambassadeurs. (An de R. 593.)

4. Et ton fils lui-même, Scipion Émilien, que tu avais donné en adoption, et qui devint ainsi l'ornement de deux familles, ne fut pas moins révéré. Tout jeune encore, envoyé d'Espagne en Afrique par le consul Lucullus, pour y demander du secours, il inspira une telle admiration aux Carthaginois et au roi Massinissa, qu'il fut pris par eux pour médiateur de la paix, comme s'il eût été un consul ou un général romain. Carthage alors était loin de prévoir sa destinée : l'éclat que jetait à sa naissance ce jeune héros, objet de la faveur des dieux et des hommes, croissait pour sa ruine, afin que la destruction, comme la prise de cette ville, donnât aux Cornélius le surnom d'*Africains*. (An de R. 602.)

5. Rien de plus déplorable qu'une condamnation, qu'un exil.

---

quem gentis suæ cladium indicia per ora vulgi ferre non exhorruerunt? Quod spectaculum funeri speciem alterius triumphi adjecit : bis enim te, Paule, Macedonia Urbi nostræ illustrem ostendit; incolumem, spoliis suis; fato functum, humeris.

4. Ne filii quidem tui Scipionis Æmiliani, quem in adoptionem dando, duarum familiarum ornamentum esse voluisti, majestati parum honoris tributum est. Eum enim adolescentum admodum, a Lucullo consule petendi auxilii gratia ex Hispania in Africam missum, Carthaginienses et Massinissa rex de pace disceptatorem, velut consulem et imperatorem, habuerunt. Ignara quidem fatorum suorum Carthago : orientis enim illud juventæ decus, deorum atque indulgentia ad excidium ejus alebatur, ut superius cognomen *Africanum* capta, posterius eversa, Corneliæ genti daret.

5. Quid damnatione, quid exsilio miserius? Atqui P. Rutilio conspiratione

Néanmoins, lorsque P. Rutilius fut banni de Rome par une cabale de publicains, ce malheur ne put le dépouiller de sa considération personnelle. Comme il se dirigeait vers l'Asie, toutes les villes de cette province, aspirant à l'honneur de lui donner asile, envoyèrent des députés à sa rencontre. Est-ce un exil qu'une semblable retraite? ou n'est-ce pas plutôt un triomphe? (An de R. 660.)

6. C. Marius, précipité dans le plus profond abîme de misère, dut son salut, dans un péril imminent, à la majesté de sa personne. Il était prisonnier à Minturnes, dans une maison privée. On envoie pour le tuer un esclave public; c'était un Cimbre. Il voit ce vieillard sans armes et dans l'état le plus déplorable, et, le glaive en main, il n'ose l'attaquer. Ébloui par l'éclat de sa gloire, il jette son épée, et s'enfuit tremblant et stupéfait. Sans doute le malheur des Cimbres vint alors frapper sa vue, et le spectacle de sa nation exterminée jeta la consternation dans son âme. Les dieux mêmes regardèrent comme une indignité que Marius tombât sous les coups d'un seul homme de cette nation qu'il avait détruite tout entière. Les habitants de Minturnes, subjugués par cette imposante majesté, l'arrachèrent à un destin cruel qui le tenait déjà enveloppé et serré dans ses liens redoutables : ils lui sauvèrent

---

publicanorum perculso, auctoritatem adimere non valuerunt : cui Asiam petenti omnes provinciæ illius civitates legatos, secessum ejus opperientes, obviam miserunt. Exsulare aliquis hoc loco, an triumphare, justius dixerit?

6. C. etiam Marius, in profundum ultimarum miseriarum abjectus, ex ipso vitæ discrimine beneficio majestatis emersit. Missus enim ad eum occidendum in privatâ domo Minturnis clausum servus publicus, natione Cimber; et senem, et inermem, et squalore obsitum, strictum gladium tenens, aggredi non sustinuit; sed claritate viri occæcatus, abjecto ferro, attonitus inde ac tremens fugit. Cimbrica nimirum calamitas oculos hominis perstrinxit, devictæque suæ gentis interitus animum comminuit; etiam diis immortalibus indignum ratis, ab uno ejus nationis interfici Marium, quam totam deleverat. Minturnenses autem majestate illius capti, compressum jam et constrictum dira fati necessitate, inco-

la vie, sans craindre les suites terribles de la victoire de Sylla, sans appréhender qu'il ne se vengeât sur eux de la conservation de Marius, et au moment où Marius lui-même pouvait être un puissant motif pour les détourner de sauver Marius. (An de R. 665.)

7. Le courage et la pureté des mœurs rendirent M. Porcius Caton l'admiration du sénat : le trait que je vais citer en offre une preuve. Un jour qu'il allait épuiser la séance à parler contre les fermiers publics, malgré César, alors consul, le licteur vint le saisir, par l'ordre de César : comme on le conduisait en prison, le sénat tout entier se leva et se mit à le suivre; ce qui désarma la sévérité de ce divin génie. (An de R. 694.)

8. Un autre jour qu'il assistait aux jeux Floraux, donnés par l'édile Messius, le peuple n'osait, en sa présence, demander que les comédiennes quittassent leurs vêtements. Favonius, son intime ami, qui se trouvait assis à ses côtés, le lui fit remarquer; aussitôt il sortit de l'amphithéâtre, ne voulant pas que sa présence empêchât d'observer la coutume du spectacle. Sa sortie fut accompagnée des applaudissements de tout le peuple, qui rappela sur la scène la joie et les bons mots accoutumés, reconnaissant ainsi

---

lumem præstiterunt. Nec fuit his timori asperrima Syllæ victoria, ne in eos conservationem Marii ulcisceretur; quum præsertim ipse Marius eos à conservando Mario absterrere posset.

7. M. quoque Porcium Catonem admiratio fortis et sinceræ vitæ adeo admirabilem senatui fecit, ut, quum invito C. Cæsare consule adversus publicanos dicendo in curia diem extraheret, et ob id ejus jussu a lictore in carcerem duceretur, universus senatus illum sequi non dubitaret : quæ res divini animi perseverantiam flexit.

8. Eodem ludos Florales, quos Messius ædilis faciebat, spectante, populus, ut mimæ nudarentur, postulare erubuit. Quod quum ex Favonio, amicissimo sibi, una sedente cognovisset, discessit e theatro, ne præsentia sua spectaculi consuetudinem impediret. Quem abeuntem ingenti plausu populus prosecutus, priscum morem jocorum in scenam revocavit, confessus plus se majestatis uni

9.

plus de majesté dans le seul Caton que dans l'assemblée tout entière. Quelles richesses, quels commandements militaires, quels triomphes avaient mérité à Caton un tel hommage? Un modique patrimoine, des mœurs austères, un petit nombre de clients, une maison fermée à la brigue, une seule illustration du côté paternel, une physionomie peu prévenante; mais une vertu accomplie. Aussi, veut-on désigner un citoyen vertueux et irréprochable, on le qualifie du nom de Caton.

De la Majesté chez les étrangers.

1. Donnons aussi quelque place aux exemples des nations étrangères, afin que, mêlés parmi les nôtres, ils jettent dans l'ouvrage le charme de la variété. Xerxès s'étant rendu maître d'Athènes, en fit enlever et transporter dans ses États deux statues d'airain; c'étaient celles d'Harmodius et d'Aristogiton, qui avaient tenté de délivrer cette ville de la tyrannie. Longtemps après, Séleucus les fit reporter à leur première place. Le vaisseau sur lequel elles étaient chargées aborda à Rhodes : les habitants leur offrirent

---

illi tribuere, quam universo sibi vindicare. Quibus opibus, quibus imperiis, quibus triumphis hoc datum est? exiguum viri patrimonium, adstricti continentia mores, modicæ clientelæ, domus ambitioni clausa, paterni generis una imago, minime blanda frons; sed omnibus numeris perfecta virtus, quæ quidem effecit, ut quisquis sanctum et egregium civem significare velit, sub nomine Catonis definiat.

De Majestate externorum.

1. Dandum est aliquid loci etiam alienigenis exemplis, ut domesticis aspersa, varietate ipsa delectent. Harmodii et Aristogitonis, qui Athenas tyrannide liberare conati sunt, effigies æneas Xerxes, ea urbe devicta, in regnum suum transtulit. Longo deinde interjecto tempore, Seleucus in pristinam sedem reportandas curavit. Rhodii quoque eas jurbi suæ appulsas, quum in hospitium

l'hospitalité publique, et, les plaçant sur des lits sacrés, leur firent partager les honneurs des dieux. Rien ne surpasse le bonheur d'un pareil souvenir, d'une telle vénération attachée à si peu de métal.

2. Quel honneur Athènes ne rendit-elle pas à Xénocrate, personnage également illustre par ses lumières et par ses vertus ! Appelé comme témoin dans une affaire, il était devant l'autel près d'affirmer par serment, selon l'usage du pays, la vérité de sa déposition : tout le tribunal, se levant à la fois, déclara qu'il n'avait pas besoin de prêter le serment. Il crut devoir dispenser une vertu si pure d'une formalité à laquelle il ne devait pas manquer de se soumettre bientôt lui-même, au moment de prononcer la sentence.

publice invitassent, sacris etiam pulvinaribus collocaverunt. Nihil hac memoria felicius, quæ tamtum venerationis in tam parvulo ære possidet.

2. Quantum porro honoris Athenis Xenocrati, sapientia pariter ac sanctitate claro, tributum est ? Qui quum testimonium dicere coactus ad aram accessisset, ut more ejus civitatis juraret, omnia se vere retulisse, universi judices consurrexerunt, proclamaruntque, *ne jusjurandum diceret*, quodque sibimetipsis postmodum dicendæ sententiæ loco remissuri non erant, sinceritati ejus concedendum existimarunt.

LIVRE TROISIÈME

CHAPITRE I

DU CARACTÈRE

Du Caractère chez les Romains.

Je vais maintenant considérer la vertu comme à son origine, à son berceau, et montrer au lecteur ces premiers traits, signes non équivoques d'un grand caractère, d'une âme destinée à s'élever avec le temps au comble de la gloire.

1. Æmilius Lépidus, encore enfant, se trouva à une bataille, y tua un ennemi et sauva un citoyen. Une statue placée dans le

LIBER TERTIUS

CAPUT I

DE INDOLE

De Indole Romana.

Attingam nunc quasi cunabula quædam et elementa virtutis; animique, procedente tempore, ad summum gloriæ cumulum perventuri, certo cum indolis experimento datos gustus referam.

1. Æmilius Lepidus, puer etiam tum, progressus in aciem, hostem interemit,

Capitole, avec la bulle de l'enfance et la prétexte sans ceinture, atteste une action si mémorable. Elle fut érigée par ordre du sénat, qui aurait cru faire une injustice d'estimer trop jeune pour une distinction honorifique celui qui avait eu assez de maturité pour le courage. Lépidus devance la vigueur de l'âge par une bravoure anticipée, et mérite une double couronne, sur un champ de bataille où ses années lui permettaient à peine de paraître comme spectateur. En effet, l'appareil menaçant des armes, les épées nues, les traits qui se croisent dans l'air, le bruit d'une cavalerie qui accourt à toute bride, l'impétuosité de deux armées qui fondent l'une sur l'autre, impriment parfois quelque frayeur, même aux jeunes gens. C'est au milieu de ces objets de terreur que l'enfance des Æmiliens sait mériter une couronne civique et enlever des dépouilles. (An de R. 574.)

2. L'enfance de Caton donna aussi des marques du même courage. Il était élevé chez M. Drusus, son oncle maternel. Celui-ci étant tribun du peuple, les députés des Latins vinrent le trouver pour obtenir le droit de bourgeoisie romaine. Q. Popédius, le plus distingué d'entre eux, et l'hôte de Drusus, pria l'enfant d'appuyer auprès de son oncle la cause des alliés. Caton répondit d'un

---

civem servavit : cujus tam memorabilis operis index est in Capitolio statua bullata et incincta prætexta, senatusconsulto posita. Iniquum enim putavit, eum honori nondum tempestivum videri, qui jam virtuti maturus fuisset. Præcurrit igitur Lepidus ætatis stabilimentum fortiter faciendi celeritate, duplicemque laudem e prælio retulit, cujus eum vix spectatorem anni esse patiebantur; arma enim infesta, et destricti gladii, et discursus telorum, et adventantis equitatus fragor, et concurrentium exercituum impetus, juvenibus quoque aliquantum terroris incutit. Inter quæ Æmiliæ gentis pueritia coronam mereri, spolia rapere valuit.

2. Hic spiritus ne M. quidem Catonis pueritiæ defuit. Nam, quum in domo M. Drusi avunculi sui educaretur, et ad eum, tribunum plebis, Latini de civitate impetranda convenissent, a Q. Poppedio, Latinorum principe, Drusi autem hospite, rogatus, *ut socios apud avunculum adjuvaret,* constanti vultu, *non fa-*

air décidé qu'il ne le ferait pas. Sollicité à plusieurs reprises, il demeura toujours inébranlable. Alors Popédius, le prenant dans ses bras, le porta au plus haut étage de la maison, et le menaça de le précipiter, s'il ne cédait à sa demande; mais Caton n'en fut pas plus ébranlé. Une telle constance arracha aux députés cette exclamation : « Heureux les alliés latins, que ce ne soit encore là qu'un enfant! s'il était sénateur, il ne nous serait pas même permis d'espérer le droit de citoyen. » Si jeune encore, Caton avait déjà la gravité de tout un sénat : sa persévérance déconcerta l'ambition des Latins et leur prétention au droit de bourgeoisie romaine. (An de R. 662.)

Le même Caton, encore vêtu de la robe prétexte, fut conduit chez Sylla pour lui rendre visite : il aperçut les têtes des proscrits, apportées dans le vestibule. L'horreur d'un tel spectacle excitant son indignation, il demanda hardiment à son gouverneur, nommé Sarpédon, comment il ne se trouvait personne pour délivrer la terre d'un tyran si barbare. Sarpédon lui répondit que ce n'était point le désir qui manquait aux hommes, mais les moyens, à cause des nombreux satellites qui protégeaient sa personne. L'enfant le supplia de vouloir bien lui donner un poignard, assurant qu'il le tuerait sans peine, parce qu'il avait cou-

cturum se respondit; iterum deinde, ac sæpius interpellatus, in proposito perstitit. Tunc Poppedius in excelsam ædium partem levatum, abjecturum inde se, nisi precibus obtemperaret, minatus est; nec hac re ab incepto moveri potuit. Expressa est itaque illa vox hominum : « Gratulemur nobis, Latini socii, hunc esse tam parvum; quo senatore ne sperare quidem nobis civitatem licuisset. » Tenero ergo animo Cato totius curiæ gravitatem percepit, perseverantiaque sua Latinos jura nostræ civitatis apprehendere cupientes repulit.

Item, quum salutandi gratia prætextatus ad Syllam venisset, et capita proscriptorum in atrium allata vidisset, atrocitate rei commotus pædagogum suum Sarpedonem nomine interrogavit, quapropter nemo inveniretur, qui tam crudelem tyrannum occideret : quumque is, non voluntatem hominibus, sed facultatem deesse, quod salus ejus magno militum præsidio custodiretur, respondisset,

tume de s'asseoir sur le même lit à ses côtés. Le gouverneur reconnut à ces mots le caractère de son élève; il frémit de son dessein, et désormais il ne le mena plus chez Sylla sans l'avoir préalablement fouillé. Quoi de plus étonnant? un enfant se voit au milieu d'un repaire de cruauté, et ne redoute point un barbare vainqueur, alors même que celui-ci fait exterminer consuls, cités, légions, chevaliers. Supposez Marius lui-même dans ce vestibule; il aurait plutôt songé à fuir qu'à donner la mort à Sylla. (An de R. 671.)

3. Faustus, fils de cet homme sanguinaire, faisait un jour, en pleine école, l'éloge des proscriptions de son père, et menaçait de l'imiter aussitôt que l'âge le lui permettrait : C. Cassius, son condisciple, lui appliqua un soufflet, d'une main qui depuis n'aurait pas dû se souiller d'un parricide mortel à la patrie. (An de R. 678.)

Du Caractère chez les étrangers.

1. Pour emprunter quelque chose à la Grèce, cet Alcibiade,

---

ut ferrum sibi daret, obsecravit, affirmando, per facile se eum interfecturum, quod in lecto illius considere soleret. Pædagogus et animum Catonis agnovit, et propositum exhorruit, eumque postea ad Syllam excussum semper adduxit. Nihil hoc admirabilius. Puer in officina crudelitatis deprehensus, victorem non extimuit, tum maxime consules, municipia, legiones, equestris ordinis majorem partem trucidantem. Ipsum Marium si quis illo loci statuisset, celerius aliquid de fuga sua, quam de Syllæ nece cogitasset.

3. Cujus filium Faustum C. Cassius condiscipulum suum in schola proscriptionem paternam laudantem, ipsumque, quum per ætatem potuisset, idem facturum minitantem, colapho percussit. Dignam manum, quæ publico parricidio se non contaminaret!

De Indole externum exemplum.

1. Et ut a Græcis aliquid, Alcibiades ille, cujus nescio utrum bona, an vitia

dont les vertus et les vices furent peut-être un égal fléau pour sa patrie, les unes ayant servi à séduire ses concitoyens, les autres à les précipiter dans l'abîme; se présenta, encore enfant, chez Périclès, son oncle, et le trouvant assis à l'écart, l'air triste et rêveur, lui demanda la cause du trouble qui se peignait sur son visage. Périclès lui dit qu'ayant été chargé par la république de bâtir les Propylées de Minerve, c'est-à-dire les portes de la citadelle, il y avait dépensé une somme si énorme, qu'il était fort embarrassé de rendre ses comptes, et que telle était la cause de son inquiétude. « Eh! lui dit Alcibiade, cherchez plutôt à ne pas les rendre. » Effectivement le plus grand homme, le plus habile magistrat d'Athènes, ne pouvant se tirer d'affaire par lui-même, suivit le conseil d'un enfant, et s'occupa d'engager les Athéniens dans une guerre avec les peuples voisins, afin de leur ôter le loisir de lui demander ses comptes. (Av. J.-C. 437.)

Je laisse à cette république à décider si elle doit gémir ou se glorifier d'avoir donné le jour à Alcibiade : car les esprits y sont encore flottants, à son égard, entre l'exécration et l'admiration.

patriæ perniciosiora fuerint (illis enim cives suos decepit, his afflixit), quum adhuc puer ad Periclem avunculum suum venisset, eumque secreto tristem sedentem vidisset, interrogavit, quid ita tantam in vultu confusionem gereret. At illo, dicente, mandato se civitatis Propylæa Minervæ, quæ sunt januæ arcis, ædificasse, consumptaque in id opus ingenti pecunia, non invenire, quo pacto ministerii rationem redderet, atque ideo conflictari, « Ergo, inquit, quære potius, quemadmodum rationem non reddas. » Itaque vir amplissimus atque prudentissimus, suo consilio defectus, puerili usus est, atque id egit, ut Athenienses, finitimo implicati bello, rationibus exigendis non vacarent.

Sed viderint Athenæ, utrum Alcibiadem lamentantur, an glorientur; quoniam adhuc inter exsecrationem hominis et admirationem dubio mentis judicio fluctuatur.

CHAPITRE II

DE LA BRAVOURE

De la Bravoure chez les Romains.

Pour moi, après avoir montré la vertu dans sa naissance et ses premiers élans, je la ferai voir en pleine activité. Or, la force la plus énergique, le nerf le plus puissant de la vertu, c'est la bravoure. Je n'ignore pas, ô Romulus! fondateur de cet empire, que c'est à toi qu'appartient en ce genre le premier rang. Cependant, permets, je t'en conjure, que je place avant toi un seul exemple auquel tu es redevable toi-même de quelque gloire, puisqu'il empêcha la destruction de Rome, ce brillant ouvrage de tes mains.

1. Les Étrusques allaient se précipiter dans la ville par le pont de bois. Horatius Coclès se poste à l'extrémité opposée, et sou-

CAPUT II

DE FORTITUDINE

De Fortitudine Romana.

Nos quia jam initia, procursusque virtutis patefecimus, actum ipsum prosequamur; cujus ponderosissima vis et efficacissimi lacerti in fortitudine consistunt. Nec præterit me, conditor Urbis nostræ, Romule, principatum tibi hoc in genere laudis assignari oportere; sed patere, obsecro, uno te præcurri exemplo, cui et ipse aliquantum honoris debes, quia beneficio illius effectum est, ne tam præclarum opus tuum Roma dilaberetur.

1. Etruscis in Urbem ponte sublicio irrumpentibus, Horatius Cocles extremam

tient avec une intrépidité infatigable tout l'effort des ennemis, jusqu'à ce qu'on ait rompu le pont derrière lui. Alors, voyant sa patrie délivrée d'un péril imminent, il se jette tout armé dans le Tibre, et les dieux immortels, admirant sa bravoure, veillent eux-mêmes à sa conservation. Sans être froissé en tombant de cette hauteur, ni submergé par le poids de ses armes, ni entraîné par les tourbillons de l'eau, sans être même blessé par les traits qui pleuvaient sur lui de toutes parts, il parvient à se sauver heureusement à la nage. Seul il fixa sur lui les regards de tant de citoyens, de tant d'ennemis, les uns immobiles d'étonnement, les autres partagés entre la joie et la crainte : seul il sépara deux armées aux prises, en repoussant l'une, en protégeant l'autre : seul, enfin, il fit de son bouclier un rempart non moins assuré pour notre patrie que le courant du Tibre. Ainsi les Étrusques, en se retirant, auraient pu dire : « Vainqueurs des Romains, nous avons été vaincus par Horatius. » (An de R. 245.)

2. Clélie me fait presque oublier ma résolution. Clélie, qui, dans le même temps, du moins contre le même ennemi et dans ce même fleuve du Tibre, se signale par une action éclatante.

ejus partem occupavit, totumque hostium agmen, donec post tergum suum pons abrumperetur, infatigabili pugna sustinuit, atque, ut patriam periculo imminenti liberatam vidit, armatus se in Tiberim misit : cujus fortitudinem dii immortales admirati, incolumitatem sinceram ei præstiterunt; nam neque altitudine dejectus quassatus, neque pondere armorum pressus, nec ullo vorticis circuitu actus, nec telis quidem, quæ undique congerebantur, læsus, tutum natandi eventum habuit. Unus itaque tot civium, tot hostium in se oculos convertit, stupentes illos admiratione, hos inter lætitiam et metum hæsitantes; unusque duos acerrima pugna consertos exercitus, alterum repellendo, alterum propugnando, distraxit; denique unus Urbi nostræ tantum scuto suo, quantum Tiberis alveo, munimenti attulit. Quapropter discedentes Etrusci dicere potuerunt : « Romanos vicimus, ab Horatio victi sumus. »

2. Immemorem me propositi mei Clœlia pæne facit, eadem tempestate, certe adversus eumdem hostem; et in eodem Tiberi, inclytum ausa facinus. Inter cæ-

CHAP. II, DE LA BRAVOURE. 163

Elle était une des jeunes Romaines données en otage à Porsenna. Pendant la nuit, échappant à la vigilance des gardes, elle monte sur un cheval, traverse rapidement le fleuve, et revient à Rome. Une jeune fille délivre ainsi sa patrie et du siége et de la crainte pour l'avenir, en faisant luire aux yeux des hommes l'exemple du courage.

3. Je reviens maintenant à Romulus. Acron, roi des Céniniens, le provoque à un combat singulier. Malgré l'avantage qu'il croit avoir sur l'ennemi et par le nombre et par la bravoure des soldats, quoiqu'il y eût plus de sûreté pour lui à livrer bataille avec son armée qu'à se présenter seul au combat, il saisit avidement le présage d'une victoire qu'il ne devra qu'à sa valeur. La fortune seconde ses vœux : il tue Acron, met les ennemis en déroute, et revient offrir à Jupiter Férétrien les nobles dépouilles enlevées à ce prince. J'en ai dit assez : la vertu consacrée par la religion publique n'a pas besoin des louanges d'un particulier. (An de R. 4.)

4. Après Romulus, Cornélius Cossus fut le premier qui consacra au même dieu de semblables dépouilles, après avoir tué de sa main, dans un combat où il commandait la cavalerie, le général des Fidénates. Si Romulus se fit beaucoup d'honneur en

---

teras enim virgines obses hosti Porsennæ data, nocturno tempore custodiam egressa, equum conscendit, celerique trajectu fluminis, non solum obsidione, sed etiam metu patriam puella solvit, viris lumen virtutis præferendo.

3. Redeo nunc ad Romulum, qui, ab Acrone Ceninensium rege ad dimicandum provocatus, quanquam et numero et fortitudine militum superiorem se crederet, tutiusque erat toto cum exercitu, quam solum in aciem descendere, sua potissimum dextra omen victoriæ rapuit. Nec incepto ejus fortuna defuit : occiso enim Acrone, fusisque hostibus, opima de eo spolia Jovi Feretrio retulit. Hactenus istud ; quia publica religione consecrata virtus, nulla privata laudatione indiget.

4. A Romulo proximus Cornelius Cossus eidem deo spolia consecravit, quum magister equitum ducem Fidenatium in acie congressus interemisset. Magnus

ouvrant cette brillante carrière, il est très-glorieux encore pour Cossus d'avoir pu imiter Romulus. (An de R. 325.)

5. On ne doit pas séparer l'exemple de Marcellus des deux précédents. Il eut assez de courage et d'intrépidité pour attaquer sur les bords du Pô, à la tête d'une poignée de cavaliers, le roi des Gaulois, protégé par une armée nombreuse; il lui abattit la tête, et lui enleva son armure, dont il fit hommage à Jupiter Férétrien. (An de R. 531.)

6. Le même genre de bravoure et de combat signala T. Manlius Torquatus, Valérius Corvus et Scipion Émilien. Ces guerriers, provoqués par des chefs ennemis, leur firent mordre la poussière; mais, comme ils avaient combattu sous les auspices d'un chef supérieur, ils ne vinrent pas faire offrande de leurs dépouilles à Jupiter. (Ans de R. 392, 404, 602.)

Le même Scipion, servant en Espagne sous les ordres de Lucullus, se trouva au siège d'Intercatia, place très-fortifiée, et monta le premier à l'assaut. Il n'était dans cette armée aucun guerrier qui, par sa naissance, son génie, ses actions à venir, méritât davantage d'être épargné, et dont la vie fût plus pré-

---

initio hujusce generis inchoatæ gloriæ Romulus : Cosso quoque multum acquisitum est, quod Romulum imitari valuit.

5. Ne M. quidem Marcelli memoriam ab his exemplis separare debemus, in quo tantus animi vigor fuit, ut apud Padum Gallorum regem, ingenti exercitu stipatum, cum paucis equitibus invaderet; quem protinus obtruncatum armis exuit, eaque Jovi Feretrio dicavit.

6. Eodem et virtutis et pugnæ genere usi sunt T. Manlius Torquatus, et Valerius Corvus, et Æmilianus Scipio. Hi enim ultro provocantes hostium duces interemerunt; sed, quia sub alienis auspiciis rem gesserant, spolia Jovi Feretrio non posuerunt consecranda.

Idem Scipio Æmilianus, quum in Hispania sub Lucullo duce militaret, atque Intercatia prævalidum oppidum circumsederetur, primus mœnia ejus conscendit. Neque erat in eo exercitu quisquam aut nobilitate, aut animi indole, aut futuris actis, cujus saluti magis parci et consuli deberet : sed tunc clarissimus quisque

cieuse : mais alors plus un jeune homme était illustre, plus il prenait de part aux fatigues et aux dangers pour la gloire et la défense de la patrie; on aurait eu honte de céder en bravoure à ceux qu'on surpassait en dignité. Aussi le fils de Paul-Émile réclama-t-il cet honneur, tandis que d'autres, effrayés du péril, se tenaient à l'écart.

7. L'antiquité nous offre un exemple de courage qui peut dignement figurer ici. Les Romains, mis en déroute par l'armée gauloise, s'étaient réunis dans le Capitole et dans la citadelle; mais ces hauteurs n'étaient pas suffisantes pour contenir tous les citoyens; et l'on prit, par nécessité, la résolution d'abandonner les vieillards dans la partie inférieure de la ville, afin de laisser à la jeunesse plus de facilité pour défendre le dernier asile de l'empire. Mais dans ces conjonctures si pénibles, si douloureuses, on ne vit pas les Romains démentir un instant leur courage. Ceux des vieillards qui avaient passé par les honneurs se tinrent dans leurs maisons, les portes ouvertes, assis sur leurs chaises curules, avec toutes les marques des magistratures qu'ils avaient exercées, des sacerdoces dont ils avaient été revêtus; voulant tout à la fois paraître, à leurs derniers instants, avec l'éclat et la gloire de leur vie passée, et, par l'intrépidité de leur contenance, animer

---

juvenum, pro amplificanda et tuenda patria, plurimum laboris ac periculi sustinebat, deforme sibi existimans, quos dignitate præstaret, ab his virtute superari; ideoque Æmilianus hanc militiam, aliis propter difficultatem vitantibus, sibi depoposcit.

7. Magnum inter hæc fortitudinis exemplum antiquitas offert. Romani Gallorum exercitu pulsi, quum se in Capitolium et in arcem conferrent, inque his collibus morari omnes non possent, necessarium consilium in plana Urbis parte seniorum relinquendorum ceperent, quo facilius juventus reliquias imperii tueretur. Cæterum ne illo quidem tam misero, tamque luctuoso tempore civitas nostra virtutis suæ oblita est. Defuncti enim honoribus, apertis januis, in curulibus sellis, cum insignibus magistratuum, quos gesserant, sacerdotiorumque, quæ erant adepti, consederunt, ut et ipsi in occasu suo splendorem et ornamenta

le peuple à soutenir plus courageusement ses malheurs. Leur aspect en imposa d'abord aux ennemis, également frappés de la nouveauté du spectacle, de la magnificence des vêtements et de la singularité même de l'audace. Mais pouvait-on douter que des Gaulois, et des Gaulois vainqueurs, ne vinssent bientôt à passer de cette admiration aux risées et à toutes sortes d'outrages? C. Atilius n'attendit pas que l'insolence fût arrivée à son comble. Un Gaulois s'étant permis de lui passer la main sous la barbe, il lui asséna un grand coup de bâton sur la tête; et comme celui-ci, irrité par la douleur, se précipitait sur lui pour le tuer, il se jeta lui-même avidement au-devant de ses coups. Le vrai courage ne peut être subjugué; il sait tout souffrir, hormis l'opprobre. Céder à la fortune lui paraît un sort plus affreux que le trépas, sous quelque aspect qu'il se présente. Il imagine des genres de mort extraordinaires, éclatants, si toutefois c'est mourir que de terminer ainsi ses jours. (An de R. 363.)

8. Rendons maintenant à la jeunesse romaine l'honneur et la gloire qu'elle mérite. C. Sempronius Atratinus soutenait contre les Volsques, auprès de Verrugue, un combat où la fortune nous était peu favorable; les cavaliers, pour empêcher la déroute de

vitæ præteritæ retinerent, et plebem ad fortius sustinendos casus suo vigore provocarent. Venerabilis eorum aspectus primo hostibus fuit, et novitate rei, et magnificentia cultus, et ipso audaciæ genere commotis : sed quis dubitaret, quin et Galli et victores illam admirationem mox in risum et in omne contumeliæ genus conversuri essent? Non exspectavit igitur hanc injuriæ maturitatem C. Atilius; verum barbam suam permulcenti Gallo scipionem vehementi ictu capiti inflixit, eique propter dolorem ad se occidendum ruenti cupidius corpus obtulit. Capi ergo virtus nescit; patientia dedecus ignorat, fortunæ succumbere tristius ducit omni fato, nove et speciosa genera interitus excogitat, si quisquam interit, qui sic exstinguitur.

8. Reddendus est nunc Romanæ juventuti debitus honos et gloriæ titulus, quæ, C. Sempronio Atratino consule cum Volscis apud Verruginem parum prospere dimicante, ne acies nostra jam inclinata propelleretur, equis delapsa,

notre armée, qui commençait à fléchir, descendent de cheval, se forment en compagnie d'infanterie, et d'un choc impétueux rompent la ligne des Volsques. S'étant ouvert un passage, ils vont s'emparer d'une hauteur voisine, attirent ainsi sur eux tous les efforts de l'ennemi, et, par cette diversion salutaire, donnent aux nôtres le temps de se rassurer et de reprendre haleine. Ainsi, au moment où les Volsques ne songeaient déjà qu'à ériger des trophées, contraints par la nuit de mettre fin au combat, ils se retirent, incertains s'ils sont vainqueurs ou vaincus. (An de R. 330.)

9. Ce fut aussi une intrépide jeunesse que cette élite des chevaliers dont l'admirable valeur sauva du reproche de témérité Fabius Maximus Rullianus, général de la cavalerie, qui, dans une guerre contre les Samnites, avait pris sur lui de leur livrer bataille. En effet, Papirius Cursor, obligé de retourner à Rome pour reprendre les auspices, avait laissé l'armée sous ses ordres, avec défense de la conduire à l'ennemi. Cependant, il livra bataille, mais avec moins de succès que de légèreté. Il allait évidemment essuyer une déroute. Alors nos généreux chevaliers ôtent la bride à leurs chevaux, et, les piquant vivement de l'éperon, fondent sur les Samnites, et parviennent, par

---

se ipsa centuriavit, atque hostium exercitum irrupit. Quo dimoto, proximum tumulum occupavit, effecitque, ut omnis Volscorum in se conversus impetus legionibus nostris ad confirmandos animos salutare laxamentum daret. Itaque quum jam de tropæis statuendis cogitarent, prælium nocte dirimente, victoresne, an victi discederent, incerti abierunt.

9. Strenuus ille quoque flos ordinis equestris, cujus mira virtute Fabius Maximus Rullianus magister equitum bello, quod adversus Samnites gerebatur, male commissi prælii crimine levatus est. Namque, Papirio Cursore propter auspicia repetenda in Urbem proficiscente, castris præpositus, ac vetitus in aciem exercitum ducere, nihilominus manus cum hoste, sed non tam feliciter, quam temere, conseruit : procul enim dubio superabatur. Cæterum optimæ indolis juventus, detractis equorum frenis, vehementer eos calcaribus stimulatos, in adversos Samnites egit, obstinataque animi præsentia extortam manibus

l'énergie et l'opiniâtreté de leur valeur, à arracher la victoire des mains de l'ennemi, et à sauver avec elle l'espérance que donnait à la patrie le grand nom de Rullianus. (An de R. 429.)

10. Quelle devait être la vigueur de ces soldats, qui saisirent une flotte carthaginoise, fuyant à force de rames, et la ramenèrent à la nage, à travers le liquide élément, avec autant de facilité que s'ils eussent marché de pied ferme sur la terre? (Vers 535.)

11. Voici encore un soldat de la même trempe, ainsi que de la même époque. A la bataille de Cannes, où Annibal terrassa plutôt les forces des Romains que leur courage, ce soldat, les mains mutilées et incapables de tenir ses armes, saisit par le cou, avec ses bras, un Numide qui s'efforçait de le dépouiller, le défigura en lui rongeant le nez et les oreilles, et n'expira qu'après avoir assouvi sa vengeance à force de morsures. Mettons à part l'issue cruelle du combat; combien plus de courage dans le soldat tué que dans l'ennemi qui le tue! L'Africain vainqueur, à la merci du mourant, est pour lui un sujet de consolation, et le Romain, en perdant la vie, jouit du plaisir de se venger lui-même. (An de R. 537.)

12. Ce simple soldat déploie, dans le malheur, autant d'âme,

---

hostium victoriam, et cum ea spem maximi civis Rulliani patriæ restituit.
10. Qualis deinde roboris illi milites, qui vehementi ictu remorum concitatam fugæ Punicam classem, nantes lubrico pelagi, quasi camporum firmitate, pedites in litus retraxerunt?
11. Ejusdem temporis et notæ miles, qui Cannensi prælio, quo Annibal magis vires Romanorum contudit quam animos fregit, quum ad retinenda arma inutiles vulneribus manus haberet, spoliare se conantis Numidæ cervicem complexus, os, naribus et auribus corrosis, deforme reddidit, inque plenæ ultionis morsibus exspiravit. Sepone iniquum pugnæ eventum; quantum interfectore fortior interfectus? Pœnus enim in victoria obnoxius morienti solatio fuit; Romanus in ipso fine vitæ vindex sui exstitit.
12. Militis hujus in adverso casu tam egregius tamque virilis animus, quam

autant de caractère que le général dont je vais parler. P. Crassus, occupé de la guerre contre Aristonicus, en Asie, est fait prisonnier, entre Élée et Smyrne, par des Thraces que ce prince avait en grand nombre dans son armée; de crainte de tomber en son pouvoir, il imagine un moyen de se dérober, par la mort, à cet opprobre. Il enfonce dans l'œil d'un de ces Barbares la baguette dont il se servait pour conduire son cheval. Irrité par la douleur, le Thrace lui plonge son poignard dans le sein, et, en assouvissant sa vengeance, épargne au général romain la honte de voir sa dignité avilie. Crassus fit voir à la fortune combien il méritait peu un outrage si sanglant, puisqu'il sut briser avec autant d'adresse que de courage les liens déplorables dont elle avait enchaîné sa liberté, et recouvrer son honneur au moment où elle venait de livrer sa personne à Aristonicus. (An de R. 623.)

13. Scipion nous offre l'exemple d'une pareille résolution. Après avoir défendu, sans succès, en Afrique, le parti de Cn. Pompée, son gendre, il faisait voile vers l'Espagne. Dans le trajet, le navire à bord duquel il se trouvait tomba au pouvoir de l'ennemi. Sitôt qu'il s'en aperçut, il se passa son épée au tra-

---

relaturus sum imperatoris. P. enim Crassus, cum Aristonico bellum in Asia gerens, a Thracibus, quorum is magnum numerum in præsidio habebat, inter Elæam et Smyrnam exceptus, ne in ditionem ejus perveniret, dedecus, arcessita ratione mortis, effugit : virgam enim, qua ad regendum equum usus fuerat, in unius Barbari oculum direxit, qui, vi doloris accensus, latus Crassi sica confodit; dumque se ulciscitur, Romanum imperatorem majestatis amissæ turpitudine liberavit. Ostendit fortunæ Crassus, quam indignum virum tam gravi contumelia afficere voluisset; quoniam quidem injectos ab ea libertati suæ miserabiles laqueos prudenter pariter ac fortiter rupit, donatumque se jam Aristonico, dignitati suæ reddidit.

13. Eodem mentis proposito usus est Scipio. Namque, infeliciter Cn. Pompeii generi sui defensis in Africa partibus, classe Hispaniam petens, quum animadvertisset navem, qua vehebatur, ab hostibus captam, gladio præcordia sua trans-

vers du corps, et resta étendu sur la poupe du vaisseau. Les soldats de César demandèrent où était le général : « Le général, répondit-il, est en lieu de sûreté. » Il n'eut de voix qu'autant qu'il en fallait à sa gloire, pour attester à jamais la force de son âme. (An de R. 707.)

14. Et toi, vertueux Caton, Utique éternise le souvenir de ton trépas illustre. De cette généreuse blessure dont elle fut témoin, coula moins de sang que de gloire. En te perçant de ton épée avec tant de courage, tu donnas aux hommes une grande leçon ; tu leur appris combien l'honneur sans la vie doit être plus cher aux gens de bien, que la vie sans l'honneur. (An de R. 707.)

15. La fille de ce Caton était loin d'avoir la faiblesse de son sexe. La nuit même qui précéda le crime affreux commis sur la personne de César, elle apprit que Brutus, son époux, en avait formé le complot. Brutus étant sorti de la chambre, elle feignit de vouloir se couper les ongles, se fit apporter un rasoir, et, le laissant tomber comme par mégarde, elle se blessa. Rappelé par les cris des esclaves, Brutus lui reprochait d'avoir voulu s'acquitter elle-même d'un tel office. Porcia, le prenant à l'écart :

verberavit ; ac deinde prostratus in puppi, quærentibus Cæsarianis militibus, *Ubinam esset imperator,* respondit : *Imperator bene se habet;* tantumque eloqui valuit, quantum ad testandam animi fortitudinem æternæ laudi satis erat.

14. Tui quoque clarissimi excessus, Cato, Utica monumentum est, in qua ex fortissimis vulneribus tuis plus gloriæ, quam sanguinis, manavit. Siquidem constantissime in gladium incumbendo magnum hominibus documentum dedisti, quanto potior esse debeat probis dignitas sine vita, quam vita sine dignitate.

15. Cujus filia minime muliebris animi : quæ, quum Bruti viri sui consilium, quod de interficiendo Cæsare ceperat, ea nocte, quam dies teterrimi facti secutus est, cognovisset, egresso cubiculum Bruto, cultellum tonsorium quas unguium resecandorum causa poposcit, eoque velut forte elapso, se vulneravit. Clamore deinde ancillarum in cubiculum revocatus Brutus, objurgare eam cœpit, quod tonsoris præripuisset officium. Cui secreto Porcia : « Non est, inquit,

« Ce que j'ai fait, dit-elle, n'est point un accident; c'est, dans la position où nous sommes, la plus forte preuve que je puisse vous donner de mon amour. J'ai voulu voir, par cet essai, jusqu'à quel point j'aurais le courage de me poignarder, si vous aviez le malheur de ne pas réussir dans votre dessein. » (An de R. 709.)

16. Caton l'Ancien, dont la famille Porcia tire son origine, fut plus heureux que sa postérité. Dans une bataille où il courait un grand danger, son épée, échappée du fourreau, tomba au milieu d'un groupe de combattants, et se trouva de tous côtés environnée de pieds ennemis. Dès qu'il s'aperçut qu'elle lui manquait, il l'alla reprendre avec tant de sang-froid, qu'il eut l'air, non de l'arracher avec la précipitation d'un homme poussé par le péril, mais de la ramasser tranquillement et en pleine sécurité. Frappés de ce spectacle, les ennemis vinrent, dès le lendemain, lui demander humblement la paix. (An de R. 585.)

17. La toge a aussi des traits de bravoure dignes de figurer parmi les exploits militaires, car il n'est pas moins glorieux de se signaler dans le Forum que dans les camps. Tibérius Gracchus, pendant son tribunat, ayant gagné la faveur du peuple à

---

hoc temerarium factum meum, sed in tali statu nostro amoris mei erga te certissimum indicium; experiri enim volui, si tibi propositum ex sententia parum cessisset, quam æquo animo me ferro essem interemptura. »

16. Felicior progenie sua superior Cato, a quo Porciæ familiæ principia manarunt. Qui quum ab hoste in acie vehementi periculo peteretur, vagina gladius ejus elapsus decidit; quem subjectum præliantium globo, et undique hostilibus pedibus circumdatum, postquam abesse sibi animadvertit, adeo constanti animo in suam potestatem redegit, ut illum non periculo oppressus rapere, sed metu vacuus sumere videretur. Quo spectaculo attoniti hostes, postero die ad eum supplices pacem petentes venerunt.

17. Togæ quoque fortitudo militaribus operibus inserenda est, quia eamdem laudem foro atque castris edita meretur. Quum Tib. Gracchus in tribunatu

force de largesses, tenait la république dans l'oppression, et disait hautement qu'il fallait anéantir le sénat, et que tout devait se faire par l'autorité du peuple. Les sénateurs, convoqués par le consul Mucius Scévola dans le temple de la Bonne-Foi, délibérèrent sur le parti à prendre dans une pareille conjoncture. Tous étaient d'avis que le consul protégeât la république par la voie des armes; mais Scévola déclara qu'il n'aurait en rien recours à la violence. Alors Scipion Nasica, prenant la parole : « Puisque le consul, dit-il, par un scrupuleux attachement aux formes ordinaires de la justice, expose à la fois et les lois et l'empire à une ruine commune, je m'offre, quoique simple particulier, à marcher à votre tête pour accomplir votre résolution. » A ces mots, il jette autour de son bras gauche les pans de sa robe; puis, levant la main droite, il s'écrie : « Que ceux qui veulent le salut de la république me suivent. » Ce mot dissipa l'hésitation des gens de bien, et Gracchus, avec sa faction criminelle, ne put se soustraire au châtiment qu'il méritait. (An de R. 620.)

18. Voici un autre trait semblable. Le tribun Saturninus, le préteur Glaucia et Équitius, désigné tribun du peuple,

profusissimis largitionibus favore populi occupato, rempublicam oppressam teneret, palamque dictitaret, interempto senatu, omnia per plebem agi debere, in ædem Fidei publice convocati patres conscripti a consule Mucio Scævola, quidnam in tali tempestate faciendum esset, deliberabant; cunctisque censentibus, ut consul armis rempublicam tueretur, Scævola negavit, se quidquam vi esse acturum. Tum Scipio Nasica : « Quoniam, inquit, consul, dum juris ordinem sequitur, id agit, ut cum omnibus legibus Romanum imperium corruat, egomet privatus voluntati vestræ me ducem offero; » ac deinde lævam manum parte togæ circumdedit, sublataque dextera proclamavit, *qui rempublicam salvam esse volunt, me sequantur*; eaque voce cunctatione bonorum civium discussa, Gracchum cum scelerata factione, quas merebatur pœnas, persolvere coegit.

18. Item, quum tribunus plebis Saturninus, et prætor Glaucia, et Equitius designatus tribunus plebis, maximos in civitate nostra seditionum motus exci-

avaient excité dans Rome la plus violente sédition, sans que personne tentât de s'opposer à l'effervescence populaire. M. Émilien Scaurus exhorta d'abord C. Marius, alors consul pour la sixième fois, à défendre, par son courage, les lois et la liberté, et aussitôt il se fit apporter des armes à lui-même : il en revêtit un corps accablé de vieillesse, se soutenant à peine, et, debout à la porte du sénat, appuyé sur un javelot, déployant les faibles restes d'une vie prête à s'éteindre, empêcha l'extinction de la république. Ce fut, en effet, l'exemple de son intrépidité, qui détermina les sénateurs et les chevaliers à punir les séditieux. (An de R. 653.)

19. Après avoir raconté la gloire des armes et de la toge, nous allons faire briller aux yeux l'honneur du ciel, le divin Jules, la plus parfaite image de la vraie valeur. Attaqué par une multitude innombrable de Nerviens, et voyant son armée près de fléchir sous leur choc impétueux, il saisit le bouclier d'un soldat qui combattait faiblement, et, couvert de cette arme protectrice, il se met à faire des prodiges de valeur. Son exemple répand le courage dans toute l'armée, et le feu divin qui l'anime rappelle à lui la fortune prête à l'abandonner. (An de R. 696.)

---

tassent, nec quisquam se populo concitato opponeret, primum M. Æmilius Scaurus C. Marium, consulatum sextum gerentem, hortatus est, ut libertatem legesque manu defenderet, protinusque arma sibi afferri jussit : quibus allatis, ultima senectute confectum et pæne dilapsum corpus induit, spiculoque innixus ante fores curiæ constitit, ac parvulis extremi spiritus reliquiis, ne respublica exspiraret, effecit. Præsentia enim animi sui senatum et equestrem ordinem ad vindictam exigendam impulit.

19. Sed ut superius armorum et togæ, ita nunc etiam siderum clarum decus divum Julium, certissimam veræ virtutis effigiem, repræsentemus. Quum innumerabili multitudine et feroci impetu Nerviorum inclinari aciem suam videret, timidius pugnanti militi scutum detraxit, eoque tectus acerrime præliari cœpit : quo facto fortitudinem per totum exercitum diffudit, labentemque belli fortunam divino animi ardore restituit.

Le même César, dans un autre combat, voyant le porte-enseigne de la légion de Mars, le dos tourné déjà pour prendre la fuite, le saisit à la gorge, le dirige en sens contraire, et, tendant la main vers l'ennemi : « Où vas-tu? lui dit-il; c'est là que nous avons affaire. » Si ses mains ramenèrent un soldat à son devoir, une exhortation si énergique rendit l'assurance à ses légions effrayées, et leur apprit à enlever la victoire au moment où elles allaient la céder. (An de R. 708.)

20. Mais continuons les traits de la bravoure humaine. Lorsque Annibal assiégeait Capoue, défendue par une armée romaine, Vibius d'Accua, commandant une cohorte de Péligniens, jeta son étendard par-dessus le retranchement des Carthaginois, se vouant aux dieux infernaux, lui et ses compagnons d'armes, si les ennemis s'en rendaient maîtres. En même temps, il s'élança le premier, suivi de sa cohorte, pour aller le reprendre. A cette vue, Valérius Flaccus, tribun de la troisième légion, se tournant vers les siens : « C'est donc pour contempler une valeur étrangère, que nous sommes venus ici? leur dit-il; loin de nous la honte de voir des Romains céder à des Latins la palme de la bravoure! Pour moi, du moins, mon choix est fait; ou une

---

Idem alio prælio legionis Martiæ aquiliferum ineundæ fugæ gratia jam couversum, faucibus comprehensum, in contrariam partem detraxit, dexteramque ad hostem tendens : « Quorsum tu, inquit, abis? illic sunt cum quibus dimicamus. » Et manibus quidem unum militem, adhortatione vero tam acri omnium legionum trepidationem correxit, vincique paratas, vincere docuit.

20. Cæterum, ut humanæ virtutis actum exsequamur, quum Annibal Capuam, in qua Romanus exercitus erat, obsideret, Vibius Accuæus, Pelignæ cohortis præfectus, vexillum trans Punicum vallum projecit, se ipsum, suosque commilitones, si eo hostes potiti essent, exsecratus; et ad id petendum, subsequente cohorte, primus impetum fecit. Quod ut Valerius Flaccus tribunus tertiæ legionis aspexit, conversus ad suos : « Spectatores, inquit, ut video, alienæ virtutis huc venimus; sed absit istud dedecus a sanguine nostro, ut Romani gloria cedere Latinis velimus. Ego certe aut speciosam optavi mortem, aut felicem auda-

CHAP. II, DE LA BRAVOURE   175

mort éclatante, ou un heureux coup d'audace : dussé-je n'être suivi de personne, je suis prêt à donner l'exemple. » Ces paroles sont entendues : le centurion Pédanius arrache un drapeau, et, le tenant à la main : « A l'instant, dit-il, cet étendard va se trouver avec moi dans le retranchement ennemi; qui ne veut pas le laisser prendre me suive. » A ces mots, il se jette avec le drapeau dans le camp des Carthaginois, et y entraîne à sa suite la légion entière. Ainsi, par l'énergique audace de trois guerriers, Annibal, qui se regardait déjà comme maître de Capoue, ne peut pas même rester maître de son camp. (An de R. 541.)

21. Mais ces traits n'ont rien qui efface la gloire de Q. Cotius, à qui sa bravoure mérita le surnom d'*Achille*. Sans avoir besoin de raconter tous ses exploits, je ferai suffisamment connaître la valeur de ce guerrier par les deux exemples qu'on va lire. Il s'était rendu en Espagne, en qualité de lieutenant, avec le consul Q. Métellus, sous les ordres duquel il faisait la guerre de Celtibérie. Il est averti qu'un jeune homme de cette nation le défie au combat : c'était par hasard le moment où l'on venait de lui servir à dîner. Il quitte la table, fait secrètement porter ses armes et conduire son cheval hors des retranchements, de peur

ciæ exitum; vel solus igitur præcurrere paratus sum. » His auditis, Pedanius centurio convulsum signum dextra retinens : « Jam hoc, inquit, intra hostile vallum mecum erit; proinde sequantur, qui id capi nolunt. » Et cum eo in castra Pœnorum irrupit, totamque secum traxit legionem. Ita trium virorum fortis temeritas Annibalem paulo ante spe sua Capuæ potitorem, ne castrorum quidem suorum potentem esse passa est.

21. Quorum virtuti nihil cedit Q. Cotius, qui propter fortitudinem *Achilles* cognominatus est. Nam ut reliqua ejus opera non exsequar, abunde tamen duobus factis, quæ relaturus sum, quantus bellator fuerit, cognoscetur. Q. Metello consule legatus in Hispaniam profectus, Celtibericum sub eo bellum gerens, postquam cognovit a quodam gentis hujus juvene, se ad dimicandum provocari (erat autem illi forte prandendi gratia mensa posita), relicta ea, *arma sua extra*

que Métellus ne mette obstacle à ses desseins. Il atteint le Celtibérien, qui faisait à la porte du camp d'insolentes bravades, le tue, le dépouille, et revient triomphant. Le même Cotius, provoqué par Pirésus, le plus illustre et le plus brave des Celtibériens, le força de s'avouer vaincu. Tout bouillant qu'il était, le jeune Celtibérien ne rougit pas de lui livrer son épée et sa casaque à la vue des deux armées. Cotius voulut encore qu'ils fussent unis par les liens de l'hospitalité, quand la paix serait rétablie entre les deux nations. (An de R. 611.)

22. On ne peut pas non plus oublier C. Acilius, soldat de la dixième légion, sous les ordres de César. Dans un combat naval contre les Marseillais, il se vit d'abord trancher la main droite, dont il retenait un vaisseau ennemi, et, le ressaisissant aussitôt de la main gauche, ne cessa de combattre qu'il ne l'eût pris et coulé à fond. Ce fait n'est pas aussi connu qu'il méritait de l'être; tandis que le nom de Cynégire l'Athénien, qui montra un pareil acharnement à poursuivre les ennemis, est, pour la Grèce, un sujet intarissable de louanges, et que les historiens en ont transmis à tous les âges un pompeux souvenir. (An de R. 704.)

vallum deferri, equumque educi clam jussit, ne a Metello impediretur; et illum Celtiberum insolentissime obequitantem consectatus interemit, detractasque corpori ejus exuvias ovans lætitia in castra retulit. Idem Piresum, nobiliitate ac virtute Celtiberos omnes præstantem, quum ab eo in certamen pugnæ devocatus esset, succumbere sibi coegit. Nec erubuit flagrantissimi pectoris juvenis gladium ei suum et sagulum, utroque exercitu spectante, tradere; ille vero etiam petiit, *ut hospitii jure inter se juncti essent*, quando inter Romanos et Celtiberos pax foret restituta.

22. Ne C. Acilium quidem præterire possumus : qui, quum decimæ legionis miles pro C. Cæsaris partibus maritima pugna præliaretur, abscisa dextra, quam Massiliensium navi injecerat, læva puppim apprehendit; nec ante dimicare destitit, quam captam profondo mergeret. Quod factum parum justa notitia patet : at Cynægyrum Atheniensem, simili pertinacia in consectandis hostibus usum, verbosa laudum suarum cantu Græcia, omnium seculorum memoriæ litterarum præconio inculcat.

23. La gloire navale d'Acilius fut suivie sur terre d'un trait non moins honorable pour M. Césius Scéva, centurion du même général. Césius défendait un fort dont la garde lui avait été confiée. Un officier, envoyé par Pompée, faisait pour le prendre les plus grands efforts, sans épargner le nombre des soldats. Tous ceux qui osèrent approcher tombèrent sous les coups de Césius, qui, combattant à pied sans reculer d'un pas, finit par tomber lui-même sur un vaste monceau de cadavres, monument de sa valeur, blessé à la tête, à l'épaule, à la cuisse, un œil crevé, son bouclier percé de cent vingt coups. Voilà les guerriers formés à l'école du divin Jules César; l'un perd la main droite, l'autre un œil, et ils n'en sont pas moins acharnés contre l'ennemi : le premier, après cette perte, demeure vainqueur; le second, malgré cette perte, ne peut être vaincu. (An de R. 705.)

O Scéva! je ne sais comment exprimer mon admiration pour ce courage à toute épreuve que tu déployas sur l'un et l'autre élément : car ton incomparable valeur a laissé à douter lequel des deux fait plus d'honneur à ta grande âme, de ton combat sur les ondes, ou du mot que tu prononças en abordant au rivage. Lorsque César, non content d'avoir l'Océan pour limite de

---

23. Classicam Acilii gloriam terrestri laude M. Cæsius Scæva, ejusdem imperatoris centurio, subsecutus est. Quum enim pro castello, cui præpositus erat, dimicaret, Cnæique Pompeii præfectus jussu ejus summo studio et magno militum numero ad id capiendum niteretur, omnes, qui propius accesserant, interemit; ac sine ullo regressu pedes pugnans, super ingentem stragem, quam ipse fecerat, corruit : cujus capite, humero, femore saucio, et oculo eruto, scutum centum et viginti ictibus perfossum apparuit. Tales in castris divi Julii disciplina milites aluit, quorum alter dextera, alter oculo amisso hostibus inhæsit; ille post hanc jacturam victor, hic ne hac quidem jactura victus.

Tuum vero, Scæva, inexsuperabilem spiritum in utraque parte rerum naturæ, qua admiratione prosequar, nescio, quoniam excellenti virtute dubium reliquisti, inter undasne pugnam fortiorem edideris, an in terra vocem emiseris. Bello namque, quo C. Cæsar, non contentus opera sua Oceani claudere litoribus,

ses conquêtes, voulut étendre sa main divine sur les îles Britanniques, tu allas, au moyen d'un radeau, te poster avec quatre de tes compagnons sur un rocher voisin d'une île qu'occupait une troupe considérable d'ennemis. Mais le reflux, ayant rendu guéable l'espace compris entre l'île et le rocher, les Barbares accoururent en foule, et tes compagnons se retirèrent avec le radeau. Seul, tu restas immobile à ton poste; et, malgré les traits lancés de toutes parts, malgré les efforts que faisaient de tous côtés les Barbares pour te saisir, ta seule main les perça d'autant de traits qu'il en aurait fallu à cinq combattants pour une journée entière. Enfin, armé d'une épée, tu repoussas les plus audacieux, tantôt du choc de ton bouclier, tantôt en leur portant des coups terribles. Objet d'étonnement et pour les Romains et pour les Bretons, tu leur offris un spectacle auquel ils n'auraient pu croire s'ils ne l'avaient eu sous les yeux. Animés de fureur et de honte, les ennemis, malgré leur fatigue, mettent tout en œuvre pour te réduire. Alors, la cuisse traversée d'une flèche, le visage meurtri par le choc d'une pierre énorme, ton casque, que les coups avaient mis en pièces, ton bouclier criblé de trous, tu t'abandonnas à la merci des flots, et, chargé de deux cuirasses, tu revins à la nage à travers les ondes que tu avais

---

Britannicæ insulæ cœlestes injecit manus, cum quatuor commilitonibus rate transvectus in scopulum vicinum insulæ, quam hostium ingentes copiæ obtinebant, postquam æstus regressu suo spatium, quo scopulus et insula dividebantur, in vadum transitu facile redegit, ingenti multitudine Barbarorum affluente, cæteris rate ad litus regressis, solus immobilem stationis gradum retinens, undique ruentibus telis, et ab omni parte acri studio ad te invadendum nitentibus, quinque militum diurno prælio suffectura pila, una dextra, hostium corporibus adegisti : ad ultimum destricto gladio, audacissimum quemque, modo umbonis impulsu, modo mucronis ictu depellens, hinc Romanis, illinc Britannicis oculis incredibili, nisi cernereris, spectaculo fuisti. Postquam deinde ira ac pudor cuncta conari fessos coegit, tragula femur trajectus, saxique pondere ora contusus, galea jam ictibus discussa, et scuto crebris foraminibus absumpto, profundo

teintes de sang ennemi. A la vue de ton général, toi qui avais, non pas perdu, mais noblement dispensé tes armes, et qui méritais des louanges, tu vins lui demander pardon. Grand par ta bravoure dans le combat, tu te montras encore plus grand par cet hommage rendu à la discipline militaire. Aussi, ce juste appréciateur du mérite eut-il soin de récompenser, par le grade de centurion, et tes actions et tes paroles. (An de R. 698.)

24. Pour ce qui concerne les traits éclatants de bravoure, je ne puis mieux terminer les exemples romains que par celui de L. Sicinius Dentatus. Les exploits de ce guerrier et les honneurs qui en furent la récompense pourraient passer pour fabuleux, si des écrivains dignes de foi, tels que M. Varron, n'en avaient attesté la vérité dans leurs ouvrages. On raconte qu'il se signala dans cent vingt batailles avec tant de courage et de force corporelle, qu'il semblait toujours contribuer le plus à la victoire. Trente dépouilles, dont huit enlevées, sous les yeux des deux armées, à des ennemis qui l'avaient défié au combat; quatorze citoyens arrachés à la mort; quarante-cinq blessures à la poitrine, le dos sans aucune cicatrice, tels étaient ses titres de gloire. Neuf

---

te credidisti, ac duabus loricis onustus, inter undas, quas hostili cruore infeceras, enatasti; visoque imperatore, armis non amissis, sed bene impensis, quum laudem merereris, veniam petiisti. Magnus prælio, sed major disciplinæ militaris memoria : itaque ab optimo virtutis æstimatore, quum facta, tum etiam verba tua, centurionatus honore donata sunt.

24. Sed quod ad præliatorum excellentem fortitudinem attinet, merito L. Sicinii Dentati commemoratio omnia Romana exempla finierit : cujus opera honoresque operum ultra fidem veri excedere judicari possent, nisi ea certi auctores, inter quos M. Varro, monumentis suis testata esse voluissent. Quem centies et vigesies in aciem descendisse tradunt, eo robore animi atque corporis utentem ut majorem semper victoriæ partem traxisse videretur; sed et triginta spolia ex hoste retulisse, quorum in numero octo fuisse, cum quibus inspectante utroque exercitu ex provocatione dimicasset, XIV cives ex media morte raptos servasse, quinque et quadraginta vulnera pectore excepisse, tergo cicatricibus vacuo; no-

fois, il suivit le char triomphal de ses généraux, attirant sur lui les regards de toute la ville, par un nombreux appareil de récompenses militaires. En effet, on portait devant lui huit couronnes d'or, quatorze couronnes civiques, trois murales, une obsidionale, cent quatre-vingt-trois colliers, cent soixante bracelets, dix-huit lances, vingt-cinq hausse-cols; on eût dit les distinctions d'une légion entière, plutôt que d'un seul guerrier. (An de R. 299.)

De la Bravoure chez les étrangers.

1. On vit aussi, avec beaucoup d'admiration, le sang d'une famille entière se confondre en un seul ruisseau dans la ville de Calès. Fulvius Flaccus y poursuivait la vengeance de la perfidie campanienne, en faisant mettre à mort, au pied de son tribunal, les principaux citoyens; il venait de recevoir du sénat l'ordre d'arrêter les exécutions. En ce moment, un Campanien, nommé T. Jubellius Tauréa, vint de lui-même se présenter à son tribunal, et lui cria de toute sa force : « Puisque tu es si fort altéré

vem triumphales imperatorum currus secutum, totius civitatis oculos in se numerosa donorum pompa convertentem; præferebantur enim aureæ coronæ VIII, civicæ XIV, murales III, obsidionalis I, torques CLXXXIII, armillæ CLX, hastæ XVIII, phaleræ XXV, ornamenta etiam legioni, nedum militi satis multa.

De Fortitudine externa.

1. Ille quoque ex pluribus corporibus in unum magna cum admiratione Calibus cruor confusus est. In quo oppido quum Fulvius Flaccus Campanam perfidiam, principes civitatis ante tribunal suum capitali supplicio afficiendo, vindicaret, litterisque a senatu acceptis, finem pœnæ eorum statuere cogeretur, ultro se ei T. Jubellius Tauréa Campanus obtulit, et, quam potuit clara voce, « Quoniam, inquit, Fulvi, cupiditate tanta hauriendi sanguinis nostri teneris,

de notre sang, que tardes-tu à lever sur moi ta hache cruelle, afin que tu puisses te glorifier d'avoir, d'un mot de ta bouche, donné la mort à un homme plus vaillant que toi ? » Fulvius répondit qu'il l'aurait fait volontiers, si un décret du sénat ne s'y opposait. « Eh bien, répliqua Jubellius, moi qui n'ai point reçu d'ordre du sénat, je vais te rendre témoin d'une action, agréable sans doute à tes yeux, mais au-dessus de ton courage. » A l'instant, il tue sa femme et ses enfants, et se perce de son épée. Quel caractère! ce Campanien s'immole, lui et sa famille, pour montrer qu'il aime mieux faire rougir Fulvius de sa cruauté, que de profiter de la clémence du sénat. (An de R. 542.)

2. Et Darius, quelle ardeur de courage ne fit-il pas briller! Occupé d'affranchir les Perses de la honteuse et cruelle tyrannie des mages, il en tenait un abattu sous lui dans un lieu fort obscur, et le compagnon de sa généreuse entreprise n'osant frapper le mage de peur de l'atteindre lui-même : « Frappe hardiment, lui dit-il, sans craindre pour ma personne : passe-nous ton épée, tu le peux, au travers du corps à l'un et à l'autre, pourvu que celui-ci périsse au plus tôt. » (Av. J.-C. 522.)

---

quid cessas in me cruentam securim destringere, ut gloriari possis, fortiorem aliquanto virum, quam ipse es, tuo jussu esse interemptum? » Eo deinde dicente : « Libenter id se fuisse facturum, nisi senatus voluntate impediretur. — At me, inquit, cui nihil patres conscripti præceperunt, aspice, oculis tuis quidem gratum, animo vero tuo majus opus edentem. » Protinusque interfecta conjuge ac liberis, gladio incubuit. Quem illum virum putemus fuisse, qui suorum ac sua cæde testari voluit, se Fulvii crudelitatem sugillare, quam senatus misericordia uti maluisse!

2. Age, Darii quantus ardor animi! qui, quum sordida et crudeli magorum tyrannide Persas liberaret, unumque ex iis obscuro loco abjectum corporis pondere urgeret, præclari operis socio plagam ei inferre dubitanti, ne, dum magum petit, ipsum vulneraret : «Tu vero, inquit, nihil est quod respectu mei timidius gladio utaris; vel per utrumque illum agas licet, dum hic quam celerrime pereat. »

3. Ici se présente le Spartiate Léonidas dont rien ne surpasse la bravoure, que l'on envisage sa résolution, ses actions ou sa mort. Placé aux Thermopyles avec ses trois cents concitoyens, comme un rempart contre l'Asie entière, il arrêta ce Xerxès, la terreur de l'un et l'autre élément, ce potentat qui, non content de faire trembler les hommes, menaçait encore d'enchaîner Neptune, de couvrir le ciel de ténèbres; et, par la constance de son courage, il le réduisit à la dernière extrémité. Cependant, privé même de l'avantage de la position, sa principale ressource, par la perfidie et la trahison des habitants du pays, ce généreux Spartiate aima mieux mourir en combattant, que d'abandonner un poste dont sa patrie lui avait confié la défense. Il eut même assez de gaieté pour dire à sa troupe, en l'exhortant au combat où ils devaient tous succomber : « Camarades, il faut dîner ici, comme des gens qui vont souper chez Pluton. » C'était leur annoncer la mort. Néanmoins, ils suivirent leur général avec autant d'intrépidité que s'il leur eût promis la victoire. (Av. J.-C. 480.)

4. Le courage et la mort glorieuse d'Othryadès ont porté le nom des Thyréates bien au delà des limites de leur territoire. Par des lettres qu'il traça de son propre sang, il ravit aux ennemis

---

3. Hoc loci Leonidas Spartanus nobilis occurrit : cujus proposito, opere, exitu, nihil fortius. Nam cum CCC civibus apud Thermopylas toti Asiæ objectus, gravem illum et mari et terræ Xerxem; nec hominibus tantum terribilem, sed Neptuno quoque compedes, et cœlo tenebras minitantem, pertinacia virtutis ad ultimam desperationem redegit. Cæterum perfidia et scelere incolarum ejus regionis, et loci opportunitate, qua plurimum adjuvabatur, spoliatus, occidere dimicans, quam assignatam sibi a patria stationem deserere, maluit. Ideoque tam alacri animo suos ad id prælium, quo perituri erant, cohortatus est, ut diceret : *Sic prandete, commilitones, tanquam apud inferos cœnaturi*: Mors erat denuntiata : Lacedæmonii perinde ac victoria esset promissa, ductori intrepide paruerunt.

4. Othryadæ quoque pugna pariter ac morte speciosa, Thyreatium laude, quam spatio, latius solum cernitur; qui sanguine suo scriptis litteris, direptam hos-

la victoire; il eut la force, pour ainsi dire, après le trépas, de la rapporter au sein de sa patrie, par la sanglante inscription d'un trophée.

5. Les merveilleux succès de la valeur lacédémonienne sont suivis d'une chute déplorable. Épaminondas, le principal auteur de la prospérité de Thèbes, et qui porta le premier coup à celle de Lacédémone, après avoir abattu, dans les champs de Leuctres et de Mantinée, la gloire antique de cette ville et son courage jusqu'alors invincible, se voit enfin percé d'une lance, perdant tout son sang et près d'expirer. Il demande d'abord à ceux qui s'empressent de le rappeler à la vie si l'on a sauvé son bouclier, ensuite si les ennemis sont en pleine déroute. Il reçoit sur ce double objet une réponse favorable : « Camarades, dit-il alors, voici le moment où je vais, non pas cesser de vivre, mais commencer une vie meilleure et plus durable; car c'est d'aujourd'hui, c'est d'un pareil trépas que date la naissance de votre Épaminondas. Je vois Thèbes devenue, sous ma conduite et mes auspices, la capitale de la Grèce; Sparte, malgré son courage et sa fierté, abattue par la supériorité de nos armes; enfin la Grèce délivrée d'un joug insupportable. Je meurs, il est vrai, sans enfants, mais

---

tibus victoriam tantum non post fata sua in sinum patriæ cruento tropæi titulo retulit.

5. Excellentissimos Spartanæ virtutis proventus miserabilis lapsus sequitur. Epaminondas, maxime Thebarum felicitas, idemque Lacedæmonis prima clades, quum vetustam ejus urbis gloriam, invictamque ad id tempus publicam virtutem, apud Leuctram et Mantineam secundis præliis contudisset, trajectus hasta, sanguine et spiritu deficiens, recreare se conantes, primum *an clypeus suus salvus esset*, deinde, *an penitus fusi hostes forent*, interrogavit. Quæ postquam ex animi sententia comperit : « Non finis, inquit, commilitones, vitæ meæ, sed melius et auctius initium advenit; nunc enim vester Epaminondas nascitur, quia sic moritur : Thebas ductu et auspiciis meis caput Græciæ factas video; et fortis et animosa civitas Spartana jacet, armis nostris abjecta; amara dominatione Græcia liberata est. Orbus quoque, non tamen sine liberis morior, quo-

non sans postérité : je laisse après moi deux filles illustres, la victoire de Leuctres et celle de Mantinée. » Il fait alors retirer le javelot de son corps, et meurt de sa blessure. Quand les dieux lui auraient permis de jouir plus longtemps de ses triomphes, il ne serait pas rentré avec plus de gloire dans les murs de sa patrie. (Av. J.-C. 362.)

6. L'Athénien Théramène, condamné à mourir dans la prison publique, s'y fit aussi remarquer par son courage. Il avala, sans hésiter, le poison qui lui fut présenté par ordre des trente tyrans. Ce qui restait de la liqueur, il le jeta gaiement par terre, de manière à produire un son clair en tombant, et dit, en souriant, à l'esclave public qui lui avait remis le breuvage : « A la santé de Critias ; tiens, porte-lui à l'instant cette coupe. » Critias était le plus cruel des trente tyrans. C'est assurément se délivrer du supplice que de le subir avec cette facilité. Théramène quitte la vie avec la tranquillité d'un homme qui meurt paisiblement dans son lit. Ses ennemis croient l'avoir puni ; ils n'ont fait, à ses yeux, que terminer ses jours. (Av. J.-C. 403.)

7. Théramène avait puisé dans les lettres et la philosophie sa force de caractère ; mais Théogène de Numance donna un pareil

---

niam mirificas filias, Leuctram et Mantineam, relinquo. » E corpore deinde suo hastam educi jussit; eoque vulnere exspiravit. Quod si eum dii immortales victoriis suis perfrui passi essent, sospes gloriosior patriæ mœnia non intrasset.

6. Ac nec Theramenis quidem Atheniensis, in publica custodia mori coacti, parva mentis constantia, in quâ triginta tyrannorum jussu porrectam veneni potionem non dubitanter hausit, quodque ex ea superfuerat, jocabundus illisum humo clarum edere sonum coegit, renidensque servo publico, qui eam tradiderat : «Critiæ, inquit, propino; vide igitur, ut hoc poculum ad eum continuo perferas. » Erat enim is ex xxx tyrannis crudelissimus. Profecto est supplicio se liberare, tam facile supplicium perpeti : itaque Theramenes, perinde ac in domestico lectulo moriens, vita excessit, inimicorum existimatione punitus, suo judicio finitus.

7. Sed Theramenes a litteris e doctrina virilitatem traxit : Numantino vero

exemple de courage, sans autre maître que la fierté naturelle à sa nation. Voyant sa patrie dans une situation désespérée et sans ressource, cet intrépide citoyen, le premier de l'État par sa naissance, ses richesses et ses dignités, fit remplir de matières combustibles les maisons de son quartier, le plus beau de la ville, y mit le feu, et aussitôt, posant sur la place une épée nue, il força les habitants à se battre deux à deux, à la condition que le vaincu, la tête tranchée, serait jeté dans les flammes. Après les avoir tous fait disparaître par l'exécution de cet ordre rigoureux, il se précipita lui-même au milieu de l'incendie. (An de R. 620.)

8. Je rappellerai la ruine d'une autre ville, non moins ennemie de Rome que Numance. A la prise de Carthage, l'épouse d'Asdrubal, indignée qu'il se fût contenté d'obtenir de Scipion la vie pour lui seul, éclata contre lui en reproches sur cette barbare insensibilité, et, tenant de chaque main ses enfants, gages communs de leur union, résignés à mourir, elle alla se jeter avec eux dans les flammes qui consumaient sa patrie. (An de R. 607.)

9. A cet exemple de courage dans une femme, j'en ajouterai un autre, non moins frappant, de deux jeunes filles. Dans une affreuse sédition qui s'éleva à Syracuse, la famille entière du roi

---

Theogeni ad consimilem virtutem capessendam, quasi magistra gentis esse ferocitas exstitit. Perditis namque et afflictis rebus Numantinorum, quum omnes cives nobilitate, pecunia, honoribus præstaret, vicum suum, qui in ea urbe speciosissimus erat, contractis undique nutrimentis ignis, incendit; protinusque strictum gladium in medio posuit, ac binos inter se dimicare jussit, ut victus, incisa cervice, ardentibus tectis superjaceretur. Qui, quum tam forti lege mortis omnes absumpsisset, ad ultimum se ipse flammis immersit.

8. Verum, ut æque populo Romano inimicæ urbis excidium referam, Carthagine capta, uxor Asdrubalis, exprobrata ei impietate, quod a Scipione soli sibi impetrare vitam contentus fuisset, dextera lævaque communes filios mortem non recusantes trahens, incendio se flagrantis patriæ injecit.

9. Muliebris fortitudinis exemplo æque fortem duarum puellarum casum adjiciam. Quum pestifera seditione Syracusarum, tota regis Gelonis stirps, evi-

Gélon, épuisée par une suite d'horribles massacres, se trouva réduite à une seule fille, nommée Harmonia. Comme les ennemis de sa maison la cherchaient avec fureur, sa nourrice revêtit des habits royaux une jeune fille du même âge, et la présenta au fer des assassins. Celle-ci se laissa immoler, sans proférer un seul mot capable de la faire découvrir. A la vue de ce courage, Harmonia, saisie d'admiration, poussa un cri; elle ne put souffrir de survivre à tant de fidélité : elle rappela les assassins, se fit connaître, et tourna contre elle leur rage sanguinaire. Ainsi l'une périt en dissimulant un mensonge, l'autre en déclarant la vérité. (Av. J.-C. 213.)

CHAPITRE III

DE LA PATIENCE

De la Patience chez les Romains.

Le courage vient de se montrer par de glorieux exemples, tant dans les femmes que dans les hommes; il invite maintenant à

dentissimis exhausta cladibus, ad unicam filiam Harmoniam virginem esset redacta, et in eam certatim ab inimicis impetus fieret, nutrix ejus æqualem illi puellam, regio cultu ornatam, hostilibus gladiis subjecit; quæ, ne quum ferro quidem trucidaretur, cujus esset conditionis, ederet. Proclamavit, admirata illius animum Harmonia, et tantæ fidei superesse non sustinuit; revocatosque interfectores, professa quænam esset, in cædem suam convertit. Ita alteri tectum mendacium, alteri veritas aperta, finis vitæ fuit.

CAPUT III

DE PATIENTIA

De Patientia Romana.

Egregiis virorum pariter ac feminarum operibus fortitudo se oculis hominum subjecit, patientiamque in medium procedere hortata est, non sane infirmiori-

paraître sur la scène la patience, assise sur d'aussi solides appuis, non moins féconde en sentiments généreux, et qui a tant de ressemblance avec le courage, qu'elle pourrait passer pour sa sœur ou pour sa fille.

1. En effet, quoi de plus analogue aux actions racontées plus haut, que celle de Mucius ? Indigné de l'acharnement avec lequel Porsenna, roi des Étrusques, nous faisait depuis longtemps la guerre, il s'introduisit en secret dans son camp, un poignard à la ceinture, et tenta de l'immoler lui-même devant l'autel où il offrait un sacrifice. Mais, arrêté au milieu de l'exécution d'un dessein aussi courageux que patriotique, il ne dissimula point le motif qui l'avait amené, et fit voir, par une impassibilité extraordinaire, combien il méprisait les tortures. Comme s'il eût détesté sa main droite pour n'avoir pu réussir à tuer le roi, il la porta sur le brasier du sacrifice, et eut la force de la laisser brûler. Jamais offrande présentée sur les autels n'attira plus vivement l'attention des dieux. Porsenna lui-même, oubliant le péril qu'il venait de courir, ne put s'empêcher de passer du ressentiment à l'admiration : « Retourne, dit-il, Mucius, vers tes concitoyens ; va leur dire que je t'ai fait grâce de la vie, lorsque tu cherchais à me l'arracher. » Mucius ne répondit point en flatteur à la clé-

---

bus radicibus stabilitam, aut minus generoso spiritu abundantem, sed ita similitudine junctam, ut cum ea, vel ex ea nata videri possit.

1. Quid enim iis, quæ supra retuli, facto Mucii convenientius ? Quum a Porsena rege Etruscorum Urbem nostram gravi ac diutino bello urgeri ægre ferret, castra ejus clam ferro cinctus intravit, immolantemque ante altaria conatus est occidere. Cæterum, inter molitionem pii pariter ac fortis propositi oppressus, nec causam adventus texit, et, tormenta, quantopere contemneret, mira patientiâ ostendit ; perosus enim, credo, dexteram suam, quod ejus ministerio in cæde regis uti nequisset, injectam foculo exuri passus est. Nullum profecto dii immortales admotum aris cultum attentioribus oculis viderunt. Ipsum quoque Porsenam, oblitum periculi, ultionem suam vertere in admirationem coegit : nam, « Revertere, inquit, ad tuos, Muci, et eis refer, te, quum vitam meam petieris,

mence du roi; plus affligé de laisser Porsenna vivant que satisfait de vivre lui-même, il rentra dans Rome avec le surnom, à jamais glorieux, de Scévola. (An de R. 245.)

2. Pompée s'est aussi rendu recommandable par sa patience. Dans le cours d'une ambassade dont il était chargé, il fut fait prisonnier par Gentius, roi d'Illyrie. Ce prince, voulant le forcer à révéler les desseins du sénat, il mit le doigt sur la flamme d'une lampe, et l'y laissait brûler. Par cette impassibilité, non-seulement il fit perdre au roi tout espoir de rien tirer de lui par les tourments, il lui inspira encore un vif désir de solliciter l'amitié du peuple romain. Mais dans la crainte d'être obligé de rappeler trop souvent l'affreux souvenir de nos dissensions civiles, en continuant à rechercher de pareils exemples dans notre histoire, je m'en tiendrai aux deux faits précédents, qui contribuent à la gloire de deux illustres familles, sans avoir rien d'affligeant pour la patrie, et je passe aux exemples étrangers. (Vers 584.)

De la Patience chez les étrangers.

1. Alexandre, faisant un sacrifice, était servi, selon l'ancien

---

a me vita donatum. » Cujus clementiam non adulatus Mucius, tristior Porsenæ salute, quam sua lætior, Urbi se cum æternæ gloriæ cognomine *Scævolam* reddidit.

2. Pompeii etiam probabilis virtus : qui, dum legationis officio fungeretur, a Gentio rege interceptus, quum senatus consilia prodere juberetur, ardenti lucernæ admotum digitum cremandum præbuit, eaque patientia regi simul et desperationem tormentis quidquam ex se cognoscendi excussit, et expetendæ populi Romani amicitiæ magnam cupiditatem ingeneravit. Ac ne, plura hujusce generis exempla domi scrutando, sæpius ad civilium bellorum detestandam memoriam progredi cogar, duobus Romanorum exemplis, contentus, quæ ut clarissimarum familiarum commendationem, ita nullum publicum mœrorem continent, externa subnectam.

De Patientia externa.

1. Vetusto Macedoniæ more regi Alexandro nobilissimi pueri præsto erant

usage de la Macédoine, par des enfants de la plus haute naissance. L'un d'eux, saisissant avec vivacité un encensoir, se présenta devant lui; un charbon ardent tomba sur le bras de l'enfant. La brûlure fut telle, que l'odeur s'en faisait sentir à tous les assistants. Mais il souffrit en silence, et tint son bras immobile, de peur d'interrompre le sacrifice en remuant l'encensoir, ou d'importuner les oreilles du monarque par un gémissement. Le roi, prenant plaisir à voir cette patience, voulut en prolonger l'épreuve : il fit durer exprès la cérémonie plus longtemps; mais l'enfant ne fut point rebuté. Si Darius avait pu être témoin de cette merveille, il eût senti l'impossibilité de vaincre des guerriers sortis de ces familles où le jeune âge déployait déjà tant de force de caractère.

C'est aussi, pour les âmes, une ferme et vigoureuse milice, que cette philosophie qui, puisant sa force dans les lettres, préside aux augustes mystères de la science, et qui, une fois entrée dans un cœur, en chasse toute affection honteuse et frivole, l'affermit sur une vertu solide, comme sur sa base, et le rend inaccessible à la crainte et à la douleur.

---

sacrificanti. E quibus unus, thuribulo arrepto, ante ipsum adstitit, in cujus brachio carbo ardens delapsus est; quo etsi ita urebatur, ut adusti corporis ejus odor ad circumstantium nares perveniret, tamen et dolorem silentio pressit, et brachium immobile tenuit, ne sacrificium Alexandri aut concusso thuribulo impediret, aut edito gemitu regias aures aspergeret. Rex quoque, patientia pueri magis delectatus, hoc certius perseverantiæ experimentum sumere voluit; consulto enim sacrificavit diutius, nec hac re eum a proposito repulit. Si huic miraculo Darius inseruisset oculos, scisset, ejus stirpis milites vinci non posse, cujus infirmam ætatem tanto robore præditam animadvertisset.

Est et illa vehemens et constans animi militia, litteris pollens venerabilium doctrinæ sacrorum antistes philosophia; quæ ubi pectore recepta est hominum, inhonesto atque inutili affectu dispulso, totum in solidæ virtutis munimento confirmat, potentiusque metu ac dolore facit.

2. Je commencerai par Zénon d'Élée. Ce philosophe, profondément versé dans la connaissance de la nature, et si habile à exciter dans l'âme des jeunes gens une noble activité, justifia ses leçons par l'exemple de sa propre vertu. Quittant sa patrie, où il pouvait jouir paisiblement de la liberté, il se rendit à Agrigente, ville alors accablée sous le poids de la plus triste servitude. Il comptait assez sur ses talents et sur la pureté de ses mœurs pour espérer arracher du cœur d'un tyran, d'un Phalaris, la fureur et la férocité. Quand il eut reconnu que l'habitude du despotisme avait plus d'empire sur l'esprit de celui-ci que la sagesse des conseils, il enflamma les jeunes gens les plus distingués de la ville de l'ardeur d'affranchir leur patrie. Ce dessein transpira, et parvint aux oreilles du tyran, qui, en présence du peuple assemblé, se mit à appliquer le philosophe à tous les genres de tortures, lui demandant par intervalle le nom de ses complices : mais, au lieu d'en dénoncer un seul, le philosophe lui inspira des soupçons contre ses plus intimes, ses plus fidèles courtisans ; et, reprochant aux Agrigentins leur timidité et leur apathie, il les émut tellement qu'ils se soulevèrent tout à coup et abattirent Phalaris sous une grêle de pierres. Ainsi la voix d'un

---

2. Incipiam autem a Zenone Eleate : qui, quum esset in dispicienda rerum natura maximæ prudentiæ, inque excitandis ad vigorem juvenum animis promptissimus, præceptorum fidem exemplo virtutis suæ publicavit. Patriam enim egressus, in qua frui secura libertate poterat, Agrigentum miserabili servitute obrutum petiit, tanta fiducia ingenii ac morum suorum fretus, ut speraverit, et tyranno et Phalari vesanæ mentis feritatem a se diripi posse. Postquam deinde apud illum plus consuetudinem dominationis, quam consilii salubritatem valere animadvertit, nobilissimos ejus civitatis adolescentes cupiditate liberandæ patriæ inflammavit. Cujus rei quum indicium ad tyrannum manasset, convocato in forum populo, torquere eum vario cruciatus genere cœpit, subinde quærens, quosnam consilii participes haberet. At ille nec eorum quempiam nominavit, sed proximum quemque ac fidissimum tyranno suspectum reddidit ; increpitansque Agrigentinis ignaviam ac timiditatem effecit, ut, subito mentis impulsu.

seul vieillard, étendu sur le chevalet, sans recourir ni aux prières, ni à des cris lamentables, par le seul pouvoir d'une exhortation énergique, changea subitement et l'esprit et le sort de tout une ville. (Av. J.-C. 547.)

3. Un autre philosophe du même nom, qui avait conspiré contre la vie du tyran Néarque, fut mis à la torture, tant pour le punir que pour le forcer à déclarer ses complices. Supérieur aux tourments les plus douloureux, mais brûlant de se venger, il dit à Néarque qu'il avait quelque chose de très-important à révéler en secret. On le détacha du chevalet, et quand il se vit à portée d'exécuter son dessein, il saisit avec les dents l'oreille de Néarque, et ne lâcha prise qu'en perdant la vie et en arrachant au tyran cette partie de son corps.

4. Nous trouvons la même patience dans Anaxarque. Nicocréon, tyran des Cypriens, le faisait torturer par ses bourreaux, sans pouvoir l'empêcher de lui faire subir à son tour la torture des plus sanglants reproches. Enfin, le tyran le menaça de lui couper la langue. « Non, jeune efféminé, dit-il, tu ne disposeras pas aussi de cette partie de mon corps : » aussitôt il la tranche

---

concitati, Phalarim lapidibus prosternerent. Senis ergo unius equuleo impositi non supplex vox, nec miserabilis ejulatus, sed fortis cohortatio totius urbis animum fortunamque mutavit.

3. Ejusdem nominis philosophus, quum a Nearcho tyranno, de cujus nece consilium inierat, torqueretur supplicii pariter atque indicandorum consciorum gratia, doloris victor, sed ultionis cupidus, *esse* dixit, *quod eum secreto audire admodum expediret;* laxatoque equuleo, postquam insidiis opportunum tempus animadvertit, aurem ejus morsu corripuit, nec ante dimisit, quam et ipse vita, et ille corporis parte privaretur.

4. Talis patientiæ æmulus Anaxarchus, quum a tyranno Cypriorum Nicocreonte torqueretur, nec ulla vi inhiberi posset, quo minus amarissimorum eum maledictorum verberibus invicem ipse torqueret, ad ultimum amputationem linguæ minitanti : « Non erit, inquit, effeminate adolescens, hæc quoque pars corporis mei tuæ ditionis; » protinusque dentibus abscisam et commanducatam

avec ses dents, et, après l'avoir mâchée, il la crache dans la bouche du tyran, béante de colère. Cette langue avait tenu dans l'admiration bien des oreilles, et surtout celles du roi Alexandre, lorsqu'elle expliquait avec tant de savoir et d'éloquence la nature de la terre, l'étendue des mers, le mouvement des astres, enfin le système du monde entier. Cependant elle cessa d'exister, avec plus de gloire, peut-être, qu'elle n'en eut jamais dans tout l'éclat de son ministère. En effet, par une fin si courageuse, elle mit le sceau aux nobles fonctions qu'elle avait exercées ; et si elle fut l'ornement d'Anaxarque pendant sa vie, elle servit même à rehausser l'éclat de sa mort. (Av. J.-C. 321.)

5. Théodorus, personnage d'une vertu austère, nous offre un exemple semblable. Le tyran Hiéronyme fatigua inutilement sur lui les mains de ses bourreaux. En effet, il vit les verges se rompre, les courroies se détendre, le chevalet se disloquer, le métal se refroidir, sans pouvoir lui arracher le nom de quelque complice de sa conspiration. Théodorus fit plus : en noircissant par une fausse inculpation celui d'entre ses satellites sur lequel roulait pour ainsi dire, comme sur un pivot, tout le système de sa tyrannie, il lui ôta sa garde la plus fidèle. Ainsi sa patience lui fournit le moyen, non-seulement de taire son secret,

---

linguam in os ejus ira patens exspuit. Multorum aures illa lingua, et in primis Alexandri regis, admiratione sui attonitas habuerat, dum terræ conditionem, habitum maris, siderum motus, totius denique mundi naturam prudentissime et facundissime exprompsit. Pæne tamen occidit gloriosius, quam viguit; quia tam forti fine illustrem professionis actum comprobavit, Anaxarchique vitam non modo non deseruit, sed mortem reddidit clariorem.

5. In Theodoro quoque, viro gravissimo, Hieronymus tyrannus frustra tortorum manus fatigavit. Rupit enim verbera, fidiculas laxavit, solvit equuleum, laminas exstinxit, prius quam efficere potuit ut tyrannicidii conscios indicaret. Quin etiam satellitem, in quo totius dominationis summa quasi quodam cardine versabatur, falsa criminatione inquinando, fidum lateri ejus custodem eripuit; beneficioque patientiæ, non solum, quæ occulta fuerunt, texit, sed etiam tor-

mais encore de tirer vengeance de ses tortures; et Hiéronyme, en déchirant avec fureur son ennemi, perdit imprudemment son ami. (An de R. 538.)

6. Chez les Indiens, assure-t-on, l'on pousse si loin l'exercice de la patience, que plusieurs passent tout le temps de leur vie entièrement nus, tantôt s'endurcissant au froid parmi les glaces du mont Caucase, tantôt s'exposant aux flammes sans laisser échapper aucune plainte. Ils retirent de ce mépris de la douleur une grande gloire; il leur procure le titre de sages.

7. Ces traits nous sont fournis par des âmes libres, nourries des leçons de la philosophie : mais celui qui va suivre n'est pas moins admirable, quoique dans une condition servile. Un esclave, d'origine barbare, furieux contre Asdrubal, qui avait tué son maître, se jeta brusquement sur lui et l'assassina. On le saisit, on lui fit subir toutes sortes de tortures : mais rien ne put empêcher la joie que lui causait la vengeance de paraître jusqu'à la fin sur son visage. (An de R. 532.)

La vertu sublime n'est donc point d'un abord dédaigneux : elle est accessible aux âmes vigoureuses; elle laisse puiser librement à sa source, sans se montrer, selon les personnes, avare ou

---

menta sua ultus est : quibus Hieronymus dum inimicum cupide lacerat, amicum temere perdidit.

6. Apud Indos vero patientiæ meditatio tam obstinate usurpari creditur, ut sint, qui omne vitæ tempus nudi exigant modo Caucasi montis glaciali rigore corpora sua durantes, modo flammis sine ullo gemitu objicientes. Atque haud parva his gloria contemptu doloris acquiritur, titulusque, sapientiæ datur.

7. Hæc e pectoribus altis et eruditis orta sunt; illud tamen non minus admirabile, quod servilis animus cepit. Servus barbarus Asdrubalem, quod dominum suum occidisset, graviter ferens, subito aggressus interemit; quumque comprehensus omni modo cruciaretur, lætitiam tamen, quam ex vindicta ceperat, in ore constantissime retinuit.

Non ergo fastidioso aditu virtus excitata, vivida ingenia ad se penetrare patitur; neque haustum sui cum aliquo personarum discrimine largum malignumve

libérale. Également à la portée de tous, elle a moins égard au rang qu'à la volonté. Elle vous laisse peser vous-même, selon vos forces, les biens qu'elle vous offre, et vous n'en prenez qu'à proportion de la capacité de votre âme.

CHAPITRE IV

DES HOMMES NÉS DANS L'OBSCURITÉ ET DEVENUS ILLUSTRES PAR LEUR MÉRITE

Exemples chez les Romains.

Il arrive souvent de là que des hommes nés dans l'obscurité s'élèvent au plus haut degré d'illustration, tandis que les rejetons des plus illustres familles se replongent dans l'opprobre, et ne présentent plus que des ténèbres où leurs aïeux avaient fait briller la plus vive lumière. Ces vérités deviendront plus sensibles par le récit des exemples particuliers à chacune d'elles. Je parle-

---

præbet, sed omnibus æqualiter exposita, quid cupiditatis potius, quam quid dignitatis attuleris, æstimat; inque captu bonorum suorum tibi ipsi pondus examinandum relinquit, ut quantum subire animo sustinueris, tantum tecum auferas.

CAPUT IV

DE HUMILI LOCO NATIS QUI CLARI EVASERUNT

Apud Romanos exempla.

Quo sæpe evenit, ut et humili loco nati ad summam dignitatem consurgant, et generosissimarum imaginum fetus, in aliquod revoluti dedecus, acceptam a majoribus lucem in tenebras convertant : quæ quidem planiora suis exemplis

rai d'abord de ceux qui, par un heureux changement de fortune, offrent un brillant sujet à la plume de l'historien.

1. Tullus Hostilius eut pour berceau une simple chaumière. Il passa sa jeunesse à faire paître des troupeaux; dans l'âge mûr il gouverna l'empire romain, et en doubla la puissance. Sa vieillesse, environnée des plus beaux titres de gloire, parut avec éclat au faîte de la grandeur humaine. (An de R. 82.)

2. Tullus, tout grand qu'il est, tout étonnante que fut son élévation, n'est encore qu'un exemple domestique : mais Tarquin l'Ancien, conduit par la fortune, vint à Rome pour y prendre les rênes de l'État. (An de R. 138.) Il était étranger, originaire de Corinthe; on pouvait le dédaigner, comme né du marchand Démarate, en rougir même comme fils d'un exilé. Mais dans un changement de destinée si prospère, l'activité de son génie sut effacer l'indignité de son origine par la splendeur de la gloire. En effet, il recula les bornes de l'empire; il accrut la magnificence du culte religieux par de nouveaux sacerdoces; il augmenta le nombre des sénateurs, donna plus d'extension à l'ordre des chevaliers; et, ce qui met le comble à son éloge, il empêcha

---

reddentur. Ac prius de his ordiar, quorum in meliorem statum facta mutatio splendidam relatu præbet materiam

1. In cunabula Tulli Hostilii agreste tugurium cepit; ejusdem adolescentia in pecore pascendo fuit occupata; validior ætas imperium Romanum rexit, et duplicavit; senectus, excellentissimis ornamentis decorata, in altissimo majestatis fastigio fulsit.

2. Verum Tellus, etsi magnus et admirabilis incrementi, domesticum tamen exemplum est : Tarquinium autem Priscum ad Romanum imperium occupandum fortuna in Urbem nostram advexit; alienum, quod ortum Corintho; fastidiendum, quod mercatore Demarato genitum; erubescendum, quod etiam exsule. Cæterum tam prosperum conditionis suæ eventum industria sua pro invidioso gloriosum reddidit. Dilatavit enim imperii fines, cultum deorum novis sacerdotiis auxit, numerum senatus amplificavit, equestrem ordinem uberiorem reliquit; quæque laudum ejus consummatio est, præclaris virtutibus

par d'éclatantes vertus que Rome ne se repentît d'avoir emprunté un roi à ses voisins, au lieu de le prendre chez elle.

3. Mais c'est dans la personne de Servius Tullius que la fortune signala surtout sa puissance, en le plaçant sur le trône dans une ville où elle l'avait fait naître esclave. Il eut le bonheur de jouir du plus long règne, de faire quatre fois le dénombrement des citoyens et de triompher trois fois. Enfin, pour savoir et son origine et le rang où il sut s'élever, il suffit de lire l'inscription de sa statue, où sont mêlés le prénom d'esclave et le titre de roi. (An de R. 173.)

4. Ce fut aussi une élévation extraordinaire que celle de Varron, qui de la vile boutique de son père fut porté au consulat. Et même la fortune n'eût pas cru faire assez pour un homme né dans une telle bassesse, en lui accordant la faveur des douze faisceaux, si elle ne lui eût encore donné pour collègue L. Émilius Paulus. Elle s'abandonna si passionnément à lui, que lorsqu'il eut, par sa faute, épuisé les forces du peuple romain à la journée de Cannes, elle y laissa périr Paulus, qui n'avait pas été d'avis de livrer la bataille, et ramena sain et sauf à Rome son imprudent favori. Bien plus, elle fit sortir le sénat à sa rencon-

---

effecit, ne hæc civitas pœnitentiam ageret, quod regem a finitimis potius mutuata esset, quam de suis legisset.

3. In Servio autem Tullio fortuna præcipue vires suas ostendit, vernam huic Urbi natum regem dando. Cui quidem diutissime imperium obtinere, quater lustrum condere, ter triumphare contigit. Ad summam autem, unde processerit, aut quo pervenerit, statuæ ipsius titulus abunde testatur, servili cognomine et regia appellatione perplexus.

4. Miro quoque gradu Varro ad consulatum ex macellaria patris taberna conscendit; et quidem fortuna parum duxit sordidissimæ mercis capturis alito xii fasces largiri, nisi etiam L. Æmilium Paulum dedisset collegam. Atque ita se in ejus sinum infudit, ut, quum apud Cannas culpa sua vires populi Romani exhausisset, Paulum, qui prælium committere noluerat, occidere pateretur; illum in Urbem incolumem reduceret. Quin etiam senatus gratias ei agentem,

tre, pour le remercier d'avoir bien voulu revenir ; elle força cette illustre compagnie à déférer la dictature à l'auteur d'un si affreux désastre. (An de R. 537.)

5. Ce fut une étrange honte pour la dignité consulaire, que la fortune de M. Perperna, devenu consul avant d'être citoyen. (An de R. 623.) Mais il servit la république plus utilement que Varron, à la tête des armées. En effet, il se rendit maître de la personne d'Aristonicus et vengea la mort de Crassus. Néanmoins, s'il triompha pendant sa vie, il fut flétri, à sa mort, par la loi Papia : car son père, qui avait joui, sans titre, des droits de citoyen romain, fut réclamé juridiquement par les petits Sabins, et forcé de rentrer dans sa patrie. Ainsi le nom de Perperna, à peine ébauché, avec un consulat illicite, un commandement militaire comme une ombre fugitive, un triomphe passager, ne fit que séjourner illégalement dans une ville étrangère.

6. Il n'en est pas ainsi de M. Porcius Caton, dont l'élévation dut être l'objet des vœux de la république. Son nom, obscur dans le bourg de Tusculum, devint par son mérite l'un des plus illustres dans Rome. Il enrichit les lettres latines de monuments précieux, fortifia la discipline militaire, accrut la dignité du sé-

---

quod redire voluisset, ante portas eduxit, estuditque, ut gravissimæ cladis auctori etiam dictatura deferretur.

5. Non parvus consolatus rubor M. Perperna, utpote qui consul antequam civis; sed in bello gerendo utilior aliquanto reipublicæ Varrone imperatore. Regem enim Aristonicum cepit, Crassianæque stragis punitor exstitit; quum interim, cujus vita triumphavit, mors Papia lege damnata est : namque patrem illius, nihil ad se pertinentia civis Romani jura complexum, Sabelli judicio petitum, redire in pristinas sedes coegerunt. Ita M. Perpernæ nomen adumbratum, falsus consulatus, caliginis simile imperium, caducus triumphus, aliena in Urbe improbe peregrinatus est.

6. M. vero Porcii Catonis incrementa publicis votis expetenda fuerunt, qui nomen suum, Tusculi ignobile, Romæ nobilissimum reddidit. Ornata sunt enim ab eo litterarum latinarum monumenta, adjuta disciplina militaris, aucta ma-

nat, perpétua une famille qui, pour comble de gloire, produisit Caton d'Utique. (An de R. 558.)

Exemples chez les étrangers.

1. Aux exemples domestiques, faisons succéder quelques traits de l'histoire étrangère. Socrate, déclaré le plus sage des mortels et par le témoignage des hommes et même par l'oracle d'Apollon, eut pour mère une sage-femme nommée Phanarète, et pour père un marbrier appelé Sophronisque. Il n'en parvint pas moins à la plus glorieuse illustration; et il la mérita : en effet, tandis que de savants et profonds génies se perdaient dans des discussions abstraites, tandis qu'ils s'efforçaient de montrer l'étendue du soleil, de la lune et des autres corps célestes par des arguments plus verbeux que solides, et qu'ils osaient même embrasser dans leur imagination tout l'ensemble de l'univers, Socrate, le premier, détournant son esprit de ces erreurs, de ces fausses sciences où l'on s'égarait alors, l'appliqua uniquement à étudier le cœur humain, à sonder ses profondeurs, à y démêler ses plus secrètes affections; maître sans égal dans la science de la vie,

---

estas senatus, prorogata familia, in qua maximum decus posterior est ortus Cato.

Apud externos exempla.

1. Sed, ut Romanis externa jungamus, Socrates non solum hominum consensu, verum etiam Apollinis oraculo sapientissimus judicatus, Phanarete matre obstetrice et Sophronisco patre marmorario genitus, ad clarissimum lumen gloriæ excessit, neque immerito; nam, quum eruditissimorum virorum ingenia in disputatione cæca vagarentur, mensurasque solis et lunæ et cæterorum siderum loquacibus magis, quam certis argumentis explicare conarentur, totius etiam mundi ambitum complecti auderent, primus ab his indoctis erroribus abductum animum, intima conditionis humanæ, ac in secessu pectoris repositos

CHAP. V, DE LA NOBLESSE DÉGÉNÉRÉE 199

pour qui ne cherche le prix de la vertu que dans la vertu même. (Av. J.-C. 452.)

2. Quelle fut la mère d'Euripide? quel fut le père de Démosthène? C'est ce que leur siècle même a ignoré. A entendre la plupart des historiens, l'une vendait des légumes, l'autre de petits couteaux. Mais qu'y a-t-il de plus illustre que le génie de leurs fils, l'un dans la tragédie, l'autre dans l'éloquence?

CHAPITRE V

DE CEUX QUI ONT DÉGÉNÉRÉ DE LA GLOIRE DE LEURS PÈRES

J'arrive à la seconde partie de ma promesse, concernant les grands hommes dont les images ont eu à rougir d'une indigne postérité; car il faut bien faire connaître ces honteux rejetons qui ont dégénéré d'une souche illustre, vrais monstres de noblesse, souillés de l'opprobre de la bassesse et du vice.

1. Qu'y a-t-il, en effet, de plus monstrueux que le fils du pre-

---

affectus scrutari coegit; si virtus per ipsam æstimetur, vitæ magister optimus.

2. Quam matrem Euripides, aut quem patrem Demosthenes habuerit, ipsorum quoque seculo ignotum fuit. Alterius autem matrem olera, alterius patrem cultellos venditasse, omnium pæne doctorum litteræ loquuntur. Sed quid aut illius tragica, aut hujus oratoria vi clarius?

CAPUT V

QUI A PARENTIBUS CLARIS DEGENERARUNT

Sequitur duplicis promissi pars, adopertis illustrium virorum imaginibus reddenda; quoniam quidem sunt referenda, quæ ab earum splendore degeneraverunt, teterrimis ignaviæ ac nequitiæ sordibus imbuta nobilia portenta.

1. Quid enim monstro similius, quam superioris Africani filius Scipio? qui

mier Scipion l'Africain? Né au sein d'une telle gloire domestique, il eut la faiblesse de se laisser prendre par un très-petit détachement de l'armée d'Antiochus ; placé entre deux surnoms si resplendissants, celui de son père et celui de son oncle, l'un déjà acquis par la défaite de l'Afrique, l'autre commençant à s'élever par la conquête de l'Asie, qui allait être bientôt consommée, ne devait-il pas préférer une mort volontaire à la honte de livrer ses mains aux fers de l'ennemi, de recevoir la vie, comme une grâce, de celui dont L. Scipion allait triompher avec tant d'éclat, à la face des dieux et des hommes? (An de R. 563.)

Ce même Scipion, aspirant à la préture, se présenta au Champ de Mars avec une toge blanche tellement flétrie de taches de turpitude, que, sans le crédit de Cicéréus, autrefois greffier de son père, il n'y a pas apparence qu'il eût réuni les suffrages du peuple. Mais rentrer chez soi avec un refus, ou y rapporter une semblable préture, n'était-ce pas la même chose? Ses proches, voyant qu'il déshonorait cette préture, prirent des mesures pour l'empêcher de siéger et de rendre la justice : ils allèrent même jusqu'à lui arracher du doigt l'anneau où était gravée la tête de l'Africain.

in tanta domestica gloria ortus, a parvulo admodum regis Antiochi præsidio capi sustinuit; quum ei voluntaria morte absumi satius fuerit, quam inter duo fulgentissima cognomina patris et patrui, altero oppressa Africa jam parto, altero jam majore ex parte recuperata Asia surgere incipiente, manus vinciendas hosti tradere, ejusque beneficio precarium spiritum obtinere, de quo mox L. Scipio speciosissimum deorum hominumque oculis subjecturus erat triumphum.

Idem, præturæ petitor, candidam togam adeo turpitudinis maculis obsolefactam in Campum detulit, ut, nisi gratia Cicerei, qui patris ejus scriba fuerat, adjutus esset, honorem a populo impetraturus non videretur. Quanquam quid interfuit, utrum repulsam, an sic adeptam præturam domum referret? Quam quum propinqui ab eo polluì animadverterent, id egerunt, ne aut sellam ponere, aut jus dicere auderet; insuperque e manu ejus annulum, in quo caput

CHAP. V, DE LA NOBLESSE DÉGÉNÉRÉE

Dieux! quelles ténèbres! et de quel foudre éclatant les avez-vous laissées sortir? (An de R. 578.)

2. Dans quel désordre ne vécut pas aussi Q. Fabius Maximus, vainqueur des Allobroges, aussi bon citoyen qu'excellent capitaine! Quand on ensevelirait dans l'oubli toutes ses infamies, il suffirait, pour dévoiler la turpitude de sa conduite, de rappeler que Q. Pompéius, préteur de Rome, lui interdit l'administration de ses biens, et que, dans une ville si populeuse, il ne se trouva pas un seul homme qui désapprouvât un pareil décret. On était indigné de voir dissiper en débauches infâmes une fortune qui devait servir à soutenir la splendeur du nom de Fabius. Ainsi un père trop indulgent le laissa héritier, la sévérité publique le priva de son héritage. (An de R. 662.)

3. Clodius Pulcher jouit de la faveur du peuple, et, comme une fidèle épée attachée à la ceinture de Fulvie, il asservit sa valeur guerrière aux volontés d'une femme. (An de R. 695.)

Leur fils Clodius Pulcher, indépendamment d'une jeunesse oisive et efféminée, se rendit encore méprisable par une folle passion pour une vile courtisane, et périt d'une mort honteuse. Ayant avidement dévoré une tétine de truie, il expira

---

Africani sculptum erat, detraxerunt. Di boni, quas tenebras ex quo fulmine nasci passi estis!

2. Age, Q. Fabii Maximi Allobrogici, et civis et imperatoris clarissimi, filius Q. Fabius Maximus quam perditam luxuria vitam egit! Cujus ut cætera flagitia obliterentur, tamen abunde illo dedecore mores nudari possunt, quod ei Q. Pompeius prætor urbanus paternis bonis interdixit, neque in tanta civitate, qui illud decretum reprehenderet inventus est; dolenter enim homines ferebant, pecuniam, quæ Fabiæ gentis splendori servire debebat, flagitiis disjici. Quem ergo nimia patris indulgentia heredem reliquerat, publica severitas exheredavit.

3. Possedit favorem plebis Clodius Pulcher; adhærensque Fulvianæ stolæ pugio militare decus muliebri imperio subjectum habuit.

Quorum filius Pulcher, præterquam quod enervem et frigidam juventam egit, perdito etiam amore vulgatissimæ meretricis infamis fuit, mortisque cru-

victime d'une basse et crapuleuse intempérance. (An de R. 712.)

4. Q. Hortensius, qui, dans un siècle fécond en grands hommes et en généreux citoyens, parvint à un si haut degré d'éloquence et de crédit, eut un petit-fils nommé Hortensius Corbio, plus dissolu et plus abject que les plus hideux suppôts de débauche. Enfin, ce Corbio prostitua sa langue à tous venants dans les repaires du libertinage, comme son père avait consacré la sienne à la défense de ses concitoyens devant les tribunaux. (An de R. 729.)

CHAPITRE VI

DES HOMMES ILLUSTRES QUI SE SONT PERMIS QUELQUES SINGULARITÉS DANS LES VÊTEMENTS ET LES AUTRES USAGES DE LA VIE

Mais j'aperçois en quelle route périlleuse je me suis avancé. Ainsi je vais rétrograder, de peur qu'en poursuivant la recherche

---

bescendo genere consumptus est; abdomine enim avide devorato, fœdæ ac sordidæ intemperantiæ spiritum reddidit.

4. Jam Q. quidem Hortensii, qui in maximo et ingenuorum civium et amplissimorum proventu summum auctoritatis atque eloquentiæ gradum obtinuit, nepos Hortensius Corbio omnibus scortis abjectiorem et obsceniorem vitam exegit. Ad ultimumque lingua ejus tam libidini cunctorum inter lupanaria prostitit, quam avi pro salute civium in foro excubuerat.

CAPUT VI

DE ILLUSTRIBUS VIRIS QUI IN VESTE AUT CÆTERO CULTU LICENTIUS SIBI INDULSERUNT

Animadverto in quod periculosum iter processerim. Itaque me ipse revo-

des naufrages de cette nature, je ne vienne à m'engager dans quelque récit dangereux. Je reviendrai donc sur mes pas, et laisserai ces ombres hideuses croupir dans l'abîme de leur ignominie. Il vaut mieux parler des grands hommes qui se sont permis quelques innovations dans les vêtements et les autres usages de la vie.

1. Dans le temps que Scipion, méditant la ruine de Carthage, cherchait en Sicile les moyens les plus propres à grossir son armée et à la transporter en Afrique ; au milieu des soins et des préparatifs d'une entreprise si imposante, il fréquenta le gymnase et ne fit pas difficulté d'y paraître avec le manteau et la chaussure à la grecque. Ses mains n'en portèrent pas des coups moins rudes aux armées carthaginoises. Qui sait même si elles n'en furent pas plus actives ? car plus un génie mâle et vigoureux prend de loin son élan, plus il déploie de véhémence et d'impétuosité. Je croirais aussi qu'il espérait se concilier davantage la faveur des alliés en adoptant leur manière de vivre et leurs exercices solennels. Il ne se rendait à ces exercices qu'après avoir longtemps et rudement fatigué ses épaules et éprouvé toutes les forces de son corps dans les manœuvres militaires : c'est dans ces exercices que consistait

---

cabo, ne, si reliqua ejusdem generis naufragia consectari perseveravero, aliqua inutili relatione implicer. Referam igitur pedem, deformesque umbras in imo gurgite turpitudinis suæ jacere patiar. Satius est enim narrare, qui illustres viri in cultu, cæteroque vitæ ritu, aliqua ex parte novando, sibi indulserint.

1. P. Scipio, quum in Sicilia augendo trajiciendoque in Africam exercitu, opportunum quærendo gradum, Carthaginis ruinam animo volveret; inter consilia ac molitiones tantæ rei operam gymnasio dedit, pallioque et crepidis usus est. Nec hac re segniores Punicis exercitibus manus intulit; sed nescio an ideo alacriores, quia vegeta et strenua ingenia quo plus recessus sumunt, hoc vehementiores impetus edunt. Crediderim etiam favorem eum sociorum uberiorem se adepturum existimasse, si victum eorum et solemnes exercitationes comprobasset. Ad quas tum veniebat, quum multum ac diu fatigasset humeros, et cætera membra militari agitatione firmitatem suam

son travail; les autres n'en étaient que le délassement. (An de R. 548.)

2. Nous voyons au Capitole une statue de L. Scipion avec le manteau et la chaussure à la grecque. Il avait quelquefois fait usage de ce vêtement; c'est pour cela, sans doute, qu'il voulut être représenté sous ce costume.

3. Lorsque L. Sylla commandait les armées, il ne crut point s'avilir en se promenant à Naples avec le manteau et la chaussure du pays. (An de R. 674.)

4. C. Duilius, qui, le premier, remporta une victoire navale sur les Carthaginois (an de R. 493), ne soupait jamais en ville qu'il ne revînt à la lueur d'un flambeau de cire, précédé d'une guitare et d'une flûte, rappelant par cette fête nocturne le souvenir de ses glorieux succès.

5. Papirius Masso, après avoir bien servi la république, ne pouvant obtenir du sénat les honneurs du triomphe, donna le premier l'exemple de triompher sur le mont Albain; il eut dans la suite des imitateurs. Lorsqu'il assistait à quelque spectacle, il portait toujours la couronne de myrte au lieu de celle de laurier. (An de R. 522.)

---

probare coegisset; consistebatque in his labor ejus, in illis remissio laboris.

2. L. vero Scipionis statuam chlamydatam et crepidatam in Capitolio cernimus : quo habitu videlicet, quia aliquando usus erat, effigiem suam formatam poni voluit.

3. L. quoque Sylla, quum imperator esset, chlamydato sibi et crepidato Neapoli ambulare deforme non duxit.

4. C. autem Duilius, qui primus navalem triumphum ex pœnis retulit, quotiescunque epulatus erat, ad funalem cereum præeunte tibicine et fidicine a cœna domum reverti solitus est, insignem bellicæ rei successum nocturna celebratione testando.

5. Nam Papirius quidem Masso, quum bene gesta republica triumphum a senatu non impetrasset, in Albano monte triumphandi et ipse initium fecit, et cæteris postea exemplum præbuit; proque laurea corona, quum alicui spectaculo interesset, myrtea semper usus est.

6. Voici un trait de Marius qui marque presque un excès d'orgueil. Après ses triomphes sur Jugurtha, sur les Cimbres et les Teutons, il ne buvait que dans un vase à anses, parce que Bacchus passait pour s'être servi de cette espèce de coupe à son retour de l'Asie, pendant son mémorable triomphe des Indes : Marius voulait égaler, même en buvant, ses victoires à celles du fils de Jupiter. (An de R. 644.)

7. Caton, étant préteur, présida aux jugements de Scaurus et des autres accusés, sans aucune tunique, avec la simple prétexte. (An de R. 699.)

CHAPITRE VII

DE LA CONFIANCE EN SOI-MÊME

De la Confiance en soi-même chez les Romains.

Ces singularités et d'autres semblables ne sont que des indices

---

6. Jam C. Marii pæne insolens factum. Nam post Jugurthinum, Cimbricumque et Teutonicum triumphum, cantharo semper potavit, quod Liber pater, indicum ex Asia deducens triumphum, hoc usus poculi genere ferebatur: ut, inter ipsum haustum vini, victoriæ ejus suas victorias compararet.

7. M. autem Cato prætor, M. Scauri cæterorumque reorum judicia, nulla indutus tunica, sed tantummodo prætexta amictus egit.

CAPUT VII

DE FIDUCIA SUI

De Fiducia sui in Romanis.

Sed hæc, atque his similia, virtutis aliquid sibi in consuetudine novanda

des innovations que la vertu se permet dans les usages. Les traits qui vont suivre apprendront combien elle a de confiance en elle-même.

1. Publius et Cnéus Scipion, qui commandaient en Espagne, venaient de tomber sous les coups des Carthaginois avec la majeure partie de leur armée; toutes les nations de cette province s'étaient rangées du côté des ennemis, et aucun des généraux n'osait se charger d'aller réparer ce désastre, lorsque P. Scipion, à peine âgé de vingt-quatre ans, s'offrit pour cette entreprise. Une telle confiance rassura le peuple romain et lui rendit l'espérance de la victoire. Ce même caractère, Scipion le soutint en Espagne. Dans une audience qu'il tenait pendant le siége de Badia, il ajourna les parties au lendemain dans un des temples de la ville. En effet, il se rendit aussitôt maître de la place, et, y dressant son tribunal, il leur donna, au lieu et à l'heure désignés, l'audience qu'il avait promise. Quelle confiance plus noble! quelle prédiction plus vraie! quelle célérité plus expéditive! quelle grandeur même plus imposante! (Ans de R. 541-546.)

Il n'eut pas moins de courage, ni moins de bonheur dans son passage en Afrique, où il transporta son armée des ports de la

---

licentiæ sumentis indicia sunt : illis autem, quæ deinceps subnectam, quantam sui fiduciam habere soleat, cognoscetur.

1. Publio et Cnæo Scipionibus in Hispania cum majore parte exercitus ab acie Punica oppressis, omnibusque provinciæ ejus nationibus Carthaginiensium amicitiam secutis, nullo ducum nostrorum illuc ad corrigendam rem proficisci audente, P. Scipio, quartum et vicesimum annum agens, iturum se pollicitus est: qua quidem fiducia populo Romano salutis ac victoriæ spem dedit. Eademque in ipsa Hispania usus est : nam, quum oppidum Badiam circumsederet, tribunal suum adeuntes, in æde, quæ intra mœnia hostium erat, vadimonia in posterum diem facere jussit; continuoque urbe potitus, et tempore et loco, quo prædixerat, sella posita, jus eis dixit. Nihil hac fiducia generosius, nihil prædictione verius, nihil celeritate efficacius, nihil etiam dignitate dignius.

Nec minus animosus minusve prosperus illius in Africam transitus, in quam

Sicile, malgré la défense du sénat; et si ses propres lumières ne lui eussent pas inspiré, en cette occasion, plus de confiance que celles des pères conscrits, on n'aurait pas mis fin à la seconde guerre punique. Cette assurance ne se démentit point en Afrique, lorsque les espions d'Annibal, surpris dans son camp, lui furent amenés, il ne les punit point; et, sans les interroger sur les desseins et les forces des Carthaginois, il les fit promener soigneusement de quartier en quartier. Ensuite il leur demanda s'ils avaient assez considéré, s'ils avaient rempli leur mission. Après les avoir fait manger, ainsi que leurs chevaux, il les congédia sans leur faire aucun mal. Par une confiance si magnanime, il abattit le courage des ennemis, avant de triompher de leurs armes. (An de R. 550.)

Mais voyons-le déployer dans Rome cette admirable confiance. On demandait compte dans le sénat à L. Scipion, son frère, d'une somme de quatre millions de sesterces (huit cent mille francs), provenant de la guerre d'Antiochus, et celui-ci produisait un état de recettes et de dépenses capable de détruire l'accusation de ses ennemis. P. Scipion le saisit et le mit en pièces, indigné qu'on eût des doutes sur une administration où lui-même avait eu part

---

ex Sicilia exercitum senatu vetante traduxit; quia, nisi plus in ea re suo quam patrum conscriptorum consilio credidisset, secundi Punici belli finis inventus non esset. Cui facto par illa fiducia, quod, postquam Africam attigit, speculatores Annibalis in castris deprehensos, et ad se perductos, nec supplicio affecit, nec de consiliis ac viribus Pœnorum percontatus est, sed circa omnes manipulos diligentissime ducendos curavit; interrogatosque, an satis ea considerassent, quæ speculari jussi erant, prandio dato ipsis, jumentisque eorum, incolumes dimisit. Quo jam pleno fiduciæ spiritu prius animos hostium, quam arma, contudit.

Verum, ut ad domestica eximiæ ejus fiduciæ acta veniamus, quum a L. Scipione ex Antiochensi pecunia H.-S. quadragies ratio in curia reposceretur, prolatum ab eo librum, quo acceptæ et expensæ summæ continebantur, et refelli inimicorum accusatio poterat, discerpsit, indignatus de ea re dubitari, quæ sub

comme lieutenant du général. Ensuite, s'adressant au sénat :
« Pères conscrits, dit-il, je ne m'occuperai point de rendre compte
à vos trésoriers de quatre millions de sesterces dépensés dans une
expédition où je n'avais qu'un rang secondaire, après avoir moi-
même enrichi le trésor public de deux cents millions de sesterces
(quarante millions), fruit des victoires remportées sous mes ordres
et sous mes auspices. Je n'imagine pas que la malveillance puisse
aller jusqu'à mettre ma probité en question. De la conquête de
l'Afrique, que j'ai soumise tout entière à votre puissance, je n'ai
rapporté rien pour mon compte, si ce n'est un surnom. Les richesses de l'Asie et celles de Carthage n'ont rendu avares ni
mon frère ni moi. Nous sommes, l'un et l'autre, beaucoup plus
riches en ennemis qu'en argent. » Cette fermeté reçut l'approbation de tout le sénat. (An de R. 565.)

Même assurance dans cette autre occasion. Une somme d'argent était nécessaire pour le service de l'État; il fallait la tirer
du trésor; mais les questeurs n'osaient l'ouvrir, parce que la loi
semblait s'y opposer. Simple particulier, Scipion demanda les
clefs, ouvrit le trésor, et fit céder la loi au bien public. La cause
de cette confiance était le sentiment intime qu'il avait sauvé les

---

ipso legato administrata fuerat. Quin etiam in hunc modum egit : « Non reddo,
patres conscripti, ærario vestro H.-S. quadragies rationem ; alieni imperii mi-
nister, quod meo ductu meisque auspiciis bis millies H S. uberius feci. Neque
enim huc, puto, malignitatis ventum, ut de mea innocentia quærendum sit.
Nam, quum Africam totam potestati vestræ subjecerim, nihil ex ea quod meum
diceretur, præter cognomen, retuli Non igitur me Punicæ, non fratrem meum
Asiaticæ gazæ avarum reddiderunt; sed uterque nostrum magis invidia quam
pecunia locupletior est. » Tam constantem defensionem Scipionis universus
senatus comprobavit.

Sicut et illud factum, quod, quum ad necessarium reipublicæ usum pecuniam
ex ærario promi opus esset, idque quæstores, quia lex obstare videretur, aperire
non auderent, privatus claves poposcit, patefactoque ærario, legem utilitati
cedere coegit. Quam quidem ei fiduciam conscientia illa dedit, qua meminerat

lois. Je ne me lasserai point de raconter les traits de fermeté de ce grand homme, comme lui-même ne s'est point lassé d'en faire. Il fut assigné à comparaître devant le peuple, par le tribun Névius, ou, selon d'autres, par les deux Pétilius. Au jour désigné, il se rend sur la place, accompagné d'un nombreux cortége, monte à la tribune; et, mettant sur sa tête une couronne triomphale : « Romains, dit-il, c'est à pareil jour que j'ai renversé les ambitieuses prétentions de Carthage, et l'ai forcée à subir vos lois. Il est juste que vous veniez avec moi au Capitole en rendre grâces aux dieux. » Des paroles si admirables eurent un effet non moins éclatant. Le corps entier du sénat, tout l'ordre des chevaliers, toute l'assemblée du peuple le suivirent au temple du grand Jupiter. Le tribun se trouvait réduit à haranguer le peuple en l'absence du peuple, et à rester seul, abandonné dans la place publique, avec ses prétendus chefs d'accusation, devenus un objet de risée universelle. Pour éviter cette honte, il se rendit au Capitole, et d'accusateur il devint l'un des admirateurs de Scipion. (An de R. 565.)

2. Scipion Émilien hérita des nobles sentiments de son aïeul.

---

omnes leges a sese esse servatas. Non fatigabor ejusdem facta identidem referendo, quoniam ne ille quidem in consimili genere virtutis edendo fatigatus est. Diem illi ad populum M. Nævius tribunus plebis, aut, ut quidam memorant, duo Petilii dixerant. Quo ingenti frequentia in Forum deductus, rostra conscendit, capitique suo corona triumphali imposita : « Hac ego, inquit, Quirites, die, Carthaginem magna spirantem, leges vestras accipere jussi; proinde æquum est, vos mecum ire in Capitolium supplicatum. » Speciosissimam ejus deinde vocem æque clarus eventus secutus est; siquidem et senatum totum, et universum equestrem ordinem, et cunctam plebem, Jovis optimi maximi pulvinaria petens, comitem habuit. Restabat ut tribunus apud populum sine populo ageret, desertusque in Foro cum magno calumniæ suæ ludibrio, solus moraretur. Cujus devitandi ruboris causa in Capitolium processit, deque accusatore Scipionis venerator est factus.

2. Aviti spiritus egregius successor Scipio Æmilianus, quum urbem præva-

Au siége d'une ville très-fortifiée, on lui conseillait de semer autour des murs des chausse-trappes, et de joncher tous les gués de planches plombées, garnies de clous aigus, afin d'empêcher l'ennemi de faire, à l'improviste, des sorties sur nos quartiers. Il répondit : « On ne peut pas tout ensemble vouloir prendre un ennemi et le redouter. » (An de R. 629.)

3. De quelque côté que je me tourne pour chercher des exemples mémorables, je m'arrête toujours, même sans le vouloir, à quelque personnage de la famille des Scipions. Comment, en effet, passer sous silence, dans un pareil chapitre, l'illustre Scipion Nasica, auteur d'un mot remarquable, noble expression d'une âme pleine de confiance ? La cherté des vivres augmentant de jour en jour, le tribun Curiatius mande les consuls devant l'assemblée du peuple, et les somme de proposer au sénat des achats de blé, et l'envoi de commissaires chargés de les effectuer. Afin d'empêcher cette mesure, qu'il jugeait dangereuse, Nasica se met à parler dans un sens contraire. Il est accueilli par les murmures du peuple : « Romains, leur dit-il, veuillez bien vous taire; je sais mieux que vous ce qu'exige le bien public. » Ce mot imposa à tous les citoyens un silence profond et respectueux; et l'autorité

---

lidam obsideret suadentibus quibusdam ut circa mœnia ejus ferreos murices spargeret, omniaque vada tabulis plumbatis consterneret, habentibus clavorum acumina, ne subita eruptione hostes in præsidia nostra impetum facere possent, respondit : *Non esse ejusdem, et capere aliquos velle, et timere.*

3. In quamcunque memorabilium partem exemplorum convertor, velim, nolim, in cognomine Scipionum hæream necesse est. Qui enim licet hoc loci Nasicam præterire, fidentis animi dictique clarissimum auctorem? Annonæ caritate increbescente, C. Curiatius tribunus plebis productos in concionem consules compellebat, ut de frumento emendo, atque ad id negotium explicandum mittendis legatis, in curiam referrent. Cujus instituti minime utilis interpellandi gratia Nasica contrariam actionem ordiri cœpit. Obstrepente deinde plebe. *Tacete, quæso, Quirites,* inquit; *plus enim ego, quam vos, quid reipublicæ expediat, intelligo.* Qua voce audita, omnes pleno venerationis silen-

CHAP. VII, DE LA CONFIANCE EN SOI-MÊME 211

d'un grand homme a plus d'empire sur la multitude, que la crainte de manquer d'aliments. (An de R. 615.)

4. Il faut immortaliser aussi le noble caractère de Livius Salinator. Quand il eut taillé en pièces Asdrubal et l'armée carthaginoise en Ombrie, on vint lui annoncer que des Gaulois et des Liguriens, échappés à la bataille, erraient çà et là dans les campagnes, sans chefs, sans drapeaux, et qu'il suffirait d'une poignée de monde pour les exterminer. « Épargnons-les, dit-il, de peur de ne laisser pas même des messagers à nos ennemis pour leur porter la nouvelle d'un si grand désastre. » (An de R. 546.)

5. C'est un guerrier qui se signale par cette grandeur d'âme : la toge nous en offre un exemple, non moins digne d'éloges, dans l'assurance que montra le consul L. Furius Philus en plein sénat. Q. Métellus et Q. Pompéius, personnages consulaires, ses ennemis déclarés, ne cessaient de lui reprocher son empressement à partir pour l'Espagne, dont le département lui était échu par le sort : il les força de le suivre en qualité de lieutenants. Que de courage dans cette confiance! je dirais presque, que de témérité! Il ose s'environner des haines les plus prononcées ; il ne craint pas de chercher dans le sein de ses ennemis un se-

tio, majorem ejus auctoritatis, quam suorum alimentorum respectum egerunt.

4. Livii quoque Salinatoris æternæ memoriæ tradendus animus : qui, quum Asdrubalem exercitumque Pœnorum in Umbria delesset, et ei diceretur, Gallos ac Ligures ex acie sine ducibus et signis sparsos ac palantes parva manu opprimi posse, respondit, *in hoc iis parci oportere, ne hostibus tantæ cladis domestici nuntii deessent.*

5. Bellica hæc præsentia animi ; togata illa, sed non minus laudabilis, quam P. Furius Philus consul in senatu exhibuit. Q. enim Metellum, Quintumque Pompeium, consulares viros, vehementes inimicos suos, cupitam sibi profectionem in provinciam Hispaniam, quam sortitus erat, identidem exprobrantes, legatos secum illuc ire coegit. O fiduciam non solum fortem, sed pæne etiam temerariam! quæ duobus acerrimis odiis latera sua cingere ausa

cours pour lequel on peut à peine compter sur ses amis. (An de R. 617.)

6. Qui approuvera cette conduite ne désapprouvera pas celle de L. Crassus, qui se distingua chez nos aïeux par son éloquence. Au sortir de son consulat, il eut le gouvernement de la Gaule : C. Carbon, dont il avait fait condamner le père, se rendit dans cette province pour épier ses actions. Loin de l'en éloigner, Crassus lui assigna une place sur son tribunal, et ne jugea aucune affaire sans prendre son avis. Ainsi, malgré son animosité et le désir de la vengeance, Carbon ne recueillit de son voyage en Gaule que la conviction que son père avait été justement exilé par le plus intègre des hommes (An de R. 659.)

7. Caton l'Ancien fut souvent appelé en justice par ses ennemis, sans jamais être convaincu d'aucun délit. A la fin, il se reposa tellement sur son innocence, que, forcé par eux à soutenir un interrogatoire public, il demanda pour juge Tib. Gracchus, l'un de ses adversaires dans l'administration de l'État, et son ennemi déclaré. Cette noble assurance arrêta l'opiniâtreté de leurs poursuites. (An de R. 575.)

est, usumque ministerii vix tutum in amicis, e sinu inimicorum petere sustinuit.

6. Cujus factum si cui placet, necesse est, L. etiam Crassi, qui apud majores eloquentia clarissimus fuit, propositum non displiceat. Nam, quum ex consulatu provinciam Galliam obtineret, atque in eam C. Carbo, cujus patrem damnaverat, ad speculanda acta sua venisset, non solum eum inde non submovit, sed insuper locum ei in tribunali assignavit, nec ulla de re, nisi eo in consilium adhibito, cognovit. Itaque acer et vehemens Carbo nihil aliud Gallica peregrinatione consecutus est, quam ut animadverteret sontem patrem suum ab integerrimo viro in exsilium missum.

7. Cato vero superior, sæpenumero ab inimicis ad causæ dictionem vocatus, nec ullo unquam crimine convictus, ad ultimum tantum fiduciæ in sua innocentia reposuit, ut ab his in quæstionem publicam deductus, Tib. Gracchum, a quo in administratione reipublicæ ad multum odium dissidebat, judicem deposceret : qua quidem animi præstantia pertinaciam eorum insectandi se inhibuit.

CHAP. VII, DE LA CONFIANCE EN SOI-MÊME 213

8. Même fortune dans Scaurus, vieillesse également longue et robuste, même caractère. Accusé du haut de la tribune d'avoir reçu de l'argent de Mithridate pour trahir la république, voici de quelle manière il se défendit : « Romains, dit-il, il est cruel d'avoir à justifier sa conduite à d'autres hommes qu'à ceux qui en ont été les témoins. La plupart d'entre vous n'ont pu me voir dans les honneurs et dans l'exercice des fonctions dont j'ai été revêtu ; néanmoins j'oserai vous faire une question : Varius de Sucrone accuse Émilius Scaurus d'avoir reçu des présents de Mithridate pour trahir les intérêts de l'empire romain ; Émilius Scaurus déclare qu'il n'a rien de semblable à se reprocher : lequel des deux en croyez-vous sur sa parole ? » A ce discours, le peuple est saisi d'admiration ; et, à force de clameurs, il contraint Varius à se désister d'une accusation si extravagante. (An de R. 662.)

9. M. Antonius, ce célèbre orateur, suivit une marche contraire. Ce ne fut point par le dédain, mais par l'empressement de plaider sa cause, qu'il fit éclater son innocence. Parti pour l'Asie en qualité de questeur, il était déjà arrivé à Brindes, lorsqu'une lettre lui apprit qu'on venait de l'accuser d'inceste de-

---

8. Eadem M. Scauri fortuna, æque senectus longa ac robusta, idem animus. Qui, quum pro rostris accusaretur, quod a rege Mithridate ob rempublicam prodendam pecuniam accepisset, causam suam ita egit : « Est enim iniquum, Quirites, quum inter alios vixerim, apud alios me rationem vitæ reddere ; sed tamen audebo vos, quorum major pars honoribus et actis meis interesse non potuit, interrogare : Varius Sucronensis Æmilium Scaurum, regia mercede corruptum, imperium populi romani prodidisse ait ; Æmilius Scaurus huic se affinem esse culpæ negat : utri creditis ? » Cujus dicti admiratione populus commotus, Varium ab illa dementissima actione pertinaci clamore depulit.

9. Contra M. Antonius ille disertus ; non enim respuendo, sed amplectendo causæ dictionem, quam innocens esset, testatus est. Quæstor proficiscens in Asiam, Brundusium jam pervenerat ; ubi litteris certior factus, incesti se

vant le préteur Cassius, dont le tribunal, à cause de sa sévérité excessive, était appelé l'écueil des accusés. Quoiqu'il pût s'y soustraire par le privilége de la loi Memmia, qui défendait d'accueillir aucune dénonciation contre un citoyen absent pour les affaires de la république, il se hâta de revenir à Rome, et, par une démarche si pleine d'une noble confiance, il se procura le double avantage et de se voir promptement absous, et de partir plus honorablement. (An de R. 639.)

10. Le sénat romain s'est signalé aussi par des traits d'une magnanime confiance. Pendant la guerre qu'on eut à soutenir contre Pyrrhus, les Carthaginois envoyèrent d'eux-mêmes au port d'Ostie une flotte de cent trente voiles, pour secourir les Romains. Le sénat fut d'avis de députer vers leur général, pour lui déclarer que le peuple romain n'entreprenait aucune guerre sans être en état de la soutenir par ses propres forces, et que les Carthaginois pouvaient, en conséquence, remmener leur flotte. (An de R. 472.)

Quelques années après, les forces de l'empire se trouvant épuisées par le désastre de Cannes, le sénat ne laissa pas d'envoyer des renforts à l'armée d'Espagne ; et ce trait d'assurance empêcha que le terrain où campait l'ennemi ne fût vendu moins

---

postulatum apud L. Cassium prætorem, cujus tribunal propter nimiam severitatem *scopulus reorum* dicebatur, quum id vitare beneficio legis Memmiæ liceret, quæ eorum, qui reipublicæ causa abessent, recipi nomina vetabat, in Urbem tamen recurrit. Quo tam pleno fiduciæ bonæ consilio, quum absolutionem celerem, tum profectionem honestiorem consecutus est.

10. Sunt et illa speciosæ fiduciæ publica exempla. Nam, quum eo bello, quod adversus Pyrrhum gerebatur, Carthaginienses centum ac triginta navium classem in præsidium Romanis Ostiam ultro misissent. Senatui placuit, legatos ad ducem eorum ire, qui dicerent : « Populum Romanum bella suscipere solere, quæ suo milite gerere posset ; proinde classem Carthaginem reducerent. »

Idem post aliquot annos, Cannensi clade exhaustis romani imperii viribus, supplementum exercitus in Hispaniam mittere ausus, fecit, ne hostilium locus

cher, au moment même où Annibal attaquait la porte Capène, que s'il n'avait pas été au pouvoir des Carthaginois. Se conduire ainsi dans l'adversité, qu'est-ce autre chose que réduire la fortune à rougir de ses rigueurs, et, d'ennemie qu'elle était, s'en faire une auxiliaire ? (An de R. 542.)

11. Du sénat au poëte Accius, il y a sans doute une grande distance. Néanmoins, pour passer de là plus convenablement aux étrangers, produisons-le sur la scène. Lorsque Jules-César, au comble de la grandeur et de la puissance, venait aux réunions des poëtes, Accius ne se levait jamais devant lui, non qu'il manquât de respect pour la majesté du personnage, mais parce que dans la comparaison des talents, dont il s'agissait alors, il se sentait quelque supériorité. Aussi ne l'accusa-t-on point d'orgueil, parce que, dans ces assemblées, les prétentions se fondent sur les titres littéraires, et non sur les titres de noblesse.

De la Confiance en soi-même chez les étrangers.

1. Euripide ne fut pas non plus taxé d'arrogance par les Athé-

---

castrorum, tum maxime Capenam portam armis Annibale pulsante, minoris veniret, quam si Pœni illum non obtinerent. Ita se gerere in adversis rebus quid aliud est, quam sævientem fortunam in adjutorium sui, pudore victam, convertere?

11. Magno spatio divisus est a senatu ad poetam Accium transitus. Cæterum, ut ab eo decentius ad externa transeamus, producatur in medium. Is Julio Cæsari amplissimo et florentissimo viro in collegium poetarum venienti nunquam assurrexit, non majestatis ejus immemor, sed quod in comparatione communium studiorum, aliquanto superiorem se esse confideret. Quapropter insolentiæ crimine caruit, quia ibi voluminum, non imaginum certamina exercebantur.

De Fiducia sui quæ in externis.

1. Ne Euripides quidem Athenis arrogans visus est, quum, postulante po-

niens, lorsque, le peuple lui demandant de retrancher certain passage d'une tragédie, il répondit qu'il composait ses pièces pour instruire le public, non pour en recevoir des leçons. On ne peut refuser des éloges à cette confiance, quand elle est fondée sur un solide examen, sur une juste appréciation de soi-même, quand elle se tient dans des limites raisonnables, entre la timidité et la présomption. (Av. J.-C. 413.)

Ainsi l'on ne peut qu'approuver la réponse qu'il fit à Alcestis, autre poëte tragique. Il lui témoignait sa peine, de n'avoir pu faire que trois vers en trois jours, malgré la plus grande application et les plus grands efforts. Comme Alcestis se vantait d'en avoir fait une centaine avec une grande facilité : « Il y a, répondit Euripide, cette différence, que les vôtres n'auront que la durée de trois jours, et les miens, celle des siècles. » En effet, les écrits de l'un, sortis précipitamment de sa veine féconde, sont tombés dans le premier âge, et les ouvrages de l'autre, fruit d'un travail lent et réfléchi, parcourront tous les siècles à venir, sur les ailes de la gloire. (Av. J.-C. 411.)

2. J'ajouterai un exemple fourni par le même théâtre. Antigénidas, joueur de flûte, avait un élève de grand talent, mais qui ne pouvait réussir à plaire au public. Il lui dit, de manière à

---

pulo, ut ex tragœdia quamdam sententiam tolleret, progressus in scenam dixit : *Se ut eum doceret, non ut ab eo disceret, fabulas componere solere.* Laudanda profecto fiducia est, quæ æstimationem sui certo pondere examinat, tantum sibi arrogans, quantum a contemptu et insolentia distare satis est.

Itaque etiam quod Alcestidi tragico poetæ respondit, probabile. Apud quem quum quereretur quod eo triduo non ultra tres versus maximo impenso labore deducere potuisset, atque is se centum perfacile scripsisse gloriaretur : *Sed hoc, inquit, interest, quod tui in triduum tantummodo, mei vero in omne tempus sufficient.* Alterius enim fecundi cursus scripta intra primas memoriæ metas corruerunt; alterius cunctante stilo elucubratum opus per omne ævi tempus plenis gloriæ velis feretur.

2. Adjiciam scenæ ejusdem exemplum. Antigenidas tibicen discipulo suo magni

être entendu de toute l'assemblée : « Joue pour moi et pour les Muses. » Un talent accompli, pour être privé des caresses de la fortune, n'en perd pas le sentiment d'une juste confiance, et reçoit de sa conscience le témoignage qu'il sait lui être dû, et que le public lui refuse.

3. Zeuxis, après avoir fait le portrait d'Hélène, ne crut pas devoir attendre le jugement qu'on en porterait ; il mit au bas sans différer, ces vers tirés de l'*Iliade* :

> Qui pourrait s'étonner que tant de rois fameux,
> Depuis neuf ans entiers aient combattu pour elle ?
> Sur le trône des cieux, Vénus n'est pas plus belle.

Combien ne fallait-il pas présumer de son pinceau, pour le croire capable d'exprimer sur la toile autant de beauté qu'en produisit ou le céleste enfantement de Léda, ou le divin génie d'Homère ? (Av. J.-C. 396.)

---

profectus, sed parum feliciter populo se approbanti, cunctis audientibus, dixit : *Mihi cane, et Musis*, quia videlicet perfecta ars fortunæ lenocinio defecta, fiducia justa non exuitur, quumque scit se laudem mereri, eam etsi ab aliis non impetrat, domestico tamen acceptam judicio refert.

3. Zeuxis autem, quum Helenam pinxisset, quid de eo opere homines sensuri essent, exspectandum non putavit ; sed protinus hos versus adjecit :

> Οὐ νέμεσις Τρῶάς τε καὶ ἐϋκνήμιδας Ἀχαιοὺς,
> Τοιῇ δ' ἀμφὶ γυναικὶ πολὺν χρόνον ἄλγεα πάσχειν.
> Αἰνῶς ἀθανάτῃσι θεαῖς εἰς ὦπα ἔοικεν.

Adeone dextræ suæ multum pictor arrogavit, ut ea tantum forma comprehensum crederet, quantum aut Leda cœlesti partu edere, aut Homerus divino ingenio exprimere potuit ?

4. Phidias fit aussi de quelques vers d'Homère une excellente application. Quand il eut achevé la statue de Jupiter Olympien, la plus parfaite, la plus admirable qui soit sortie de la main des hommes, un de ses amis lui demanda sur quel modèle il avait pu façonner en ivoire une tête de Jupiter, qui semblait descendue du ciel même. Il répondit qu'il avait pris pour guide ces vers d'Homère :

Il fronce un noir sourcil : ses immortels cheveux
Frémissent hérissés sur sa tête divine,
Et des cieux ébranlés la majesté s'incline.

(*Iliad.*, liv. I, AIGNAN.)

5. Je ne puis m'arrêter plus longtemps à d'aussi minces exemples, en présence des plus vaillants généraux. Les Thébains, irrités contre Épaminondas, voulurent l'humilier : ils le chargèrent du soin de paver les rues; c'était chez eux le der-

---

4. Phidias quoque Homeri versibus egregio dicto allusit. Simulacro enim Jovis Olympii perfecto, quo nullum præstantius aut admirabilius humanæ fabricatæ sunt manus, interrogatus ab amico, « Quonam mentem suam dirigens, vultum Jovis propemodum ex ipso cœlo petitum eboris lineamentis esset amplexus, » illis se versibus quasi magistro usum respondit :

Ἦ, καὶ κυανέῃσιν ἐπ' ὀφρύσι νεῦσε Κρονίων.
Ἀμβρόσιαι δ' ἄρα χαῖται ἐπερρώσαντο ἄνακτος,
Κρατὸς ἀπ' ἀθανάτοιο· μέγαν δ' ἐλέλιξεν Ὄλυμπον.

5. Non patiuntur me tenuioribus exemplis diutius insistere fortissimi duces. Siquidem Epaminondas, quum ei cives irati sternendarum in oppido viarum con-

nier des emplois. Il l'accepta sans la moindre hésitation, et assura qu'il ne tarderait pas à le rendre l'un des plus honorables. Il s'en acquitta si admirablement, que de la fonction la plus abjecte il fit une dignité recherchée à Thèbes comme la plus brillante des distinctions. (Av. J.-C. 366.)

6. Annibal, exilé à la cour de Prusias, conseillait à ce prince de livrer bataille. Celui-ci lui objecta que les entrailles des victimes s'y opposaient. « Eh quoi ! répondit-il, vous en croirez un misérable foie de veau plutôt qu'un vieux général ! » Réponse courte et laconique, à ne compter que les mots; mais, si l'on en pèse le sens, bien riche et bien éloquente. C'était mettre, d'un seul trait, sous les yeux de Prusias, les Espagnes arrachées au peuple romain, les Gaules et la Ligurie subjuguées, la merveille du passage des Alpes, le Trasimène marqué d'un cruel souvenir, la journée de Cannes, le plus brillant des triomphes carthaginois, la possession de Capoue, la dévastation de l'Italie. Le général ne put voir patiemment que l'on préférât les entrailles d'une victime à sa gloire, noble fruit de longues épreuves. Sans doute, en fait de sacrifices guerriers et d'opérations militaires,

---

tumeliæ causa curam mandarent (erat enim illud ministerium apud eos sordidissimum), sine ulla cunctatione id recepit, *Daturumque se operam, ut brevi speciosissimum fieret*, asseveravit. Mirifica deinde procuratione, abjectissimum negotium pro amplissimo ornamento expetendum Thebis reddidit.

6. Annibal vero, quum apud regem Prusiam exularet auctorque ei committendi prælii esset, atque is non idem sibi extis portendi diceret, *An tu*, inquit, *vitulinæ carunculæ quam imperatori veteri mavis credere?* Si verba numeres, breviter et abscise; si sensum æstimes, copiose et valenter : Hispanias enim direptas populo Romano, et Galliarum ac Liguriæ vires in suam redactas potestatem, et novo transitu Alpium juga patefacta, et Trasimenum lacum dira inustum memoria, et Cannas Punicæ victoriæ clarissimum monumentum, et Capuam possessam, et Italiam laceratam, ante pedes hominis effudit; uniusque hostiæ jecinori longo experimento testatam gloriam suam postponi æquo animo non tulit. Et sane, quod ad exploranda bellica sacrificia, æstimandosque militares ductus attinebat,

tous les foyers sacrés et tous les autels de la Bithynie, au jugement même du dieu Mars, auraient été d'un faible poids à côté du génie d'Annibal. (An de R. 568.)

7. Nous voyons encore une noble fierté dans ce mot du roi Cotys. En apprenant que les Athéniens venaient de lui donner le droit de cité : « Et moi aussi, dit-il, je leur donnerai à mon tour les droits de ma nation. » Il mit ainsi de niveau la Thrace avec Athènes, de peur qu'en se jugeant incapable de rendre un bienfait tel que celui qu'il avait reçu, il n'eût l'air d'avilir sa patrie.

8. Même noblesse dans la parole de deux Spartiates : L'un, malignement plaisanté sur ce qu'étant boiteux il allait néanmoins au combat, répondit : « Mon intention est de combattre, et non de fuir. » L'autre, entendant raconter que les flèches des Perses obscurcissaient le soleil : « Tant mieux, dit-il, nous combattrons plus commodément à l'ombre. » Un autre citoyen de la même ville et du même caractère, dit à son hôte, qui lui faisait considérer la hauteur et la largeur des remparts de sa patrie : « Pour des femmes, c'est bien ; pour des hommes, c'est honteux. »

---

omnes foculos, omnes aras Bithyniæ, Marte ipso judice, pectus Annibalis prægravasset.

7. Capax generosi spiritus illud quoque dictum regis Cotys. Ut enim ab Atheniensibus civitatem sibi datam cognovit : *Et ego*, inquit, *illis meæ gentis jus dabo*. Æquavit Athenis Thraciam, ne, vicissitudine talis beneficii imparem se judicando, humilius de origine sua sentire existimaretur.

8. Nobiliter etiam uterque Spartanus, et qui increpitus a quodam, quod in aciem claudus descenderet, *pugnare, non fugere, propositum sibi esse* respondit; et qui, referente quodam, sagittis Persarum solem obscurari solere, *Bene narras*, inquit, *in umbra enim melius præliabimur*. Ejusdem vir urbis atque animi, hospiti suo patriæ muros excelsos latosque ostendenti, dixit : *Si mulieribus istos comparastis, recte; si viris, turpiter*.

CHAPITRE VIII

DE LA CONSTANCE

De la Constance chez les Romains.

Après avoir considéré la franchise et la fermeté d'une juste confiance en soi-même, il me reste, comme une partie obligée de ma tâche, à parler de la constance. En effet, il est dans la nature, quand on croit avoir conçu un dessein conforme à l'ordre et à la raison, de le soutenir énergiquement contre ses adversaires, une fois qu'il est accompli, ou, s'il ne l'est pas, d'en poursuivre l'exécution sans hésiter, sans se laisser ébranler par les oppositions.

1. En cherchant des exemples sur ce sujet, en portant au loin mes regards autour de moi, je n'aperçois aucun trait de constance aussi frappant que celui de Fulvius Flaccus. Il venait d'entrer vainqueur dans la ville de Capoue, qui,

CAPUT VIII

DE CONSTANTIA

De Constantia in Romanis.

Apertum et animosum bonæ fiduciæ pectus emenso quasi debitum superest opus, constantiæ repræsentatio. Natura enim sic comparatum est, ut, quisquis se aliquid ordine ac recta mente complexum confidit, vel jam gestum, si obtrectetur, acriter tueatur, vel nondum editum, si interpelletur, sine ulla cunctatione ad effectum perducat.

1. Sed, dum exempla propositæ rei persequor, latius mihi circumspicienti, ante omnia se Fulvii Flacci constantia offert. Capuam, fallacibus Annibalis promissis

séduite par les trompeuses promesses d'Annibal, avait compté obtenir l'empire de l'Italie au prix d'une odieuse défection. Sachant apprécier avec justice le crime des ennemis, comme il avait su les vaincre avec gloire, il résolut d'exterminer entièrement leur sénat, auteur du décret impie de la révolte. Tout le sénat, chargé de chaînes, fut mis en prison, moitié à Teanum, moitié à Calès, afin de subir son arrêt, aussitôt que Fulvius aurait terminé quelques affaires qui lui paraissaient plus urgentes. Mais, sur le bruit d'une sentence plus douce, prononcée par le sénat romain, craignant que les coupables ne vinssent à échapper au châtiment qu'ils méritaient, il part de nuit à cheval, se rend à toute bride à Teanum, y fait exécuter les prisonniers; et, passant aussitôt à Calès, y poursuit son entreprise avec persévérance. Déjà ces malheureux sont attachés au poteau; vainement il reçoit des pères conscrits une lettre de grâce en leur faveur. Il la pose, sans la décacheter, dans sa main gauche; il commande au licteur de faire son devoir, et n'ouvre enfin la dépêche qu'après s'être mis dans l'impossibilité d'obtempérer aux ordres qu'elle contenait : constance plus glorieuse même que sa victoire; car en séparant l'un de l'autre ces deux sujets d'éloges qu'il a su réunir, vous trouverez moins

---

Italiæ regnum nefaria defectione pacisci persuasam, armis occupaverat. Tam deinde culpæ hostium justus æstimator, quam speciosus victor, Campanum senatum, impii decreti auctorem, funditus delere constituit. Itaque catenis onustum in duas custodias, Teanam, Calenamque divisit, consilium exsecuturus, quum ea peregisset, quorum administrandorum celerior esse necessitas videbatur. Rumore autem de mitiore senatus sententia orto, ne debitam pœnam scelerati effugerent, nocte admisso equo Teanum contendit, interfectisque, qui ibi asservabantur, e vestigio Cales transgressus, perseverantiæ suæ opus exsecutus est; et, jam deligatis ad palum hostibus, litteras a patribus conscriptis nequidquam Campanis salutares accepit. In sinistra enim eas manu, sicut erant traditæ, reposuit, ac, jusso lictore lege agere, tum demum aperuit, postquam illis obtemperari non poterat. Qua constantia victoriæ quoque gloriam antecellit, quia, si eum intra se

CHAP. VIII, DE LA CONSTANCE

de mérite à la prise de Capoue qu'à son châtiment. (An de R. 542.)

2. Si Fulvius se distingue par une constance de sévérité, Q. Fabius Maximus se fait admirer par la persévérance de son amour pour la patrie, dont il ne se lassa jamais de donner les preuves les plus touchantes. Il avança de l'argent pour la rançon des prisonniers faits par Annibal : l'État refusa de le rembourser; il n'en fit aucune plainte. Pendant sa dictature, il vit l'autorité de Minucius, maître de la cavalerie, égalée à la sienne par un décret du sénat; il garda le silence (An de R. 536). On lui fit essuyer bien d'autres injustices : il conserva toujours le même calme; jamais il ne se permit la moindre humeur contre sa patrie, tant son amour pour ses concitoyens fut inébranlable! Et dans la guerre, n'est-ce pas toujours la même constance? Voyant l'empire romain presque anéanti par la bataille de Cannes, et hors d'état de lever de nouvelles troupes, il se persuada qu'il valait mieux tromper et éluder les attaques des Carthaginois, que d'en venir à des rencontres générales : vainement Annibal l'irrita par de fréquentes insultes; vainement il lui offrit, à plusieurs reprises, l'espérance d'une victoire; rien ne put détourner Fabius, même pour de légères escarmouches, du plan salu-

---

ipsum partita laude æstimes, majorem punita Capua, quam capta reperies.
⁵2. Atque ista quidem severitatis; illa vero pietatis constantia admirabilis, quam Q. Fabius Maximus infatigabilem patriæ præstitit. Pecuniam pro captivis Annibali numeraverat; fraudatus ea publice, tacuit. Dictatori ei magistrum equitum Minucium jure imperii senatus æquaverat; silentium egit. Compluribus præterea injuriis lacessitus, in eodem animi habitu permansit, nec unquam sibi reipublicæ permisit irasci; tam perseverans in amore civium fuit. Quid in bello gerendo, nonne par ejus constantia? Imperium Romanum, Cannensi prælio pœne destructum, vix sufficere ad exercitus comparandos videbat : itaque frustrari et eludere Pœnorum impetus, quam manum cum his tota acie conserere melius ratus, pluribus comminationibus Annibalis irritatus, sæpe etiam spe bene gerendæ rei oblata, nunquam a consilii salubritate, ne parvi quidem certaminis discrimine,

taire qu'il avait adopté ; partout il fit voir (effort bien difficile) une âme supérieure au ressentiment et à l'espérance. Scipion et Fabius furent les principaux soutiens de la patrie, l'un en combattant, l'autre en évitant le combat : le premier, par sa promptitude, subjugua Carthage ; le second, par sa lenteur, empêcha Rome d'être subjuguée.

3. C. Pison soutint aussi, avec une constance admirable, l'honneur du consulat dans un moment de trouble ; on va le voir dans ce récit. Surpris et captivé par les dangereuses caresses de M. Palicanus, personnage des plus séditieux, le peuple faisait tous ses efforts pour l'élever au consulat. C'était le comble de l'opprobre, que de déférer la souveraine magistrature à un homme dont les actions odieuses méritaient plutôt un supplice exemplaire que la moindre dignité. A l'aveugle passion de la multitude ne manquaient pas de se joindre les torches tribunitiennes, allumées comme par des furies, prêtes à seconder ses emportements, et à l'enflammer, dans sa langueur, de leur violence incendiaire. Dans une conjoncture à la fois si déplorable et si honteuse pour la république, les tribuns conduisent Pison à la tribune, l'y placent comme de force ; ils l'entourent de tous

---

recessit ; quodque est difficillimum, ubique ira ac spe superior apparuit. Ergo ut Scipio pugnando, ita hic non dimicando, maxime civitati nostræ succurrisse visus est : alter enim celeritate sua Carthaginem oppressit ; alter cunctatione id egit, ne Roma opprimi posset.

3. C. etiam Pisonem mirifice et constanter turbulento reipublicæ statu egisse consulem, narratione insequenti patebit. M. Palicani seditiosissimi hominis pestiferis blanditiis præreptus populi favor consularibus comitiis summum dedecus admittere conabatur, amplissimum ei imperium deferre cupiens, cujus teterrimis actis exquisitum potius supplicium, quam ullus honos debebatur ; nec deerat consternatæ multitudini furialis fax tribunitia, quæ temeritatem ejus et ruentem comitaretur, et languentem actionibus suis inflammaret. In hoc miserando pariter et erubescendo statu civitatis, tantum non manibus tribunorum pro rostris Piso collocatus, quum hinc atque illinc eum ambissent, et, *An Palicanum suf-*

côtés, l'obsèdent, lui demandent s'il proclamera Palicanus consul, quand le peuple lui aura donné ses suffrages. D'abord, il répond qu'il ne croit pas les esprits tombés dans un assez profond aveuglement, pour en venir à cet excès d'indignité. Les tribuns continuent; ils insistent, en disant : « Mais si on en venait là ? — Non, réplique-t-il, je ne le proclamerai point. » Une réponse aussi tranchante arracha le consulat à Palicanus, avant qu'il l'eût obtenu. Pison eut à braver bien des périls, pour ne pas laisser fléchir la noble rigidité de son âme. (An de R. 680.)

4. Métellus le Numidique, par une fermeté semblable, attira sur lui un orage dont sa grande âme et son caractère auraient dû le garantir. Apercevant le but des funestes entreprises de Saturninus, tribun du peuple, et prévoyant tous les maux qu'elles causeraient à la république, si l'on n'y mettait obstacle, il aima mieux subir l'exil que les pernicieuses lois du tribun. Peut-on voir plus de constance ? pour ne pas faire le sacrifice de son opinion, il a le courage de vivre loin d'une patrie où il occupait le rang le plus distingué. (An de R. 653.)

5. Mais si je ne trouve rien au-dessus de Métellus, je puis

---

fragiis populi consulem creatum, *renuntiaturus esset*, interrogaretur, primo respondit. *Non existimare se, tantis tenebris offusam esse rempublicam, ut huc indignitatis veniretur*. Deinde, quum perseveranter instarent, ac dicerent : *Age, si ventum fuerit?* — *Non renuntiabo*, inquit. Quo quidem tam abscisso responso consulatum Palicano, priusquam illum adipisceretur, eripuit. Multa et terribilia Piso contempsit, dum speciosum mentis suæ flecti non vult rigorem.

4. Metellus autem Numidicus, propter consimile perseverantiæ genus, excepit quoque indignam majestate ac moribus suis procellam. Quum enim animadverteret quo tenderent Saturnini tribuni plebis funesti conatus, quantoque malo reipublicæ, nisi his occurreretur, erupturi essent, in exsilium quam in legem ejus ire maluit. Potest aliquis hoc viro dici constantior? qui, ne sententia sua pelleretur, patria, in qua summum dignitatis gradum obtinebat, carere sustinuit.

5. Cæterum, ut neminem ei prætulerim, ita Q. Scævolam augurem merito

néanmoins lui comparer avec justice l'augure Q. Scévola. Maître de Rome, après la défaite et la dispersion du parti contraire, Sylla, les armes à la main, avait assemblé le sénat; il était transporté du plus violent désir de voir déclarer sans délai Marius ennemi public. Personne n'osait s'opposer à sa volonté; seul, quand son tour fut venu de dire son avis, Scévola refusa d'opiner. Sylla lui fit les menaces les plus effroyables : « Vainement, dit Scévola, tu me présentes l'appareil des troupes dont tu tiens cette enceinte investie, vainement tu me réitères la menace de la mort : jamais tu ne me forceras, pour conserver les faibles restes d'un sang épuisé par la vieillesse, à déclarer Marius ennemi de l'État, Marius, à qui Rome et l'Italie doivent leur salut. » (An de R. 665.)

6. Qu'a de commun une femme avec les assemblées du peuple? Rien, si l'on respecte les mœurs antiques : mais une fois que le calme intérieur est troublé par la tourmente des dissensions civiles, le pouvoir des anciens usages est ébranlé, et la violence a plus d'empire que les leçons et les conseils de la bienséance. Je te citerai donc, illustre Sempronia, sœur des deux Gracques, femme de Scipion Émilien, non pour abuser mali-

---

comparaverim. Dispulsis prostratisque inimicorum partibus, Sylla occupata Urbe senatum armatus coegerat, ac summa cupiditate ferebatur, ut C. Marius quam celerrime hostis judicaretur. Cujus voluntati nullo obviam ire audente, solus Scævola, interrogatus de hac re, sententiam dicere noluit. Quin etiam truculentius sibi minitanti Syllæ, « Licet, inquit, mihi agmina militum, quibus curiam circumsedisti, ostentes, licet mortem identidem miniteris, nunquam tamen efficies, ut, propter exiguum senilemque sanguinem meum, Marium, a quo Urbs et Italia conservata est, hostem judicem. »

6. Quid feminæ cum concione? Si patrius mos servetur, nihil; sed, ubi domestica quies seditionum agitata fluctibus est, priscæ consuetudinis auctoritas convellitur, plusque valet quod violentia cogit, quam quod suadet et præcipit verecundia. Itaque te, Sempronia, Tib. et C. Gracchorum soror, uxor Scipionis Æmiliani, non ut, absurde gravissimis virorum operibus inserens, maligna re-

gnement de ton nom, en le faisant mal à propos figurer parmi ceux de ces graves personnages, mais pour en transmettre à la postérité un souvenir honorable, pour lui apprendre qu'amenée par un tribun devant le peuple assemblé, tu y soutins glorieusement la dignité de ta famille, au milieu de la plus horrible confusion. Tu fus forcée de paraître sur ce théâtre, où les premiers citoyens de la république ne pouvaient se montrer sans éprouver quelque trouble. Un pouvoir redoutable n'épargnait, pour t'intimider, ni regards farouches, ni paroles menaçantes, soutenues par les clameurs d'une aveugle multitude. Toute l'assemblée, appuyant avec chaleur Équitius, pour lequel on réclamait injustement les droits de ta maison, te pressait de le reconnaître, par un baiser, pour le fils de ton frère Tibérius. Malgré l'audace de ce monstre exécrable, sorti de je ne sais quel repaire ténébreux, malgré ses efforts pour usurper une parenté étrangère, tu persistas à le repousser. (An de R. 652.)

7. Les grands hommes, lumières de notre patrie, ne s'offenseront point de voir de généreux centurions s'offrir en spectacle à côté de leurs noms glorieux et resplendissants. Si les rangs inférieurs doivent leurs hommages à une haute naissance, la noblesse, à son tour, doit encourager, au lieu de le mépriser, un

latione comprehendam, sed quia, a tribuno plebis producta ad populum, in maxima confusione nihil a tuorum amplitudine degenerasti, honorata memoria prosequar. Coacta es eo loci consistere, ubi principum civitatis perturbari frons solebat. Instabat tibi torvo vultu minas profundens amplissima potestas ; clamor imperitæ multitudinis obstrepebat ; totum forum acerrimo studio nitebatur, ut Equitio, cui Semproniæ gentis falsum jus quærebatur, tanquam filio Tiberii fratris tui, osculum dares. Tu tamen illum, nescio, quibus tenebris protractum portentum, exsecrabili audacia ad usurpandam alienam propinquitatem tendentem, repulisti.

7. Non indignabuntur Urbis nostræ lumina, si, inter eorum eximium fulgorem, centurionum quoque virtus spectandam se obtulerit. Nam, ut humilitas amplitudinem venerari debet, ita nobilitate fovenda magis, quam spernenda

heureux naturel qui s'élève du sein de l'obscurité. Faut-il exclure du récit de ces grands exemples, celui de Pontius, ce soldat de César, fait prisonnier par un détachement de l'armée de Scipion? Celui-ci lui offrait la vie, à la condition d'embrasser le parti de Pompée, son gendre. Il n'hésita point à répondre : « Scipion, je vous rends grâces; je n'ai que faire de la vie à ce prix. » Ame vraiment noble, quoique sans aïeux ! (An de R. 707.)

8. Cette résolution, cette constance, se retrouvent dans Mévius, centurion du divin Auguste. Pendant la guerre contre Antoine, après des preuves multipliées d'une admirable valeur, il donne dans une embuscade imprévue, et tombe au pouvoir de l'ennemi. On le conduit à Alexandrie, auprès d'Antoine : « Que veux-tu qu'on fasse de toi? lui demande le général. — Fais-moi trancher la tête, dit-il, parce que ni l'espérance de la vie ni la crainte de la mort ne me feront cesser d'être soldat de César pour servir Antoine. » Néanmoins, plus il montra de fermeté à mépriser la vie, plus il eut de facilité à l'obtenir. Antoine lui fit grâce, en considération de son courage. (An de R. 723.)

---

bonæ indolis novitas est. An abigi debet T. Pontius ab horum exemplorum contextu? qui, pro Cæsaris partibus excubans, Scipionis præsidio interceptus, quum uno modo salus ab eo daretur, si se futurum Cn. Pompeii, generi ipsius, militem affirmasset, ita respondere non dubitavit : *Tibi quidem, Scipio, gratias ago; sed mihi uti ista conditione vitæ non est opus.* Sine ullis imaginibus nobilem animum!

8. Idem constantiæ propositum secutus C. Mevius centurio divi Augusti, quum Antoniano bello sæpenumero excellentes pugnas edidisset, improvisis hostium insidiis circumventus, et ad Antonium Alexandriam perductus, interrogatusque quidnam de eo statui deberet : «Jugulari me, inquit, jube; quia nec salutis beneficio, neque mortis supplicio adduci possum, ut aut Cæsaris miles esse desinam, aut tuus esse incipiam.» Cæterum, quo constantius vitam contempsit, eo facilius impetravit; Antonius enim virtuti ejus incolumitatem tribuit.

De la Constance chez les étrangers.

1. L'histoire romaine nous fournirait encore bien des traits semblables; mais il faut, pour éviter l'ennui, garder une juste mesure. Je vais donc maintenant laisser descendre ma plume à des exemples étrangers. Au premier rang, se présente Blassius : rien de plus opiniâtre que sa constance. Ayant résolu de rendre aux Romains Salapia, sa patrie, occupée par une garnison carthaginoise, il osa tenter, avec plus de zèle que d'espérance, de s'associer pour cette entreprise un de ses concitoyens, nommé Dasius, qui s'était toujours montré, dans les affaires politiques, son plus ardent adversaire. Celui-ci était entièrement dévoué à Annibal; mais, sans lui, un pareil dessein ne pouvait réussir. Il ne manqua pas d'informer Annibal des discours qu'on lui avait tenus, avec toutes les circonstances propres à le faire valoir lui-même davantage et à rendre son ennemi plus odieux. Le Carthaginois les somme de comparaître, l'un pour prouver sa dénonciation, l'autre pour se justifier. Pendant que la discussion est

De Constantia externorum.

1. Complura hujusce notæ Romana exempla superant; sed satietas modo vitanda est. Itaque stilum meum ad externa jam delabi permittam. Quorum principatum teneat Blassius, cujus constantia nihil pertinacius. Salapiam enim patriam suam, præsidio Punico occupatam, Romanis cupiens restituere, Dasium, acerrimo studio secum in administratione reipublicæ dissidentem, et alioquin animo toto Annibalis amicitiæ vacantem, sine quo propositum consilium peragi non poterat, ad idem opus aggrediendum majore cupiditate, quam spe certiore, tentare ausus est. Qui protinus sermonem ejus, adjectis quæ et ipsum commendatiorem, et inimicum invisiorem factura videbantur, Annibali retulit; a quo adesse jussi sunt, ut alter crimen probaret, alter defenderet. Cæterum, pro tri-

établie au pied du tribunal, et qu'elle fixe tous les regards, une affaire plus urgente vient distraire l'attention du juge. Blassius profite de ce moment d'interruption pour exhorter Dasius, à voix basse et d'un air mystérieux, à préférer le parti des Romains à celui de Carthage. Celui-ci s'écrie aussitôt, qu'en présence même du général, on ose tenter de le corrompre. Mais comme la chose paraissait incroyable, qu'elle n'avait été entendue de personne, et qu'elle n'était proclamée que par un ennemi, l'on n'en tint aucun compte, et la vérité passa pour une imposture. Néanmoins, peu de temps après, la constance extraordinaire de Blassius vint à bout d'entraîner Dasius de son côté, et, par ce moyen, de livrer à Marcellus la place de Salapia, avec les cinq cents Numides qui en composaient la garnison. (An de R. 543.)

2. Les Athéniens avaient suivi un autre conseil que celui de Phocion dans les affaires de la république; ils avaient eu le bonheur de réussir. Phocion néanmoins soutint son opinion avec persévérance, jusqu'à dire à la tribune, qu'il félicitait les Athéniens de leur succès; mais que son avis ne laissait pas d'être préférable. L'événement qui avait justifié un parti témé-

---

bunali quum res gereretur, et quæstioni illi omnium oculi essent intenti, dum aliud forte citerioris curæ negotium tractatur, Blassius, vultu dissimulante et voce submissa, monere Dasium cœpit, *ut Romanorum potius quam Carthaginensium partes foveret.* Enimvero tunc ille proclamat, *se in conspectu ducis adversus eum sollicitari.* Quod quia et incredibile existimabatur, et ad unius tantum aures penetraverat, et jactabatur ab inimico, veritas fide caruit. Sed non ita multo post Blassii mira constantia Dasium ad se traxit, Marcelloque Salapiam, et quingentos Numidas, qui in ea custodiæ causa erant, tradidit.

2. Phocion vero, quum Athenienses rem aliter atque ipse suaserat, prospere administrassent, adeo perseverans sententiæ suæ propugnator exstitit, ut in concione *lœtari quidem se successu eorum, sed consilium tamen suum aliquanto melius fuisse,* diceret. Non enim damnavit, quod recte viderat, quia quod alius male consuluerat, bene cesserat, felicius illud existimans, hoc sapientius. Blan-

raire ne lui fit pas condamner un sentiment dicté par la prudence : il voyait, d'un côté, un heureux hasard ; de l'autre, la sagesse. La fortune, en favorisant un mauvais conseil, ménage à la témérité un accueil flatteur, et, pour frapper des coups plus désastreux, lui procure des succès inespérés. Phocion avait un caractère paisible, compatissant, généreux ; une austérité que tempéraient tous les charmes de la douceur ; et ce fut bien justement que, d'une voix unanime, on honora ce grand homme du surnom de *bon*. Cette ténacité, qui avait naturellement un air de raideur, était, au fond, sans rudesse ; une humeur douce et facile en était la source.

3. Socrate, dont l'âme était armée d'une force virile, donna l'exemple d'une constance encore plus déterminée. L'assemblée du peuple athénien, poussée par un aveuglement aussi injuste que barbare, avait condamné à la peine de mort les dix généraux qui venaient de détruire, près des Arginuses, la flotte des Lacédémoniens. Par un effet du hasard, Socrate se trouvait alors revêtu de la magistrature qui sanctionnait les arrêts du peuple. Ne pouvant voir sans indignation la fureur de l'envie sacrifier injustement tant de braves citoyens qui venaient de rendre un important service à la république, il opposa sa constance à la fougue inconsidérée de la multitude : ni les clameurs les plus

---

dum animum sane temeritati casus facit, ubi pravo consilio propitius aspirat; quoque vehementius noceat, insperatius prodest. Placidi et misericordes, et liberales, omnique suavitate temperati mores Phocionis : quos optime profecto consensus omnium *bonitatis* cognomine decorandos censuit. Itaque constantia, quæ natura rigidior videbatur, lenis e mansueto pectore fluxit.

„3. Socratis autem virilitatis robore palliatus animus aliquanto præfractius perseverantiæ exemplum edidit. Universa civitas Atheniensium, iniquissimo ac truculentissimo errore instincta, de capite decem prætorum, qui apud Arginusas Lacedæmoniam classem deleverant, tristem sententiam tulerat. Forte tunc ejus potestatis Socrates, cujus arbitrio plebiscita ordinarentur, indignum judicans, tot et tam bene meritos ex indigna causa impetu invidiæ abripi, temeritati mul-

bruyantes, ni les menaces les plus horribles ne purent le forcer à autoriser de son approbation un acte de démence publique. Cette opposition, en ôtant au peuple le moyen d'assouvir légalement sa rage, ne l'empêcha pas de tremper ses mains dans le sang innocent de ces dix généraux; et Socrate se vit, sans effroi, exposé à devenir, par sa mort, la onzième victime de la fureur d'une patrie en délire. (Av. J.-C. 406.)

4. L'exemple suivant, sans avoir le même éclat, peut être regardé comme une preuve non moins certaine de constance, comme le modèle d'une ferme et loyale résistance à ses propres affections, dans l'accomplissement d'un devoir judiciaire. Éphialte, chargé par les Athéniens des fonctions d'accusateur public, fut forcé de déférer, entre autres, le nom de Démostrate, dont le fils Démocharès, jeune homme d'une rare beauté, lui était uni par les liens d'une étroite amitié. Joignant à ce ministère impitoyable d'accusateur, que le sort lui imposait comme un devoir au nom de l'État, la triste condition d'accusé, que lui faisaient partager ses affections personnelles, il ne put se résoudre ni à repousser ce jeune homme qui venait le supplier d'épargner son père, ni à le voir suppliant, prosterné à ses pieds, embrassant ses genoux. La tête voilée, fondant en larmes

titudinis constantiam suam objecit, maximoque concionis fragore et incitatissimis minis compulsus non est, ut se publicæ dementiæ auctorem adscriberet. Quæ, opposita ejus legitima grassari via prohibita, injusto prætorum cruore manus suas contaminare perseveravit; nec timuit Socrates, ne consternatæ patriæ undecimus furor mors ipsius existeret.

4. Proximum, etsi non ejusdem splendoris est, tamen adeo certum constantiæ haberi potest experimentum, quum efficacis operæ forensis, tam fidei non latentis. Athenis Ephialtes accusare publice jussus, et inter cæteros Demostrati nomen deferre coactus est, cujus filius erat Demochares, excellentis formæ puer, animo ejus flagrantissimo inhærens amore. Itaque communis officii sorte truculentus accusator, privati affectus conditione miserabilis reus, puerum, ad se exorandum, quo parcius patris criminibus insisteret, venientem neque repellere, neque sup-

et gémissant, il écouta sa prière jusqu'au bout. Il n'en mit pas moins de franchise et de sincérité dans l'accusation ; il fit condamner Démostrate : victoire encore plus douloureuse, peut-être, qu'honorable, puisque Éphialte eut à triompher de lui-même avant d'accabler le coupable. (Av. J.-C. 339.)

5. Cet exemple cède l'avantage à celui de Dion le Syracusain, si l'on a égard à la différence des conjonctures. On lui représentait Héraclide et Callipus, en qui il avait la plus grande confiance, comme des ennemis qui en voulaient à ses jours, et dont il devait se garantir ; il répondit qu'il aimait mieux cesser de vivre que, dans la crainte d'une mort violente, d'avoir à envisager d'un même œil ses amis et ses ennemis. (Av. J.-C. 359.)

6. Le trait suivant est célèbre, tant par lui-même que par la renommée de son auteur. Alexandre, roi des Macédoniens, après une bataille fameuse, qui avait porté un coup terrible à la puissance de Darius, tout couvert de sueur par la chaleur du jour et l'agitation de la marche, se jeta dans le Cydnus, fleuve de Cilicie, remarquable par la limpidité de ses eaux, et qui traverse la ville de Tarse. Saisi tout à coup par l'excès de la fraîcheur, les nerfs engourdis, les membres glacés et perclus, il est rap-

plicem genibus suis advolutum intueri sustinuit ; sed operto capite flens et gemens, preces expromere passus est, nihiloque minus sincera fide accusatum Demostratum damnavit. Victoriam, nescio laude, an tormento majore partam ! quoniam prius quam sontem opprimeret, se ipsum vicit Ephialtes.

5. Quem Syracusanus Dion diversitate exempli præegravat. Qui, quibusdam monentibus, ut adversus Heraclidem et Callippum, quorum fidei plurimum credebat, tanquam insidias ei nectentes, cautior esset, respondit, *se vita malle excedere, quam metu violentæ mortis amicos inimicosque juxta ponere.*

6. Quod sequitur, et rei ipsius admiratione, et claritate auctoris illustre. Alexander, Macedonum rex, inclyta jam pugna, excellentissimis opibus Darii contusis, æstu et itineris fervore in Cilicia percalefactus, Cydno, qui aquæ liquore conspicuus Tarsum interfluit, corpus suum immersit. Subito deinde ex nimio haustu rigoris obstupefactis nervis, ac torpore hebetatis artubus, maxima

porté demi-mort dans la ville voisine, à la vue de son armée consternée. Le voilà gisant dans la ville de Tarse, accablé par une maladie qui rendait incertaine l'espérance d'une prochaine victoire. Les médecins assemblés cherchaient avec la plus sérieuse attention les moyens de le sauver. Leurs avis se réunirent en faveur d'une potion, et le médecin Philippe, ami d'Alexandre et constamment attaché à sa suite, fut chargé de la préparer lui-même et de la lui présenter. Au moment où il l'apportait, il survint une lettre de Parménion, qui prévenait le roi de se défier de Philippe, comme d'un traître aux gages de Darius. Alexandre lut cette lettre, et but la potion sans hésiter; ensuite il fit lire la lettre à Philippe. Une si ferme confiance dans la fidélité de son ami reçut des dieux immortels la plus digne récompense, puisque leur bonté ne permit point qu'un faux rapport lui fît repousser un breuvage destiné à lui sauver la vie. (Av. J.-C. 333.)

cum exanimatione totius exercitus, in oppidum castris propinquum defertur. Jacebat æger Tarsi, inque valetudine ejus adversa, instantis victoriæ spes fluctuabat. Itaque convocati medici attentissimo consilio salutis remedia circumspiciebant. Qui quum ad unam potionem sententiam direxissent, atque eam Philippus medicus suis manibus temperatam Alexandro (erat autem ipsius amicus et comes) porrexisset, a Parmenione missæ litteræ superveniunt, admonentes, ut rex insidias Philippi, perinde ac pecunia corrupti a Dario, caveret. Quas quum legisset, sine ulla cunctatione medicamentum hausit, ac tunc legendas Philippo tradidit. Pro quo tam constanti erga amicum judicio, dignissimam a diis immortalibus mercedem recepit, qui incolumitatis ejus præsidium falso interpellari indicio noluerunt.

LIVRE QUATRIÈME

CHAPITRE I

DE LA MODÉRATION

De la Modération chez les Romains.

Je passe à la plus salutaire des vertus, à cette modération de l'âme, qui, maîtrisant l'aveugle impétuosité des passions, nous préserve d'écarts pernicieux. Grâce à ce caractère, elle se trouve à l'abri des traits de la censure, et recueille le plus riche tribut de louanges. Elle va reconnaître ici ses effets dans les hommes les plus illustres.

LIBER QUARTUS

CAPUT I

DE MODERATIONE

De Moderatione in Romanis.

Transgrediar ad saluberrimam partem animi, moderationem, quæ mentes nostras impotentiæ et temeritatis incursu transversas ferri non patitur. Quo evenit, ut reprehensionis morsu sit vacua, et laudis quæstu opulentissima. Itaque effectus suos in claris viris recognoscat.

1. Et pour remonter jusqu'au berceau de la souveraine magistrature, P. Valérius, qui mérita, par son respect pour la majesté du peuple, le surnom de *Publicola*, voyant, après l'expulsion des rois, toutes les prérogatives, toutes les marques de leur puissance réunies en sa personne sous le titre de consul, eut la sagesse de rendre supportable la hauteur de cette dignité, en la dégageant de tout ce qui pouvait porter ombrage. Ainsi ses faisceaux n'eurent plus de haches; il les fit baisser devant le peuple assemblé. Il en réduisit le nombre de moitié, en se donnant de lui-même un collègue dans la personne de Sp. Lucrétius, et, comme celui-ci était plus âgé, il lui céda l'honneur des faisceaux le premier mois. Bien plus, il fit sanctionner, dans une assemblée par centuries, une loi qui défendait à tout magistrat de battre de verges ou de faire mourir un citoyen romain qui appellerait de son jugement à celui du peuple. Ainsi, pour accroître la liberté des citoyens, il renonça successivement aux prérogatives de son pouvoir. Il alla même jusqu'à démolir sa maison, parce que, située sur une hauteur, elle avait l'air d'une citadelle. Abaisser ainsi sa demeure, n'était-ce pas élever sa gloire? (An de R. 244.)

2. J'ai peine à quitter Publicola; mais j'aime à arriver à Ca-

---

1. Atque, ut ab incunabulis summi honoris incipiam, P. Valerius, qui, populi majestatem venerando, *Publicolæ* nomen assecutus est, quum, exactis regibus, imperii eorum vim universam, omniaque insignia sub titulo consulatus in se translata cerneret, invidiosum magistratus fastigium moderatione ad tolerabilem habitum deduxit, fasces securibus vacuefaciendo, et in concione populo submittendo. Numerum quoque eorum dimidia ex parte minuit, ultro Sp. Lucretio collega assumpto, ad quem, quia major natu erat, priores fasces tranferri jussit. Legem etiam comitiis centuriatis tulit, *ne quis magistratus civem Romanum adversus provocationem verberare, aut necare vellet*. Ita, quo civitatis conditio liberior esset, imperium suum paulatim destruxit. Quid, quod ædes suas diruit, quia excelsiore loco positæ, instar arcis habere videbantur, nonne quantum domo inferior, tantum gloria superior evasit?

2. Vix juvat abire a Publicola; sed venire ad Furium Camillum libet, cujus tam

mille, qui sut, avec tant de modération, passer du sein de l'ignominie au faîte du pouvoir. Exilé dans Ardée, il vit ses concitoyens, après la prise de Rome par les Gaulois, venir implorer son secours; mais il ne voulut point aller à Véies prendre le commandement de l'armée, avant de s'être assuré que toutes les formalités légales avaient été observées dans son élévation à la dictature. Le triomphe de Camille sur les Véiens fut magnifique, sa victoire sur les Gaulois fut éclatante; mais cette lenteur scrupuleuse a quelque chose de bien plus admirable. Oui, il est moins, bien moins difficile de vaincre l'ennemi, que de se vaincre soi-même, que de savoir se garantir également et de la précipitation à fuir l'adversité, et d'un excès d'empressement à saisir la bonne fortune. (An de R. 363.)

3. On peut comparer à la modération de Camille celle de Martius Rutilius Censorinus. Élu censeur pour la seconde fois, il assembla le peuple, et lui fit les plus vifs reproches pour lui avoir déféré deux fois une magistrature dont leurs ancêtres avaient cru devoir restreindre la durée, parce qu'elle semblait donner trop de pouvoir. Tous les deux avaient raison, et Censorinus et le peuple : l'un, en prescrivant de confier les honneurs avec mesure; l'autre, en se confiant à un citoyen d'une modération éprouvée. (An de R. 488.)

---

moderatus ex magna ignominia ad summum imperium transitus fuit, ut, quum præsidium ejus cives, capta a Gallis Urbe, Ardeæ exsulantis petiissent, non prius Veios ad accipiendum exercitum iret, quam de dictatura sua omnia solemni jure acta comperisset. Magnificus Camilli Veientanus triumphus, egregia Gallica victoria; sed ista cunctatio longe admirabilior. Multo enim multoque se ipsum quam hostem superare operosius est, nec adversa præpropera festinatione fugientem, nec secunda effuso gaudio apprehendentem.

3. Par Furio moderatione Marcius Rutilius Censorinus. Iterum enim censor creatus, ad concionem populum vocatum quam potuit gravissima oratione corripuit, quod eam potestatem bis sibi detulisset, cujus majores, quia nimis magna videretur, tempus coarctandum judicassent. Uterque recte, et Censorinus, et populus : alter enim ut moderate honores crederent, præcepit; alter se moderato credidit.

4. Et L. Quinctius Cincinnatus! quel consul! Le sénat voulait le continuer dans cette dignité, tant à cause de ses importants services, que parce que le peuple s'efforçait de porter pour une année encore les mêmes tribuns : c'était, de part et d'autre, une infraction aux lois. Mais Cincinnatus déconcerta les deux projets, en retenant le zèle du sénat, et en forçant les tribuns à suivre l'exemple de sa modération. Ainsi un seul homme sauva tout ensemble à cette auguste compagnie et au peuple le reproche d'une action illégale. (An de R. 293.)

5. Fabius Maximus, considérant qu'il avait été cinq fois consul; que son père, son aïeul, son bisaïeul et ses ancêtres l'avaient été plus d'une fois, fit tous ses efforts dans les comices, où le vœu unanime des citoyens portait son fils au consulat, pour engager le peuple à dispenser enfin de cet honneur la famille des Fabius; non qu'il doutât des hautes qualités de son fils, qui s'était déjà rendu illustre, mais parce qu'il ne convenait pas de perpétuer, dans une seule maison, la première dignité de l'État. Est-il rien de plus énergique, de plus irrésistible, que cette modération qui triomphait même de l'amour paternel, regardé comme la plus puissante des affections? (An de R. 461.)

---

4. Age, L. Quinctius Cincinnatus qualem consulem gessit? Quum honorem ejus patres conscripti continuare vellent, non solum propter illius egregia opera, sed etiam quod populus eosdem tribunos in proximum annum creare conabatur, quorum neutrum jure fieri poterat, utrumque discussit, senatus simul studium inhibendo, et tribunos verecundiæ suæ exemplum sequi cogendo. Ita unus causa fuit, ut amplissimus ordo, populusque tutus esset ab injusti facti reprehensione.

5. Fabius vero Maximus quum a se quinquies, et a patre, avo, proavo, majoribusque suis sæpenumero consulatum gestum animadverteret, comitiis, quibus filius ejus summo consensu consul creabatur, quam potuit constanter cum populo egit, *ut vacationem aliquando hujus honoris Fabiæ genti darent;* non quod filii virtutibus diffideret (erat enim illustris), sed ne maximum imperium in una familia continuaretur. Quid hac moderatione valentius, aut efficacius, quæ etiam patrios affectus, qui potentissimi habentur, superavit?

6. Nos ancêtres ne manquèrent pas de reconnaissance envers le premier Scipion l'Africain : ils tâchèrent d'égaler les récompenses à la grandeur de ses services; ils voulurent lui ériger des statues dans la place des comices, au forum, dans le sénat, dans le temple même du dieu suprême, de Jupiter; ils voulurent placer son image en costume de triomphateur, à côté de celles des dieux, dans les banquets sacrés du Capitole; ils voulurent même lui déférer un consulat à vie, une dictature perpétuelle. Mais il ne souffrit pas que le sénat ou le peuple lui décernât de pareils honneurs : il se montra presque aussi grand par le refus de ces distinctions que par les exploits qui les avaient méritées. (An de R. 553.)

Ce fut avec la même force de caractère qu'il prit la défense d'Annibal dans le sénat, lorsque des députés de sa nation vinrent l'accuser de menées séditieuses. Il ajouta que le sénat romain ne devait pas se mêler des affaires intérieures de cette république; et par une telle modération, par des sentiments si élevés, il sauva la vie à l'un, l'honneur à l'autre, ne se croyant plus leur ennemi après la victoire. (An de R. 558.)

7. Citons aussi M. Marcellus, qui, le premier, fit voir qu'An-

---

6. Non defuit majoribus grata mens ad præmia superiori Africano exsolvenda : siquidem maxima ejus merita paribus ornamentis decorare conati sunt. Voluerunt illi statuas in comitio, in rostris, in curia, in ipsa denique Jovis optimi maximi cella ponere; voluerunt imaginem ejus triumphali ornatu indutam Capitolinis pulvinaribus applicare; voluerunt ei continuum per omnes vitæ annos consulatum, perpetuamque dictaturam tribuere. Quorum nihil sibi neque plebiscito dari, neque senatusconsulto decerni patiendo, pene tantum in recusandis honoribus se gessit, quantum gesserat in emerendis.

Eodem robore mentis causam Annibalis in senatu protexit, quum eum cives sui, missis legatis, tanquam seditiones apud eos moventem accusarent. Adjecit quoque, *non oportere patres conscriptos se reipublicæ Carthaginiensium interponere;* altissimaque moderatione alterius saluti consuluit, alterius dignitati, victoria tenus utriusque hostem egisse contentus.

7. At M. Marcellus, qui primus et Annibalem vinci, et Syracusas capi posse

nibal n'était pas invincible, ni Syracuse imprenable. Il était consul : des députés de Sicile vinrent à Rome porter des plaintes contre lui. Comme son collègue Valérius Lévinus se trouvait alors absent, il ne voulut point convoquer le sénat pour écouter leurs plaintes, de peur qu'ils eussent moins de confiance à les faire entendre. Mais à peine Lévinus fut-il de retour qu'il fit, de lui-même, la proposition de leur donner audience. Il écouta patiemment l'exposé de leurs griefs ; et même, quand Lévinus leur eut donné l'ordre de partir, il les obligea de rester pour être présents à sa justification. La cause plaidée de part et d'autre, il sortit du sénat avec eux, pour ne point gêner les suffrages. Leurs plaintes furent déclarées inadmissibles. Ils le supplièrent alors humblement de les recevoir sous sa protection ; il y consentit avec bonté. Enfin, le sort lui ayant assigné le gouvernement de la Sicile, il le céda généreusement à son collègue. On peut trouver, dans cette modération de Marcellus envers les Siciliens, autant de sujets d'éloges qu'elle offre d'incidents. (An de R. 543.)

8. Que je trouve encore Tib. Gracchus admirable! Pendant son tribunat, lorsqu'il était ennemi déclaré des deux Scipions, l'Africain et l'Asiatique, ce dernier, qui ne pouvait donner caution

docuit, quum in consulatu ejus Siculi de eo questum in Urbem venissent, nec senatum ulla de re habuit, quia collega Valerius Lævinus forte aberat, ne ob id Siculi in querendo timidiores essent; et, ut iis rediit, ultro de his admittendis retulit, querentesque de se patienter sustinuit. Jussos etiam a Lævino discedere, remanere, ut suæ defensioni interessent, coegit. Ac deinde utraque parte perorata, etiam excedentes curia subsecutus est, quo liberius senatus sententiam ferret. Improbatis quoque eorum querelis, supplices et orantes, *ut ab eo in clientelam reciperentur*, clementer excepit. Super hæc Siciliam sortitus, eam provinciam collegæ cessit. Toties laudatio Marcelli variari potest, quoties novis ipse gradibus moderationis adversus socios usus est.

8. Quam Tib. etiam Gracchus admirabilem se exhibuit! Tribunus enim plebis, quum ex professo inimicitias cum Africano et Asiatico Scipionibus gereret, et

CHAP. I, DE LA MODÉRATION 241

pour l'amende prononcée contre lui, allait être conduit en prison par l'ordre du consul, et il implorait le secours des tribuns. Ceux-ci lui refusant leur protection, Gracchus se détacha de ses collègues et alla rédiger un décret. Personne ne put douter qu'il ne le fît dans les termes d'un ennemi courroucé contre l'Asiatique. Il commença par jurer qu'il n'était point réconcilié avec les Scipions ; ensuite il lut la résolution suivante : « Comme L. Cornélius Scipion, le jour de son triomphe, après avoir conduit devant son char les généraux ennemis, les fit jeter en prison, c'est offenser, outrager la majesté du peuple romain, que de l'y jeter lui-même : ainsi je ne souffrirai point cette indignité. » Le peuple romain vit avec plaisir son opinion sur Gracchus démentie par lui-même, et donna de justes éloges à sa modération. (An de R. 566.)

9. C. Claudius Néron mérite aussi d'être compté parmi les modèles d'une rare modération. Il avait partagé la gloire de Livius Salinator dans la défaite d'Asdrubal : cependant il aima mieux suivre à cheval le char de triomphe de son collègue, que de jouir lui-même de l'honneur du triomphe, quoique le sénat le lui eût également décerné. Il n'usa point de cette faveur, parce que l'af-

---

Asiaticus judicatæ pecuniæ satisdare non posset, atque ideo a consule in vincula publica duci jussus esset, appellassetque collegium tribunorum, nullo volente intercedere, secessit a collegis, decretumque composuit. Nec quisquam dubitavit, quin eo scribendo irati hostis adversus Asiaticum verbis usurus esset. At is primum juravit, *se cum Scipionibus in gratiam non rediisse;* deinde tale decretum recitavit : « Quum L. Cornelius Scipio die triumphi sui ante currum actos hostium duces in carcerem conjecerit, indignum et alienum a majestate populi Romani videri, eodem ipsum duci; itaque id non se fieri passurum. » Libenter tunc opinionem suam populus Romanus a Graccho deceptam cognovit, moderationemque ejus debita laude prosecutus est.

9. C. quoque Claudius Nero inter cætera præcipuæ moderationis exempla numerandus est. Livii Salinatoris in Asdrubale opprimendo gloriæ particeps fuerat : attamen eum triumphantem equo sequi, quam triumpho, quem ei senatus æque

faire s'était passée dans le département de Salinator. Il triompha donc sans char, mais avec d'autant plus d'éclat, que, dans les louanges dont ils étaient l'objet, son collègue n'avait que le mérite de la victoire, tandis qu'il avait encore celui de la modération. (An de R. 546.)

10. On ne peut non plus passer sous silence le second Scipion l'Africain. Il terminait, en qualité de censeur, la cérémonie du dénombrement; au milieu du sacrifice d'usage, le greffier lui lut la formule ordinaire des prières par lesquelles on demandait aux dieux l'amélioration et l'accroissement de l'empire. « Il est, dit alors Scipion, assez riche et assez étendu ; je me borne à demander pour toujours sa conservation. » Et aussitôt il fit insérer dans le registre public cette nouvelle rédaction de la prière. Les censeur qui vinrent après lui s'en tinrent à ce vœu modéré, dans la clôture des dénombrements. Scipion eut la sagesse de penser qu'il était convenable de souhaiter l'accroissement de l'empire, à l'époque où l'on allait chercher les triomphes à six ou sept milles de Rome; mais qu'embrassant plus de la moitié de la terre, la république ne pouvait porter au delà ses désirs, sans se montrer insatiable, et qu'elle devait se trouver heureuse de ne rien perdre

---

decreverat, uti maluit, quia res in provincia Salinatoris gesta fuerat. Sine curru ergo triumphavit, eo quidem clarius, quod illius victoria tantummodo laudabatur, hujus etiam moderatio.

10. Ne Africanus quidem posterior nos de se tacere patitur. Qui censor, quum lustrum conderet, inque solito fieri sacrificio scriba ex publicis tabulis solemne ei precationis carmen præiret, quo dii immortales, ut populi Romani res meliores amplioresque facerent, rogabantur : *Satis*, inquit, *bonæ ac magnæ sunt; itaque precor, ut eas perpetuo incolumes servent.* Ac protinus in publicis tabulis ad hunc modum carmen emendare jussit. Qua votorum verecundia deinceps censores in condendis lustris usi sunt. Prudenter enim sensit tunc incrementum Romano imperio petendum fuisse, quum intra septimum lapidem triumphi quærebantur : majorem autem totius terrarum orbis partem possidenti, ut avidum esset quidquam ultra appetere, ita abunde felix, si nihil ex eo quod obtinebat amitteret. Neque alia

CHAP. I, DE LA MODÉRATION. 243

de ses possessions. Il ne fit pas moins paraître de modération sur son tribunal. A la revue des chevaliers, voyant approcher L. Licinius Sacerdos, qu'on venait d'appeler, il lui dit : « Je sais que vous vous êtes rendu formellement coupable de parjure, et s'il se présente contre vous un accusateur, je l'appuierai de mon témoignage. » Mais personne ne s'offrant pour ce ministère : « Sacerdos, reprit-il, emmenez votre cheval; le censeur vous fait grâce de la flétrissure. Je ne veux point faire à la fois contre vous le rôle d'accusateur, de témoin et de juge. » (An de R. 611.)

11. Ce caractère de modération se fit aussi remarquer dans Q. Scévola, l'un des plus illustres personnages de la république. Appelé en témoignage contre un citoyen, il fit une déposition qui semblait devoir être fatale à l'accusé; mais, en se retirant, il ajouta qu'il ne fallait y croire qu'autant que d'autres viendraient l'appuyer, parce qu'il était d'un exemple dangereux de s'en rapporter à un seul témoin. Ainsi, tout en acquittant la dette de sa conscience, il servit l'intérêt commun par un conseil salutaire. (An de R. 639.)

12. Je sens en quel cercle étroit je resserre de tels hommes,

---

ejus in censura moderatio pro tribunali apparuit. Centurias recognoscens equitum, postquam C. Licinium Sacerdotem citatum processisse animadvertit, dixit, « Se scire illum verbis conceptis pejerasse; proinde, si quis eum accusare vellet, usurum testimonio suo. » Sed nullo ad id negotium accedente, « Traduc equum, inquit, Sacerdos, ac lucrifac censoriam notam, ne ego in tua persona et accusatoris et testis et judicis partes egisse videar. »

11. Quod animi temperamentum etiam in Q. Scævola, excellentissimo viro, adnotatum est. Testis namque in reum productus, quum id respondisset, quod salutem periclitantis magnopere læsurum videbatur, discedens adjecit, « Ita sibi credi oportere, si et alii idem asseverassent; quoniam unius testimonio aliquem credere pessimi esset exempli. » Et religioni igitur suæ debitam fidem et communi utilitati salubre consilium reddidit.

12. Sentio quos cives, quæve facta eorum ac dicta quam angusto ambitu ora-

ainsi que leurs actions et leurs paroles. Mais, comme il faut dire en peu de mots tant de choses importantes sur les hommes illustres, la plume, ayant à s'étendre sur un nombre infini de choses et de personnes, ne peut tout à la fois se renfermer dans un cadre fort circonscrit, et donner aux objets un développement convenable. Aussi mon plan n'est-il pas de les rassembler pour faire des éloges, mais pour rappeler des souvenirs. Ainsi les deux Métellus, le Macédonique et le Numidique, deux ornements de la patrie, voudront bien me pardonner si je ne parle d'eux que succinctement.

Le Macédonique avait eu des démêlés très-vifs avec le second Africain, et la rivalité qu'avait excitée entre eux une noble émulation de vertu dégénéra en une haine violente et déclarée. Mais lorsque le cri : « Scipion est assassiné! » eut retenti à ses oreilles, il s'élança de chez lui, l'air consterné, et criant d'une voix agitée : « Au secours! citoyens, au secours! le rempart de la patrie est renversé; Scipion, reposant au sein de ses dieux domestiques, vient d'expirer sous les coups d'une main sacrilége. » O république, aussi à plaindre de la mort de Scipion, qu'heureuse d'entendre des cris généreux et patriotiques comme ceux de Métellus!

tionis amplectar. Sed, quum magna et multa breviter dicenda sint de claritate excellentibus viris, sermo, infinitis personis rebusque circumfusus, utrumque præstare non potest. Itaque propositi quoque nostri ratio non laudanda sibi omnia, sed recordanda sumpsit. Quapropter bona cum venia duo Metelli, Macedonicus et Numidicus, maxima patriæ ornamenta, strictim se narrari patientur.

Acerrime cum Scipione Africano Macedonicus dissenserat, eorumque ab æmulatione virtutis profecta contentio, ad graves testatasque inimicitias progressa fuerat. Sed tamen, quum interemptum Scipionem conclamari audisset, in publicum se proripuit, mœstoque vultu et voce confusa, « Concurrite, concurrite, inquit, cives : mœnia Urbis nostræ eversa sunt; Scipioni enim Africano intra suos penates quiescenti nefaria vis illata est. » O rempublicam pariter Africani morte miseram, et Macedonici tam humana tamque civili lamentatione

car le même instant lui apprit, et la perte qu'elle venait de faire, et le bien qui lui restait. Le même Métellus invita ses fils à porter sur leurs épaules le cercueil de Scipion ; à cet hommage funèbre, il joignit celui de ces paroles : « Non, jamais vous n'aurez à rendre un pareil devoir à un plus grand homme. » Qu'étaient devenues tant de querelles violentes en plein sénat, tant d'altercations devant le peuple, tant de combats que s'étaient livrés, sous la toge, d'aussi célèbres capitaines, d'aussi grands citoyens? Tout avait disparu devant une modération qu'on ne saurait assez admirer. (An de R. 624.)

13. Métellus le Numidique, banni par la faction populaire, s'était retiré en Asie. Là, se trouvant par hasard aux jeux publics de la ville de Tralles, il reçut une lettre dont le contenu lui annonçait que le sénat et le peuple romain, d'un consentement unanime, avaient décrété son appel. Cependant il ne sortit point de l'amphithéâtre que le spectacle ne fût fini. Il ne laissa point apercevoir sa joie aux spectateurs assis autour de lui ; quel que fût le plaisir qu'il éprouvait, il le renferma dans son cœur. Il soutint, du même visage, et son exil et son appel ; tant il sut toujours, grâce à sa modération et à la force de son caractère,

---

felicem! eodem enim tempore, et quantum amisisset principem, et qualem haberet, recognovit. Idem filios suos monuit, ut funebri ejus lecto humeros subjicerent, atque huic exsequiarum illum honorem vocis adjecit. *Non fore, ut postea id officium ab illis viro majori præstari posset.* Ubi illa tot in curia jurgia? ubi tam multæ pro rostris altercationes? ubi maximorum ducum et civium tantorum togata prælia? Omnia nimirum ista præcipua veneratione prosequenda delevit moderatio.

13. Numidicus autem Metellus, populari factione patria pulsus, in Asiam secessit. In qua quum ei forte ludos Trallibus spectanti litteræ redditæ essent, quibus scriptum erat, maximo senatus et populi consensu reditum illi in urbem datum, non e theatro prius abiit, quam spectaculum ederetur ; non lætitiam suam proxime sedentibus ulla ex parte patefecit, sed summum gaudium intra se continuit. Eumdem constat pari vultu, et exsulem fuisse, et restitutum : adeo

conserver l'égalité d'âme dans la bonne et dans la mauvaise fortune. (An de R. 654.)

14. Après l'énumération de tant de familles qui m'ont fourni des modèles en ce genre, faudra-t-il passer sous silence celle des Porcius, comme étrangère à cette vertu? Non, répondra le dernier Caton, sûr d'avoir donné un exemple d'une rare modération. Il avait transporté à Rome les trésors de l'île de Chypre, avec une exactitude et une intégrité scrupuleuses. En reconnaissance de ce service, le sénat, voulant le dispenser de rendre ses comptes au peuple, le proposait comme candidat à la préture, sans égard aux règles ordinaires. Mais Caton ne consentit pas à cette mesure, disant que ce serait une injustice, de lui accorder ce qu'on refusait à tous les autres; et, pour éviter toute innovation en sa faveur, il aima mieux courir les hasards du Champ de Mars, que de profiter des offres bienveillantes du sénat. (An de R. 617.)

15. Au moment de passer aux exemples du dehors, je me sens arrêté par M. Bibulus, personnage très-distingué, et qui a rempli les charges les plus éminentes de la république. Se trouvant dans la province de Syrie, il apprit que ses deux fils, jeunes gens de la plus haute espérance, avaient été assassinés par des

---

moderationis beneficio medius semper inter secundas et adversas res animi firmitate versatus est.

14. Tot familiis in uno genere laudis enumeratis, Porcium nomen velut expers hujusce gloriæ silentione prætereundum? Negat fieri debere posterior Cato, non parvo summæ moderationis fisus indicio. Cypriacam pecuniam maxima cum diligentia et sanctitate in Urbem deportaverat. Cujus ministerii gratia senatus relationem interponi jubebat, ut prætoriis comitiis extra ordinem ratio ejus haberetur. Sed ipse id fieri passus non est, *iniquum esse* affirmans, *quod nulli alii tribueretur, sibi decerni;* ac, ne quid in persona sua novaretur, campestrem experiri temeritatem, quam curiæ beneficio uti, satius esse duxit.

15 Ad externa jam mihi exempla transire conanti, M. Bibulus, vir amplissimæ dignitatis, et summis honoribus functus, manus injicit. Qui, quum in provincia Syria moraretur, duos egregiæ indolis filios suos a Gabinianis militibus Ægypti

soldats de Gabinius. La reine Cléopâtre lui envoya les meurtriers chargés de chaînes, afin qu'il les punît à son gré d'un coup si douloureux à son cœur. Mais, refusant cette consolation, la plus grande qu'on puisse offrir à un père affligé, il fit prévaloir la modération sur le ressentiment, et il renvoya sur-le-champ à Cléopâtre, sans leur faire aucun mal, les assassins de ses fils, disant que ce n'était pas à lui, mais au sénat, qu'appartenait le droit d'une pareille vengeance. (An de R. 703.)

De la Modération chez les étrangers.

1. Archytas de Tarente, entièrement plongé dans l'étude de la philosophie de Pythagore, habitait la ville de Métaponte, occupé d'un vaste et long ouvrage qui embrassait tout l'ensemble de son système. De retour dans sa patrie, il alla visiter ses terres, et les trouva dans un fâcheux état de dépérissement : la négligence du fermier les avait laissées à l'abandon. Regardant d'un œil sévère cet infidèle serviteur : « Je te châtierais, dit-il, si je n'étais

occisos esse cognovit. Quorum interfectores ad eum vinctos regina Cleopatra misit, ut gravissimæ cladis ultionem arbitrio suo exigeret. At ille, oblato beneficio quo nullum majus lugenti tribui potuerat, dolorem moderationi cedere coegit; carnificesque sanguinis sui intactos e vestigio ad Cleopatram reduci jussit, dicendo, *potestatem hujus vindictæ non suum, sed senatus esse debere.*

De Moderatione in externis.

1. Tarentinus Archytas, dum se Pythagoræ præceptis Metaponti penitus immergit, magno labore longoque tempore solidum opus doctrinæ complexus, postquam in patria revertitur, ac rura sua revisere cœpit, animadvertit negligentia villici corrupta et perdita; intuensque male meritum : *Sumpsissem*, inquit, *a te*

courroucé contre toi. » Il aima mieux le laisser impuni que de lui infliger, dans un moment de colère, un châtiment trop rigoureux. (Av. J.-C. 363.)

2. Archytas fut trop généreux dans sa modération ; Platon se montra plus sage. Vivement irrité contre son esclave, il craignit de ne pouvoir lui-même discerner la mesure du châtiment mérité, et remit à la discrétion de Speusippe, son ami, la punition du coupable : il trouvait de l'ignominie à s'exposer au danger de voir confondues dans le même blâme la faute de l'esclave et la vengeance de Platon. Aussi ne suis-je point surpris qu'il ait eu, à l'égard de Xénocrate, son disciple, une modération si persévérante. On vint lui dire que celui-ci l'avait indignement traité dans ses discours. Il ne balança point à rejeter cette accusation avec mépris. Le dénonciateur insistait d'un air assuré, et voulait savoir pourquoi il refusait d'ajouter foi à son rapport. « Il n'est pas croyable, reprit Platon, qu'un homme pour qui j'ai tant d'amitié, ne me chérisse pas à son tour. » Enfin, dans sa malignité, le délateur, qui ne cherchait qu'à les brouiller, eut recours au serment. Platon, s'abstenant de discuter son parjure : « Non, dit-il, jamais Xénocrate n'aurait tenu ce langage, s'il n'avait cru

---

supplicium, nisi tibi iratus essem. Maluit enim impunitum dimittere, quam propter iram gravius justo punire.

2. Nimis liberalis Archytæ moderatio; Platonis temperatior. Nam, quum adversus delictum servi vehementius exarsisset, veritus ne ipse modum vindictæ dispicere non posset, Speusippo amico castigationis arbitrium mandavit, deforme sibi futurum existimans, si commisisset, ut parem reprehensionem culpa servi, et animadversio Platonis mereretur. Quo minus miror, quod in Xenocrate discipulo suo tam constanter moderatus fuit. Audierat, eum de se multa impie locutum : sine ulla cunctatione criminationem respuit. Instabat certo vultu index, causam quærens cur sibi fides non haberetur : adjecit, *non esse credibile, ut, quem tantopere amaret, ab eo invicem non diligeretur.* Postremo, quum ad jusjurandum inimicitias serentis malignitas confugisset, ne de perjurio ejus disputaret, affirmavit, « nunquam Xenocratem illa dicturum fuisse, nisi ea dici expe-

CHAP. I, DE LA MODÉRATION 249

parler dans mes intérêts » On eût dit que, placée en sentinelle, non dans un corps périssable, mais dans une citadelle céleste, l'âme de Platon avait occupé en armes le poste de la vie, repoussant avec une force invincible les assauts des passions humaines, et veillant à la garde de toutes les vertus renfermées au sein de sa sublimité. (Av. J.-C. 865.)

3. Dion de Syracuse n'est pas comparable à Platon pour l'étendue des connaissances ; mais, quant à la modération, il en donna des preuves encore plus fortes. Banni de sa patrie par le tyran Denys le Jeune, il s'était retiré à Mégare. Là, il eut à parler à Théodore, premier magistrat de la ville, et se rendit chez lui. Comme on ne se pressait pas de l'introduire, et qu'on le faisait longtemps attendre à la porte : « Il faut prendre patience, dit-il à la personne qui l'accompagnait ; peut-être, quand nous étions élevés en dignité, avons-nous eu quelque chose de pareil à nous reprocher. » C'est par cette tranquillité d'âme qu'il sut adoucir les amertumes de l'exil. (Vers 359 av. J.-C.)

4. Il ne faut pas non plus laisser échapper ici Thrasybule. Après avoir recueilli les débris du peuple athénien, que la cruauté des trente tyrans avait réduits à quitter leurs foyers, et qui, dis-

---

dire sibi judicasset. » Non in corpore mortali, sed in arce cœlesti, et quidem armatum animum ejus, vitæ stationem putes peregisse, humanorum vitiorum incursus a se invicta pugna repellentem, cunctosque virtutis numeros altitudinis suæ sinu clausos custodientem.

3. Nequaquam Platoni litterarum commendatione par Syracusanus Dion ; sed, quod ad præstandam moderationem attinet, vehementioris experimenti. Patria pulsus a Dionysio tyranno, Megaram petierat ; ubi quum Theodorum, principem ejus urbis, domi convenire vellet, neque admitteretur, multum diuque ante fores retentus, comiti suo : « Patienter hoc ferendum est, ait ; forsitan enim et nos, quum in gradu dignitatis nostræ essemus, aliquid tale fecimus. » Qua tranquillitate consilii ipse sibi conditionem exsilii placidiorem reddidit.

4. Thrasybulus etiam hoc loci apprehendendus est : qui populum Atheniensem, triginta tyrannorum sævitia sedes suas relinquere coactum, dispersamque

persés en divers pays, y traînaient une vie errante et misérable, il ranima leur courage, leur donna des armes, et les ramena dans le sein de la patrie. Il signala sa victoire par le rétablissement de la liberté, et sa modération en rendit encore la gloire plus éclatante : il fit défendre par un décret de jamais rappeler le passé. Cet oubli, que les Athéniens nomment *amnistie*, sauva la république ; il répara les secousses qu'elle avait essuyées, et qui allaient l'anéantir. (Av. J.-C. 403.)

5. Le trait suivant n'est pas moins admirable. Stasippus de Tégée avait, dans l'administration publique, un rival redoutable, mais d'ailleurs homme de bien et de talent. Ses amis lui conseillaient, ou de s'en défaire, ou de l'éloigner à tout prix : il s'y refusa, de peur que le timon de l'État ne vînt à passer des mains d'un bon citoyen à celles d'un indigne et méchant homme ; il aima mieux avoir à lutter contre un puissant adversaire, que de priver la patrie d'un excellent défenseur.

6. La modération était aussi une des vertus de Pittacus. Il était en butte aux attaques du poëte Alcée, qui s'acharnait à le poursuivre avec toute l'amertume de sa haine et toutes les ressources

---

et vagam vitam miserabiliter exigentem, animis pariter atque armis confirmatum, in patriam reduxit. Insignem deinde restitutione libertatis victoriam clariorem aliquanto moderationis laude fecit. Plebis enim scitum interposuit, ne quâ præteritarum rerum mentio fieret. Hæc oblivio, quam Athenienses ἀμνηστίαν vocant, concussum et labentem civitatis statum, in pristinum habitum revocavit.

5. Non minoris admirationis illud. Stasippus Tegeates, hortantibus amicis ut gravem in administratione reipublicæ æmulum, sed alioqui probum et ornatum virum, qualibet ratione vel tolleret, vel submoveret, negavit se facturum, ne, quem in tutela patriæ bonus civis locum obtineret, malus et improbus occuparet ; seque potius vehementi adversario urgeri, quam patriam egregio advocato carere præoptavit.

6. Pittaci quoque moderatione pectus instructum, qui Alcæum poetam, et amaritudine odii, et veribus ingenii adversus se pertinacissime usum, tyran-

CHAP. I, DE LA MODÉRATION 251

de son génie. Une fois élevé à la souveraine puissance par les suffrages de ses concitoyens, il se contenta de l'avertir du pouvoir qu'il avait de l'accabler. (Av. J.-C. 590.)

7. Le nom de Pittacus m'invite à rappeler un trait de modération des sept Sages. Des pêcheurs, occupés à traîner l'épervier dans les environs de Milet, avaient vendu d'avance un coup de filet à un particulier. Ils amenèrent un trépied en or, d'un poids massif, semblable à ceux de Delphes. Là-dessus grand débat : les uns soutenaient qu'ils n'avaient vendu que des poissons, l'autre qu'il avait acheté le hasard du coup de filet. Le différend, vu la rareté du fait et la valeur de l'objet en litige, fut porté devant l'assemblée du peuple. On résolut de consulter Apollon pour savoir à qui l'on devait adjuger le trépied. Le dieu répondit qu'il fallait le donner au plus sage :

Τίς σοφίη πάντον πρῶτος; τούτῳ τρίποδ' αὐδῶ.

Les Milésiens, d'un consentement unanime, le donnèrent à Tha-

nidem a civibus delatam adeptus, tantummodo quid in opprimendo posset, admonuit.
7. Hujus viri mentio subjicit, ut de septem Sapientium moderatione referam. A piscatoribus in Milesia regione verriculum trahentibus quidam jactum emerat. Extracta deinde magni ponderis aurea mensa Delphica, orta controversia est, illis piscium se capturam vendidisse affirmantibus, hoc fortunam jactus se emisse dicente. Qua conditione propter novitatem rei, et magnitudinem pecuniæ, ad universum ejus civitatis populum delata, placuit Apollinem Delphicum consuli, *cuinam adjudicari mensa deberet.* Deus respondit, *illi esse dandam, qui sapientia cæteros præstaret,* his verbis :

Τίς σοφίη πάντων πρῶτος; τούτῳ τρίποδ' αὐδῶ.

Tum Milesii consensu Thaleti mensam dederunt. Ille cessit eam Bianti, Bias

lès, celui-ci le céda à Bias, Bias à Pittacus, celui-ci à un autre, et le trépied passa ainsi de main en main à tous les sages; enfin Solon, adjugeant à Apollon même et l'honneur et le prix de la suprême sagesse, le fit porter dans le temple de Delphes. (Av. J.-C. 579.)

8. Rendons aussi témoignage à la modération de Théopompe, roi de Sparte. Quand il eut établi le pouvoir des éphores à Lacédémone, pour servir de contre-poids à la puissance royale, comme à Rome les tribuns du peuple contre-balançaient le pouvoir consulaire, sa femme lui reprocha une mesure qui allait transmettre à ses enfants une autorité affaiblie : « Oui, répliqua-t-il, mais plus durable. » Il avait bien raison : une puissance n'a de solidité qu'autant qu'elle sait se fixer des bornes. Ainsi Théopompe, en assujettissant la royauté à un frein légitime, en éloigna l'arbitraire, et accrut l'amour des citoyens de tout ce qu'il ôtait au despotisme. (Av. J.-C. 760.)

9. Antiochus, repoussé par L. Scipion au delà du mont Taurus, désormais limite de son empire, après avoir perdu l'Asie Mineure et les contrées voisines, ne dissimula pas qu'il avait obli-

---

Pittaco, is protinus alii, deincepsque per omnium septem Sapientium orbem ad ultimum ad Solonem pervenit : qui et titulum amplissimæ sapientiæ et præmium ad ipsum Apollinem transtulit.

8. Atque, ut Theopompo quoque, Spartanorum regi, moderationis testimonium reddamus, quum primus instituisset, ut ephori Lacedæmone crearentur, ita futuri regiæ potestati oppositi, quemadmodum Romæ consulari imperio tribuni plebis sunt objecti, atque illi uxor dixisset, *id egisse illum ut filiis minorem potestatem relinqueret*, « Relinquam, inquit, sed diuturniorem. » Optime quidem : ea enim demum tuta est potentia, quæ viribus suis modum imponit. Theopompus igitur legitimis regnum vinculis constringendo, quo longius a licentia detraxit, hoc propius ad benevolentiam civium admovit.

9. Antiochus autem, a L. Scipione ultra Taurum montem imperii finibus submotus, quum Asiam provinciam, vicinasque gentes amisisset, gratias agere

gation au peuple romain de l'avoir débarrassé d'un trop pesant fardeau, en réduisant son royaume à une modique étendue. Il n'est assurément rien de si beau, rien de si magnifique, qui n'ait besoin de la modération comme d'une règle salutaire. (An de R. 564.)

CHAPITRE II

DE LA RÉCONCILIATION

Après avoir présenté la modération dans tout son éclat, après en avoir offert tant d'illustres modèles, passons à une généreuse affection de l'esprit humain, le retour de l'inimitié à la bienveillance, et que notre style respire la joie dans un pareil sujet; car si l'on voit d'un regard content le calme succéder à la tempête, la sérénité aux nuages, si l'on goûte avec délices les douceurs de la paix après un temps de guerre, on doit célé-

---

populo Romano non dissimulanter tulit, *quod nimis magna procuratione liberatus, modicis regni terminis uteretur.* Et sane nihil est tam præclarum, aut tam magnificum, quod non moderatione temperari desideret.

CAPUT II

DE RECONCILIATIONE

Quæ quoniam multis et claris auctoribus illustrata est, transgrediamur ad egregium humani animi ab odio ad gratiam deflexum; et quidem eum læto stylo prosequamur. Nam, si placidum mare ex aspero, cœlumque ex nubilo serenum hilari adspectu sentitur, si bellum pace mutatum, plurimum gau-

brer l'oubli des injures dans un récit qui respire la satisfaction.

1. M. Émilius Lépidus, qui fut deux fois consul et souverain pontife, et dont la sagesse répondait à l'éclat de ses dignités, eut de longs et violents démêlés avec Fulvius Flaccus, personnage non moins considérable; mais quand ils furent élevés ensemble à la censure, il les oublia dans le Champ de Mars, persuadé que des haines privées ne devaient point séparer des citoyens que les suffrages du peuple avaient réunis par les fonctions d'une haute magistrature. Ces nobles sentiments ont été admirés de son siècle, et les anciens historiens nous les ont transmis avec éloges. (An de R. 574.)

2. Ils n'ont pas voulu laisser ignorer non plus à la postérité le généreux conseil que donna Livius Salinator à son ennemi, d'ensevelir dans l'oubli toutes leurs querelles. Quoiqu'il eût emporté en exil une haine ardente contre Néron, dont le témoignage avait surtout contribué à sa disgrâce, néanmoins, après son rappel, devenu son collègue au consulat par la volonté du peuple, il sut maîtriser et son caractère naturellement impétueux, et le ressentiment du plus cruel outrage. Il ne voulut pas porter dans une telle association l'esprit de discorde, de peur qu'en se montrant

---

dii affert; offensarum etiam acerbitas deposita, candida relatione celebranda est.

1. M. Æmilius Lepidus, bis consul, et pontifex maximus, splendorique honorum par gravitate vitæ, diutinas ac vehementes inimicitias cum Fulvio Flacco ejusdem amplitudinis viro gessit. Quas, ut simul censores renuntiati sunt, in campo deposuit, existimans, non oportere eos privatis odiis dissidere, qui publice summa juncti essent potestate. Id judicium animi ejus et præsens ætas comprobavit, et nobis veteres annalium scriptores laudandum tradiderunt.

2. Sicuti Livii quoque Salinatoris finiendarum simultatum illustre consilium ignotum posteritati esse noluerunt. Is namque, etsi Neronis odio ardens in exsilium profectus fuerat, testimonio ejus præcipue afflictus, tamen, postquam cum inde revocatum cives collegam illi in consulatu dederunt, et ingenii sui, quod erat acerrimum, et injuriæ, quam gravissimam acceperat, oblivisci sibi imperavit, ne, si dissidente animo consortionem imperii usurpare voluisset, perti-

ennemi implacable, il ne s'acquittât mal des devoirs de consul. Cette disposition à des sentiments pacifiques, dans une conjoncture alarmante et périlleuse, fut bien salutaire à Rome et à l'Italie ; car ce fut en déployant de concert l'énergie de leur courage qu'ils écrasèrent la puissance formidable des Carthaginois. (An de R. 546.)

3. Le premier Scipion l'Africain et Tibérius Gracchus nous offrent aussi un exemple mémorable de réconciliation. Du banquet sacré, où ils étaient venus ennemis mortels, ils sortirent tout à la fois amis et alliés. Car Scipion, non content de déférer à l'invitation du sénat et de se réconcilier avec Gracchus, dans le Capitole, à la table de Jupiter, lui donna encore, à l'instant même, sa fille Cornélie en mariage. (An de R. 566.)

4. Cette vertu fut aussi l'un des traits principaux du caractère de Cicéron. Il défendit avec chaleur, dans une accusation de péculat, Aulus Gabinius, qui, étant consul, l'avait banni de Rome. (An de R. 699.) Il prit deux fois, dans des jugements publics, la défense de P. Vatinius, qui s'était toujours déclaré contre son élévation. Cette conduite, loin de le faire accuser de légèreté, lui valut des éloges, parce qu'il est bien plus glorieux de vaincre

---

nacem exhibendo inimicum, malum consulem ageret. Quæ quidem mentis ad tranquilliorem habitum inclinatio, in aspero ac difficili temporum articulo plurimum salutis Urbi atque Italiæ attulit; quia, pari virtutis impetu connisi, terribiles Punicas vires contuderunt.

3. Clarum etiam in Africano superiore ac Tib. Graccho depositarum inimicitiarum exemplum. Siquidem ad cujus mensæ sacra odio dissidentes venerant, ab ea amicitia et affinitate juncti discesserunt. Non contentus enim Scipio auctore senatu in Capitolio, Jovis epulo, cum Graccho concordiam communicasse, filiam quoque ei Corneliam protinus ibi despondit.

4. Sed hujusce generis humanitas etiam in M. Cicerone præcipua apparuit. Aulum namque Gabinium repetundarum reum summo studio defendit, qui eum in consulatu suo Urbe expulerat. Idemque P. Vatinium, dignitati suæ semper infestum, duobus publicis judiciis tutatus est, ut sine ullo crimine levitatis, ita

l'injustice à force de bienfaits, que d'y répondre par une haine opiniâtre. (An de R. 697.)

5. L'exemple de Cicéron parut si honorable, que Clodius même, son plus cruel ennemi, n'hésita pas à l'imiter. Quoiqu'il eût été accusé d'inceste par les trois Lentulus, il ne laissa pas de prendre la défense de l'un d'entre eux dans une accusation de brigue. Il eut la générosité de se montrer ami de Lentulus, alors même qu'il avait sous les yeux et le juge et le préteur, et le temple de Vesta, témoins de l'inimitié de Lentulus, et de la violence avec laquelle il avait déclamé contre Clodius pour l'accabler sous le poids d'une accusation infamante. (An de R. 692.)

6. Caninius Gallus mérita également l'admiration, soit comme accusateur, soit comme accusé, en épousant la fille de C. Antonius, contre lequel il avait provoqué une condamnation, et en confiant le soin de ses affaires à M. Colonius, par qui il avait été condamné lui-même. (An de R. 694).

7. Si Célius Rufus mérita le blâme par ses débauches, il se fit beaucoup d'honneur par le service qu'il rendit à Q. Pompéius. Celui-ci avait essuyé, sur sa poursuite, une condamnation pour crime d'État; néanmoins, ne pouvant obtenir de sa mère Cor-

---

cum aliqua laude; quia speciosius aliquanto injuriæ beneficiis vincuntur, quam mutui odii pertinacia pensantur.

5. Ciceronis autem factum adeo visum est probabile, ut imitari id ne inimicissimus quidem illi P. Clodius Pulcher dubitaverit. Qui, incesti crimine a tribus Lentulis accusatus, unum ex his ambitus reum patrocinio suo protexit, atque in animum induxit, et judicem et prætorem et Vestæ ædem intuens, amicum Lentulo agere, inter quæ ille, salutem ejus fœdo crimine obruere cupiens, hostili voce peroraverat.

6. Caninius autem Gallus reum pariter atque accusatorem admirabilem egit, et C. Antonii, quem damnaverat, filiam in matrimonium ducendo; et M. Colonium, a quo damnatus fuerat, rerum suarum procuratorem habendo.

7. Cœlii vero Rufi ut vita inquinata, ita misericordia quam Q. Pompeio præstitit, probanda. Cui, a se publica quæstione prostrato, quum mater Cornelia

nélie la restitution de ses biens, dont elle était demeurée dépositaire, il écrivit à Célius pour implorer son appui; et Célius soutint avec une fermeté inébranlable les intérêts de l'absent. Il lut aux juges la lettre même de Pompéius, indice de l'extrême nécessité où il se trouvait réduit, et cette lecture confondit l'avarice dénaturée de Cornélie. Un trait si généreux mérite-t-il d'être repoussé, même sous le nom de Célius? (An de R. 702.)

CHAPITRE III

DU DÉSINTÉRESSEMENT ET DE LA CONTINENCE

Du Désintéressement et de la Continence chez les Romains.

On doit mettre un soin extrême, un zèle particulier à rappeler jusqu'à quel point des citoyens illustres, aidés de la raison et de la sagesse, ont su garantir leur cœur des attaques furieuses de l'amour et de l'avarice. Nulle famille, nulle république, nul royaume ne peut se promettre une durée éternelle, qu'autant que

fidei commissa prædia non redderet, atque iste auxilium suum litteris implorasset, pertinacissime absenti adfuit. Recitavit et ejus epistolam judicio ultimæ necessitatis indicem, qua impiam Corneliæ avaritiam subvertit. Factum, propter eximiam humanitatem, ne sub Cœlio quidem auctore repudiandum.

CAPUT III

DE ABSTINENTIA ET CONTINENTIA

De Abstinentia et Continentia Romanorum.

Magna cura præcipuoque studio referendum est, quantopere libidinis et avaritiæ furori similes impetus ab illustrium virorum pectoribus consilio ac ratione submoti sint; quia demum ii penates, ea civitas, id regnum æterno in gradu

la passion des femmes et celle de l'argent n'y prendront point d'empire; car où pénètrent ces redoutables fléaux du genre humain, là s'établissent le règne de l'injustice et le feu dévorant de l'ignominie. Éloignons-nous de ces vices, et occupons-nous de citer quelques exemples des vertus contraires.

1. Scipion, dans sa vingt-quatrième année, venait de préluder à la conquête de l'ancienne Carthage par la prise de la nouvelle Carthage, en Espagne; plusieurs ôtages que les Carthaginois gardaient dans cette place étaient tombés en son pouvoir, entre autres une jeune fille adulte, d'une beauté admirable. Ce général, dans la fleur de la jeunesse, libre du lien conjugal, et vainqueur, apprenant qu'elle était d'une illustre maison de Celtibérie, et fiancée à l'un des plus nobles de la nation, nommé Indibilis, fit aussitôt venir ses parents et son époux, et la remit pure et intacte entre leurs mains; il ajouta même à sa dot l'or qu'ils avaient apporté pour sa rançon. Touché de tant de sagesse et de générosité, Indibilis témoigna sa juste reconnaissance à Scipion, en attachant les Celtibères au parti des Romains. (An de R. 543.)

2. L'on vit briller en Espagne la vertu de Scipion; celle de

---

facile steterit, ubi minimum virium Veneris pecuniæque cupido sibi vindicaverit. Nam, quo istæ generis humani certissimæ pestes penetraverint, ibi injuria dominatur, infamia flagrat. Quibus longius relictis, contrarios tam diris vitiis mores commemoremus.

1. Quartum et vicesimum annum agens Scipio, quum in Hispania Carthagine oppressa, majoris Carthaginis capiendæ sumpsisset auspicia, multosque obsides, quos in ea urbe Pœni clausos habuerant, in suam potestatem redegisset, eximiæ inter eos formæ virginem, ætatis adultæ, et juvenis, et cœlebs, et victor, postquam comperit illustri loco inter Celtiberos natam, nobilissimoque gentis ejus Indibili desponsatam, arcessitis parentibus et sponso inviolatam tradidit; aurum quoque, quod pro redemptione puellæ allatum erat, summæ dotis adjecit. Qua continentia ac munificentia Indibilis obligatus, Celtiberorum animos Romanis applicando, meritis ejus debitam gratiam retulit.

2. Verum, ut hujus viri abstinentiæ testis Hispania, ita M. Catonis Epiros,

CHAP. III, DU DÉSINTÉRESSEMENT, ETC. 259

Caton eut pour témoins l'Épire, l'Achaïe, les Cyclades, les côtes de l'Asie, la province de Chypre. Chargé d'emporter de cette île à Rome des trésors considérables, il fut également inaccessible à tous les genres de voluptés et à l'avarice, quoique entouré de tous les objets capables d'irriter l'une et l'autre passion. En effet, il avait en son pouvoir les richesses d'un roi, et la nécessité le forçait même, pendant une longue navigation, à s'arrêter dans une foule de villes superbes, sources fécondes de délices. C'est ce que font entendre les écrits de Munatius Rufus, son confident, qui l'accompagna dans l'expédition de Chypre. Mais je laisse le témoignage de cet auteur. Un tel mérite trouve sa preuve et son appui en lui-même : car la sagesse et Caton sont sortis à la fois du sein de la nature. (An de R. 695.)

3. Citons encore Drusus Germanicus, précieux honneur de la famille Claudienne, ornement singulier de la patrie, et, pour comble de gloire, jeune héros que des exploits au-dessus de son âge rendent merveilleusement digne de deux princes augustes, d'un beau-père et d'un frère, ce couple divin, ces yeux de la patrie. Il est constant qu'il renferma l'usage des plaisirs de l'amour dans le sein de la tendresse conjugale. Son épouse Antonia, su-

---

Achaia, Cyclades insulæ, maritima pars Asiæ, provincia Cypros. Unde quum pecuniæ deportandæ ministerium sustineret, tam aversum animum ab omni venere, quam a lucro habuit, in maxima utriusque intemperantiæ versatus materia. Nam et regiæ divitiæ potestate ipsius continebantur, et fertilissimæ deliciarum tot Græciæ urbes necessaria totius navigationis deverticula erant. Atque id Munatius Rufus, Cypriacæ expeditionis fidus comes, scriptis suis significat. Cujus testimonium non amplector. Proprio enim argumento laus ista nititur; quoniam ex eodem naturæ utero et continentia nata est, et Cato.

3. Drusum etiam Germanicum, eximiam Claudiæ familiæ gloriam, patriæque rarum ornamentum, et, quod super omnia est, operum suorum, pro habitu ætatis, magnitudine vitrico pariter ac fratri Augustis, duobus reipublicæ divinis oculis, mirifice respondentem, constitit usum Veneris intra conjugis caritatem clausum tenuisse. Antonia quoque, femina laudibus virilem familiæ

périeure en vertu aux hommes qui ont illustré sa famille, répondit à l'amour de son mari par une rare fidélité. Elle demeura veuve à la fleur de l'âge et dans tout l'éclat de sa beauté : l'appartement de sa belle-mère lui tint lieu de société conjugale, et le même lit vit s'éteindre l'époux dans sa jeunesse, et vieillir l'épouse dans un veuvage sévère. Cet appartement couronnera les exemples d'une pareille vertu. (An de R. 744.)

4. Occupons-nous ensuite des citoyens dont l'âme ne s'est jamais occupée de placer l'argent parmi les biens désirables. Cn. Marcius, jeune patricien, illustre descendant du roi Ancus, surnommé Coriolan à la prise de Corioles, ville des Vosques, eut la gloire, après des actes extraordinaires de bravoure, d'entendre célébrer ses louanges, en présence de l'armée entière, par le consul Postumus Cominius, et de se voir offrir, avec les présents militaires, un domaine de cent arpents, dix prisonniers à son choix, autant de chevaux harnachés, un troupeau de cent bœufs, et autant d'argent qu'il en pourrait porter ; mais il n'accepta que la liberté d'un prisonnier qui lui était uni par les liens de l'hospitalité, et un cheval de bataille. En voyant un désintéressement si scrupuleux, on est embarrassé de dire s'il se fit plus

---

suæ claritatem supergressa, amorem mariti egregia fide pensavit. Quæ post ejus excessum, forma et ætate florens, cubiculum socrus pro conjugio habuit; in eodemque toro alterius adolescentiæ vigor exstinctus est, alterius viduitatis experientia consenuit. Hoc cubiculum talibus experimentis summam imponat.

4. Deinceps et his vacemus, quorum animus aliquo in momento ponendo pecuniam nunquam vacavit. Cn. Marcius, patriciæ gentis adolescens, Anci regis clara progenies, cui Corioli Volscorum oppidum captum cognomen adjecit, quum editis conspicuæ fortitudinis operibus, a Postumo Cominio consule, accurata oratione apud milites laudatus, omnibus donis militaribus, et agri centum jugeribus, et decem captivorum electione, et totidem ornatis equis, centenario boum grege, argentoque, quantum sustinere valuisset, donaretur, nihil ex his, præter unius hospitis captivi salutem, equumque, quo in acie uteretur, accipere voluit.

d'honneur à mériter ces récompenses, ou à les refuser. (An de R. 260.)

5. M. Curius, qui fut tout à la fois, chez les Romains, le modèle le plus accompli de la frugalité et le plus parfait exemple de la bravoure, offrit aux ambassadeurs des Samnites le spectacle d'un consulaire assis sur un banc grossier auprès de son feu, mangeant, dans une écuelle de bois, des mets tels qu'on peut les présumer à l'appareil du service. Il ne témoigna que du mépris pour les richesses des Samnites, et leur fit admirer sa pauvreté. Ils avaient apporté une somme d'or considérable au nom de leurs concitoyens; ils l'invitèrent en termes obligeants à l'accepter. Curius se mit à rire : « Vous vous êtes chargés, leur dit-il aussitôt, d'une mission bien inutile, pour ne pas dire ridicule. Allez dire aux Samnites que M. Curius aime mieux commander à des hommes riches que de devenir riche lui-même. Remportez votre présent : ce métal, tout précieux qu'il est aux yeux des hommes, n'est fait que pour leur malheur. Souvenez-vous que je ne me laisse pas plus séduire par les richesses que vaincre sur le champ de bataille. » (An de R. 463.)

Le même Curius, après avoir chassé Pyrrhus de l'Italie, enri-

---

Qua tam circumspecta animi moderatione, nescias, utrum majore cum laude præmia meruerit, an rejecerit.

5. M. autem Curius, exactissima norma Romanæ frugalitatis, idemque fortitudinis perspectissimum specimen, Samnitum legatis agresti se in scamno assidentem foco, atque ligneo catillo cœnantem (quales epulas, apparatus indicio est) spectandum præbuit. Ille enim Samnitum divitias contempsit; Samnites ejus paupertatem mirati sunt. Nam, quum ad eum magnum auri pondus publice missum attulissent, benignis verbis invitatus ut eo uti vellet, et vultum risu solvit, et protinus : « Supervacuæ, inquit, ne dicam ineptæ legationis ministri, narrate Samnitibus, M. Curium malle locupletibus imperare, quam ipsum fieri locupletem ; atque istud ut pretiosum, ita malo hominum excogitatum munus refertote, et mementote, me nec acie vinci, nec pecunia corrumpi posse. »

Idem quum Italia Pyrrhum regem exegisset, nihil omnino ex præda regia, qua

chit du butin royal et l'armée et la patrie, sans y toucher pour lui-même. Le sénat accorda par un décret sept arpents de terre à chaque citoyen, et cinquante à Curius ; mais celui-ci ne voulut point outre-passer la mesure assignée au peuple. C'eût été, à ses yeux, se montrer un citoyen peu digne de la république, que de ne savoir pas se contenter de la portion commune. (An de R. 478.)

6. Nous retrouvons les mêmes sentiments dans Fabricius Luscinus, supérieur à tous les citoyens de son temps par les dignités et le crédit, mais, quant à la fortune, égal au plus pauvre de la république. Les Samnites, qui tous étaient ses clients, lui envoyèrent un jour dix livres de cuivre (quinze marcs), cinq livres d'argent, autant d'esclaves ; mais il renvoya tous ces présents dans le Samnium. Grâce à la simplicité de sa vie, il n'avait pas besoin de fortune pour être opulent, ni d'esclaves pour avoir un nombreux cortége. Sa richesse consistait, non dans l'étendue des possessions, mais dans la modération des désirs. Point de luxe dans sa maison : on n'y voyait ni l'airain, ni l'argent, ni les esclaves des Samnites ; mais aussi elle était remplie de la gloire que lui avait acquise le mépris de ces biens superflus. (An de R. 480.)

---

exercitum Urbemque ditaverat, attigit. Decretis etiam a senatu septenis jugeribus agri populo, sibi autem quinquaginta, popularis assignationis modum non excessit, parum idoneum reipublicæ civem existimans, qui eo, quod reliquis tribueretur, contentus non esset.

6. Idem sensit Fabricius Luscinus, honoribus et auctoritate omni civitate temporibus suis major, censu unicuique pauperrimo : qui a Samnitibus, quos universos in clientela habebat, decem æris, et quinque pondo argenti, totidemque servos sibi missos, in Samnium remisit, continentiæ suæ beneficio sine pecunia prædives, sine usu familiæ abunde comitatus, quia locupletem illum faciebat, non multa possidere, sed modica desiderare. Ergo domus ejus, quemadmodum ære et argento et mancipiis Samnitum vacua, ita gloria, ex his contemptis parta, referta fuit.

Il fit un souhait qui répond à ce refus des richesses. Se trouvant à la cour de Pyrrhus en qualité d'ambassadeur, il y entendit le Thessalien Cynéas parler d'un philosophe athénien, distingué par sa sagesse, qui enseignait à ne prendre pour but de ses actions que le plaisir. Un tel précepte lui sembla une monstruosité, et il s'empressa de souhaiter à Pyrrhus et aux Samnites une pareille sagesse. Quelque fière que fût la ville d'Athènes de sa philosophie, le sage monarque ne laissa pas de trouver cette aversion de Fabricius préférable aux maximes d'Épicure; et l'événement vint lui donner raison. En effet, la ville la plus livrée à la volupté perdit un vaste empire; celle qui mettait sa jouissance dans le travail sut conquérir la plus haute puissance : l'une ne put sauver pour elle-même la liberté, l'autre se vit même en état de lui en faire présent. (An de R. 474.)

7. On peut avec raison reconnaître un disciple des Curius et des Fabricius dans la personne de Q. Élius Tubéron, surnommé *Catus*. Pendant son consulat, la nation étolienne lui envoya une ambassade pour lui offrir des vases en argent de toute espèce, d'un poids considérable et d'un travail exquis, parce qu'une députation précédente avait appris aux Étoliens qu'on ne voyait sur

---

Consentanea repudiatis donis Fabricii vota exstiterunt. Legatus enim ad Pyrrhum profectus, quum apud eum Cyneam Thessalum narrantem audisset, quemdam Atheniensem clarum sapientia suadere, ne quid aliud homines quam voluptatis causa facere vellent, pro monstro eam vocem accepit, continuoque Pyrrho et Samnitibus istam sapientiam deprecatus est. Licet Athenæ doctrina sua glorientur, vir tamen prudens Fabricii detestationem, quam Epicuri maluit præcepta; quod eventus quoque indicavit. Nam, quæ urbs voluptati plurimum tribuit, imperium maximum amisit; quæ labore delectata est, occupavit; et illa libertatem tueri non valuit, hæc etiam donare potuit.

7. Curii et Fabricii Q. Ælium Tuberonem cognomine *Catum* discipulum fuisse merito quis existimaverit. Cui, consulatum gerenti, quum Ætolorum gens omnis usus vasa argentea, magno pondere, et exquisita arte fabricata, per legatos misisset, qui superiori tempore gratulandi causa ad eum profecti retulerant,

sa table que de la vaisselle d'argile. Le consul invita les ambassadeurs à ne pas se figurer que la frugalité eût besoin de secours comme l'indigence, et les congédia avec leur bagage. Combien il avait raison de préférer ses biens domestiques à ceux de l'Étolie ! Heureux les âges suivants s'ils eussent voulu suivre cet exemple ! A quel point sommes-nous arrivés aujourd'hui ? c'est à peine si l'on peut obtenir de nos esclaves de ne pas dédaigner une vaisselle dont un consul ne rougissait pas alors de faire usage. (An de R. 586.)

8. Paul-Émile, après la défaite de Persée, avait comblé des richesses de la Macédoine l'antique et héréditaire pauvreté de notre patrie, au point d'affranchir pour la première fois le peuple romain du fardeau des tributs. Mais il ne songea nullement à enrichir sa maison, se trouvant assez heureux d'avoir acquis, par cette victoire, des trésors à ses concitoyens, et de la gloire à lui-même. (An de R. 587.)

9. Telle fut aussi la façon de penser de Q. Fabius Gurges, de Numérius Fabius Pictor, de Q. Ogulnius, qui, de retour de leur ambassade à la cour du roi Ptolémée, et même avant d'avoir rendu compte au sénat de leur mission, portèrent au trésor public les

---

fictilia se in ejus mensa vasa vidisse; monitos, ne continentiæ quasi paupertati succurrendum putarent, cum suis sarcinis abire jussit. Quam bene Ætolicis domestica prætulerat, si frugalitatis ejus exemplum posterior ætas sequi voluisset! Nunc quo ventum est ? a servis vix impetrari potest, ne eam supellectilem fastidiant, qua tunc consul uti non erubuit.

8. At Perse rege devicto, Paulus, quum Macedonicis opibus veterem atque hereditariam Urbis nostræ paupertatem eo usque satiasset, ut illo tempore primum populus Romanus tributi præstandi onere se liberaret, penates suos nulla ex parte locupletiores fecit, præclare secum actum existimans, quod ex illa victoria alii pecuniam, ipse gloriam occupasset.

9. Atque huic animi ejus judicio Q. Fabius Gurges, Numerius Fabius Pictor, Q. Ogulnius subscripserunt : qui, legati ad Ptolemæum regem missi, munera, quæ ab eo privatim acceperant, in ærarium, et quidem prius quum ad senatum

présents que chacun d'eux avait reçus en particulier de ce prince, persuadés sans doute qu'aucun citoyen ne doit retirer d'une fonction publique d'autre avantage que la gloire de s'en être bien acquitté. On a lieu de reconnaître, en cette occasion, la délicatesse du sénat et la politique attentive de nos aïeux. On rendit à ces députés, tant par ordre du sénat qu'avec le consentement du peuple, les objets qu'ils avaient déposés dans le trésor, et les questeurs s'empressèrent de les remettre à chacun d'eux. Ainsi éclatèrent à la fois la libéralité de Ptolémée, le désintéressement des ambassadeurs, l'équité du sénat et du peuple romain ; et une belle action fournit à chacun une juste part de louanges. (An de R. 480.)

10. Calpurnius Pison, dans une occasion semblable, prit pour modèle l'exemple des Fabius et d'Ogulnius : c'est ce que fera voir le trait suivant. Il était consul ; il venait de délivrer la Sicile de l'affreuse guerre des esclaves, et s'occupait, en qualité de général, de distribuer les récompenses d'usage à ceux qui s'y étaient principalement signalés. Son fils, entre autres, avait déployé en plusieurs rencontres la plus brillante valeur : il le jugea digne d'une couronne d'or du poids de trois livres ; mais il ne lui décerna que le titre, sans la couronne, disant qu'un magistrat ne devait pas employer les richesses publiques à des largesses qui

---

legationem referrent, detulerunt ; de publico scilicet ministerio nihil cuiquam, præter laudem bene administrati officii, accedere debere judicantes. Jam illud humanitatis senatus, et attentæ majorum disciplinæ indicium est. Data sunt enim legatis, quæ in ærarium reposuerant, non solum patrum conscriptorum decreto, sed etiam populi permissu ; eaque legatis quæstores prompte unicuique distribuerunt. Ita in iisdem Ptolemæi liberalitas, legatorum abstinentia, senatus ac populi Romani æquitas, debitam probabilis facti portionem obtinuit.

10. Fabiorum et Ogulnii continentiæ Calpurnium Pisonem in consimili genere laudis æmulum fuisse res ipsa documento est. Consul, gravi fugitivorum bello a se liberata Sicilia, eos, quorum præcipua opera usus fuerat, imperatorio more donis prosequebatur. Inter quos filium suum, locis aliquot præliatum fortissime, titulo trium librarum aureæ coronæ decoravit, præfatus, *non oportere a ma-*

tourneraient au profit de sa maison. Il promit de laisser à son fils, par testament, un legs égal au poids de la couronne. Ainsi le général décerna l'honneur au nom de l'État, et le père fournit la récompense pécuniaire sur ses fonds particuliers. (An de R. 620.)

11. Si l'on voyait aujourd'hui un personnage illustre n'avoir pour tapis que des peaux de bouc, gouverner l'Espagne sans autre suite que trois esclaves, ne dépenser pour un voyage d'outre-mer que cinq cents as (quarante francs), se contenter de la nourriture et du vin des matelots, ne le trouverait-on pas à plaindre? Voilà cependant ce que l'ancien Caton supportait sans aucun effort de patience, grâce à l'heureuse habitude de frugalité qui lui faisait trouver, dans ce genre de vie, un charme délicieux. (An de R. 558.)

12. Il y a loin de cette antique simplicité à celle du dernier Caton, conséquence naturelle de la marche des années : la république était déjà riche et fastueuse à l'époque de sa naissance. Néanmoins, au milieu des guerres civiles, partout accompagné de son fils, il n'eut jamais à sa suite que douze esclaves; cortége numériquement supérieur à celui de l'ancien Caton, mais bien inférieur, si l'on considère la diversité des temps et des mœurs. (An de R. 704.)

---

gistratu e publica pecunia erogari, quod in ipsius domum rediturum esset; tantumque ponderis se testamento adolescenti legaturum promisit, ut honorem publice a duce, pretium a patre privatim reciperet.

11. Age, si quis hoc seculo vir illustris pellibus hædinis pro stragulis utatur, tribusque servis comitatus Hispaniam regat, et quingentorum assium sumptu transmarinam provinciam petat, eodem cibo, eodemque vino, quo nautæ, uti contentus sit, nonne miserabilis existimetur? Atqui ista patientissime superior Cato toleravit, quia illum grata frugalitatis consuetudo in hoc genere vitæ cum summa dulcedine continebat.

12. Multum a prisca continentia spatio annorum posterior Cato discedit, utpote in civitate jam divite et lautitia gaudente natus. Is tamen, quum bellis civilibus interesset, filium secum trahens, duodecim servos habuit, numero plures, quam superior; temporum diversis moribus, pauciores.

13. C'est avec ravissement qu'on parcourt l'histoire des grands hommes. Scipion Émilien, après deux consulats à jamais célèbres, et autant de triomphes singulièrement glorieux à sa mémoire, n'avait à sa suite, dans les fonctions d'ambassadeur, que sept esclaves. Sans doute les dépouilles de Carthage et de Numance pouvaient lui en procurer un plus grand nombre; mais il préféra ne recueillir de ses exploits que des lauriers pour lui-même, et laisser les richesses à sa patrie. Aussi, lorsqu'il passait chez les alliés et les nations étrangères, on comptait non ses esclaves, mais ses victoires; on considérait, non pas la quantité d'or et d'argent, mais la gloire imposante qui l'accompagnait. (An de R. 623.)

14. La multitude même a souvent donné des preuves de désintéressement; mais il suffira d'en citer deux exemples empruntés à des époques fort éloignées l'une de l'autre. Pyrrhus, voyant la terreur de son invasion dissipée, l'ardeur des troupes épirotes ralentie, voulut acheter la bienveillance du peuple romain, dont il n'avait pu dompter le courage; il fit transporter dans notre ville presque tout l'appareil de l'opulence royale. Vainement ses députés, allant de maison en maison, offraient à nos citoyens des présents, objets aussi précieux que variés, à l'usage tant des

---

13. Exsultat animus maximorum virorum memoriam percurrens. Scipio Æmilianus post duos inclytos consulatus, totidemque suæ præcipuæ gloriæ triumphos, septem servis sequentibus officio legationis functus est; et, puto, Carthaginis ac Numantiæ spoliis comparare plures potuerat, nisi operum suorum ad se laudem, manubias ad patriam redundare maluisset. Itaque, quum per socios et exteras gentes iter faceret, non mancipia ejus, sed victoriæ numerabantur; nec quantum auri et argenti, sed quantum amplitudinis pondus secum ferret, æstimabatur.

14. Continentia vero etiam in universæ plebis animis sæpenumero cognita est; sed abunde erit, ex his duo exempla longe inter se distantium seculorum retulisse. Pyrrhus, impetus sui terrore soluto, ac jam Epiroticis armis languentibus, benevolentiam populi Romani mercari, quia virtutem debilitare nequiverat, cupiens, pæne totum regiarum opum apparatum in Urbem nostram transtulit. Cæterum, quum et magni pretii, et varii generis, a legatis ejus, tam virorum

hommes que des femmes : ils ne vinrent pas à bout de se faire ouvrir une seule porte, et le courageux, mais inutile défenseur de l'insolence des Tarentins, échoua contre la sévérité de nos mœurs. Cet échec de Pyrrhus fut peut-être plus glorieux aux Romains que ses défaites sur le champ de bataille. (An de R. 473.)

Dans l'horrible tempête dont C. Marius et Cinna agitèrent la république, le peuple romain donna encore un merveilleux exemple de désintéressement. Lorsqu'ils eurent livré au pillage les maisons de ceux qu'ils avaient proscrits, il ne se trouva pas un seul homme qui voulût profiter du malheur de ses concitoyens : chacun respecta les maisons de ces infortunées victimes, comme des sanctuaires de la divinité. Tant de pitié et de retenue dans le peuple fut un reproche sanglant, quoique silencieux, pour la cruauté des vainqueurs. (An de R. 666.)

Du Désintéressement et de la Continence chez les étrangers.

1. Ne refusons pas aux étrangers de rappeler ce qui leur revient dans ce genre de mérite. Périclès, le premier citoyen d'Athènes, avait pour collègue dans la préture le célèbre Sophocle, poëte tragique. Un jour qu'ils étaient sérieusement oc-

---

quam feminarum apta usui munera circa domos ferrentur, nulla cuiquam dono janua patuit, Tarentinæque petulantiæ animosus magis quam efficax defensor, haud scio majore cum gloria hujus Urbis moribus, an armis repulsus sit.

In illa quoque procella, quam C. Marius et L. Cinna reipublicæ inflixerant, abstinentia populi Romani mirifica conspecta est. Nam, quum a se proscriptorum penates vulgi manibus diripiendos abjecissent, inveniri potuit nemo, qui civili luctu prædam peteret; unus enim quisque se ab his perinde ac a sacris ædibus abstinuit. Quæ quidem tam misericors continentia plebis tacitum crudelium victorum convicium fuit.

De Abstinentia et Continentia externorum.

1. Ac ne ejusdem laudis commemorationem externis invideamus, Pericles Atheniensium princeps, quum tragœdiarum scriptorem Sophoclem in prætura collegam

cupés ensemble d'une fonction publique, celui-ci se mit à louer, en termes énergiques, la beauté d'un enfant qui passait, et dont l'extérieur annonçait une bonne naissance. Périclès, lui reprochant cet oubli des bienséances, lui dit qu'un magistrat devait à la fois garantir ses mains des souillures de l'avarice, et ses yeux de tout regard impur. (Av. J.-C. 447.)

2. On demandait à Sophocle, déjà avancé en âge, s'il payait toujours son tribut à l'amour. « Dieu m'en garde ! dit-il ; je me suis volontiers échappé de ses fers, comme des mains d'un tyran insensé et barbare. » (Av. J.-C. 413.)

3. Xénocrate eut la même réputation de sagesse dans ses vieux jours ; le récit qui va suivre en sera un témoignage assez frappant. Phryné, célèbre courtisane d'Athènes, dans une orgie nocturne, voyant ce vieillard pris de vin, se coucha à ses côtés ; elle avait parié avec quelques jeunes gens de mettre en défaut l'austérité de notre philosophe. Celui-ci, sans la repousser de gestes ni de paroles, la laissa, tout le temps qu'elle voulut, reposer sur son sein ; mais il ne lui accorda point le succès qu'elle attendait : admirable retenue, preuve d'une haute sagesse ! Quant à la courtisane, elle s'en tira par un mot très-plaisant.

---

haberet, atque is, publico officio una districtus, praetereuntis ingenui pueri formam impensioribus verbis laudasset, intemperantiam ejus increpans, dixit : *Praetori non solum manus a pecuniæ lucro, sed etiam oculos a libidinoso aspectu continentes esse debere.*

2. Sophocles autem aetate jam senior, quum ab eo quidam quaereret, an etiam nunc rebus venereis uteretur : *Dii meliora!* inquit ; *libenter enim istinc tanquam ex aliqua furiosa profugi dominatione.*

3. Æque abstinentis senectæ Xenocratem fuisse accepimus : cujus opinionis non parva fides erit narratio, quae sequitur. In pervigilio Phryne, nobile Athenis scortum, juxta eum vino gravem accubuit, pignore cum quibusdam juvenibus posito, an temperantiam ejus corrumpere posset. Quam nec tactu, nec sermone aspernatus, quoad voluerat, in sinu suo moratam, irritam propositi dimisit ; factum sapientia imbuti animi abstinens. Sed meretriculae quoque

Les jeunes gens la raillaient de n'avoir pu, avec tant de beauté, tant de grâces et d'appas, émouvoir le cœur d'un vieillard ivre ; ils réclamaient le prix de la gageure. « En acceptant le pari, dit-elle, j'entendais avoir affaire à un homme, non à une statue. » Pouvait-on peindre la chasteté de Xénocrate avec plus de vérité, avec plus de justesse que ne le fit le mot de cette courtisane ? Phryné, avec tous ses attraits, ne put ébranler un instant la constance de sa vertu. (Av. J.-C. 334.)

Mais quoi donc ? le roi Alexandre lui-même y réussit-il avec ses richesses ? On eût dit encore une statue, contre laquelle échouèrent également les efforts de ce prince. Il lui envoya des députés avec plusieurs talents. Ils furent introduits dans les jardins de l'Académie, où le philosophe leur donna un repas à sa manière, c'est-à-dire très-simple, sans appareil. Le lendemain, ils lui demandèrent en quelles mains il voulait que l'on comptât l'argent. « Eh quoi ! dit-il, le repas d'hier ne vous a-t-il pas fait comprendre que je n'en ai pas besoin ? » Ainsi le roi voulut acheter l'amitié du philosophe ; le philosophe ne voulut pas la lui vendre. (Av. J.-C. 334.)

4. Alexandre, après avoir acquis le titre d'invincible, ne put

---

dictum perquam facetum ; deridentibus enim se adolescentibus, quia tam formosa, tamque elegans poti senis animum illecebris pellicere non potuisset, pactumque victoriæ pretium flagitantibus, *de homine se cum iis, non de statua, pignus posuisse,* respondit. Potestne hæc Xenocratis continentia a quoquam magis vere magisque proprie demonstrari, quam ab ipsa meretricula expressa est ? Phryne pulchritudine sua nulla ex parte constantissimam ejus abstinentiam labefecit.

Quid rex Alexander ? an divitiis eum quatere potuit ? ab illo quoque statuam, et quidem æque frustra tentatam, putes. Legatos ad eum cum aliquot talentis miserat ; quos in Academiam perductos, solito sibi, id est, modico apparatu, et admodum parvulis copiis excepit. Postero die interrogantibus, cuinam annumerari pecuniam vellet. *Quid, vos,* inquit, *hesterna cœna non intellexistis, ea me non indigere ?* Ita rex philosophi amicitiam emere voluit ; philosophus regi suam vendere noluit.

4. Alexander vero, cognomen invicti assecutus, continentiam Diogenis Cynici

vaincre le mépris de Diogène le Cynique pour la fortune. Le trouvant un jour assis au soleil, il s'approcha de lui et le pressa de lui dire ce qu'il pouvait faire en sa faveur. Sans se déranger de la pierre où il était assis, ce philosophe d'un surnom méprisable, mais d'une force d'âme supérieure, lui répondit : « Tu vas être satisfait ; mais avant tout retire-toi, s'il te plaît, de mon soleil. » Ces paroles ne renfermaient-elles pas clairement cette pensée : Alexandre prétend renverser Diogène par le charme des richesses ; il aura plutôt renversé Darius par la force des armes. Pendant son séjour à Syracuse, Aristippe, le voyant laver ses légumes, s'avisa de lui dire : « Si tu voulais faire la cour à Denys, tu ne prendrais pas une pareille nourriture. — Et toi-même, répliqua Diogène, si tu voulais prendre une pareille nourriture, tu ne ferais pas la cour à Denys. » (Av. J.-C. 334.)

CHAPITRE IV

DE LA PAUVRETÉ

Les plus beaux ornements d'une mère de famille, ce sont ses

---

vincere non potuit : ad quem quum in sole sedentem accessisset, hortareturque, *ut, si qua sibi vellet præstari, indicaret*, quemadmodum erat in crepidine collocatus, sordidæ appellationis, sed robustæ vir præstantiæ : *Mox*, inquit, *de cæteris; interim a sole mihi velim non obstes*. Quibus verbis illa nimirum inhæsit sententia : Alexander Diogenem gradu suo divitiis pellere tentat, celerius Darium armis. Idem Syracusis, quum olera ei lavanti Aristippus dixisset, si Dionysium adulare velles, ista non esses. « *Immo*, inquit, *si tu ista esse velles, non adulares Dionysium.* »

CAPUT IV

DE PAUPERTATE

Maxima ornamenta esse matronis liberos, apud Pomponium Rufum collectorum

enfants. Voici ce que l'on trouve à ce sujet dans le recueil de Pomponius Rufus. Une mère de famille Campanienne, logée chez Cornélie, mère des Gracques, lui faisait l'étalage de ses bijoux, très-magnifiques pour cette époque. Cornélie fit durer la conversation jusqu'au retour de ses enfants, qui étaient à l'école. A leur arrivée, « Voici mes bijoux, » dit-elle. C'est tout avoir que de ne rien ambitionner ; propriété bien plus sûre que celle de tous les trésors du monde : car la possession des autres biens est sujette à s'évanouir ; celle d'une âme pure, sans passions, est à l'abri de tous les coups de l'adversité. A quel titre pourrions-nous donc regarder les richesses comme le comble du bonheur, la pauvreté comme un abîme de misère, lorsque nous voyons celles-là, sous des dehors de félicité, recéler une foule d'amertumes secrètes, et celle-ci, avec un aspect âpre et austère, abonder en biens solides et impérissables? Des exemples, mieux que des paroles, rendront cette vérité sensible.

1. L'orgueil insupportable de Tarquin ayant fait proscrire la royauté, les premiers honneurs du consulat furent partagés entre Valérius Publicola et Junius Brutus. (An de R. 244.) Le même Publicola occupa trois fois, dans la suite, cette magistrature, à la grande satisfaction du peuple romain. De nombreux et impor-

---

libro sic invenimus : Cornelia Gracchorum mater, quum Campana matrona, apud illam hospita, ornamenta sua pulcherrima illius seculi ostenderet, traxit eam sermone, quousque e schola redirent liberi, et, *Hæc*, inquit, *ornamenta mea sunt*. Omnia nimirum habet qui nihil concupiscit; eo quidem certius, quam qui cuncta possidet, quia dominium rerum collabi solet. Bonæ mentis usurpatio nullum tristioris fortunæ recipit incursum. Itaque quorsum attinet, aut divitias in prima felicitatis parte, aut paupertatem in ultimo miseriarum statu ponere? quum et illarum frons hilaris multis intus amaritudinibus sit referta, et hujus horridior aspectus solidis et certis bonis abundet. Quod melius personis, quam verbis, repræsentabitur.

1. Regio imperio propter nimiam Tarquinii superbiam finito, consulatus initium Valerius Publicola cum Junio Bruto auspicatus est. Idemque postea tres consulatus acceptissimos populo Romano gessit, et plurimorum ac maximorum operum

tants travaux grossirent les inscriptions de ses images, et cependant ce grand homme, ce glorieux soutien de nos fastes consulaires, mourut sans laisser même de quoi fournir aux frais de ses funérailles : il fallut avoir recours au trésor public. Que sert de discuter, de rechercher davantage les preuves de sa pauvreté? on voit suffisamment ce qu'il dut posséder pendant sa vie, lorsqu'à sa mort il ne laisse pas la valeur d'un lit funèbre et d'un bûcher. (An de R. 250.)

2. Quelle idée imposante doit-on se faire de Ménénius Agrippa, ce médiateur choisi par le sénat et le peuple pour rétablir entre eux la concorde, si ce n'est celle d'un arbitre du salut de l'État? Cependant il mourut dans une telle pauvreté que, si le peuple n'eût payé une contribution d'un sixième d'as par tête pour fournir aux frais de ses funérailles, il eût été privé des honneurs de la sépulture. Si la république, en proie à une division fatale, voulut confier aux mains d'Agrippa le soin de réunir les deux partis, c'est qu'elle avait remarqué en lui l'intégrité jointe à la pauvreté. Tant qu'il vécut, il ne posséda rien qui fût sujet au cens; mais après sa mort, et jusqu'à nos jours, la paix publique a été son glorieux patrimoine. (An de R. 260.)

---

prætextu titulum imaginum suarum amplificavit, quum interim fastorum illud columen, patrimonio ne ad exsequiarum quidem impensam sufficiente, decessit, ideoque publica pecunia ductæ sunt. Non attinet ulteriore disputatione tanti viri paupertatem scrutari; abunde enim patet, quid vivus possederit, cui mortuo lectus funebris et rogus defuit.

2. Quantæ amplitudinis Agrippam Menenium fuisse arbitremur, quem senatus et plebs pacis inter se faciendæ auctorem legit? quantæ scilicet esse debuit arbiter publicæ salutis. Hic, nisi a populo collatis in capita sextantibus funeratus esset, ita pecuniæ inops decessit, ut sepulturæ honore caruisset. Verum idcirco perniciosa seditione dividua civitas, manibus Agrippæ in unum contrahi voluit, quia eas pauperes quidem, sed sanctas animadverterat. Cujus ut superstitis nullum fuit, quod in censum deferretur, ita exstincti, hodieque amplissimum est patrimonium Romana concordia.

3. Mais il faut l'avouer, C. Fabricius et Q. Émilius Papus, les premiers hommes de leur siècle, avaient chez eux de l'argenterie : c'étaient la coupe des dieux et une salière : voilà ce que possédaient l'un et l'autre. Fabricius avait plus de luxe, en ce qu'il avait fait monter sa coupe sur un pied de corne. Papus, de son côté, se piqua d'une sorte de grandeur : comme il avait reçu ces objets à titre d'héritage, il se fit un scrupule religieux de ne pas les vendre. (An de R. 478.)

4. Ils étaient opulents, sans doute, ces citoyens qu'on appelait de la charrue au consulat ; c'était par plaisir qu'ils remuaient le sol ingrat et aride de la Pupinie ; c'était par amusement qu'ils brisaient, à force de travail et de sueur, ces mottes énormes d'un terrain stérile ! Non, ils n'étaient pas riches ; ces grands hommes, que les dangers de la patrie mettaient à la tête des armées, avaient un patrimoine si modique, ils étaient si pauvres (pourquoi hésiter à dire la vérité sans déguisement ?) qu'ils étaient réduits à labourer la terre.

5. Les députés envoyés par le sénat auprès d'Atilius pour l'engager à venir se mettre à la tête du peuple romain le trouvèrent occupé à ensemencer son champ. Ces mains, endurcies aux travaux de la campagne, assurèrent le salut de l'État, détruisirent

---

3. In C. vero Fabricii et Q. Æmilii Papi, principum seculi sui, domibus argentum fuisse confitear oportet. Uterque enim patellam deorum, et salinum habuit ; sed eo lautior Fabricius, quod patellam suam corneo pediculo sustineri voluit. Papus quoque satis animose, qui, quum hereditatis nomine ea accepisset, religionis causa abalienanda non putavit.

4. Illi etiam prædivites, qui ab aratro arcessebantur, ut consules fierent, voluptatis causa sterile atque æstuosissimum Pupiniæ solum versabant, deliciarumque gratia vastissimas glebas plurimo cum sudore dissipabant ; immo vero, quos pericula reipublicæ imperatores asserebant, angustiæ rei familiaris (quid cesso proprium nomen veritati reddere ?) bubulcos fieri cogebant.

5. Atilium autem, qui ad eum arcessendum a senatu missi erant ad imperium populi Romani suscipiendum, semina spargentem viderant. Sed illæ rustico opere

de nombreuses troupes ennemies. Elles venaient de conduire des bœufs attelés à une charrue; elles surent tenir les rênes d'un char triomphal; et, déposant le sceptre d'ivoire, elles allèrent sans honte reprendre le manche de la charrue. Atilius peut servir à consoler les pauvres; il peut surtout montrer aux riches combien il est inutile, à qui désire une solide gloire, de se tourmenter à poursuivre les richesses. (An de R. 496.)

6. Un autre héros du même nom et du même sang, Atilius Régulus, dont les exploits et les revers furent tour à tour l'honneur et le désastre le plus éclatant de la première guerre punique, commandait les armées romaines en Afrique, et par de fréquentes victoires accablait l'orgueilleuse puissance de Carthage. Informé que le sénat, en considération de ses brillants succès, lui avait prorogé le commandement pour l'année suivante, il écrit aux consuls que le régisseur d'une terre de sept arpents, qu'il possédait dans la Pupinie, était mort, et qu'un mercenaire, profitant de l'occasion, avait disparu avec tous les instruments de culture : il demande, en conséquence, un successeur, de peur que l'abandon de son domaine ne réduise sa femme et ses enfants à l'indigence. Les consuls en rendent compte au sénat : aussitôt on dé-

---

attritæ manus salutem publicam stabilierunt, ingentes hostium copias pessumdederunt; quæque modo arantium boum jugum rexerant, triumphalis currus habenas retinuerunt; nec fuit iis rubori, eburneo scipione deposito, agrestem stivam aratri repetere. Potest pauperes consolari Atilius, sed multo magis docere locupletes, quam non sit necessaria solidæ laudis cupidini anxia divitiarum comparatio.

6. Ejusdem nominis et sanguinis Atilius Regulus, primi Punici belli gloria, cladesque maxima, quum in Africa insolentissimæ Carthaginis opes crebris victoriis contunderet, ac prorogatum sibi ob bene gestas res in proximum annum imperium cognosceret, consulibus scripsit, villicum in agello, quem septem jugerum in Pupinia habebat, mortuum esse, occasionemque nactum mercenarium amoto inde rustico instrumento discessisse; ideoque petere, ut sibi successor mitteretur, ne deserto agro non esset, unde uxor et liberi sui alerentur. Quæ

crète que le champ d'Atilius sera mis en location et cultivé, qu'on nourrira sa femme et ses enfants, et que les objets enlevés seront remplacés aux frais de l'État. Voilà tout ce que coûta au trésor la vertu d'Atilius, qui fera, dans tous les siècles, l'orgueil du nom romain. (An de R. 498.)

7. Aussi vaste était l'étendue du domaine de Quinctius Cincinnatus. Il ne posséda, en effet, que sept arpents de terre. Il en détacha trois, qu'il engagea au trésor public, en faveur d'un ami, et qu'il perdit, celui-ci n'ayant pu payer son amende. (An 292.) Il paya aussi sur le revenu de son petit champ une amende prononcée contre Cæson, son fils, pour n'avoir pas comparu au jour de l'assignation. (An 295.) Néanmoins, quoiqu'il ne lui restât que quatre arpents à labourer, il sut maintenir la dignité d'un père de famille, et mériter encore l'honneur de la dictature. Aujourd'hui l'on se croit logé trop à l'étroit dans une maison aussi étendue que les terres de Cincinnatus.

8. Que dirons-nous de la famille Élia, de son opulence? elle se composait, à cette époque, de seize citoyens, qui n'avaient ensemble pour tout bien qu'une petite maison située à l'endroit où sont aujourd'hui les monuments de Marius, une terre dans le

---

postquam senatus a consulibus accepit, et agrum Atilii illico colendum locari, et alimenta conjugi ejus ac liberis præberi, resque, quas amiserat, redimi publice jussit. Tanti ærario nostro virtutis Atilianæ exemplum, quo omnis ætas Romana gloriabitur, stetit.

7. Æque magna latifundia L. Quinctii Cincinnati fuerunt. Septem enim jugera agri possedit : ex hisque tria, quæ pro amico ad ærarium obsignaverat, mulctæ nomine amisit; pœnam quoque pro filio Cæsone, quod ad causam dicendam non occurrisset, hujus agelli reditu solvit; et tamen ei quatuor jugera aranti, non solum dignitas patrisfamiliæ constitit, sed etiam dictatura delata est. Anguste se habitare nunc putat, cujus domus tantum patet, quantum Cincinnati rura patuerunt.

8. Quid Ælia familia, quam locuples! sexdecim eodem tempore Ælii fuerunt, quibus una domuncula erat eodem loci, quo nunc sunt Mariana monumenta; et

pays de Véies, dont la culture réclamait moins de monde qu'elle n'avait de maîtres; des places réservées aux spectacles du grand Cirque et du cirque Flaminien, distinction que la république leur avait accordée en récompense de leur bravoure. (Vers l'an 534.)

9. La même famille ne posséda pas une once d'argent, jusqu'au temps où Paul-Émile, vainqueur de Persée, fit présent à Q. Élius Tubéron, son gendre, de cinq livres d'argent, prises sur les dépouilles de l'ennemi. (An de R. 586.) Je ne fais point valoir cette considération, que le premier personnage de la république choisit pour époux à sa fille un citoyen qu'il savait si pauvre. Paul-Émile lui-même finit ses jours dans une pauvreté telle, que, sans la vente d'un fonds, seul bien qu'il eût laissé en mourant, sa veuve n'aurait pas trouvé de quoi reprendre sa dot. (An 593.) Les âmes étaient grandes et fortes dans les femmes comme dans les hommes. Les bonnes qualités de l'âme étaient la mesure du mérite en toute occasion : elles procuraient les magistratures, elles faisaient les mariages; elles régnaient dans la place publique, au sénat, dans l'intérieur des familles. Chacun s'empressait d'accroître la fortune publique, et non sa propre fortune; on préférait une vie pauvre dans une patrie florissante,

---

unus in agro Veiente fundus, minus multos cultores desiderans, quam dominos habebat, inque Maximo et Flaminio spectaculi locus : quæ quidem loca ob virtutem publice donata possidebant.

9. Eadem gens nullum ante scrupulum argenti habuit, quam Paulus, Perse rege devicto, Q. Ælio Tuberoni genero suo quinque pondo argenti ex præda donaret; taceo enim quod princeps civitatis filiam ei nuptum dedit, cujus penates tam jejunos pecunia videbat. Quin ipse quoque adeo inops decessit, ut, nisi fundus quem unum reliquerat, venisset, uxor ejus dotem unde reciperet, non exstitisset. Animi virorum et feminarum vigebant in civitate; eorumque bonis dignitatis æstimatio cunctis in rebus ponderabatur : hæc imperia conciliabant; hæc jungebant affinitates; hæc in foro, hæc in curia, hæc intra privatos parietes plurimum poterant. Patriæ enim rem unusquisque, non suam augere properabat,

à une vie florissante dans une patrie pauvre. Et voici quelle était la récompense de ces nobles sentiments : rien de ce qui était dû au mérite ne pouvait s'acheter à prix d'argent, et l'État venait au secours de l'indigence dans les hommes illustres.

10. Ainsi, pendant la seconde guerre punique, Cn. Scipion, qui commandait les armées en Espagne, ayant écrit au sénat pour demander un successeur, parce qu'il avait une fille à marier, et que sa présence était nécessaire pour lui trouver une dot, le sénat, ne voulant point priver la république des services d'un bon général, remplit, à sa place, les devoirs de père de famille, fit régler la dot par l'épouse et les parents de Scipion, en prit la valeur sur le trésor public, et maria ainsi la jeune fille. (An 539.) Cette dot fut de onze mille as. L'on peut juger par là, et de la générosité des pères conscrits, et de la mesure des anciens patrimoines. Telle en était la modicité, que Tatia, fille de Céson, passa pour un riche parti, parce qu'elle apporta en mariage une dot de dix mille as, et que Mégullia, qui donna cinquante mille as à son mari, fut surnommée par excellence, *la Dotée.* Ce fut la libéralité du sénat qui empêcha la fille de

---

pauperque in divite, quam dives in paupere imperio versari malebat. Atque huic tam præclaro proposito illa merces reddebatur, quod nihil eorum quæ virtuti debentur emere pecunia licebat, inopiæque illustrium virorum publice succurrebatur.

10. Itaque, quum secundo Punico bello Cn. Scipio ex Hispania senatui scripsisset, petens ut sibi successor mitteretur, quia filiam virginem adultæ jam ætatis haberet, neque ei sine se dos expediri posset; senatus, ne respublica bono duce careret, patris sibi partes desumpsit, consilioque uxoris ac propinquorum Scipionis constituta dote, summam ejus ex ærario erogavit, ac puellam nuptum dedit. Dotis modus xi millia æris fuit. In quo non solum humanitas patrum conscriptorum, sed etiam habitus veterum patrimoniorum cognosci potest. Namque adeo fuerunt arcta, ut Tatia Cæsonis filia maximam dotem ad virum x millia æris attulisse visa sit; et Megullia, quia cum quinquaginta millibus æris mariti domum intravit, *Dotatæ* cognomen invenerit. Idem senatus Fabricii Luscini Scipionisque filias ab

Fabricius et celle de Scipion d'être mariées sans dot; car leur père ne pouvait leur laisser en héritage qu'une gloire immortelle.

11. M. Scaurus nous apprend, dans le premier livre des Mémoires qu'il a écrits sur sa vie, la modicité du patrimoine que son père lui laissa en héritage : dix esclaves et trente-cinq mille écus composaient toute la succession. C'est au sein d'une telle pauvreté que fut élevé cet illustre génie, ce grand homme qui devait être un jour le prince du sénat. (An de R. 638.)

Envisageons ces exemples : que leur vue nous tranquillise et nous console, nous qui ne cessons de nous plaindre de la modicité de nos revenus. Peu ou point d'argenterie, peu d'esclaves, sept arpents de terre aride, des maisons indigentes, incapables de payer les funérailles de leur maître, des filles sans dot, mais d'illustres consulats, des dictatures éclatantes, d'innombrables triomphes, voilà les objets que ces exemples offrent à nos yeux. Pourquoi attaquer, décrier éternellement, comme le plus grand malheur du genre humain, cette heureuse médiocrité qui, pareille à une tendre mère, nourrit d'un lait moins abondant que salutaire les Publicola, les Émilius, les Fabricius, les Curius,

---

indotatis nuptiis liberalitate sua vindicavit; quoniam paternæ hereditati, præter opimam gloriam, nihil erat quod acceptum referrent.

11. M. autem Scaurus quantulam a patre hereditatem acceperit, in primo libro eorum, quos de vita sua scripsit, refert; ait enim, sibi decem sola mancipia, totumque censum quinque atque triginta millium nummum relictum. In hac ille pecunia futurus senatus princeps nutritus est spiritus.

Hæc igitur exempla respicere, his acquiescere solatiis debemus, qui parvulos census nostros nunquam querelis vacuos esse sinimus. Nullum, aut admodum parvi ponderis argentum, paucos servos, septem jugera aridæ terræ, indigentia domestica impensa funera, inopes dotum filias, sed egregios consulatus, mirificas dictaturas, innumerabiles triumphos cernimus. Quid ergo mediam fortunam, quasi præcipuum generis humani malum, diuturnis conviciis laceramus? quæ ut non abundantibus, ita fidis uberibus Poplicolas, Æmilios, Fabricios, Curios, Scipiones,

les Scipion, les Scaurus, et d'autres semblables modèles d'une solide vertu? relevons plutôt notre courage, et que le souvenir des temps antiques retrempe nos âmes amollies par le spectacle des richesses. Non, j'en atteste la chaumière de Romulus, l'humble toit de l'ancien Capitole, le feu éternel de la déesse Vesta, qui se contente encore aujourd'hui de vases d'argile, il n'est aucune opulence préférable à la pauvreté de ces grands hommes!

CHAPITRE V

DE LA MODESTIE

De la Modestie chez les Romains.

De cette honorable pauvreté à la modestie, le passage semble tout naturel, puisque celle-ci enseigna aux plus justes des hommes à négliger leurs propres intérêts, à ne désirer que l'a-

---

Scauros, hisque paria robora virtutis aluit. Exurgamus potius animis, pecuniæque aspectu debilitatos spiritus, pristini temporis memoria recreemus; namque per Romuli casam, perque veteris Capitolii humilia tecta, et æternos Vestæ focos, fictilibus etiam nunc vasis contentos, juro, nullas divitias talium virorum paupertati posse præferri.

CAPUT V

DE VERECUNDIA

De Verecundia Romanorum.

A qua tempestivus ad verecundiam transitus videtur. Hæc enim justissimis viris præcepit, ut privatas facultates negligerent, publicas quam amplissimas esse

grandissement de la fortune publique : céleste vertu, qui mérite qu'on lui élève des temples, qu'on lui consacre des autels comme à une divinité. Elle est la mère de toute pensée honnête, la sauvegarde des plus importants devoirs, le guide de l'honneur ; chère aux parents, agréable aux étrangers, elle a toujours un air gracieux et prévenant.

1. Mais passons de l'éloge aux exemples. Depuis la fondation de Rome jusqu'au consulat de Scipion l'Africain et de Tibérius Longus, il n'y eut, dans les spectacles, aucune distinction de place entre le sénat et le peuple (An de R. 559.); néanmoins, jamais plébéien n'osa s'y placer devant un sénateur, tant on était alors retenu et circonspect! Le peuple en donna une preuve bien frappante le jour où L. Flamininus s'assit sur les derniers bancs de l'amphithéâtre, après son exclusion du sénat par les censeurs M. Caton et L. Flaccus : il était consulaire et frère de T. Flamininus, vainqueur de la Macédoine et de Philippe. Tous les citoyens se réunirent pour l'obliger à prendre une place qui convînt mieux à son rang. (An de R. 669.)

2. Térentius Varron porta un coup terrible à la république par

---

cuperent; digna cui perinde atque cœlesti numini exstruantur templa, aræque consecrentur, quia parens est omnis honesti consilii, tutela solennium officiorum, magistra innocentiæ, cara proximis, accepta alienis, omni loco, omni tempore favorabilem præ se ferens vultum.

1. Sed, ut a laudibus ejus ad facta veniamus, a condita Urbe usque ad Africanum et Tib. Longum consules promiscuus senatui et populo spectandorum ludorum locus erat. Nunquam tamen quisquam ex plebe ante patres conscriptos in theatro spectare sustinuit; adeo circumspecta nostræ civitatis verecundia fuit! Quæ quidem certissimum sui documentum etiam illo die exhibuit, quo L. Flamininus extrema in parte theatri constitit, quia a M. Catone et L. Flacco censoribus senatu motus fuerat, consulatus jam honore defunctus, frater etiam T. Flaminini, Macedoniæ Philippique victoris; omnes enim eum transire in locum dignitati suæ debitum coegerunt.

2. Confregit rempublicam Terentius Varro Cannensis pugnæ temerario in-

sa témérité à livrer la bataille de Cannes (An de R. 537.); le même Varron n'osa pas accepter la dictature, que lui déféraient unanimement le sénat et le peuple : il racheta, par cette modestie, le tort d'un pareil désastre. L'on ne vit plus que la colère des dieux dans le malheur de la bataille, et l'on fit honneur de cette retenue au caractère de Varron. Aussi le refus de la dictature est-il pour son image une inscription plus honorable que le titre même de dictateur pour les images des autres.

3. Mais passons à un trait de modestie éclatant. La fortune, au grand mécontentement du peuple, amena ensemble au Champ de Mars, comme aspirants à la préture, le fils et le secrétaire du premier Scipion l'Africain, Cnéus Scipion et Cicéréius. On censurait hautement cet étrange caprice, de confondre, dans la concurrence aux honneurs, le sang et la clientèle d'un si grand homme : mais Cicéréius sut tourner à sa gloire cette bizarrerie du sort; car sitôt qu'il se vit sur le point de réunir tous les suffrages au préjudice de Scipion, il descendit du temple, quitta la robe blanche, et vint solliciter les suffrages pour son compétiteur, trouvant plus honorable de céder la préture à la mémoire de l'Africain que de se l'assurer à lui-même. La modestie ne demeure pas sans récompense : si le fils de

---

gressu : idem, delatam sibi ab universo senatu et populo dictaturam recipere non sustinendo, pudore culpam maximæ cladis redemit; effecitque, ut acies deorum iræ, modestia ipsius moribus imputaretur. Itaque titulo imaginis ejus speciosius non recepta dictatura, quam aliorum gesta, ascribi potest.

3. Nos autem ad præclarum verecundiæ opus transgrediamur. Magna cum invidia fortuna prætoriis comitiis Africani superioris filium Cn. Scipionem, et scribam Cicereium in Campum deduxerat; utque nimis impotens sermone vulgi carpebatur, quod tanti viri sanguinem clientelamque comitiali certamine confuderat. Cæterum crimen ejus in suam laudem Cicereius convertit : nam, ut vidit, omnibus se centuriis Scipioni anteferri, templo descendit, abjectaque candida toga competitoris sui suffragatorem agere cœpit; ut scilicet prætaram melius Africani memoriæ concederet, quam sibi vindicaret. Nec minimum est vere-

CHAP. V, DE LA MODESTIE

Scipion obtint la magistrature, on félicita davantage Cicéréius. (An de R. 579).

4. Ne nous hâtons point de sortir des comices. L. Crassus briguait le consulat : forcé par l'usage de tous les candidats, il parcourait le Forum faisant sa cour au peuple; mais jamais il ne put se résoudre à continuer ce rôle en présence de Q. Scévola, son beau-père, citoyen éminent en dignité et en savoir. Aussi le conjurait-il de se tenir à l'écart tout le temps qu'il vaquerait à ce devoir étrange, plus jaloux de respecter la gravité d'un tel personnage, qu'empressé de satisfaire aux obligations de la toge du candidat. (An de R. 658.)

5. Le grand Pompée, vaincu par César dans les plaines de Pharsale, se rendit le lendemain à Larisse. A son arrivée, toute la population sortit à sa rencontre : « C'est au vainqueur, dit-il, qu'il faut rendre cet hommage. » Pompée, j'oserai le dire, ne méritait pas d'être vaincu, s'il ne l'eût été par César. Du moins il fut modéré dans le malheur; n'ayant plus l'appui de sa gloire, il eut recours à la modestie. (An de R. 705.)

6. Elle se fit principalement remarquer dans le caractère de

---

cundiæ pretium : Scipio tunc honorem adeptus est; Cicereio tamen magis gratulati sunt.

4. Ac, ne protinus comitiis abeamus, consulatum petens L. Crassus, quum omnium candidatorum more circum Forum supplex populo ire cogeretur, nunquam adduci potuit, ut id, præsente Q. Scævola, gravissimo et sapientissimo viro, socero suo, faceret. Itaque rogabat eum, *ut a se, dum ineptæ rei deserviret, discederet*, majorem verecundiam dignitatis ejus, quam candidæ togæ suæ respectum agens.

5. Pompeius autem magnus Pharsalica acie victus a Cæsare, quum postero die Larissam intraret, oppidique illius universus populus obviam ei processisset : *Ite, inquit, et istud officium præstate victori;* dicerem, non dignus qui vinceretur, nisi a Cæsare superatus esset : certe modestus in calamitate; nam, quia dignitate sua uti jam non poterat, usus est verecundia.

6. Quam præcipuam in Caio quoque Cæsare fuisse et sæpenumero apparuit, et

Jules César : mille occasions en fournissent la preuve, et surtout le dernier jour de sa vie. Percé à la fois de plusieurs coups de poignard par des mains sacriléges et parricides, au moment même où son âme céleste allait se séparer de son corps mortel, il obéit, malgré la douleur de vingt-trois blessures, aux lois de la modestie; il abaisse avec ses deux mains les pans de sa robe, afin de couvrir les parties inférieures de son corps et de tomber avec décence. C'est ainsi, je ne dirai pas, que les hommes expirent, mais que les dieux regagnent leur éternel séjour. (An de R. 709.)

De la Modestie chez les étrangers.

1. Je place le trait suivant au nombre des exemples étrangers, parce qu'il remonte à une époque où l'Étrurie n'avait pas encore reçu le droit de bourgeoisie romaine. Il y avait dans cette contrée un jeune homme d'une rare beauté, nommé Spurina. Voyant que les charmes de sa personne attiraient les regards de beaucoup de femmes de distinction, et le rendaient suspect à leurs maris et à leurs parents, il se fit des blessures au visage, et détruisit ainsi toute la grâce de ses traits, préférant cette diffor-

---

ultimus ejus dies significavit. Compluribus enim parricidarum violatus mucronibus, inter ipsum illud tempus, quo divinus spiritus mortali discernebatur a corpore, ne tribus quidem et viginti vulneribus, quin verecundiæ obsequeretur, absterreri potuit; siquidem utraque togam manu demisit, ut inferior pars corporis tecta collaberetur. In hunc modum non homines exspirant, sed dii immortales sedes suas repetunt.

De Verecundia externorum.

1. Quod sequitur externis annectam, quia ante gestum est, quam Etruriæ civitas daretur. Excellentis in ea regione pulchritudinis adolescens nomine Spurina, quum mira specie complurium feminarum illustrium sollicitaret oculos, ideoque viris ac parentibus earum se suspectum esse sentiret, oris decorem vulneribus

mité, généreux témoignage de sa vertu, à des attraits séducteurs, capables d'allumer dans les cœurs de coupables désirs.

2. Un Athénien d'une extrême vieillesse s'était rendu au théâtre pour voir les jeux : aucun citoyen ne lui fit place. Le hasard le conduisit vers les députés de Lacédémone : touchés de son grand âge, ceux-ci s'empressèrent de se lever pour honorer ses cheveux blancs, et lui donnèrent au milieu d'eux la place la plus distinguée. Le peuple, témoin de cette action, rendit hommage, par de vifs applaudissements, au procédé généreux de ces étrangers. Alors un des Lacédémoniens prononça, dit-on, ces paroles : « Les Athéniens sentent ce qui est bien; mais ils ne se mettent pas en peine de le pratiquer. »

CHAPITRE VI

DE L'AMOUR CONJUGAL

De l'Amour conjugal chez les Romains.

D'un sentiment doux et paisible, je passe à un autre égale-

confudit, deformitatemque sanctitatis suæ fidem, quam formam irritamentum alienæ libidinis esse, maluit.

2. Athenis quidam ultimæ senectutis, quum spectatum ludos in theatrum venisset, eumque nemo e civibus sessum reciperet, ad Lacedæmoniorum legatos forte pervenit; qui, hominis ætate moti, canos ejus et annos assurgendi officio venerati sunt, sedemque ei inter ipsos honoratissimo loco dederunt. Quod ubi fieri populus aspexit, maximo plausu alienæ urbis verecundiam comprobavit. Ferunt tunc unum e Lacedæmoniis dixisse : *Ergo Athenienses, quid sit rectum, sciunt; sed id facere negligunt.*

CAPUT VI

DE AMORE CONJUGALI

De Amore conjugali Romanorum.

A placido et leni affectu ad æque honestum, verum aliquanto ardentiorem et

ment noble, mais plus vif et plus ardent. Je vais exposer aux yeux du lecteur quelques tableaux d'un amour légitime, spectacle touchant qu'on ne doit contempler qu'avec la plus grande vénération. Je ferai voir des traits d'une fidélité conjugale invincible, inébranlable ; exemples difficiles à imiter, mais toujours utiles à connaître. En voyant la perfection d'autrui, l'on doit rougir de ne pas s'élever soi-même à la médiocrité.

1. On prit, dans la maison de Tibérius Gracchus, deux serpents, un mâle et une femelle. Gracchus consulta un aruspice. Il apprit que son épouse périrait bientôt, s'il laissait échapper le mâle, et qu'en donnant la liberté à la femelle, il ne tarderait pas à mourir lui-même. Préférant la conservation de sa femme à la sienne, il fit tuer le mâle et lâcher la femelle. Il eut le courage de se voir immoler du coup qui ôtait la vie au serpent. Je ne saurais dire s'il y eut plus de bonheur à posséder un tel époux, que de malheur à le perdre. (An de R. 581.) O roi de Thessalie, ô Admète ! voilà ta condamnation ! te voilà déclaré cruel et barbare par un juge imposant. Tu as souffert que ton épouse donnât sa vie pour la tienne, et, après l'avoir vue descendre volontairement au tombeau pour te garantir de la mort, tu as pu supporter

---

concitatiorem, pergam, legitimique amoris quasi quasdam imagines, non sine maxima veneratione contemplandas, lectoris oculis subjiciam, valenter inter conjuges stabilitæ fidei opera percurrens, ardua imitatu, cæterum cognosci utilia, quia excellentissima animadvertenti, ne mediocria quidem præstare, rubori oportet esse.

1. Tib. Gracchus, anguibus domi suæ mare ac femina apprehensis, certior factus ab aruspice, mare dimisso, uxori ejus, femina, ipsi celerem obitum instare, salutarem conjugi potius, quam sibi, partem augurii secutus, marem necari, feminam dimitti jussit ; sustinuitque in conspectu suo se ipsum interitu serpentis occidi. Itaque Corneliam nescio utrum feliciorem dixerim, quod talem virum habuerit, an miseriorem, quod amiserit. O te, Thessaliæ rex, Admete, crudelis et diri facti crimine sub magno judice damnatum ! qui conjugis tuæ fata pro tuis permutari passus es, eaque, ne tu exstinguereris, voluntario obitu consumpta,

CHAP. VI, DE L'AMOUR CONJUGAL

la lumière ! Et tu avais déjà sollicité le dévouement des auteurs de tes jours, homme lâche, plus faible qu'une femme !

2. Nous trouvons dans C. Plautius Numida une autre victime de l'injustice du sort, moins précieuse, sans doute, que Tibérius Gracchus, quoiqu'il fût sorti de l'ordre des sénateurs ; mais, du moins, un pareil exemple d'amour conjugal. Apprenant la mort de son épouse, Plautius se donna, de désespoir, un coup d'épée dans la poitrine : ses esclaves étant survenus l'empêchèrent d'achever, et bandèrent sa plaie ; mais sitôt que l'occasion s'en présenta, il déchira l'appareil, rouvrit la blessure, et, d'une main déterminée, arracha du fond de son cœur et de ses entrailles une vie désormais remplie d'amertume et de douleur. Une mort si violente atteste l'ardeur de la flamme conjugale dont cette âme était embrasée.

3. Avec le même nom, M. Plautius eut le même amour. Chargé par le sénat de reconduire en Asie une flotte alliée de soixante voiles, il prend terre à Tarente. Là, Orestilla, son épouse, qui l'avait accompagné, est attaquée d'une maladie cruelle, et y succombe. On fait les obsèques, on pose le corps sur le bûcher ; Plautius le parfume, l'embrasse, et, au milieu de ce triste devoir, se donne la mort d'un coup d'épée. Ses amis,

---

lucem intueri potuisti ! et certe prius parentum indulgentiam tentaveras, femineo animo impar inventus.

2. Vilior Graccho iniquæ fortunæ victima, quamvis senatorii vir ordinis C. Plautius Numida, sed in consimili amore par exemplum. Morte enim uxoris audita, doloris impotens, pectus suum gladio percussit. Interventu deinde domesticorum inceptum exsequi prohibitus, colligatusque, ut primum occasio data est, scissis fasciis, et vulnere divulso, constanti dextera spiritum luctus acerbitate permixtum ex ipsis præcordiis et visceribus hausit, tam violenta morte testatus quantum maritalis flammæ illo pectore clausum habuisset.

3. Ejusdem ut nominis, ita amoris quoque M. Plautius. Nam, quum imperio senatus classem sociorum sexaginta navium in Asiam reduceret, Tarentumque appulisset, atque ibi uxor ejus Orestilla, quæ illuc eum prosecuta fuerat, morbo pressa decessisset, funerata ea atque in rogum imposita, inter officium unguendi

sans lui ôter ni sa toge ni sa chaussure, le joignent aux restes inanimés de son épouse; puis, allumant le bûcher, les consument tous deux ensemble. On leur éleva un tombeau, que l'on voit encore à Tarente, et qu'on appelle le *Tombeau des deux amants*. Je ne doute pas, s'il reste quelque sentiment après cette vie, que Plautius et Orestilla, heureux de partager le même destin, n'aient porté chez les ombres un air de contentement. Certes, pour des cœurs également épris d'un amour à la fois ardent et légitime, il vaut mieux être unis par la mort que séparés par la vie.

4. Julie, fille de César, eut la même tendresse conjugale. La robe du grand Pompée, son époux, lui fut rapportée toute sanglante du Champ de Mars, où se faisait une élection d'édiles. A cette vue, saisie de frayeur, tremblant qu'il n'eût été assassiné, elle tomba évanouie. Elle se trouvait enceinte; et cette terreur subite, jointe à la douleur de sa chute, lui causa une couche prématurée. Elle en mourut pour le malheur du monde, dont la paix n'eût pas été troublée par la fureur des partis et les horreurs de tant de guerres civiles, si les liens du sang eussent perpétué une étroite union entre César et Pompée. (An de R. 699.)

et osculandi stricto ferro incubuit. Quem amici, sicut erat, togatum et calceatum corpori conjugis junxerunt, ac deinde subjectis facibus utrumque una cremaverunt. Quorum ibi factum sepulcrum Tarenti etiam nunc conspicitur, quod vocatur ΤΩΝ ΦΙΛΟΥΝΤΩΝ. Nec dubito quin, si quis modo exstinctis sensus inest, Plautius et Orestilla, fati consortione gestientes vultus tenebris intulerint : sane, ubi idem et maximus et honestissimus amor est, aliquanto præstat morte jungi, quam vita distrahi.

4. Consimilis affectus Juliæ, C. Cæsaris filiæ, annotatus est. Quæ, quum ædilitiis comitiis Pompeii magni conjugis sui vestem cruore respersam e Campo domum relatam vidisset, territa metu, ne qua et vis esset allata, exanimis concidit, partumque, quem utero conceptum habebat, subita animi consternatione et gravi dolore corporis ejicere coacta est. Atque ita exspiravit, magno quidem cum totius terrarum orbis detrimento : cujus tranquillitas tot civilium bellorum truculentissimo furore perturbata non esset, si Cæsaris et Pompeii concordia communis sanguinis vinculo constricta mansisset.

5. Noble fille de Caton, généreuse Porcia, tes chastes feux seront aussi pour tous les siècles l'objet d'une juste admiration. A la nouvelle de la défaite de Brutus, ton époux, dans les champs de Philippes, et de sa mort funeste, tu ne crains pas, à défaut de poignard, de saisir des charbons ardents et de les avaler; mâle courage dans le cœur d'une femme, fin magnanime, comparable à celle de ton père! peut-être même y a-t-il ici plus d'héroïsme : ton père termina ses jours par un trépas ordinaire; tu tranches les tiens par une mort sans exemple. (An de R. 711.)

De l'Amour conjugal chez les étrangers.

1. Il est aussi chez les étrangers des amours légitimes que l'histoire ne nous a pas laissé ignorer : il suffira d'en rappeler quelques-uns. Pour montrer jusqu'où allèrent les regrets d'Artémise, reine de Carie, à la mort de Mausole, son époux, c'est peu de considérer les honneurs de toute espèce qu'elle rendit à sa mémoire, de citer ce monument fameux que sa magnificence éleva au rang des sept merveilles : que sert d'énumérer ces honneurs, de parler de ce tombeau superbe? Ne voulut-elle pas elle-même

---

5. Tuos quoque castissimos ignes, Porcia, M. Catonis filia, cuncta secula debita admiratione prosequentur, quæ, quum apud Philippos victum et interemptum virum tuum Brutum cognosceres, quia ferrum non dabatur, ardentes ore carbones haurire non dubitasti, muliebri spiritu virilem patris exitum imitata; sed nescio an hoc fortius, quod ille usitato, tu novo genere mortis absumpta es.

De Amore conjugali externorum.

1. Sunt et alienigeni amores justi, obscuritate ignorantiæ non obruti : e quibus paucos attigisse satis erit. Gentis Cariæ regina Artemisia virum suum Mausolum fato absumptum quantopere desiderarit, leve est, post conquisitorum omnis generis honorum, monumentique usque ad septem miracula provecti magnificentiam, argumentari. Quid enim aut eos colligas, aut de illo inclyto

être le tombeau vivant et animé de Mausole, s'il est vrai, comme le racontent quelques écrivains, qu'après la mort de son époux elle en but les cendres mêlées dans un breuvage? (Av. J.-C. 353.)

2. La reine Hypsicratée, femme de Mithridate, aima aussi son époux avec une effusion de cœur inépuisable : elle se fit un plaisir de sacrifier pour lui le principal ornement de sa beauté, et de prendre l'extérieur d'un homme. Elle coupa sa chevelure, se livra aux exercices du cheval et des armes, afin de partager plus facilement les fatigues et les dangers de ce prince. Elle fit plus : lorsqu'il eut été vaincu par Pompée, elle l'accompagna partout dans sa fuite, à travers des nations barbares, avec une force d'âme et de corps infatigable. Tant de fidélité fut pour Mithridate la plus grande consolation, le plus agréable adoucissement à ses peines, à ses infortunes. Réduit à errer de contrée en contrée, il se croyait toujours dans son palais, au milieu de ses dieux pénates, en voyant son épouse compagne de son exil. (An de R. 687.)

3. Mais pourquoi m'enfoncer dans l'Asie, dans les immenses solitudes des pays barbares, dans les retraites inaccessibles du Pont-Euxin, lorsque Lacédémone, cet illustre ornement de la

---

tumulo loquare, quum ipsa Mausoli vivum ac spirans sepulcrum fieri concupierit, eorum testimonio, qui illam exstincti ossa potioni aspersa bibisse tradunt?

2. Hypsicratea quoque regina Mithridatem conjugem suum effusis caritatis habenis amavit; propter quem præcipuum formæ suæ decorem in habitum virilem convertere, voluptatis loco habuit. Tonsis enim capillis, equo se et armis assuefecit, quo facilius laboribus et periculis ejus interesset; quin etiam victum a Cn. Pompeio per efferatas gentes fugientem, animo pariter et corpore infatigabili secuta est. Cujus tanta fides asperarum atque difficilium rerum Mithridati maximum solatium et jucundissimum lenimentum fuit; cum domo enim et penatibus vagari se credidit, uxore simul exulante.

3. Verum quid Asiam, quid Barbariæ immensas solitudines, quid latebras Pontici sinus scrutor, quum splendidissimum totius Græciæ decus Lacedæmon,

CHAP. VI, DE L'AMOUR CONJUGAL

Grèce entière, étale presque à nos yeux un exemple de fidélité conjugale si beau, si admirable, qu'on peut le comparer à tout ce qu'elle a jamais fait de plus grand et de plus glorieux.

Les Minyens, dont l'origine remonte aux illustres compagnons de Jason, établis dans l'île de Lemnos, s'y maintinrent constamment pendant plusieurs siècles, jusqu'au temps où, chassés par les Pélasges, ils cherchèrent un asile dans un pays étranger, et vinrent, en suppliants, prendre possession des sommets élevés du mont Taygète. La république de Sparte les accueillit favorablement, en considération des fils de Tyndare ; car dans ce navire avait brillé ce glorieux couple de frères, destiné à figurer parmi les astres. Elle les fit ensuite descendre de leur montagne pour les associer, dans son sein, aux avantages de sa législation. Mais, abusant d'une si grande générosité, ils la tournèrent contre la république leur bienfaitrice ; ils tentèrent d'y envahir le pouvoir. Jetés dans la prison publique, ils y attendaient le moment de leur supplice ; mais comme l'exécution, en vertu d'un antique usage de Sparte, ne pouvait se faire que la nuit, leurs femmes, issues d'illustres familles lacédémoniennes, obtinrent des gardiens, sous prétexte de vouloir s'entretenir pour la dernière fois avec leurs époux, la permission d'entrer dans la prison : elles y

---

præcipuum uxoriæ fidei specimen tantum non nostris ostentet oculis plurimis, et maximis patriæ suæ laudibus admiratione facti comparandum?

Minyæ, quorum origo, ex inclyto sociorum Jasonis numero Lemniorum in insula concepta, per aliquot seculorum vices stabili in sede manserat, a Pelasgis expulsi armis, alienæ opis indigi, excelsa Taygetorum montium juga supplices occupaverant. Quos Spartana civitas respectu Tyndaridarum (namque in illo nobilis famæ navigio destinatum sideribus par fratrum fulserat), deductos inde legibus commodisque suis immiscuit. Sed hoc tantum beneficium in injuriam bene meritæ urbis, regnum affectantes, verterunt : igitur publicæ custodiæ inclusi, capitali asservabantur supplicio. Quod quum, vetere instituto Lacedæmoniorum, nocturno tempore passuri essent, conjuges eorum, illustris ibi sanguinis, velut allocuturæ perituros viros, impetrato a custodibus aditu, carcerem intra-

furent introduites, et, changeant de vêtements avec eux, les firent sortir, le voile rabattu sur le visage, comme en signe de douleur. Que pourrais-je ajouter à leur louange, sinon qu'elles méritaient d'être les épouses des Minyens?

CHAPITRE VII

DE L'AMITIÉ

De l'Amitié chez les Romains.

Contemplons maintenant l'amitié, ce lien si ferme et si puissant, dont la force ne cède en rien à celle de la parenté, lien d'autant plus sûr et plus éprouvé qu'il n'est pas, comme l'autre, l'œuvre de la naissance et du hasard, mais le fruit d'une mûre réflexion, d'un choix volontaire. On vous pardonnera plutôt de prendre en aversion un parent qu'un ami; car si la rupture avec le premier peut être accusée d'injustice, l'autre encourt, de

verunt; commutataque veste, per simulationem doloris velatis capitibus, eos abire passæ sunt. Hoc loco quid aliud adjecerim, quam dignas fuisse, quibus Minyæ nuberent?

CAPUT VII

DE AMICITIA

De Amicitia in Romanis.

Contemplemur nunc amicitiæ vinculum, potens et prævalidum, neque ulla ex parte sanguinis viribus inferius; hoc etiam certius et exploratius, quod illud nascendi sors, fortuitum opus, hoc uniuscujusque solido judicio incoacta voluntas contrahit. Itaque celerius sine reprehensione propinquum aversere, quam amicum; quia altera diremptio iniquitatis, altera utique et levitatis crimini subjecta

plus, le reproche de légèreté. La vie humaine, sans l'amitié pour compagne et pour appui, serait une affreuse solitude. On ne doit donc pas prendre au hasard un secours si nécessaire ; mais le choix une fois fait avec sagesse, il ne convient pas d'y renoncer.

C'est dans l'adversité surtout que l'on reconnaît les amis sincères ; tous les services rendus en pareille circonstance sont autant de témoignages d'une bienveillance inaltérable. L'hommage rendu à la prospérité est plus souvent un tribut de la flatterie que l'expression de l'amitié ; du moins est-il suspect comme s'il dénotait toujours plus d'ambition que de dévouement. Ajoutons que, dans le malheur, les hommes réclament bien davantage le zèle de l'amitié, soit comme appui, soit comme consolation ; au lieu que le bonheur et la prospérité, naturellement fiers de la protection du ciel, ressentent moins le besoin de celle des hommes. Aussi la postérité garde-t-elle bien plus fidèlement le souvenir de ceux qui n'ont point abandonné leurs amis dans la disgrâce, que de ceux qui les ont accompagnés dans le cours d'une vie prospère. Personne ne parle des amis de Sardanapale, tandis qu'Oreste est presque plus connu comme ami de Pylade

---

est. Quum enim deserta sit futura vita hominis nullius amicitiæ cincta præsidio, tam necessarium subsidium temere assumi non debet ; semel autem recte apprehensum, sperni non convenit.

Sinceræ vero fidei amici præcipue in adversis rebus cognoscuntur : in quibus quidquid præstatur, totum a constanti benevolentia proficiscitur. Felicitatis cultus majore ex parte adulationi, quam caritati erogatus, certe suspectus est, perinde ac si plus semper petat, quam impendat. Accedit huc, quod infractæ fortunæ homines magis amicorum studia desiderant, vel præsidii, vel solatii gratia ; nam læta quidem et prospera negotia, utpote cum divina suffragatione foveantur, humana minus indigent. Tenacius igitur, eorum nomina posteritatis memoria apprehendit, qui adversos amicorum casus non deseruerunt, quam qui prosperum vitæ cursum comitati sunt. Nemo de Sardanapali familiaribus loquitur ; Orestes Pylade pæne amico, quam Agamemnone patre notior est. Siquidem

que comme fils d'Agamemnon. L'amitié des premiers se desséchait au sein des délices et des débauches qu'ils partageaient ; celle d'Oreste et de Pylade fut leur consolation mutuelle dans les moments les plus pénibles, les plus douloureux, et ne sortit que plus brillante de l'épreuve même des infortunes. Mais pourquoi toucher aux exemples étrangers, quand je puis faire valoir les nôtres ?

1. Tibérius Gracchus passa pour ennemi de la patrie, et non sans raison, parce qu'il aima mieux s'élever lui-même que la servir. Néanmoins, il ne laissa pas d'avoir, même dans une entreprise aussi coupable, un ami sincère : ce fut C. Blosius, de Cumes. Il est touchant de voir jusqu'où celui-ci poussa la constance de sa fidélité. Gracchus, déclaré ennemi de la république, puni du dernier supplice, privé des honneurs de la sépulture, ne perdit pas son affection. Le sénat avait chargé les consuls Rupilius et Lénas de poursuivre, conformément aux anciens usages, tous les complices de Gracchus. Blosius, sachant que les consuls prenaient surtout conseil de Lélius, alla le trouver pour le supplier de s'intéresser à lui. Il faisait valoir pour excuse les droits d'une intime amitié : « Eh quoi ! lui dit Lélius, s'il vous eût commandé de mettre le feu au temple du dieu

---

illorum amicitia in consortione deliciarum et luxuriæ contabuit; horum, duræ atque asperæ conditionis solatium, ipsarum miseriarum experimento enituit. Sed quid externa attingo, quum domesticis prius liceat uti?

1. Inimicus patriæ fuisse Tib. Gracchus existimatus est, nec immerito quia potentiam suam saluti ejus prætulerat. Quam constantis tamen fidei amicum etiam in hoc tam pravo proposito C. Blosium Cumanum habuerit, operæ pretium est cognoscere. Hostis judicatus, ultimo supplicio affectus, sepulturæ honore spoliatus, benevolentia tamen ejus non caruit. Nam, quum senatus Rupilio et Lænati consulibus mandasset, « Ut in eos, qui cum Graccho consenserant, more majorum animadverterent, » et ad Lælium, cujus consilio præcipue consules utebantur, pro se Blosius deprecatum venisset, familiaritatisque excusatione uteretur, atque is dixisset : « Quid si te Gracchus templo Jovis Optimi

tout-puissant, de Jupiter, auriez-vous cédé à ses désirs, en vertu de cette intime amitié que vous alléguez en votre faveur? — Jamais, répondit-il, Gracchus n'aurait donné un ordre pareil. » C'était assez, c'était trop même, puisqu'il osait prendre la défense d'un citoyen unanimement condamné par le sénat. Mais ce qui suit était bien plus hardi, bien plus périlleux. Pressé par les questions persévérantes de Lélius, il ne fléchit point; il répondit avec la même fermeté que, pour cela même, au moindre signe de Gracchus, il aurait obéi. Qui l'aurait soupçonné de scélératesse, s'il eût gardé le silence? qui ne l'aurait même trouvé sage, s'il eût plié ses réponses à la nécessité des conjonctures? Mais Blosius, dans la crainte de trahir en quelque manière la mémoire d'une amitié malheureuse, ne voulut chercher de refuge contre la mort ni dans un silence irréprochable, ni dans un langage prudemment ménagé. (An de R. 621.)

2. La même maison me fournit d'autres exemples d'une amitié également courageuse et constante. Déjà C. Gracchus voyait ses desseins renversés, ses affaires perdues sans ressource ; déjà l'on cherchait partout ses complices : réduit à un abandon général, il ne conserva que deux amis, Pomponius et Létorius, qui le

---

Maximi faces subdere jussisset, obsecuturusne voluntati illius, propter istam, quam jactas, familiaritatem, fuisses? — Nunquam istud, inquit, Gracchus imperasset. » Satis, immo etiam nimium; totius namque senatus consensu damnatos mores defendere ausus est. Verum quod sequitur, multo audacius, multoque periculosius : compressus enim perseveranti interrogatione Lælii, in eodem constantiæ gradu stetit, seque etiam hoc, si modo Gracchus annuisset, facturum respondit. Quis illum sceleratum putasset fuisse, si tacuisset? quis non etiam sapientem, si pro necessitate temporis locutus esset? At Blosius nec silentio honesto, nec prudenti sermone salutem suam, ne qua ex parte infelicis amicitiæ memoriam desereret, tueri voluit.

2. In eadem domo æque robusta constantis amicitiæ exempla oboriuntur. Prostratis enim jam et perditis C. Gracchi consiliis rebusque, quum tota ejus conspiratio late quæreretur, desertum omni auxilio, duo tantum amici, Pom-

garantirent des traits lancés contre lui de tous côtés, en lui faisant un rempart de leur corps. L'un d'eux, Pomponius, pour faciliter son évasion, arrêta quelque temps par un combat opiniâtre, à la porte des Trois Horaces, la foule empressée de courir à sa poursuite. On ne put le forcer, tant qu'il eut un souffle de vie : ce ne fut qu'après avoir succombé, sous le nombre des blessures, qu'à son grand regret, sans doute, même au delà du trépas, il livra passage à la foule par-dessus son cadavre. Quant à Létorius, il se tint sur le pont de bois, et tandis que Gracchus passait, il en défendit l'entrée avec toute l'ardeur de son courage. Enfin, accablé par le nombre, il tourna son épée contre lui-même, s'élança dans l'endroit le plus profond du Tibre, et sur ce pont, jadis témoin du dévouement d'Horatius Coclès à sa patrie entière, il renouvela, en faveur d'un seul homme, ce trait de courage, et le surpassa même, puisqu'il y joignit le sacrifice volontaire de sa vie. (An de R. 632.)

Quels excellents soldats auraient eu les deux Gracchus, s'ils eussent voulu marcher sur les traces de leur père et de leur aïeul maternel ! Avec quelle ardeur, avec quelle persévérance les Blosius, les Pomponius, les Létorius, n'auraient-ils pas concouru à leur élever des trophées, à leur conquérir des triomphes, eux

---

ponius et Lætorius ab infestis et undique ruentibus telis, oppositu corporum suorum texerunt. Quorum Pomponius, quo is facilius evaderet, concitatum sequentium agmen in porta Trigemina aliquandiu acerrima pugna inhibuit, nec vivus pelli potuit, sed multis confectus vulneribus, transitum eis super cadaver suum, credo, etiam post fata invitus, dedit : Lætorius autem in ponte sublicio constitit, et eum, donec Gracchus transiret, ardore spiritus sui sepsit; ac vi jam multitudinis obrutus, converso in se gladio, celeri saltu profundum Tiberii petiit; quamque in eo ponte caritatem toti patriæ Horatius Cocles exhibuerat, unius amicitiæ, adjecta voluntaria morte, præstitit.

Quam bonos Gracchi, si aut patris aut materni avi sectam vitæ ingredi voluissent, habere milites potuerant! Quo enim impetu, qua perseverantia animi, Blosius, et Pomponius, et Lætorius tropæa ac triumphos eorum adjuvissent, fu-

qui les secondaient avec tant de chaleur dans une entreprise insensée! Ils suivirent sous de sinistres auspices la destinée d'un ami; mais plus ils furent malheureux, plus leur exemple atteste la sincérité de leur attachement à d'illustres personnages.

3. L. Rhéginus, jugé d'après la stricte fidélité que réclame un ministère public, méritera d'être poursuivi sans ménagement par la postérité; mais, à ne considérer que les sincères engagements de l'amitié, nous le laisserons en paix au sein d'une conscience irréprochable, comme dans un port à l'abri des attaques. Il était tribun du peuple, lorsque Cépion, prévenu d'avoir laissé détruire notre armée par les Cimbres et les Teutons, fut mis dans les fers. N'écoutant que la voix d'une ancienne et étroite amitié, il le délivra de prison; et, non content d'avoir porté jusque-là le témoignage de son affection, il voulut l'accompagner dans sa fuite. O amitié, divinité puissante et invincible! la république l'arrête d'un côté, ta main l'entraîne de l'autre; elle lui commande de garder un poste sacré, qui le rend inviolable, et toi, tu lui prescris l'exil; mais tu commandes avec tant de douceur qu'il préfère le supplice à sa dignité. (An de R. 658.)

---

riosi conatus tam strenui comites! sinistris quidem auspiciis amicitiæ conditionem secuti; sed quo miseriora, hoc certiora fideliter cultæ nobilitatis exempla.

3. L. autem Rheginus, si ad debitam publico ministerio sinceritatem exigatur, posteritatis convicio lacerandus; si amicitiæ fido pignore æstimetur, in optimo laudabilis conscientiæ portu relinquendus est. Tribunus enim plebis Cæpionem in carcerem conjectum, quod illius culpa exercitus noster a Cimbris et Teutonis videbatur deletus, veteris arctæque amicitiæ memor publica custodia liberavit: nec hactenus amicum egisse contentus, etiam fugæ ejus comes accessit. Pro magnum et inexsuperabile tuum numen, Amicitia! quum ex altera parte respublica manum injiceret, ex altera tua illum dextera traheret; et illa, ut sacrosanctus esse vellet, exigeret, tu exsilium indiceres (adeo blando uteris imperio!); supplicium honori prætulit.

4. Si ton pouvoir captive ici notre admiration, il se montre, dans l'exemple suivant, bien plus digne de nos louanges. Vois à quel point tu élevas la constance de T. Volumnius, dans son attachement à son ami, sans que la république eût lieu de s'en offenser. Né chevalier romain, il avait été intimement lié avec M. Lucullus. Quand Marc Antoine eut fait mourir ce dernier pour avoir pris les armes en faveur de Brutus et de Cassius, Volumnius, au lieu de fuir, comme il en avait les moyens, resta constamment attaché au corps inanimé de son ami, fondant en larmes et poussant des gémissements, au point d'attirer sur lui, par cet excès de tendresse, un trépas semblable. En effet, la force et la persévérance de ses plaintes le firent traîner aux pieds d'Antoine. Arrivé en sa présence : « Général, dit-il, fais-moi mourir aussitôt, mais sur le corps de Lucullus ; je ne dois pas lui survivre après lui avoir conseillé un parti si funeste. » Peut-on voir une amitié plus fidèle ? il rendit moins odieuse au vainqueur la mémoire de son ami ; il se chargea lui-même du reproche de l'avoir conseillé ; pour toucher l'ennemi en faveur de Lucullus, il se fit lui-même un objet de haine. Antoine n'eut pas de peine à se prêter à sa demande : conduit à l'endroit

---

4. Admirabile hoc opus tuum ; sed quod sequitur, aliquanto laudabilius. Recognosce enim, quousque T. Volumnii constantem erga amicum suum caritatem sine ulla reipublicæ injuria eveneris. Qui, ortus equestri loco, quum M. Lucullum familiariter coluisset, cumque M. Antonius, quia Bruti et Cassii partes secutus fuerat, interemisset, in magna fugiendi licentia, exanimi amico adhæsit, hucusque in lacrymas et gemitus profusus, ut nimia pietate causam sibi mortis accesseret. Nam propter præcipuam et perseverantem lamentationem ad Antonium pertractus est : cujus postquam in conspectu stetit, « Jube me, inquit, imperator, protinus ad Luculli corpus perductum occidi : neque enim absumpto illo superesse debeo, quum ei infelicis militiæ auctor exstiterim. » Quid hac fidelius benevolentia ? mortem amici, hostis odio levavit ; vitam suam consilii crimine astrinxit ; quoque illum miserabiliorem redderet, se fecit invisiorem. Nec difficiles Antonii aures habuit : ductusque, quo voluerat, Luculli dextram

désiré, Volumnius baisa la main de Lucullus, prit sa tête détachée du tronc et gisant dans la poussière, l'appliqua sur sa poitrine : puis fléchissant le cou, le tendit au glaive du vainqueur. (An de R. 711.)

Que la Grèce vienne maintenant parler de Thésée, le représenter s'aventurant dans le royaume de Pluton pour seconder les coupables amours de Pirithoüs : c'est frivolité que de faire de pareils récits, sottise que d'y croire. Qu'on me montre deux amis qui mêlent leur sang, confondent leurs blessures, joignent la mort à la mort, à ces traits, je reconnais une amitié romaine. Mais là, je n'aperçois que des fictions, des monstruosités, vaines chimères d'un peuple passionné pour le merveilleux.

5. L. Pétronius réclame avec raison une pareille louange. Qui a montré le même courage à signaler son amitié mérite la même portion de gloire. D'une naissance très-obscure, il était parvenu, grâce à la protection de P. Célius, au rang de chevalier et à des grades brillants dans l'armée. Il garda le souvenir de ce bienfait, et, s'il n'eut pas l'occasion d'en marquer sa reconnaissance dans la prospérité, il acquitta religieusement cette dette dans une conjoncture sinistre. Le consul Octavius avait confié à

---

avide osculatus, caput, quo abscissum jacebat, sublatum pectori suo applicavit, ac deinde demissam cervicem victoris gladio præbuit.

Loquatur Græcia Thesea, nefandis Pirithoi amoribus subscribentem, Ditis se patris regnis commisisse; vani est istud narrare, stulti credere. Mixtum cruorem amicorum, et vulneribus innexa vulnera, mortemque morti inhærentem videre; hæc sunt vera Romanæ amicitiæ indicia : illa gentis ad fingendum paratæ monstro similia mendacia.

5. L. quoque Petronius hujusce laudis consortionem merito vindicat; pari etenim inclytæ amicitiæ ausu par gloriæ portio asserenda est. Admodum humili loco natus ad equestrem ordinem, et splendidæ militiæ stipendia, P. Cælii beneficio pervenerat. Cui gratum animum, quia in læta materia exhibere non contigerat, in ea quam iniquam fortuna esse voluit, cum multa fide præstitit. Erat ab Octavio consule Placentiæ præpositus Cælius, qua a Cinnano exercitu capta,

Célius le commandement de Plaisance : à la prise de cette place par l'armée de Cinna, Célius, affaibli et par l'âge et par les infirmités, appréhenda de tomber entre les mains de l'ennemi, et, pour échapper à ce malheur, eut recours au bras de Pétronius. Celui-ci, après s'être vainement efforcé de le détourner de sa résolution ; cédant à la persévérance de ses prières, le tua, et s'immola lui-même sur le corps de son ami. Il ne voulut pas survivre à un citoyen généreux, auteur de son élévation, de toute sa fortune. Ainsi la magnanimité causa la mort de Célius; un tendre attachement, celle de son ami. (An de R. 666.)

6. A Pétronius joignons Servius Térentius, quoiqu'il n'ait pu réussir, comme il le désirait, à périr pour son ami. On ne doit envisager que la résolution généreuse, non l'événement qui la rendit inutile ; car, autant qu'il fut en son pouvoir, il sauva la vie à Décimus Brutus par le sacrifice de la sienne. Celui-ci, après s'être échappé de Modène, apprenant qu'il était venu des cavaliers envoyés par Antoine pour lui donner la mort, s'était réfugié dans un réduit obscur et s'efforçait d'y dérober sa tête à un juste châtiment. Déjà les cavaliers avaient pénétré dans son asile : Térentius, par un généreux mensonge, que favorisait l'obscurité, se donna pour Brutus et s'offrit à leurs coups ; mais,

---

et senior jam, et gravi valetudine affectus, ne in potestatem hostium veniret, ad auxilium dextræ Petronii confugit. Quem is, ab incepto consilio frustra conatus abstrahere, in iisdem perseverantem precibus interemit, cædique ejus suam junxit; ne, eo jacente, per quem omnia dignitas incrementa assecutus fuerat, superesset. Ita alterius fato verecundia, alterius pietas causam præbuit.

6. Jungendus est Petronio Ser. Terentius, quanquam ei, sicut cupierat, pro amico suo perire non contigit. Incepto namque egregio, non irrito eventu, æstimari debet, quia, quantum in illo fuit, et ipse exstinctus est, et D. Brutus periculum mortis evasit. Qui fugiens a Mutina, ut ad se interficiendum ab Antonio missos equites advenisse cognovit, quodam in loco justæ pœnæ debitum spiritum tenebris furari conabatur. Eoque jam facta irruptione, Terentius, fideli mendacio obscuritate ipsa suffragante, Brutum se esse simulavit, et corpus suum

reconnu par Furius, qu'Antoine avait chargé de la punition de Brutus, il ne put pas mourir pour son ami et le soustraire à la vengeance. Il conserva donc la vie, malgré lui : ainsi le voulut la fortune. (An de R. 710.)

7. Laissons le triste et lugubre tableau de l'amitié luttant avec une persévérance héroïque, et contemplons-la sous des traits riants et agréables ; faisons-la sortir de ces lieux funèbres, tout remplis de larmes, de gémissements et de meurtres, pour l'amener dans un séjour plus digne d'elle, celui du bonheur, au milieu de tout ce que le crédit, les honneurs, l'opulence, peuvent lui donner d'éclat. Paraissez donc, quittez les demeures que l'on croit assignées aux âmes vertueuses, vous, Décimus Lélius, et vous, M. Agrippa, unis d'une amitié solide autant que fortunée, l'un au premier des hommes, l'autre au plus grand des dieux. Amenez sur vos pas, montrez à la lumière cette foule de bienheureux qui, sous vos auspices, suivant l'étendard d'une fidélité incorruptible, se sont couverts de gloire et de lauriers. Votre constance, votre zèle intrépide, votre impénétrable secret, votre continuelle vigilance sur tout ce qui pouvait intéresser l'honneur et la vie de vos amis, votre inépuisable bienveillance, enfin, les

---

trucidandum equitibus objecit : verum cognitus a Furio, cui Brutianæ ultionis officium mandatum fuerat, nece sua amici supplicium discutere non potuit. Sic invitus fortuna cogente vixit.

7. Ab hoc horrido et tristi pertinacis amicitiæ, ad lætum et serenum vultum transeamus ; atque eam inde evocatam, ubi omnia lacrymis, gemitu, cædibus fuerant referta, in eo, quo dignior est, felicitatis domicilio collocemus, gratia, honore, abundantissimisque opibus fulgentem. Prodite igitur ab illa, quæ sanctorum umbris dicata esse creditur, sede, hinc Decime Læli, illinc M. Agrippa, alter virorum, alter deorum maximum amicum, et certa mente, et secundis omnibus sortiti ; totumque beatæ turbæ gregem, qui vestro ductu veneranda sinceræ fidei stipendia, laudibus et præmiis onustus, peregit, in lucem vobiscum protrahite. Vestros enim constantes animos, vestra strenua ministeria, vestram inexpugnabilem taciturnitatem, proque dignitate et salute amicorum perpetuam

fruits abondants de tant de vertus, tout cela deviendra pour la postérité un touchant spectacle, qui la rendra plus ardente, plus religieuse même à pratiquer les devoirs de l'amitié.

De l'Amitié chez les étrangers.

1. L'inclination me retient dans mon pays; mais la franchise romaine m'invite à citer aussi les traits qui honorent les étrangers. Damon et Phintias, initiés aux mystères de la philosophie pythagoricienne, s'étaient unis d'une amitié si fidèle, que l'un d'eux, condamné à mort pas Denys de Syracuse, et ayant obtenu un délai pour aller dans sa famille mettre ordre à ses affaires avant de mourir, l'autre n'hésita pas à se livrer au tyran comme caution de son retour. Ainsi se trouvait hors de péril celui qui tout à l'heure avait le glaive suspendu sur sa tête, et sous le coup fatal celui qui pouvait vivre en pleine sécurité. Tout le monde et principalement Denys attendaient avec curiosité l'issue d'un drame si étrange, si incertain dans son dénoûment. Le délai

---

excubationem, testatiorem benevolentiam, et rursus harum rerum uberrimos fructus, posterior intuens ætas, in excolendo jure amicitiæ, quam libentius, tam etiam religiosius erit operata.

De Amicitia in externis

1. Hæret animus in domesticis, sed aliena quoque benefacta referre, Romanæ urbis candor hortatur. Damon et Phintias, Pythagoricæ prudentiæ sacris initiati, tam fidelem inter se amicitiam junxerunt, ut, quum alterum ex his Dionysius Syracusanus interficere vellet, atque is tempus ab eo, quo, priusquam periret, domum profectus res suas ordinaret, impetravisset, alter vadem se pro reditu ejus tyranno dare non dubitarit. Solutus erat periculo mortis, qui modo cervices gladio subjectas habuerat; eidem caput suum subjecerat, cui securo vivere licebat. Igitur omnes, et imprimis Dionysius, novæ atque ancipitis rei exitum spe-

allait expirer sans qu'on vît le condamné reparaître. Alors chacun qualifiait de folie une caution si imprudente ; mais le philosophe affirmait hautement qu'il était sans inquiétude sur la constance de son ami. En effet, au jour et à l'heure fixée par Denys, celui-ci se présenta. Plein d'admiration pour le caractère des deux amis, le tyran fit grâce, en considération d'une telle fidélité : il leur demanda même de vouloir bien l'associer comme un tiers dans une amitié si touchante, promettant de s'en rendre digne par un attachement sincère. Tel est donc le pouvoir de l'amitié : inspirer le mépris de la mort, faire oublier le charme de la vie, désarmer la cruauté, changer la haine en amour, substituer les bienfaits à l'horreur des supplices. Voilà des merveilles presque aussi dignes de notre vénération que le culte sacré des dieux immortels; car si la religion fait le salut des États, l'amitié est la sauvegarde des particuliers; et comme la première a pour demeure les temples augustes, celle-ci trouve dans les cœurs fidèles autant de sanctuaires tout remplis d'une sainte flamme. (Av. J.-C. 387.)

2. Tels étaient les sentiments d'Alexandre. Quand il fut maître du camp de Darius, où était réunie toute la maison de ce prince,

---

culabantur. Appropinquante deinde definita die, nec illo redeunte, unusquisque stultitiæ tam temerarium sponsorem damnabat; at is *nihil se de amici constantia metuere* prædicabat. Eodem autem momento, et hora a Dionysio constituta, qui eam acceperat, supervenit. Admiratus amborum animum, tyrannus, supplicium fidei remisit; insuperque eos rogavit, ut se in societatem amicitiæ, tertium sodalitii gradum ultima culturum benevolentia reciperent. Hæ sane vires amicitiæ : mortis contemptum ingenerare, vitæ dulcedinem exstinguere, crudelitatem mansuefacere, odium in amorem convertere, pœnam beneficio pensare potuerunt. Quibus pæne tantum venerationis, quantum deorum immortalium cærimoniis debetur : illis enim publica salus, his privata continetur; atque, ut illarum ædes sacra domicilia, ita harum fida hominum pectora quasi quodam sancto spiritu referta templa sunt.

2. Quod ita esse, rex Alexander sensit. Darii castris, in quibus omnes neces-

il vint, accompagné de son cher Héphestion, rendre visite à cette famille désolée. Ranimée par sa présence, la mère de Darius, qui se trouvait tristement étendue par terre, leva la tête, et, remarquant Héphestion, qui par la stature et le visage avait quelque chose de plus imposant qu'Alexandre, elle le prit pour celui-ci et le salua en se prosternant à la manière des Perses. Avertie de sa méprise, et toute tremblante, elle cherchait des paroles pour s'excuser. « Il n'y a rien là, dit Alexandre, dont vous ayez à vous excuser : Héphestion est un autre Alexandre. » (Av. J.-C. 333.) A qui ce mot fait-il le plus d'honneur? à celui qui le prononça, ou à celui qui eut le bonheur de l'entendre? Ce roi magnanime, qui avait embrassé ou de ses armes ou de ses espérances l'univers entier, donnait en ce peu de mots à son confident la moitié de lui-même. O glorieuse parole! présent honorable et à son auteur et à celui qui le recevait!

C'est avec un sentiment de vénération que je rappelle un pareil souvenir; j'en ai un motif personnel dans la généreuse bienveillance dont m'honora l'un des plus illustres et des plus éloquents personnages de notre siècle. Je ne crains pas qu'il y ait de l'inconvenance à déclarer que mon cher Pompée était pour moi

---

sarii ejus erant, potitus, Hephæstione gratissimo sibi latus suum tegente, ad eos alloquendos venit. Cujus adventu mater Darii recreata, humi prostratum caput erexit, Hephæstionemque, quia ei et statura et forma præstabat, more Persarum adulata, tanquam Alexandrum salutavit. Admonita deinde erroris, per summam trepidationem excusationis verba quærebat : cui Alexander, « Nihil est, inquit, quod hoc nomine confundaris, nam et hic Alexander est. » Utri prius gratulemur? qui hoc dicere voluit, an cui audire contigit? Maximi enim animi rex; etiam totum terrarum orbem aut victoriis, aut spe complexus, tam paucis verbis se cum comite suo partitus est. O donum inclytæ vocis danti pariter atque accipienti speciosum!

Quod privatim quoque merito veneror, clarissimi ac disertissimi viri promptissimam erga me benevolentiam expertus. Nec metuo, ne parum conveniat, mihi Pompeium meum instar esse Alexandri; quum illi Hephæstio suus alter fuerit

comme un Alexandre, puisque son Héphestion fut pour lui un autre lui-même. Certes, je serais bien coupable, si, parmi les exemples d'une fidèle et bienveillante amitié, j'oubliais de nommer celui qui eut pour moi toute l'affection d'un tendre père, qui fit ma force dans la prospérité, mon repos et ma consolation dans le malheur; celui dont je reçus progressivement, sans avoir rien demandé, toute ma fortune, par qui je vécus en sûreté contre les coups du sort, qui daigna éclairer et encourager mes travaux littéraires, en les prenant sous sa direction, sous ses auspices. En perdant le meilleur des amis, j'ai fait la joie de quelques envieux, sans doute parce que la vue de mon bonheur avait fait leur supplice. Cependant je n'avais point mérité leur haine : jamais je ne refusai de partager mon faible crédit avec ceux qui voulurent en profiter. Mais aucune prospérité, quelque modestie qui l'accompagne, ne peut échapper aux morsures de l'envie. Où trouver un asile contre la malignité de certaines gens? quelles marques d'affliction pourront les émouvoir, les empêcher de se réjouir et de triompher du malheur d'autrui comme d'un bien pour eux-mêmes? Nos pertes sont leur richesse, nos infortunes leur opulence, nos funérailles leur immortalité. Jusques à quand les verra-t-on insulter aux disgrâces d'autrui

---

Alexander. Ego vero gravissimo crimini sim obnoxius, constantis et benignæ amicitiæ exempla sine ulla ejus mentione transgressus; cujus in animo velut in parentum amantissimorum pectore, lætior vitæ meæ status viguit, tristior acquievit; a quo omnium incrementa commodorum ultro oblata cepi, per quem tutior adversus casus steti, qui studia nostra ductu et auspiciis suis lucidiora et alacriora reddidit. Itaque pavi invidiam quorumdam optimi amici jactura, videlicet quia fructu torseram; non quidem meo merito, gratiam meam quantacunque fuit, cum his, qui ea uti voluerunt, partitus. Verum nulla tam modesta felicitas est, quæ malignitatis dentes vitare possit; et quo secessu quosdam fugeris, aut quibus infulis misericordiæ permulseris, ne alienis malis perinde ac bonis suis lætentur ac gestiant? Divites sunt aliorum jacturis, locupletes calamitatibus,

sans en essuyer eux-mêmes? Je m'en repose, à cet égard, sur l'inconstance des choses humaines, ce vengeur suprême d'un insolent orgueil.

CHAPITRE VIII

DE LA LIBÉRALITÉ

De la Libéralité chez les Romains.

Après avoir exprimé nos regrets particuliers dans cette digression inspirée par la reconnaissance, reprenons le fil de notre ouvrage, et occupons-nous de la libéralité. Elle a deux sources très-louables, qui sont un discernement judicieux et une bienveillance légitime. Ce n'est qu'autant qu'elle découle de cette origine qu'elle est conforme à la raison; si la grandeur même du

immortales funeribus. Sed illi quatenus alienis incommodis suorum adhuc expertes insultent, optima vindex insolentiæ, varietas humanæ conditionis viderit.

CAPUT VIII

DE LIBERALITATE

De Liberalitate Romanorum.

Nostrum opus, pio egressu ad proprium dolorem provectum, in suum ordinem revocetur, liberalitatisque commemorationi vacemus. Cujus duo sunt maxime probabiles fontes, verum judicium, et honesta benevolentia; nam, quum ab his oritur, tunc demum ei ratio constat. Dono autem ipsi gratiam

CHAP. VIII, DE LA LIBÉRALITÉ

présent lui donne des charmes, son opportunité lui en assure de bien plus puissants encore.

1. Une action reçoit un nouveau prix, un prix inestimable, du mérite de la circonstance. Aussi Fabius Maximus, pour avoir fait à propos le sacrifice d'une légère somme d'argent, excite-t-il encore, après tant de siècles, l'admiration de la postérité. Il venait de racheter d'Annibal un certain nombre de prisonniers, moyennant une rançon convenue. Le sénat refusant de la payer, il envoya son fils à Rome pour vendre le seul domaine qu'il possédait, et en compta aussitôt la valeur à Annibal. A ne calculer que la somme en elle-même, c'était peu de chose, puisqu'elle provenait de la vente d'une terre de sept arpents, et encore d'une terre située dans la Pupinie; mais si l'on considère dans quelle intention elle fut donnée, c'était un présent magnifique, supérieur à tout l'or du monde. Il aima mieux être sans patrimoine que de voir sa patrie manquer de bonne foi. Son action mérite les plus grands éloges; car la générosité éclate bien plus vivement à tenter au delà de ses forces qu'à déployer des forces surabondantes : l'un fait ce qu'il peut, l'autre plus qu'il ne peut. (An de R. 536.)

2. Ainsi, vers le même temps, une femme nommée Busa,

---

et magnitudo quidem sua, sed efficaciorem aliquanto opportunitas conciliat.

1. Accedit enim pretio rei inæstimabile momentum occasionis. Quæ Fabium Maximum tot ante secula, ob parvam pecuniæ summam erogatam, ad hoc usque tempus laudabilem fecit. Captivos ab Annibale interposita pactione nummorum receperat : qui, quum a senatu non præstarentur, misso in Urbem filio, fundum, quem unicum possidebat, vendidit, ejusque pretium Annibali protinus numeravit. Si ad calculos revocetur, parvum, utpote septem jugeribus, et hoc in Pupinia addictis, redactum; si animo erogantis, omni pecunia majus. Se enim patrimonii, quam patriam fidei, inopem esse maluit; eo quidem majore commendatione, quod pronii studii certius indicium est supra vires niti, quam viribus ex facili uti. Alter enim quod potest, præstat; alter etiam plus quam potest.

2. Itaque ejusdem temporis femina Busa nomine, regionis autem Apuliæ di-

l'une des plus riches propriétaires de l'Apulie, mérita la reconnaissance du peuple romain par sa libéralité; mais je n'ai garde de mettre son opulence en parallèle avec le faible patrimoine de Fabius. Quoiqu'elle entretînt généreusement, à ses frais, environ dix mille soldats romains, débris de la bataille de Cannes, réfugiés dans Canuse, elle n'altéra aucunement sa fortune par cet acte de munificence envers la république; au lieu que Fabius, pour sauver l'honneur de la patrie, se réduisit de la médiocrité à l'indigence. (An de R. 537.)

3. Q. Considius se fit aussi remarquer par un trait de libéralité des plus salutaires, et qui ne fut pas sans avantage pour lui-même. Les complots de Catilina venaient de plonger la république dans une telle consternation, que les plus riches même, à cause de la dépréciation où ce trouble politique avait jeté les propriétés, ne pouvaient payer leurs dettes. Considius, qui se trouvait alors créancier d'une somme de quinze millions de sesterces (trois millions de francs) placée à intérêt, ne souffrit pas qu'aucun de ses débiteurs fût cité ni pour le principal, ni pour les arrérages. Il adoucit, autant qu'il fut en son pouvoir, l'amertume de l'inquiétude publique par sa tranquillité personnelle. Exemple merveilleux : il ne pouvait mieux choisir le moment pour témoigner qu'il

---

tissima, merito quidem liberalitatis testimonium receperit; sed excellentes opes suas Fabianis rei familiaris angustiis non comparaverit. Nam, etsi circa decem millia civium nostrorum, Cannensis prælii reliquias, benignissime intra Canusina mœnia alimentis sustentavit, salvo tamen statu fortunarum suarum, munificam se populo Romano præstitit ; Fabius in honorem patriæ, paupertatem inopia mutavit.

3. in Q. quoque Considio saluberrimi exempli, nec sine parvo ipsius fructu, liberalitas annotata est. Qui, Catilinæ furore ita consternata republica, ut ne a locupletibus quidem debitæ pecuniæ, propter tumultum pretiis possessionum diminutis, solvi creditoribus possent , quum centies atque quinquagies H-S. summam in fœnore haberet, neque de sorte quemquam debitorum suorum, neque de usura a suis appellari passus est; quantumque in ipso fuit, amaritudinem publicæ confusionis privata tranquillitate mitigavit, opportune mirificeque

trafiquait de son argent et non du sang de ses concitoyens. Ceux qui se plaisent principalement à ce genre de négoce sentiront, en rapportant chez eux des trésors ensanglantés, combien leur joie est condamnable, s'ils veulent prendre la peine de lire attentivement le sénatus-consulte qui décerne des remerciements à Considius. (An de R. 960.)

4. Il me semble que j'entends le peuple romain me reprocher depuis longtemps de me taire sur sa munificence, tandis que je fais une recherche active de celle des particuliers. Sa gloire est surtout intéressée au récit de sa conduite généreuse envers les rois, les cités, les nations : car le fréquent souvenir d'une action brillante en ranime tout l'éclat. Quand il eut conquis l'Asie Mineure, il en fit présent au roi Attale, persuadé qu'il assurerait plus de grandeur et de magnificence à notre empire, en faisant un généreux abandon de la plus riche, de la plus délicieuse partie de l'univers, qu'en la retenant à son profit : libéralité plus heureuse que la victoire elle-même, parce qu'une grande étendue de possession pouvait exciter l'envie, au lieu qu'une telle munificence ne pouvait rester sans gloire. (An de R. 563.)

---

testatus, nummorum suorum, non civilis sanguinis, se esse fœneratorem. Jam, qui hac præcipue negotiatione delectantur, quum pecuniam cruentam domum retulerint, quam improbando gaudio exsultent, recognoscent, si diligenter senatusconsultum, quo Considio gratiæ actæ sunt, legere non fastidierint.

4. Queri mecum jamdudum populus Romanus videtur, quod, quum singulorum munificentiam consecter, de sua taceam : ad summam enim ejus laudem pertinet, quem animum regibus et urbibus et gentibus præstiterit, recognosci, quia omne præclari facti decus crebra memoria in se ipso revirescit. Asiam bello captam Attalo regi muneris loco possidendam tradidit, eo excelsius et speciosius Urbis nostræ futurum imperium credens, si ditissimam atque amœnissimam partem terrarum orbis, in beneficio, quam in fructu suo reponere maluisset. Ipsa victoria donum felicius, quia multum occupasse, habere invidiam potuit; tantum tribuisse, gloria carere non potuit.

5. Mais le trait suivant, céleste inspiration de la divinité, est au-dessus de toutes les louanges humaines. Après la défaite de Philippe, roi de Macédoine, au moment où la Grèce entière se trouvait assemblée au spectacle des jeux Isthmiques, T. Quinctius Flamininus, ayant donné le signal au son de la trompette et obtenu silence, fit, par la voix du héraut, proclamer cet édit : « Le sénat, le peuple romain, et T. Quinctius Flamininus, général de l'armée romaine, déclarent libres et indépendants tous les États de la Grèce qui ont été soumis à la domination de Philippe. » Cette proclamation jeta les esprits dans une joie extrême et si inattendue, que, ne pouvant croire au témoignage de ses propres oreilles, chacun garda un profond silence. Le héraut fit une seconde lecture de la déclaration ; aussitôt l'air retentit d'acclamations, de cris d'allégresse, au point que l'on vit, chose certaine et avérée, des oiseaux, saisis d'épouvante en passant au-dessus de l'assemblée, tomber tout étourdis dans l'amphithéâtre. C'eût été déjà un acte magnanime d'arracher au joug de la servitude autant de têtes que le peuple romain affranchissait alors de cités remarquables par l'illustration et l'opulence. Il importe à sa gloire de rappeler, je ne dis pas seulement ses bienfaits, mais les sentiments de reconnaissance qu'ils firent

---

5. Illius vero Romanæ liberalitatis cœlestem spiritum nullæ litteræ satis dignis laudibus prosequentur. Philippo enim Macedonum rege superato, quum ad isthmicum spectaculum tot Græcia convenisset, T. Quinctius Flamininus, tubæ signo silentio facto, per præconem hæc verba recitari jussit : « S. P. Q. R. et T. Quinctius Flamininus imperator omnes Græciæ urbes, quæ sub ditione Philippi regis fuerunt, liberas atque immunes esse jubet. » Quibus auditis, maximo et inopinato gaudio homines perculsi, primo veluti non audisse se, quæ audierant, credentes, obticuerunt. Iterata deinde pronuntiatione præconis, tanta cœlum clamoris alacritate compleverunt, ut certo constet, aves, quæ supervolabant, attonitas paventesque decidisse. Magni animi fuisset a tot captivorum capitibus servitutem detraxisse, quot tunc nobilissimis et opulentissimis urbibus populus Romanus libertatem largitus est. Ad cujus majestatem pertinet, non

éclater. Ainsi, tandis que, d'un côté, l'on célèbre directement ses louanges, de l'autre on en renouvelle le souvenir. (An de R. 557.)

De la Libéralité chez les étrangers.

1. Hiéron, roi de Syracuse, à la nouvelle du désastre que les Romains venaient d'essuyer près du lac Trasymène, expédia aussitôt pour Rome un présent de trois cent mille boisseaux de froment, deux cent mille d'orge, deux cent quarante livres d'or. Et comme il n'ignorait pas que la délicatesse de nos aïeux les empêcherait de l'accepter, il imagina de l'envoyer sous la forme d'une Victoire, afin de les forcer, par respect pour la religion, à profiter de sa munificence; doublement libéral, d'abord par la pensée d'offrir ces richesses, ensuite par la précaution prise pour empêcher qu'on ne les renvoyât. (An de R. 536.)

2. Je vais joindre à cet exemple celui de Gillias d'Agrigente, dont le cœur était, pour ainsi dire, celui de la libéralité même. Il était très-opulent; mais il était bien plus riche encore des

---

solum quæ ipse benigne tribuit, sed etiam quæ alio tribuente sensit, commemorari; ut enim illic commemoratæ, ita hic redditæ laudis commendatio est.

De Liberalitate externorum.

1. Hiero, Syracusanorum rex, audita clade, qua Romani apud Trasymenum lacum erant afflicti, trecenta millia modium tritici, ducenta millia hordei, aurique ducenta et XL pondo Urbi nostræ muneri misit. Neque ignarus verecundiæ majorum nostrorum, ne nollent accipere, in habitum id Victoriæ formavit, ut eos, religione motos, munificentia uti cogeret; voluntate mittendi prius, iterum providentia cavendi, ne remitteretur, liberalis.

2. Subnectam huic Agrigentinum Gilliam, quem propemodum ipsius liberalitatis præcordia constat habuisse. Erat opibus excellens, sed multo etiam animo

trésors de l'âme que de ceux de la fortune, toujours plus occupé de faire un noble usage de l'argent que d'en acquérir, au point que sa maison passait en quelque sorte pour un atelier de bienfaisance. Là se prenaient des fonds, tantôt pour élever des édifices utiles au public, tantôt pour donner des spectacles agréables au peuple; de là sortait, comme d'une source, de quoi donner des repas magnifiques et subvenir à la cherté des vivres. Ces bienfaits généraux ne l'empêchaient pas de procurer en particulier des secours aux indigents, des dots aux filles pauvres, des soulagements à ceux qui avaient essuyé des revers de fortune. Les étrangers, accueillis avec une extrême bonté, soit à la ville, soit à la campagne, ne prenaient jamais congé de lui sans en recevoir quelques présents. Il y eut même un temps où on le vit nourrir et habiller une troupe de cinq cents cavaliers de Géla, que la tempête avait jetés sur un rivage de ses domaines. Enfin, l'on eût dit non un mortel, mais une providence ouvrant généreusement son sein à tous les hommes. Les possessions de Gillias étaient, en quelque sorte, le patrimoine commun de tous. Aussi la conservation de ses jours et l'accroissement de sa fortune étaient-ils, non-seulement à Agrigente, mais encore dans les

quam divitiis locupletior, semperque in eroganda potius quam in contrahenda pecunia occupatus; adeo ut domus ejus quasi quædam munificentiæ officina crederetur. Illinc enim publicis usibus apta monumenta exstruebantur; illinc grata populi oculis spectacula edebantur; illinc epularum magnifici apparatus, labentique annonæ subsidia oriebantur; et, quum hæc universis, privatim alimenta inopia laborantibus, dotes virginibus paupertate pressis, subsidia detrimentorum incursu quassatis erogabantur. Hospites quoque tum urbanis penatibus, tum etiam rusticis tectis benignissime excepti, variis muneribus ornati dimittebantur. Quodam vero tempore quingentos simul Gelensium equites, vi tempestatis in possessiones suas compulsos, aluit ac vestivit. Quid multa? non mortalem aliquem, sed propitiæ fortunæ benignum esse diceres sinum. Ergo, quod Gillias possidebat, omnium quasi commune patrimonium erat. Pro cujus salute et incrementis tum Agrigentina civitas, tum etiam vicinæ regiones

contrées voisines, l'objet constant de tous les vœux. A Gillias, opposez ces avares avec leurs coffres toujours fermés de verrous inexorables; ne trouvez-vous pas bien plus noble de dépenser comme l'un que de garder comme les autres?

---

votis excubabant. Colloca ex contraria parte arcas inexorabilibus claustris obseratas; nonne præstantiorem aliquanto existimes illam impensam, quam hanc custodiam?

LIVRE CINQUIÈME

CHAPITRE I

DE L'HUMANITÉ ET DE LA CLÉMENCE

Exemples chez les Romains.

Quelles compagnes seront mieux assorties à la libéralité, que l'humanité et la clémence ? Elles aspirent au même genre de gloire : la première soulage l'indigence, la deuxième prévient les besoins, la troisième sauve un ennemi d'une position critique. Quoiqu'on se trouve embarrassé de décider entre elles, il semble cependant que l'avantage appartient à celle qui tire son nom d'un attribut même de la divinité.

LIBER QUINTUS

CAPUT I

DE HUMANITATE ET CLEMENTIA

De Humanitate et Clementia Romanorum.

Liberalitati quas aptiores comites, quam humanitatem et clementiam, dederim? quoniam idem genus laudis expetunt. Quarum prima inopia, proxima occupatione, tertia ancipiti fortuna præstatur; quumque nescias quam maxime probes, ejus tamen commendatio præcurrere videtur, cui nomen ex ipso numine quæsitum est.

CHAP. I, DE L'HUMANITÉ, ETC.

1. Je vais rappeler avant tout les traits les plus éclatants de l'humanité et de la clémence du sénat. Des députés carthaginois vinrent à Rome pour traiter du rachat des prisonniers de leur nation ; le sénat les leur rendit aussitôt, sans rançon, tout jeunes qu'ils étaient, au nombre de deux mille sept cent quarante-trois. A la vue d'une telle armée d'ennemis rendue à la liberté, de tant d'argent dédaigné, de tant d'injures pardonnées aux Carthaginois, les députés, sans doute, saisis d'étonnement, n'ont pu s'empêcher de s'écrier en eux-mêmes : « O munificence romaine ! bonté qui n'a d'égale que celle des dieux ! ô bonheur de notre ambassade ! succès qui dépasse nos vœux ! ce que nous n'aurions jamais accordé, nous venons de le recevoir. » (An de R. 552.) Le trait suivant n'atteste pas moins l'humanité du sénat. Syphax, ce roi de Numidie autrefois si puissant, devenu prisonnier des Romains, était mort en prison à Tibur : le sénat fit célébrer ses funérailles aux frais du trésor public; après lui avoir fait grâce de la vie, il voulut encore honorer sa sépulture. Il montra la même clémence envers Persée. Informé que ce prince était mort à Albe, où il avait été relégué comme prisonnier, le sénat y envoya un questeur pour lui rendre les devoirs funèbres aux

---

1. Ante omnia autem humanissima et clementissima senatus acta referam. Qui, quum Carthaginiensium legati ad captivos redimendos in Urbem venissent, protinus his, nulla pecunia accepta, reddidit juvenes, numerum duum millium et septingentorum quadraginta trium explentes. Verum tantum hostium exercitum dimissum, tantam pecuniam contemptam, tot Punicis injuriis veniam datam; ipsos legatos obstupuisse arbitror, ac secum dixisse : « O munificentiam gentis Romanæ, deorum benignitati æquandam ! O etiam nostram legationem supra vota felicem ! nam quod beneficium nunquam dedissemus, accepimus. » Illud quoque non parvum humanitatis senatus indicium est. Syphacem enim, quondam opulentissimum Numidiæ regem, captivum in custodia Tiburi mortuum, publico funere censuit efferendum, ut vitæ dono honorem sepulturæ adjiceret. Consimilique clementia in Perse usus est. Nam, quum Albæ, in qua custodiæ causa relegatus erat, decessisset, quæstorem misit,

frais de la république; il ne put souffrir que les restes d'un roi fussent privés des honneurs du tombeau. (An de R. 586.)

Tels furent les devoirs rendus par le sénat à des rois ennemis et malheureux, même après leur mort : voici sa générosité envers des rois amis, heureux et vivants. La guerre de Macédoine terminée, Paul-Émile renvoya Musicanès, fils de Masinissa, au roi son père, avec les cavaliers qu'il avait amenés au secours des Romains. La flotte fut dispersée par la tempête, et le jeune prince amené malade à Brindes. Sitôt que le sénat en fut informé, il dépêcha un questeur, chargé d'assurer l'hospitalité à Musicanès, de lui fournir tous les secours nécessaires au rétablissement de sa santé, de pourvoir libéralement tant à sa dépense qu'à celle de toute sa suite, de lui procurer même des vaisseaux pour le transporter commodément et en sûreté en Afrique, lui et les siens. Il fit donner à chaque cavalier une livre d'argent et une somme de cinq cents sesterces (cent francs). Cette humanité du sénat, cet empressement, cette tendre sollicitude, étaient capables, si le jeune prince avait succombé à sa maladie, d'adoucir les regrets de son père et de les rendre plus supportables. (An de R. 585.)

---

qui eum publico funere efferret, ne reliquias regias jacere inhonoratas pateretur.

Hostibus hæc, et miseris, et fato functis officia regibus erogata; illa amicis, et felicibus, et vivis tributa sunt. Confecto Macedonico bello, Musicanes Masinissæ filius, cum equitibus, quos in præsidium Romanorum adduxerat, ab imperatore Paulo ad patrem remissus, tempestate classe dispersa, Brundusium æger delatus est. Quod ubi senatus cognovit, continuo illo quæstorem ire jussit, cujus cura et hospitium adolescenti expediretur, et omnia, quæ ad valetudinem opus essent, præberentur, impensæque liberaliter quum ipsi, tum toti comitatui præstarentur; naves etiam ut prospicerentur, quibus se bene ac tuto cum suis in Africam trajiceret : equitibus singulas libras argenti, et quingenos sestertios dari imperavit. Quæ tam prompta et tam exquisita patrum conscriptorum humanitas efficere potuit, ut, etiamsi exspirasset adolescens, æquiore animo desiderium ejus pater toleraret.

Le même corps, apprenant que Prusias, roi de Bithynie, venait pour le féliciter de la défaite de Persée, envoya au-devant de lui jusqu'à Capoue, P. Cornélius Scipion, l'un des questeurs : il donna ordre de louer pour ce prince la plus belle maison qu'il serait possible de trouver à Rome, de prendre, dans le trésor public, de quoi fournir et à sa dépense et à celle de sa suite. La ville tout entière lui fit l'accueil d'un ami généreux. Venu à Rome avec une amitié sincère pour la république, il retourna dans son royaume, pénétré pour elle d'une affection doublement profonde. (An de R. 586.)

L'Égypte même ressentit les effets de l'humanité romaine. Son roi Ptolémée, chassé du trône par son jeune frère, vint à Rome, sans autre cortége qu'un très-petit nombre d'esclaves, sous les dehors de la misère, et se logea chez un peintre, natif d'Alexandrie. Quand le sénat en reçut la nouvelle, il le fit venir, et s'excusa soigneusement de n'avoir pas, conformément aux usages de la république, envoyé un questeur à sa rencontre ; de ne lui avoir point procuré l'hospitalité au nom de l'État. Il l'assura que ce n'était point indifférence : il avait ignoré son arrivée subite et presque clandestine ; et au sortir même de l'assemblée, il le fit

---

Idem senatus, quum ad gratulandum sibi Prusiam Bithyniæ regem Perse devicto venire audisset, obviam illi P. Cornelium Scipionem quæstorem Capuam misit; consuitque, ut domus ei Romæ quam optima conduceretur, et copiæ non solum ipsi, sed etiam comitibus ejus publice præberentur : in eoque excipiendo tota urbs unius humani amici vultum habuit. Itaque qui amantissimus nostri venerat, duplicata erga nos benevolentia in regnum suum reversus est.

Nec Ægyptus quidem Romanæ humanitatis expers fuit. Rex enim Ptolemæus, a minore fratre regno spoliatus, petendi auxilii gratia cum paucis admodum servis, squalore obsitus, Romam venerat, ac se in hospitium Alexandrini pictoris contulerat. Id postquam senatui relatum est, arcessito juvene, quam potuit accurata excusatione usus est, quod nec quæstorem illi more majorum obviam misisset, nec publico eum hospitio excepisset : eaque non sua negligentia, sed ipsius subito et clandestino adventu facta, dixit ; et illum e curia protinus ad publicos

conduire dans une maison, où il fut logé au nom de la république, l'exhortant à quitter cet extérieur, indigne de son rang, et à demander une audience pour être entendu : il eut même le soin de lui faire parvenir, chaque jour, quelque présent par la main d'un questeur. Toutes ces attentions furent comme autant de degrés par lesquels il l'éleva de la plus triste humiliation jusqu'au trône, et lui apprit qu'il avait plus à espérer de l'appui du peuple romain, qu'à redouter de sa propre fortune. (An de R. 590.)

2. Laissant le corps entier des sénateurs, considérons chacun d'eux individuellement. Pendant la première guerre punique, le consul L. Cornélius, ayant pris la ville d'Olbia, fit de magnifiques obsèques à Hannon, général carthaginois, qui était mort en combattant vaillamment pour la défense de cette place. Il n'hésita pas à célébrer en personne les funérailles d'un ennemi, persuadé que l'éclat de sa victoire, tempéré par une si grande humanité, exciterait moins l'envie des dieux et des hommes. (An de R. 494.)

3. Que dirai-je de Quinctius Crispinus, dont l'humanité demeura invincible à deux passions très-puissantes, le ressentiment et l'amour de la gloire? Badius le Campanien lui avait des

---

penates deduxit, hortatusque est, *ut, depositis sordibus, adeundi ipsius diem peteret.* Quin etiam curæ habuit, ut munera ei quotidie per quæstorem darentur. His gradibus officiorum jacentem ad regium fastigium erexit; effecitque, ut plus spei in auxilio populi Romani, quam metus in sua fortuna reponeret.

2. Atque, ut ab universis patribus conscriptis ad singulos veniam, L. Cornelius consul primo Punico bello, quum Olbiam oppidum cepisset, pro quo fortissime dimicans Hanno dux Carthaginiensium occiderat, corpus ejus e tabernaculo suo amplo funere extulit; nec dubitavit hostis exsequias ipse celebrare, eam demum victoriam et apud deos et apud homines minimum invidiæ habituram credens, quæ plurimum humanitatis habuisset.

3. Quid de Quinctio Crispino loquar, cujus mansuetudinem potentissimi affectus, ira atque gloria, quatere non potuerunt? Badium Campanum et hospitio

obligations : il avait trouvé chez lui une généreuse hospitalité ; il devait à ses soins attentifs la guérison d'une maladie dont il fut attaqué pendant son séjour dans sa maison. Néanmoins, après l'affreuse défection des Campaniens, rencontrant Quinctius sur un champ de bataille, il le provoqua au combat ; mais celui-ci, quoique supérieur et en force et courage, aima mieux lui reprocher son ingratitude que de le vaincre. « Insensé, lui dit-il, que prétends-tu faire ? dans quel délire te précipite une coupable ambition ? C'est peu de partager la démence impie de ta nation, si tu ne te laisses encore emporter par la tienne ! Parmi les Romains, Quinctius est donc le seul que tu choisis pour être l'objet de tes coups sacriléges, lui dont l'hospitalité t'a procuré des distinctions et t'a sauvé la vie ! Quant à moi, les lois de l'hospitalité et ses dieux tutélaires, objet de vénération pour un Romain, de mépris pour vos cœurs dégradés, me défendent d'engager avec toi une lutte sanglante. Bien plus, si dans la mêlée je t'avais reconnu renversé fortuitement du choc de mon bouclier, mon épée, déjà levée sur ta tête, se serait arrêtée à l'instant. Je te laisse donc l'opprobre d'avoir voulu tuer ton hôte ; je ne m'associerai pas à ton infamie en donnant au mien le coup mortel. Va

---

benignissime domi suæ exceperat, et adversa valetudine correptum attentissima cura recreaverat. A quo post illam nefariam Campanorum defectionem in acie ad pugnam provocatus, quum et viribus corporis, et animi virtute aliquanto esset superior, monere ingratum, quam vincere, maluit. « Nam, quid agis, inquit, demens? aut quo te prava cupiditas transversum rapit? parum habes publica impietate furere, nisi etiam privata lapsus fueris? unus tibi Romanorum videlicet Quinctius placet, in quo, sceleste, exerceas arma, cujus penatibus et honoris vicissitudinem et salutem tuam debes? At me fœdus amicitiæ, diique hospitales, sancta nostro sanguini, vestris pectoribus vilia pignora, hostili certamine congredi tecum vetant. Quin etiam si in concursu exercituum fortuito umbonis mei impulsu prostratum agnovissem, applicatum jam cervicibus tuis mucronem revocassem. Tuum ergo crimen sit, hospitem occidere voluisse; meum non eris hospes occisus. Proinde aliam, qua occidas, dexteram quære;

chercher une autre main pour t'arracher la vie ; la mienne ne sut jamais que sauver tes jours. » Le ciel rendit à chacun la justice qu'il méritait : Badius perdit la vie dans cette bataille ; Quinctius en sortit couvert de gloire. (An de R. 541.)

4. Et la clémence de Marcellus, quel éclatant et mémorable exemple ne nous offre-t-elle pas ! Après avoir pris Syracuse, il monta sur la citadelle pour considérer de cette hauteur le destin d'une ville, naguère si florissante, alors tristement déchue. A la vue de son sort déplorable, il ne put retenir ses larmes. Qui l'eût aperçu dans ce moment sans le reconnaître, ne l'eût pas pris pour le vainqueur. Ainsi, malheureuse cité de Syracuse, ton affreux désastre fut mêlé de quelque consolation : si ton arrêt était prononcé, si ta chute était inévitable, du moins elle fut adoucie par l'extrême humanité du vainqueur. (An de R. 541.)

5. Q. Métellus, pendant la guerre des Celtibères en Espagne, faisait le siége d'une place nommée Centobrica. Déjà une machine de guerre menaçait le rempart, et il allait renverser le seul pan de muraille qu'il fût possible d'entamer ; mais l'humanité le fit renoncer à une victoire prochaine. Les assiégés venaient d'exposer aux coups de la machine les enfants de Réthogène,

---

quoniam mea te servare didicit. » Dedit utrique cœleste numen debitum exitum. Siquidem in eo prælio Badius obtruncatus est; Quinctius insigni pugna clarus evasit.

4. Age, M. Marcelli clementia, quam clarum, quamque memorabile exemplum haberi debet ! qui captis a se Syracusis in arce earum constitit, ut urbis modo opulentissimæ, tunc afflictæ, fortunam ex alto cerneret. Cæterum, casum ejus lugubrem intuens, fletum cohibere non potuit. Quem si quis ignarus vir adspexisset, alterius victoriam esse credidisset. Itaque Syracusana civitas, maxima clade tua aliquid admixtum gratulationis habuisti; quia, si tibi incolumem stare fas non erat, leniter sub jam mansueto victore cecidisti.

5 Q. vero Metellus, Celtibericum in Hispania gerens bellum, quum urbem Centobricam obsideret, et jam admota machina, partem muri, quæ sola convelli poterat, disjecturus videretur, humanitatem propinquæ victoriæ prætulit. Nam, quum Rethogenis filios, qui ad eum transierat, Centobricenses machinæ ictibus

l'un de leurs concitoyens qui était passé de son côté : Métellus ne voulut pas voir des enfants périr d'une mort si cruelle sous les yeux de leur père ; et, quoique Réthogène déclarât qu'il faisait, sans regret, le sacrifice de son sang pour le succès de l'attaque, il abandonna le siége. Si cet acte de clémence le fit échouer devant les remparts d'une place, elle lui gagna les cœurs de toutes les villes de Celtibérie, et lui procura l'avantage de les soumettre au peuple romain, sans avoir à faire tant de siéges. (An de R. 611.)

6. Je citerai aussi le second Scipion l'Africain. Les effets de son humanité brillèrent au loin avec gloire. Quand il eut pris Carthage, il écrivit aux villes de Sicile d'envoyer des députés pour réclamer les ornements enlevés autrefois de leurs temples par les Carthaginois, et les rétablir dans leurs anciennes places; libéralité également agréable aux dieux et aux hommes! (An de R. 607.)

7. Le même Scipion nous fournit encore un trait d'humanité non moins honorable. Son questeur, faisant la vente publique des prisonniers, remarqua parmi eux un enfant d'une beauté rare et d'un extérieur distingué : il le lui envoya. Scipion prit des informations à son sujet; il découvrit qu'il était Numide et

---

objecissent, ne pueri in conspectu patris crudeli genere mortis consumerentur (quanquam ipse Rethogenes negabat esse impedimento, quo minus etiam per exitium sanguinis sui expugnationem peragerel), ab obsidione discessit. Quo quidem tam clementi facto, etsi non unius civitatis mœnia, omnium tamen Celtiberarum urbium animos cepit, effecitque, ut ad redigendas eas in ditionem populi Romani non multis sibi obsidionibus opus esset.

6. Africani quoque posterioris humanitas speciose lateque patuit. Expugnata enim Carthagine, circa Siciliæ civitates litteras misit, ut ornamenta templorum suorum a Pœnis rapta per legatos recuperarent, inque pristinis sedibus reponenda curarent : beneficium diis pariter atque hominibus acceptum!

7. Huic facto par ejusdem viri humanitas. A quæstore suo, hastæ subjectos captivos vendente, puer eximiæ formæ et liberalis habitus missus est. De quo

orphelin, qu'il avait été élevé chez Masinissa, son oncle, à l'insu duquel il s'était engagé avant l'âge pour combattre les Romains. Il crut devoir lui pardonner son erreur et rendre un juste hommage à l'amitié d'un roi si fidèle au peuple romain : en conséquence il fit présent à l'enfant d'un anneau, d'une agrafe d'or, d'un laticlave, d'une casaque à l'espagnole, et d'un cheval tout harnaché; il lui donna ensuite une escorte de cavalerie qui le conduisit à Masinissa. Il pensait que le plus noble usage de la victoire était de rendre aux dieux les ornements de leurs temples, et aux rois leur propre sang. (An de R. 544.)

8. Je dois aussi, dans un pareil sujet, faire mention de Paul-Émile. A la nouvelle que Persée, tombé en un instant du faîte de la dignité royale dans la captivité, était amené devant lui, il se présenta à sa rencontre avec les ornements d'un général romain. Ce prince voulut se prosterner à ses genoux; il l'en empêcha en lui tendant la main, et l'exhorta, en langue grecque, à prendre courage. Il le conduisit dans sa tente, le fit asseoir à ses côtés dans le conseil, et ne dédaigna pas même de l'admettre à sa table. Représentez-vous, d'un côté, la bataille où Persée fut précipité du

---

quum explorasset, Numidam esse, orbum relictum a patre, educatum apud avunculum Masinissam, eo ignorante immaturam adversus Romanos ingressum militiam, et errori illius veniam dandam, et amicitiæ regis fidissimi populo Romano debitam venerationem tribuendam existimavit. Itaque puerum annulo, fibulaque aurea, et tunica laticlavia, hispanoque sagulo, et ornato equo donatum, datis qui eum prosequerentur equitibus, ad Masinissam remisit : eos igitur victoriæ maximos fructus ratus, diis templorum ornamenta, regibus sanguinem suum restituere.

8. L. etiam Pauli in tali genere laudis memoria apprehendenda est. Qui, quum Persen, parvi temporis momento captivum ex rege, ad se adduci audisset, occurrit ei Romani imperii decoratus ornamentis, conatumque ad genua procumbere, dextra manu allevavit, et Græco sermone ad spem exhortatus est; introductum etiam in tabernaculum, lateri suo proximum in consilio sedere jussit, nec honore mensæ indignum judicavit. Proponatur in conspicuo acies, qua

trône, de l'autre, la réception que le vainqueur vient de lui faire; vous serez embarrassé de dire lequel des deux spectacles vous charme davantage. En effet, s'il est beau de renverser un ennemi, il n'est pas moins glorieux de savoir compatir à son infortune. (An de R. 580.)

9. Ce trait d'humanité de Paul-Émile m'avertit de ne point oublier la clémence de Cn. Pompée. Tigrane, ce roi d'Arménie qui, non content d'avoir fait par lui-même des guerres terribles au peuple romain, avait encore prêté son appui au plus implacable ennemi de la république, à Mithridate chassé du royaume de Pont, vint se prosterner en suppliant aux pieds de Pompée. Mais celui-ci ne put le laisser dans cette attitude humiliante; il lui adressa des paroles de bienveillance, le rassura, l'obligea de remettre sur sa tête le diadème qu'il avait jeté par terre, et, à quelques conditions près qu'il lui imposa, il le rétablit dans la plénitude de son ancienne fortune, trouvant également glorieux et de vaincre les rois et de les créer. (An de R. 687.)

10. Quel exemple frappant que ce grand homme, aussi admirable par son humanité envers les autres, que digne de compassion par l'inhumanité dont il fut la victime! Il avait placé sur la tête de Tigrane le bandeau royal, et sa tête, à lui-même,

---

prostratus est Perses, et harum rerum, quas retuli, contextus; utro magis spectaculo delectentur, homines dubitabunt. Nam si egregium est hostem abjicere, non minus tamen laudabile, infelicis scire misereri.

9. Hæc L. Pauli humanitas admonet me, ne de Cn. Pompeii clementia taceam. Regem Armeniæ Tigranem, qui et per se magna cum populo Romano bella gesserat, et infestissimum Urbi nostræ Mithridatem, Ponto pulsum, viribus suis protexerat, in conspectu suo diutius jacere supplicem passus non est; sed benignis verbis recreatum, diadema, quod abjecerat, capiti reponere jussit, certisque rebus imperatis, in pristinum fortunæ habitum restituit, æque pulchrum esse judicans, et vincere reges et facere.

10. Quam præclarum tributæ humanitatis specimen Cn. Pompeius! quam miserabile desideratæ idem evasit exemplum! Nam, qui Tigranis tempora insigni

dépouillée de trois couronnes triomphales, ne trouva pas de sépulture dans tout cet univers soumis naguère à sa puissance. Détachée du corps, privée des honneurs funèbres, on l'apporta, présent infâme de la perfidie égyptienne, au vainqueur ému de compassion. A cet aspect, César, oubliant son inimitié, ne se souvint plus que du titre de beau-père; il versa des larmes sur Pompée et pour lui-même et pour sa fille; il fit brûler cette tête avec les parfums les plus précieux. Si l'âme de ce héros eût été moins compatissante, on eût vu (tant la fortune se joue du sort des mortels!) un grand homme, tout à l'heure le soutien de l'empire, demeurer sans sépulture. (An de R. 705.) César dit encore, en apprenant la mort de Caton : « J'envie sa gloire, et lui m'a envié la mienne. » Il conserva aux enfants de cet illustre citoyen toute la succession de leur père : et de toutes les divines actions de César, la moins glorieuse n'eût pas été celle de sauver Caton. (An de R. 707.)

11. Marc Antoine, lui aussi, ne fut pas inaccessible aux sentiments d'humanité. Il chargea son affranchi d'ensevelir le corps de M. Brutus, et, pour honorer davantage ses funérailles, il commanda qu'on mît sur lui sa cotte d'armes : il avait cessé de le haïr

---

regio texerat, ejus caput, tribus coronis triumphalibus spoliatum, in suo modo terrarum orbe nusquam sepulturæ locum habuit, sed abscissum a corpore, inops rogi, nefarium Ægyptiæ perfidiæ munus portatum est, etiam ipsi victori miserabile. Ut enim id Cæsar aspexit, oblitus hostis, soceri vultum induit, ac Pompeio tum proprias, tum etiam filiæ suæ lacrymas reddidit; caput autem plurimis et pretiosissimis odoribus cremandum curavit. Quod si non tam mansuetus animus divini principis exstitisset, paulo ante Romani imperii columen habitum (sic mortalium negotia fortuna versat) inhumatum jacuisset. Catonis quoque morte Cæsar audita, *et se illius gloriæ invidere, et illum suæ invidisse,* dixit, patrimoniumque ejus liberis ipsius incolume servavit; et, hercule, divinorum Cæsaris operum non parva pars Catonis salus fuisset.

11. M. etiam Antonii animus talis humanitatis intellectu non caruit. M. enim Bruti corpus liberto suo sepeliendum tradidit, quoque honoratius cremaretur,

après sa mort, et ne voyait plus en lui un ennemi, mais un citoyen. Apprenant ensuite que l'affranchi avait soustrait la cotte d'armes, il s'emporta contre lui, et le fit punir, en lui disant : « Quoi ! ignorais-tu quel était celui dont je t'avais confié la sépulture ? » Si les dieux avaient applaudi au courage d'Antoine dans les champs de Philippes, et à la pieuse victoire qu'il y remporta, ils ne purent entendre avec déplaisir ces mots inspirés par une généreuse indignation. (An de R. 711.)

Exemples étrangers.

1. Amené en Macédoine par le récit d'un exemple romain, je me vois dans l'obligation de faire l'éloge du caractère d'Alexandre le Grand. Si la valeur guerrière lui procura une gloire infinie, la clémence lui gagna particulièrement l'affection des peuples. Pendant que, d'une course infatigable, il parcourait toutes les nations, un hiver rigoureux le réduisit à s'arrêter dans un coin de la terre. Assis auprès d'un feu, sur un siége élevé, il aperçut un soldat macédonien fort âgé et tout engourdi par l'excès du froid. Aus-

---

injici et suum paludamentum jussit, jacentem non hostem, sed civem, deposito æstimans odio. Quumque interceptum a liberto paludamentum comperisset, ira percitus, protinus in eum animadvertit, hac ante præfatione usus : « Quid? tu ignorasti, cujus tibi viri sepulturam commisissem? » Fortem piamque ejus victoriam Philippicam libenter dii viderunt; sed ne ista quidem generosissimæ indignationis verba inviti audierunt.

De Humanitate et Clementia externorum.

1. Commemoratione Romani exempli in Macedoniam deductus, morum Alexandri præconium facere cogor; cujus ut infinitam gloriam bellica virtus, ita præcipuum amorem clementia meruit. Is, dum omnes gentes infatigabili cursu lustrat, quodam loci tempestate nivali oppressus, senio jam confectum militem Macedonem, nimio frigore obstupefactum, ipse sublimi et propinqua igni sede sedens, animad-

sitôt, considérant moins la différence du rang que celle de l'âge, il descendit; et des mêmes mains qui avaient renversé la puissance de Darius, il mit sur son trône ce corps glacé, perclus de froid, en lui disant : « Place-toi sur ce siége royal; ce qui causerait ta mort chez les Perses te sauvera la vie. » Est-il étonnant qu'on se trouvât heureux de servir tant d'années sous un chef plus jaloux de la conservation d'un simple soldat que des prérogatives de son rang? Ce même prince, au moment qu'il cédait, non à la puissance d'aucun mortel, mais à celle de la nature et de la fortune, se relevant sur le coude, malgré l'affaissement où l'avait réduit la violence de la maladie, tendit la main à tous ceux qui voulurent la toucher. Qui ne se serait empressé de la baiser, cette main qui, déjà en proie à la mort, mais animée d'une bonté inépuisable et supérieure à ses forces, se prêtait aux embrassements d'une armée nombreuse? (Av. J.-C. 323.)

2. Un trait de bonté moins frappant, il est vrai, mais cependant digne de mémoire, est celui que je vais raconter de Pisistrate, tyran d'Athènes. Un jeune homme qui aimait éperdument sa fille, la rencontrant un jour dans la rue, se permit de l'em-

---

veriit; factaque non fortunæ, sed ætatis utriusque æstimatione, descendit, et illis manibus, quibus opes Darii afflixerat, corpus frigore duplicatum in suam sedem imposuit, id ei salutare futurum dicens, quod apud Persas capitale exstitisset, solium regium occupasse. Quid ergo mirum est, si sub eo duce tot annis militare jucundum ducebant, cui gregarii militis incolumitas proprio fastigio carior erat? Idem non hominum ulli, sed naturæ fortunæque cedens, quanquam violentia morbi dilabebatur, in cubitum tamen erectus, dextram omnibus, qui eam contingere vellent, porrexit. Quis autem illam osculari non curreret, quæ jam fato oppressa, maximi exercitus complexui, humanitate, quam spiritu, vividiore suffecit?

2. Non tam robusti generis humanitas, sed et ipsa tamen memoria prosequenda Pisistrati Atheniensium tyranni narrabitur. Qui, quum adolescens quidam amore filiæ ejus virginis accensus, in publico obviam sibi factam osculatus esset,

brasser. Sollicité par sa femme de le punir du dernier supplice, Pisistrate répondit : « Mais si nous faisons mourir ceux qui nous aiment, quel sort réserverons-nous à ceux qui nous haïssent? » Parole trop admirable pour ajouter qu'elle sortait de la bouche d'un tyran. (Av. J.-C. 539.)

Voilà de quelle manière il supporta l'outrage fait à sa fille; mais sa patience à souffrir les insultes faites à sa personne est plus louable encore. Il essuya, pendant tout un repas, les plus sanglantes injures de la part de Thrasippus, l'un de ses amis, sans se laisser aller à la colère : il sut maîtriser son cœur et sa voix, au point qu'on eût dit un satellite gourmandé par son maître. Le voyant se lever pour sortir, il appréhenda que la crainte ne hâtât son départ, et voulut le retenir par des invitations amicales. Poussé, emporté par la chaleur du vin, Thrasippus lui cracha au visage, sans pouvoir néanmoins allumer son courroux. Les fils de Pisistrate brûlaient de venger l'outrage fait à la majesté de leur père : il les retint. Le lendemain, apprenant que Thrasippus, désespéré, voulait se donner la mort, il alla le voir; et, l'assurant qu'il lui conserverait toujours la même place dans son amitié, il le fit renoncer à son dessein. N'eût-il rien fait d'ailleurs qui méritât nos hommages, ces seuls traits de clé-

---

hortante uxore, *ut ab eo capitale supplicium sumeret*, respondit : *Si eos, qui nos amant, interficimus, quid his faciemus quibus odio sumus?* Minime digna vox, cui adjiciatur, eam ex tyranni ore manasse.

In hunc modum filiæ injuriam tulit, suam multo laudabilius. A Thrasippo amico inter cœnam sine fine convicio laceratus, ita et animum et vocem ab ira cohibuit, ut putares satellitem a tyranno male audire. Abeuntem quoque, veritus ne propter metum maturius se convivio subtraheret, invitatione familiari cœpit retinere. Thrasippus, concitatæ temulentiæ impetu evectus, os ejus sputo respersit, nec tamen in vindictam sui valuit accendere. Ille vero etiam filios suos violatæ patris majestati subvenire cupientes retraxit; posteroque die Thrasippo supplicium a se voluntaria morte exigere volente, venit ad eum, dataque fide in eodem gradu amicitiæ mansurum, ab incepto revocavit. Si nihil aliud dignum

mence suffiraient pour le rendre recommandable à la postérité. (Av. J.-C. 537.)

3. Même douceur dans le caractère du roi Pyrrhus. Il apprit que quelques Tarentins, dans un repas, avaient parlé peu respectueusement de sa personne. Il les fit venir, et leur demanda s'ils avaient réellement tenu les propos qu'on lui avait rapportés. « Vraiment, lui répondit l'un d'eux, si le vin ne nous eût manqué, tout ce qu'on vous a raconté n'eût été qu'un jeu, un badinage, au prix de ce que nous aurions dit encore. » Une manière si ingénieuse de s'excuser sur la débauche, un aveu si sincère de la vérité, désarmèrent le roi et le firent rire. De tant de douceur et de modération, il recueillit pour l'avenir le double avantage, que, de sang-froid, les Tarentins lui témoignaient de la reconnaissance, et que, dans l'ivresse, ils le comblaient de bénédictions. Il montra la même humanité, la même noblesse de sentiments à l'égard des ambassadeurs romains qui se rendaient dans son camp, afin de racheter les prisonniers. Pour protéger leur arrivée, il envoya au-devant d'eux un officier molosse, nommé Lycon; et, pour donner plus d'éclat à leur réception, il sortit lui-même à leur rencontre avec sa cavalerie tout équipée. Le charme de la prospérité ne l'avait pas ébloui; il ne put l'empêcher de

honore memoriæ gessisset, his tamen factis abunde se posteritati commendasset.
3. Æque mitis animus Pyrrhi regis. Audierat quosdam Tarentinorum in convivio parum honoratum de se sermonem habuisse; accessitos, qui ei interfuerant, percontabatur, an ea, quæ ad aures ejus pervenerant, dixissent. Tum ex his unus : « Nisi, inquit, vinum nobis defecisset, ista quæ tibi relata sunt, præ iis, quæ de te locuturi eramus, lusus ac jocus fuissent. » Tam urbana crapulæ excusatio, tamque simplex veritatis confessio, iram regis convertit in risum. Qua quidem clementia et moderatione assecutus est, ut et sobrii sibi Tarentini gratias agerent, et ebrii bene precarentur. Ab eadem altitudine humanitatis legatis Romanorum ad redimendos captivos castra sua petentibus, quo tutius venirent, Lyconem molossum obviam misit. Quo honoratius exciperentur, ipse cum ornato equitatu extra portam occurrit; secundarum rerum proventu non adeo corruptus, ut

voir ce qu'il devait à un peuple généreux, ardent à le combattre par la force des armes. (An de R. 473.)

4. Il reçut après sa mort la juste récompense de tant d'humanité. Il avait pénétré dans la ville d'Argos sous de fâcheux auspices : il y fut tué. Alcyonée, fils du roi Antigone, courut tout joyeux porter sa tête, comme le gage le plus heureux de la victoire, à son père, qui se trouvait fort embarrassé de défendre la place. Celui-ci gourmanda son fils de ce qu'oubliant l'instabilité des choses humaines, il insultait avec une joie immodérée à la chute imprévue d'un si grand homme. Puis, relevant cette tête, il la couvrit de son chapeau macédonien, la rejoignit au corps de Pyrrhus, et lui fit de magnifiques funérailles. Bien plus, quand Hélénus, fils de ce prince, lui fut amené prisonnier, il l'invita, pour le rassurer, à prendre et l'extérieur et les sentiments d'un roi ; et renfermant les restes de Pyrrhus dans une urne d'or, il les remit, pour les porter en Épire, sa patrie, à son frère Alexandre. (Av. J.-C. 272.)

5. Quand nos troupes, désarmées et presque nues, entrèrent avec les consuls dans la ville de Capoue, au retour des Fourches Caudines, où elles avaient passé sous le joug des Samnites, les

---

officii prospectum in iis deponeret, qui tum maxime armis cum eo dissidebant.

4. Cujus tam mitis ingenii debitum fructum ultimo fati sui tempore recepit. Nam, quum diris auspiciis Argivorum invasisset urbem, abscissumque caput ejus Alcyoneus, Antigoni regis filius ad patrem, propugnatione laborantem, lætus velut aliquod felicissimum victoriæ opus attulisset, Antigonus, correpto juvene, quod tanti viri subitæ ruinæ, immemor humanorum casuum, effuso gaudio insultaret, humo caput sublatum, causia, qua velatum caput suum more Macedonum habebat, texit ; corporique Pyrrhi redditum, honoratissime cremandum curavit. Quin etiam filium ejus Helenum captivum, ad se pertractum, et cultum et animum gerere regium jussit ; ossaque Pyrrhi ei, aurea urna inclusa, Epirum in patriam ad Alexandrum fratrem portanda dedit.

5. Campani autem exercitum nostrum, cum consulibus apud Caudinas furcas sub jugum a Samnitibus missum, nec inermem tantum, sed etiam nudum

Campaniens les reçurent avec les mêmes égards que si elles fussent revenues victorieuses et chargées des dépouilles de l'ennemi. Ils s'empressèrent de décorer les consuls des marques de leur dignité, de donner aux soldats des vêtements, des armes, des chevaux, des vivres. Leur générosité répara le dénûment des Romains, effaça le hideux spectacle de leur défaite. (An de R. 432.) Si dans la suite ils eussent montré le même zèle pour notre empire contre Annibal, ils n'auraient pas fourni à la hache inexorable de terribles sujets de vengeance. (An de R. 542.)

6. Puisque j'ai prononcé le nom de ce redoutable ennemi, je vais terminer ce sujet par le récit des actes d'humanité qu'il exerça envers le peuple romain. Annibal, à la bataille de Cannes, fit chercher le corps d'Émilius Paulus, qui y avait été tué, et, autant qu'il fut en lui, fit en sorte que ce général ne demeurât pas sans sépulture. (An de R. 537.) Annibal célébra avec beaucoup de distinction les funérailles de Tibérius Gracchus, tué dans une embuscade par les Lucaniens, et remit ses restes à nos soldats pour les transporter dans sa patrie. (An 541.) Annibal rendit de justes honneurs à M. Marcellus, qui trouva la mort dans le Brutium, en observant avec plus d'ardeur que de pru-

---

urbem suam intrantem, perinde ac victorem et spolia hostium præ se ferentem, venerabiliter exceperunt; protinusque consulibus insignia honoris, militibus vestem, arma, equos, commeatum benignissime præstando, et inopiam et deformitatem Romanæ cladis mutarunt. Quo animo si pro imperio nostro adversus Annibalem quoque usi fuissent, truculentis securibus materiam sæviendi non præbuissent.

6. Facta mentione acerrimi hostis, mansuetudinis ejus operibus, quam Romano nomini præstitit, locum, qui inter manus est, finiam. Annibal enim Æmilii Pauli apud Cannas trucidati quæsitum corpus, quantum in ipso fuit, inhumatum jacere passus non est: Annibal T. Gracchum, Lucanorum circumventum insidiis, cum summo honore sepulturæ mandavit, et ossa ejus in patriam portanda militibus nostris tradidit: Annibal M. Marcellum in agro Brutio, dum conatus Pœnorum cupidius quam consideratius speculatur, interremptum, legi-

dence les mouvements des Carthaginois; il le mit sur le bûcher, revêtu d'une casaque carthaginoise, une couronne de laurier sur la tête. (An de R. 545.)

Tel est donc le charme de l'humanité; elle touche les âmes les moins sensibles, pénètre même le cœur des barbares, adoucit les regards farouches et cruels d'un ennemi, et fléchit l'orgueil superbe de la victoire. Elle s'ouvre sans peine, sans effort, un paisible passage à travers les armes menaçantes, à travers les épées nues, prêtes à frapper; elle triomphe de la colère, terrasse la haine, mêle au sang d'un ennemi les larmes de son ennemi. Effet admirable de l'humanité! elle est allée jusqu'à arracher à Annibal l'ordre d'ensevelir les généraux romains. Aussi les funérailles d'Émilius Paulus, de Gracchus et de Marcellus lui font-elles plus d'honneur que leur chute même; car il les attira dans le piége par une ruse carthaginoise, et honora leur mort avec une générosité romaine. Et vous, ombres intrépides et vertueuses, vous n'avez point à vous plaindre des honneurs funèbres que le sort vous a départis : s'il était plus désirable de mourir au sein de sa patrie, il y eut plus de gloire à mourir pour elle. Un sort malheureux vous privait de l'honneur des derniers devoirs; l'éclat de votre valeur vous le fit recouvrer.

---

timo jure extulit, Punicoque sagulo, et corona donatum laurea, rogo imposuit.
 Ergo humanitatis dulcedo etiam in efferata barbarorum ingenia penetrat, torvosque et truces hostium mollit oculos, ac victoriæ insolentissimos spiritus flectit; nec illi arduum ac difficile est, inter arma contraria, inter districtos cominus mucrones placidum iter reperire; vincit iram, prosternit odium, hostilemque sanguinem hostilibus lacrymis miscet: quæ etiam admirabilem Annibalis vocem pro funeribus Romanorum ducum arbitria statuentis expressit. Quare aliquanto ei plus gloriæ Paulus, Gracchus, et Marcellus sepulti, quam oppressi attulerunt; siquidem illos Punico astu decepit, Romana mansuetudine honoravit. Vos quoque, fortes ac piæ umbræ, non pœnitendas sortitæ estis exsequias. Nam, ut optabilius in patria, ita speciosius pro patria collapsæ, supremi officii decus infelicitate amissum, virtute recuperastis.

CHAPITRE II

DE LA RECONNAISSANCE

Exemples chez les Romains.

Il m'a semblé convenable de mettre sous les yeux du lecteur la reconnaissance et l'ingratitude avec les traits particuliers à l'une et à l'autre, afin que la vertu et le vice, mieux appréciés par le rapprochement même, trouvassent leur juste récompense dans le jugement des hommes. Mais comme un but opposé les distingue, je dois aussi en traiter séparément, et donner place aux actions dignes de louanges avant celles qui ne méritent que le blâme.

1. Commençons par les exemples publics. Marcius Coriolan se préparait à assiéger sa patrie. Aux portes de Rome, avec une nombreuse armée de Volsques, il menaçait de détruire la ville, et d'ensevelir l'empire romain sous ses ruines. Mais sa mère

CAPUT II

DE GRATIS

De Gratis Romanorum.

Gratas vero ingratasque animi significationes et facta libuit oculis subjicere, ut vitio ac virtuti justa merces æstimationis ipsa comparatione accederet. Sed, quoniam contrario proposito sese distinxerunt, nostro quoque stilo separentur; prioremque locum obtineant, quæ laudem, quam quæ reprehensionem merentur.

1. Atque, ut a publicis actis ordiar, Marcium, patriæ interitum conantem, admotoque portis Urbis ingenti Volscorum exercitu, funus ac tenebras Romano

CHAP. II, DE LA RECONNAISSANCE 333

Véturie, et Volumnie son épouse, empêchèrent, par leurs prières, l'accomplissement de ce dessein parricide. En reconnaissance d'un si grand service, le sénat décréta généreusement des distinctions en faveur des mères de famille. Il voulut que les hommes leur cédassent le pas dans la rue, avouant ainsi que les larmes des femmes avaient plus fait pour le salut de la patrie que les armes des guerriers. Aux pendants d'oreilles dont elles faisaient usage, il ajouta un nouvel ornement pour parer leur tête, il leur permit aussi la robe de pourpre et les colliers d'or. Pour comble d'honneur, il fit élever un temple et un autel à la Fortune des femmes, à l'endroit même où Coriolan s'était laissé fléchir, voulant ainsi consacrer par le culte d'une divinité nouvelle le témoignage de sa reconnaissance. (An de R. 265.)

Il fit voir les mêmes sentiments à l'époque de la seconde guerre punique. Pendant que Fulvius assiégeait Capoue, il s'y trouva deux femmes qui ne voulurent pas bannir de leur cœur l'attachement aux Romains ; c'étaient une mère de famille nommée Vestia Opidia, et une courtisane appelée Cluvia Facula : l'une faisait chaque jour un sacrifice pour le succès de nos armes, l'autre ne cessait de fournir des subsistances aux Romains

---

imperio minitantem, Veturia mater et Volumnia uxor nefarium opus exsequi precibus suis passæ non sunt. In quarum honorem senatus matronarum ordinem benignissimis decretis adornavit. Sanxit namque, *ut feminis semita viri cederent*; confessus, *plus salutis reipublicæ in stola, quam in armis fuisse.* Vetustisque aurium insignibus novum vittæ discrimen adjecit, permisit quoque his, purpurea veste et aureis uti segmentis. Super hæc ædem et aram Fortunæ Muliebri eo loco, quo Coriolanus exoratus fuerat, faciendam curavit, memorem beneficii animum suum exquisito religionis cultu testando.

Quem secundi etiam belli Punici tempore exhibuit. Quum enim a Fulvio Capua obsideretur, ac duæ Campanæ mulieres benevolentiam erga Romanos dimittere ex animis noluissent, Vestia Opidia materfamilias, et Cluvia Facula meretrix; quarum altera quotidie pro salute nostri exercitus sacrificavit, altera captis militibus Romanorum alimenta subministrare non destitit; urbe illa oppressa,

prisonniers. Quand la ville fut prise, le sénat leur rendit et la liberté et leurs biens : il leur déclara même que, si elles désiraient encore quelque autre récompense, il se ferait un plaisir de la leur accorder. Qu'au milieu d'une si grande joie les sénateurs se fussent contentés de témoigner leur reconnaissance à deux femmes obscures, au lieu de la marquer si vivement par des actes, ce serait déjà un trait digne d'admiration. (An de R. 541.)

2. Est-il rien de plus reconnaissant aussi que cette jeunesse romaine, qui, sous le consulat de C. Nautius et Minucius, courut d'elle-même s'enrôler pour marcher au secours des Tusculans, dont les frontières venaient d'être envahies par les Èques, parce que ce peuple, quelques mois auparavant, avait soutenu, avec autant de persévérance que de courage, les intérêts de la république romaine ? On vit donc (événement nouveau dans l'histoire) une armée s'enrôler d'elle-même pour garantir la patrie du reproche d'ingratitude. (An de R. 295.)

3. Le peuple donna un exemple bien éclatant de reconnaissance envers Q. Fabius Maximus. Ce grand homme étant mort après cinq consulats favorables au salut à la république, tous les citoyens contribuèrent à l'envi pour augmenter la pompe et la

---

senatus his et libertatem et bona restituit; et, si quid amplius præmii petiissent, libenter se daturum asseveravit. Vacasse in tanto gaudio patribus conscriptis duabus humilibus feminis referre gratiam, nedum tam præ se tulisse, mirandum.

2. Quid illa quoque juventute Romana gratius, quæ, C. Nautio et Minucio consulibus, ultro nomina sua militari sacramento obtulit, ut Tusculanis, quorum fines Æqui occupaverant, præsidium ferrent; quia paucis ante mensibus constantissime et fortissime imperium Romani populi defenderant? Ergo, quod auditu novum est, ne patriæ grata voluntas cessasse videretur, exercitus se ipse conscripsit.

3. Magnum grati populi specimen in Q. Fabio Maximo enituit. Nam, quum, quinque consulatibus salutariter reipublicæ administratis, decessisset, certatim

CHAP. II, DE LA RECONNAISSANCE

magnificence de ses funérailles. Qu'on vienne rabaisser les récompenses de la vertu, quand nous voyons les hommes de cœur plus heureux à leurs funérailles que les lâches pendant leur vie.

4. Fabius même, de son vivant, fut l'objet d'un acte de reconnaissance infiniment glorieux. Il était dictateur, et Minucius maître de la cavalerie. Celui-ci, créé son égal dans le commandement, par un décret du peuple, jusqu'alors sans exemple, avait pris sous ses ordres la moitié de l'armée, et livré séparément bataille à Annibal, dans le Samnium. L'action, imprudemment engagée, allait avoir l'issue la plus funeste; mais Fabius vint à son secours, et le sauva. Sensible à ce bienfait, Minucius ne se contenta pas de lui donner le nom de père, il voulut encore que son armée l'appelât son protecteur. Renonçant à l'égalité du pouvoir, comme au partage d'un joug trop pesant, il remit, conformément aux lois, le commandement de la cavalerie sous l'obéissance du dictateur, et répara, par ce témoignage de reconnaissance, l'erreur d'une multitude inconsidérée. (An de R. 536.)

5. Conduite non moins louable que celle de Q. Térentius Culéon, qui, sorti d'une famille prétorienne, et l'un des plus

---

æs contulit, quo major ac speciosior ejus funeris pompa duceretur. Elevet aliquis præmia virtutis, quum animadvertat fortes viros felicius sepeliri, quam vivere ignavos.

4. Fabio autem etiam incolumi summa cum gloria gratia relata est. Dictatori ei magister equitum Minucius scito plebis, quod nunquam antea factum fuerat, æquatus, partito exercitu separatim in Samnio cum Annibale conflixerat. Ubi temere inito certamine pestiferum habiturus exitum, subsidio Fabii conservatus, et ipse eum *patrem* appellavit, et a legionibus suis *patronum* salutari voluit; ac, deposito æqualis imperii jugo, magisterium equitum, sicut par erat, dictaturæ subjecit, imprudentisque vulgi errorem gratæ mentis significatione correxit.

5. Tam hercle probabiliter, quam Q. Terentius Culeo, prætoria familia natus,

distingués d'entre les sénateurs, donna un exemple bien mémorable. Il suivit le char de triomphe du premier Scipion l'Africain, un bonnet sur la tête, en reconnaissance de la liberté que ce général lui avait rendue en le délivrant des mains des Carthaginois. Il avait raison de faire, en présence du peuple romain, à l'auteur de son affranchissement, comme à un patron, l'aveu du bienfait qu'il en avait reçu. (An de R. 552.)

6. Mais lorsque Flamininus triompha du roi Philippe, son char fut suivi, non pas d'un seul, mais de deux mille citoyens romains en bonnets d'affranchi. C'étaient des victimes des guerres puniques, vivant dans la servitude chez les Grecs. Flamininus avait pris soin de les recueillir et de les rendre à leur première condition. L'éclat de cette journée fut doublement flatteur pour le général, qui offrit à sa patrie et le spectacle des ennemis vaincus par sa valeur et celui des citoyens sauvés par ses soins généreux. Tout le peuple fut aussi doublement sensible à leur délivrance, en voyant et leur grand nombre et la reconnaissance qu'ils témoignaient à Flamininus pour leur avoir rendu la liberté, objet de tous leurs désirs. (An de R. 559.)

7. Metellus Pius, qui montra envers un père exilé une ten-

---

et inter paucos senatorii ordinis splendidus, optimo exemplo Africani superioris currum triumphantis, quia captus a Carthaginiensibus, ab eo fuerat recuperatus, pileum capite gerens, secutus est. Auctori enim libertatis suæ, tanquam patrono, accepti beneficii confessionem, spectante populo Romano, merito reddidit.

6. At Flaminini de Philippo rege triumphantis currum non unus, sed duo millia civium Romanorum pileata comitata sunt; quæ is Punicis bellis intercepta, et in Græcia servientia, cura sua collecta, in pristinum gradum restituerat. Geminatum ea re decus imperatoris, a quo simul et devicti hostes, et conservati cives, spectaculum patriæ præbuerunt. Illorum quoque salus dupliciter omnibus accepta fuit, et quia tam multi, et quia tam grati, exoptatum libertatis statum recuperaverunt.

7. Metellus vero Pius pertinaci erga exsulem patrem amore, tam clarum la-

dresse si persévérante et qui dut à ses larmes un surnom aussi glorieux que d'autres qui furent acquis par des victoires, n'hésita pas, tout consul qu'il était, à supplier le peuple en faveur de Q. Calidius, l'un des candidats à la préture, parce que celui-ci, pendant son tribunat, avait porté la loi du rappel de son père. Il fit plus : il l'appela toujours, dans la suite, le protecteur de sa famille et de sa maison; et par là néanmoins il ne perdit rien de son incontestable prééminence dans l'État. Ce n'était point par faiblesse, mais par un sentiment profond de reconnaissance, qu'il mettait au-dessus de sa haute illustration l'important service que lui avait rendu un homme d'un rang bien inférieur. (An de R. 673.)

8. Et C. Marius ne fit-il pas éclater ce sentiment généreux avec une force particulière, un enthousiasme irrésistible? Deux cohortes de Camertins soutenaient avec un courage admirable le choc impétueux des Cimbres; Marius, au milieu même de l'action, leur donna le droit de citoyens romains, malgré les dispositions contraires de leur traité d'alliance avec la république. Il s'excusa de cette contravention avec autant de vérité que de noblesse, en disant que le bruit des armes l'avait empêché d'entendre la voix du droit civil; et certes, dans la conjoncture

crymis, quam alii victoriis, cognomen assecutus, non dubitavit consul pro Q Calidio præturæ candidato supplicare populo, quod tribunus plebis legem, qua pater ejus in civitatem restitueretur, tulerat. Quin etiam patronum eum domus et familiæ suæ semper dictitavit. Nec hac re de principatu, quem procul dubio obtinebat, quidquam decerpsit; quia non humili, sed grato animo, longe inferioris hominis maximo merito eximiam submittebat dignitatem.

8. Jam C. quidem Marii non solum præcipuus, sed etiam præpotens gratæ mentis fuit impetus. Duas enim Camertium cohortes, mira virtute vim Cimbrorum sustinentes, in ipsa acie adversus conditionem fœderis civitate donavit. Quod quidem factum et vere et egregie excusavit; dicendo, *inter armorum strepitum verba se iuris civilis exaudire non potuisse;* et

où l'on se trouvait, il s'agissait bien plutôt de sauver les lois que de les écouter. (An de R. 651.)

9. Sylla, marchant sur les traces de Marius, se montra partout son rival de gloire. On le vit, étant dictateur, se découvrir, se lever de son siége, descendre de cheval, à la rencontre de Pompée, qui n'était que simple particulier; il déclara même en pleine assemblée qu'il le faisait de bon cœur, se rappelant que Pompée, à l'âge de dix-huit ans, avait puissamment soutenu son parti, à la tête de l'armée de son père. Bien des événements glorieux signalèrent la vie de Pompée; mais je ne sais s'il en fut de plus étonnant que d'avoir contraint, par l'importance de ses services, le superbe Sylla à s'oublier lui-même. (An de R. 672.)

10. Parmi ces grandeurs éclatantes, laissons quelque place, même à des hommes de la plus basse condition, mais reconnaissants. Le préteur M. Cornutus proposait, par ordre du sénat, les funérailles d'Hirtius et de Pansa. Ceux qui avaient alors l'entreprise des inhumations offrirent gratuitement et leurs ustensiles et leur ministère, parce que ces citoyens étaient morts en combattant pour la patrie. A force de sollicitations, ils obtinrent enfin que l'appareil des funérailles leur fût adjugé au prix d'un sesterce (quatre sous) se chargeant eux-mêmes de tous les frais. La bas-

---

sane id tempus tunc erat, quo magis defendere, quam audire leges oportebat.

9. C. Marii vestigia ubique L. Sylla certamine laudis subsequitur. Dictator enim Pompeio etiam privato et caput adaperuit, et sella assurrexit, et equo descendit; *eaque se libenter facere*, in concione prædicavit, memor, ab eo duodeviginti annis nato partes suas exercitu paterno adjutas. Multa insignia Pompeio; sed nescio, an hoc quidquam admirabilius contigerit, quod, magnitudine beneficii, sui oblivisci Syllam coegit.

10. Sit aliquis in summo splendore etiam sordibus gratis locus. M. Cornuto prætore funus Hirtii et Pansæ jussu senatus locante, qui tunc libitinam exercebant, quum rerum suarum usum, tum ministerium suum gratuitum polliciti sunt, quia hi pro republica dimicantes occiderant; perseverantique postulatione extuderunt, ut exsequiarum apparatus sestertio nummo ipsis præbentibus addi-

sesse de leur condition ne fait qu'augmenter leur mérite, loin de le diminuer : qui n'applaudirait au mépris du gain dans des hommes qui ne vivent que pour le gain? (An de R. 710.)

Les rois des nations étrangères me permettront, sauf le respect dû à leurs cendres, de ne citer leurs noms qu'après une troupe si méprisable, dont il fallait, ou ne point parler, ou ne faire mention qu'à la fin des exemples domestiques; mais pourvu que la mémoire d'une belle action, fût-elle du plus vil des hommes, ne périsse point, on peut lui donner une place à part, de sorte qu'elle ne paraisse ni associée à celles qui la précèdent, ni préférée à celles qui la suivent.

Exemples étrangers.

1. Darius, encore simple particulier, vit à Syloson le Samien un manteau qui lui plut : l'attention avec laquelle il le considéra fit que Syloson le lui offrit de lui-même et avec grand plaisir. Darius, devenu roi, montra combien il avait été sensible à ce

---

ceretur. Quorum laudem adjecta lege conditio auget magis, quam extenuat, quoniam quidem quæstum contempserunt, nulli alii rei quam quæstui viventes.

Pace cinerum suorum reges gentium exterarum secundum hunc tam contemptum gregem referri se patientur, qui aut non attingendus, aut non nisi in ultima parte domesticorum exemplorum collocandus fuit, sed dum honesti actus, etiam ab infimis editi, memoria non intercidant, licet separatum locum obtineant, ut nec his adjecti, nec illis prælati videantur.

De Gratis externorum.

1. Darius privatæ adhuc fortunæ, amiculo Sylosontis Samii delectatus, curiosiore contemplatione fecit, ut ultro sibi, et quidem a cupido, daretur. Cujus muneris quam grata æstimatio animo ejus esset allapsa, regno potitus ostendit;

présent et quel prix il y attachait. Il donna à Syloson la jouissance de la ville et de l'île entière des Samiens. Il n'apprécia pas la valeur de l'objet, il récompensa l'acte même de la libéralité; il envisagea plutôt la main d'où venait le présent, que celle qui le recevait. (Av. J.-C. 512.)

2. Mithridate aussi se montra magnifique dans sa reconnaissance, quand il renvoya tous les prisonniers ennemis pour la rançon du seul Léonicus, dont le courage lui avait sauvé la vie, et qui était tombé au pouvoir des Rhodiens dans un combat naval; il aima mieux sacrifier quelque avantage à ses plus grands ennemis que de manquer de reconnaissance envers un bienfaiteur. (Av. J.-C. 87.)

3. Ce fut une libéralité magnanime que celle du peuple romain, quand il fit présent de l'Asie au roi Attale (An de R. 520); mais Attale, à son tour, signala sa reconnaissance par un testament plein d'équité, quand il légua cette même Asie au peuple romain. Aussi nul éloge n'égalera-t-il ni la munificence de l'un ni la vive gratitude de l'autre, dût-on même, pour les louer, trouver autant d'expressions qu'il y eut alors de villes considérables ou généreusement données par l'amitié, ou pieusement rendues par la reconnaissance.

---

totam namque urbem et insulam Samiorum Sylosonti fruendam tradidit. Non enim pretium rei æstimatum, sed occasio liberalitatis est honorata, magisque a quo donum proficisceretur, quam ad quem perveniret, provisum.

2. Mithridates quoque rex magnifice gratus apparuit, quoniam pro Leonico, acerrimo salutis suæ defensore, a Rhodiis navali pugna excepto, omnes hostium captivos permutavit, satius esse existimans, ab invisissimis circumveniri, quam bene merito gratiam non referre.

3. Liberalis populus Romanus magnitudine muneris, quod Attalo regi Asiam dedit dono; sed Attalus etiam testamenti æquitate gratus, qui eamdem Asiam populo Romano legavit. Itaque nec hujus munificentia, nec illius tam memor beneficii animus tot verbis laudari potest, quot amplissimæ civitates vel amice datæ, vel pie redditæ sunt.

CHAP. II, DE LA RECONNAISSANCE   341

4. Néanmoins, c'est peut-être le roi Masinissa, dont la vie fut le plus marquée par des témoignages de cette vertu. Il avait éprouvé les bienfaits de Scipion ; ses États, grâce aux conseils de ce grand homme, avaient été généreusement agrandis de l'étendue d'un royaume. Il conserva le souvenir de cette glorieuse munificence avec une fidélité inaltérable, pendant tout le cours de sa vie, que les dieux se plurent même à prolonger jusqu'à une extrême vieillesse : aussi dans l'Afrique et même dans les autres contrées, on le savait plus attaché à la famille des Cornéliens et à la république romaine qu'à sa propre personne.

Ce fut lui qui, dans une guerre terrible contre les Carthaginois, vivement pressé, et suffisant à peine à la défense de ses États, s'empressa néanmoins de livrer au jeune Scipion Émilien, en considération de Scipion l'Africain, son aïeul, une bonne partie de l'armée de Numidie, pour la conduire en Espagne au consul Lucullus, qui l'avait envoyé chercher du secours, se montrant moins ému de la présence du péril que du souvenir des bienfaits passés. (An de R. 602.)

Ce fut lui qui, au moment où il s'éteignait de vieillesse, étendu sans force sur son lit de mort, laissant un vaste royaume avec une nombreuse famille de cinquante-quatre enfants, adressa une

---

4. Cæterum nescio, an præcipue Masinissæ regis pectus grati animi pignoribus fuerit refertum. Beneficio enim Scipionis et persuasu regni modo liberius auctus, memoriam inclyti muneris ad ultimum vitæ finem, longa etiam a diis immortalibus senectute donatus, constantissima fide perduxit, adeo ut eum non solum Africa, sed etiam cunctæ gentes scirent amiciorem Corneliæ familiæ, atque Urbi Romanæ quam sibimet ipsi semper fuisse.

Ille, quum gravi Carthaginiensium bello premeretur, ac vix tutelæ imperii sui sufficeret, tamen Scipioni Æmiliano, quia nepos Africani erat, bonam magnamque partem Numidici exercitus, quem Lucullo consuli, a quo ad auxilia petenda missus fuerat, in Hispaniam duceret, promptissima mente tradidit, præsentique periculo respectum pristini beneficii anteposuit.

Ille, quum jam ætate deficiente, magnas regni opes, quatuor et quinquaginta

lettre à M. Manilius, proconsul et gouverneur de l'Afrique, pour le supplier de lui envoyer Scipion Émilien, qui servait alors sous ce général : il se promettait une mort plus tranquille, s'il avait le bonheur de baiser sa main et d'y déposer son dernier soupir et ses dernières volontés.

Ce fut lui qui, voyant l'heure de son trépas devancer l'arrivée de Scipion, avait recommandé à son épouse et à ses enfants de ne connaître au monde que le peuple romain, dans le peuple romain que la famille de Scipion; de laisser tout à la disposition de Scipion Émilien; de le prendre pour arbitre dans le partage du royaume, et de respecter ses décisions comme des arrêts non moins immuables et non moins sacrés que des volontés testamentaires (An 605). C'est par une suite de traits aussi nombreux, aussi variés, que la reconnaissance de Masinissa se soutint, sans jamais se lasser, jusqu'à la centième année.

Ces exemples et d'autres semblables entretiennent et augmentent les sentiments de bienfaisance dans le cœur de l'homme : ce sont comme autant d'aiguillons, autant de flammes qui allument en lui le désir de secourir et d'obliger ses semblables; et certes la richesse la plus ample et la plus magnifique est de pou-

filiorum numerum, relinquens, in lectulo laboretur, M. Manilium, qui proconsule Africam obtinebat, litteris obsecravit, ut ad se Scipionem Æmilianum, sub eo tunc militantem, mitteret, feliciorem mortem suam futuram ratus, si in complexu dextræ ejus supremum spiritum ac mandata posuisset.

Ille, adventum Scipionis fatis suis præcurrentibus, hæc uxori liberisque præceperat : « Unum in terris populum Romanum, et unam in populo Romano Scipionis domum nosse; integra omnia Æmiliano reservare; eum dividendi regni arbitrum haberent; quod is statuisset, perinde ac testamento cautum, immutabile ac sanctum obtinerent. » Tot tamque variis rebus se Masinissa infatigabili pietatis serie ad centesimum extendit annum.

His, et horum similibus exemplis, beneficentia generis humani nutritur atque augetur : hæ sunt ejus faces, hi stimuli, propter quos juvandi et emerendi cupiditate flagrat; et sane amplissimæ et speciosissimæ divitiæ sunt, feliciter ero-

voir compter une foule de bienfaits heureusement placés. Après avoir enseigné à pratiquer religieusement la reconnaissance, nous allons, pour la rendre plus agréable encore, flétrir le mépris de cette vertu, en racontant les traits qui en dévoilent toute l'indignité.

CHAPITRE III

DE L'INGRATITUDE

Exemples chez les Romains.

1. Le père de notre patrie fut mis en pièces, en pleine assemblée, par le sénat lui-même, qui lui devait son existence et la plus haute destinée. Il n'eut pas horreur d'ôter la vie à celui qui avait animé l'empire romain du souffle de l'immortalité. (An de R. 37.) Il fallait assurément des mœurs bien grossières et bien barbares pour se couvrir de l'opprobre d'assassiner son

---

gatis beneficiis late posse censeri. Quorum quoniam religiosum cultum instituimus, nunc neglectum, sugillandi gratia, quo sit gratior, referemus.

CAPUT III

DE INGRATIS

De Ingratis Romanorum.

1. Urbis nostræ parentem senatus, in amplissimo dignitatis gradu ab eo collocatus, in curia laceravit, nec duxit nefas ei vitam adimere, qui æternum Romano imperio spiritum ingeneraverat. Rude nimirum illud et ferox seculum; quod conditoris sui

fondateur : c'est ce que la postérité, malgré son profond respect pour ses aïeux, ne peut dissimuler.

2. Cette ingratitude, fruit de l'égarement et de l'ignorance, fut suivie d'un semblable sujet de repentir. Camille, qui fut pour la puissance romaine et une source féconde d'agrandissement et un appui tutélaire, ne put se conserver lui-même dans une ville dont il avait assuré le salut et accru la prospérité. Accusé par L. Apuléius, tribun du peuple, d'avoir détourné à son profit une portion du butin de Véies, il essuya une sentence rigoureuse, je dirais presque barbare ; il fut envoyé en exil, et cela dans une conjoncture où, pleurant la perte d'un fils plein de vertus, il méritait plutôt des soulagements et des consolations qu'un surcroît d'infortune. La patrie, oubliant les importants services d'un si grand homme, joignit aux funérailles du fils la condamnation du père. Mais, dit-elle, un tribun du peuple se plaignait d'un déficit de quinze mille as (douze cents francs) dans le trésor : c'est à une pareille somme qu'il fut condamné. O Rome, quel indigne motif pour te priver d'un tel soutien! (An de R. 362.)

Ce premier cri d'indignation retentissait encore, qu'un autre vint à éclater. La république était frappée et ébranlée par les

---

cruore fœde maculatum, ne summa quidem posteritatis dissimulare pietas potest.

2. Hunc ingratum lapsæ mentis errorem consentanea nostræ civitatis pœnitentia sequitur. Virium Romanarum et incrementum lætissimum et tutela certissima Furius Camillus, in urbe incolumitatem suam tueri non valuit, cujus ipse salutem stabilierat, felicitatem auxerat. A L. enim Apuleio, tribuno plebis, tanquam peculator Veientanæ prædæ reus factus, duris, atque, ut ita dicam, ferreis sententiis in exsilium missus est, et quidem eo tempore, quo optimo juvene filio spoliatus, solatiis magis alleyandus, quam cladibus onerandus erat. Sed immemor patria tanti viri maximorum meritorum, exsequiis filii damnationem patris junxit. At, inquit, ærario abesse tribunus plebis querebatur quindecim millia æris; tanti namque pœna finita est : indignam summam, propter quam populus Romanus tali principe careret!

Priore adhuc querela vibrante, alia deinceps exsurgit. Africanus superior non

CHAP. III, DE L'INGRATITUDE

armes des Carthaginois ; elle était même presque épuisée, expirante : cependant le premier Scipion l'Africain la rendit maîtresse de Carthage. Ses concitoyens récompensèrent par des persécutions ses exploits éclatants, et ce grand homme devint l'habitant d'un village obscur, sur le bord d'un marais désert. (An de R. 566.) Son exil fut volontaire; mais il n'emporta pas sa douleur chez les morts sans en laisser un témoignage. Il fit graver sur son tombeau ces paroles : INGRATE PATRIE, TU NE POSSÈDES PAS MÊME MES OSSEMENTS. Est-il rien de plus indigne que ce destin, de plus juste que cette plainte, de plus modéré que cette vengeance ? Il refuse ses cendres à une ville qui sans lui était réduite en cendres. C'est la seule vengeance que Scipion fait éprouver à la république pour son ingratitude; mais que cette vengeance l'emporte sur la violence de Coriolan ! Celui-ci fit trembler sa patrie, Scipion la fait rougir. Telle est la constance d'une affection vraie, qu'il ne s'en plaint même qu'après la mort. Il put se consoler, sans doute, d'une telle indignité par le sort qu'éprouva son frère, à qui la défaite d'Antiochus, la conquête de l'Asie réunie à l'empire, le plus magnifique triomphe, ne servirent qu'à le faire accuser de péculat et condamner à être traîné en prison.

solum contusam et confractam belli Punici armis rempublicam, sed pæne jam exsanguem atque morientem, Carthaginis dominam reddidit. Cujus clarissima opera injuriis pensando, cives ignobilis eum ac desertæ paludis accolam fecerunt, ejusque voluntarii exsilii acerbitatem non tacitus ad inferos tulit, sepulcro suo inscribi jubendo : INGRATA. PATRIA. NE. OSSA. QVIDEM. MEA. HABES. Quid ista aut necessitate indignius, aut querela justius, aut ultione moderatius? Cineres ei suos negavit, quam in cinerem collabi passus non fuerat. Igitur hanc unam Scipionis vindictam ingrati animi urbs Roma sensit, majorem mehercule Coriolani violentia. Ille enim metu patriam pulsavit, hic verecundia : de qua ne queri quidem (tanta est veræ pietatis constantia) nisi post fata sustinuit. Talia passo, credo, quæ fratri ejus accidere, solatio esse potuerunt : cui rex Antiochus devictus, et Asia imperio populi Romani adjecta, speciosissimusque triumphus, ut peculatus reus fieret, et in carcerem duci juberetur, causam præbuit.

Sans avoir moins de vertus que son aïeul, le second Africain n'eût pas un sort plus heureux. Après avoir effacé de la terre deux villes fameuses, Numance et Carthage, ces redoutables rivales de l'empire romain, il rencontra un assassin dans sa maison, et ne trouva pas un vengeur dans Rome. (An de R. 624.)

Qui ne sait que Scipion Nasica se fit autant d'honneur sous la toge que les deux Africains dans la carrière des armes? Il empêcha le parricide de Tibérius Graccus, prêt à étouffer la république de sa main sacrilége. Voyant ses services non moins indignement appréciés de ses concitoyens, il se retira à Pergame, chargé en apparence d'une mission publique, et il y passa le reste de ses jours sans garder aucun regret de son ingrate patrie.

Le même nom me retient encore : je n'ai pas épuisé tous les sujets de plaintes de la famille Cornélia. P. Cornélius Lentulus, personnage des plus illustres, citoyen tout dévoué à la république, après avoir combattu avec autant de zèle que de courage les coupables efforts et la troupe de C. Gracchus, après avoir mis les séditieux en fuite au prix des plus graves blessures, ne retira

---

Nihilo virtute minor fuit posterior Africanus, sed ne exitu quidem felicior. Duabus enim urbibus Numantia atque Carthagine, imperio Romano imminentibus, ex rerum natura depulsis, raptorem spiritus domi invenit, mortis punitorem in foro non reperit.

Quis ignorat, tantum laudis Scipionem Nasicam toga, quantum armis utrumque Africanum, meruisse? qui pestifera Tib. Gracchi manu faucibus oppressam rempublicam strangulari passus non est. Sed is quoque propter iniquissimam virtutum suarum apud cives æstimationem, sub titulo legationis Pergamum secessit, et, quod vitæ superfuit, ibi sine ullo ingratæ patriæ desiderio peregit.

In eodem nomine versor, necdum Corneliæ gentis querelas exhausi. Namque P. Lentulus, clarissimus et amantissimus reipublicæ civis, quum in Aventino C. Gracchi nefarios conatus et aciem pia ac forti pugna, magnis vulneribus

de cette victoire, qui maintenait intactes les lois, la paix et la liberté, d'autre récompense que de ne pouvoir mourir au sein de sa patrie. En butte à l'envie et aux calomnies, il obtint du sénat une mission libre, prononça une harangue dans laquelle il demandait aux dieux la faveur de ne jamais revenir chez un peuple ingrat : ensuite il se rendit en Sicile, et y fixant invariablement sa résidence, accomplit l'objet de ses vœux. (An de R. 632.)

Voilà donc cinq Cornéliens qui sont autant d'exemples frappants de l'ingratitude de la république. Leur retraite, du moins, fut volontaire. Mais Ahala, ce maître de la cavalerie, qui donna la mort à Sp. Mélius, accusé d'aspirer à la royauté, se vit condamner à subir la peine de l'exil pour avoir sauvé la liberté publique. (An de R. 317.)

3. Quoi qu'il en soit, si les passions du sénat et du peuple, brusquement soulevées comme une tempête subite, doivent être censurées avec modération, il faut attaquer avec indignation, et sans ménagement, les traits d'ingratitude des particuliers : maîtres de leur volonté, libres de consulter la raison et de choisir, ils ont préféré le crime à un devoir sacré. De quelle tempête, de quel

---

exceptis, fugasset, prælii illius, quo leges, pacem, libertatemque in suo statu retinuerat, hanc mercedem tulit, ne in Urbe nostra moreretur. Siquidem invidia et obtrectatione compulsus, legatione a senatu libera impetrata, habitaque concione, qua a diis immortalibus petiit, ne unquam ad ingratum populum reverteretur, in Siciliam profectus est; ibique perseveranter morando, compotem se voti fecit.

Quinque igitur demum Cornelii totidem sunt notissima ingratæ patriæ exempla; atque horum quidem secessus voluntarii. Ahala vero, quum magister equitum Sp. Melium, regnum affectantem, occidisset, custoditæ libertatis civium exsilio suo pœnas pependit.

3. Cæterum, ut senatus populique mens, in modum subitæ tempestatis concitata, leni querela prosequenda est, ita singulorum ingrata facta liberiore indignatione proscindenda sunt; quia potentes consilii, quum utrumque ratione perpendere liceret, scelus pietati prætulerunt. Quo enim nimbo, qua procella

foudre de paroles ne mérite pas d'être écrasée la tête impie de Sextilius? Accusé d'un crime capital, il avait été défendu avec zèle et même avec succès par l'orateur C. César; et lorsque celui-ci, fuyant les proscriptions de Cinna, fut réduit à chercher un asile à Tarquinium, à implorer comme malheureux, à réclamer comme bienfaiteur la protection de Sextilius, le traître n'eut pas horreur de l'arracher de sa table perfide, des autels de ses exécrables pénates, pour le livrer au glaive d'un vainqueur impitoyable. Supposez que les calamités publiques eussent fait de son accusateur son suppliant, et l'eussent amené à ses pieds pour demander son appui dans une si douloureuse conjoncture, vous trouveriez inhumain le refus d'une grâce pareille; car le malheur intéresse en faveur de ceux même que l'injustice avait rendus odieux. Mais ce n'est pas son accusateur, c'est son bienfaiteur que Sextilius présente, de sa propre main, à la fureur d'un ennemi barbare: indigne de vivre, s'il céda par crainte de la mort, mille fois digne de la mort, si l'espoir d'une récompense lui fit commettre une action si noire. (An de R. 666.)

4. Je passe à un trait d'ingratitude tout à fait semblable. Cicéron, à la prière de M. Célius, défendit avec autant de soin que

---

verborum, impium Sextilii caput obrui meretur? quod C. Cæsarem, a quo quum studiose, tum etiam feliciter gravissimi criminis reus defensus fuerat, Cinnanæ proscriptionis tempore profugum, præsidium suum in fundo Tarquiniensi cladis conditione implorare, beneficii jure repetere coactum, a sacris perfidæ mensæ, et altaribus nefandorum penatium avulsum, truculento victori jugulandum tradere non exhorruit. Finge accusatorem ejus fortuna publica in supplicis nomen conversum, tam luctuosam illum opem genibus annixum orasse; crudeliter tamen repulsus videretur: quia etiam quos injuriæ invisos faciunt, gratiosos miseriæ reddunt. Verum Sextilius non accusatorem, sed patronum, sævissimæ inimici violentiæ suis manibus objicit: si metu mortis, vita indignus; si præmii spe, morte dignissimus.

4. Sed, ut ad alium consentaneum huic ingrati animi actum transgrediar, M. Cicero C. Popilium Lænatem, Picenæ regionis, rogatu M. Cœlii, non minore

CHAP. III, DE L'INGRATITUDE. 349

d'éloquence un particulier du Picénum, nommé C. Popilius Lénas ; il le tira d'une affaire difficile et des plus périlleuses, et le rendit à sa famille. Dans la suite, ce Popilius, sans avoir à reprocher à Cicéron aucune action, aucune parole offensante, vint de son propre mouvement demander à Marc Antoine la mission de poursuivre et d'égorger cet illustre citoyen, mis au nombre des proscrits. Ayant obtenu cet horrible ministère, il courut, plein de joie, à Caïète. Cicéron, à ne point parler de sa haute considération dans l'État, lui avait du moins sauvé la vie : il méritait même sa vénération particulière pour le zèle qu'il avait mis à sa défense; et Lénas lui commanda de tendre la gorge à son fer homicide ! Et aussitôt, dans le calme le plus profond, sans avoir aucune violence à repousser, il fit tomber à ses pieds la tête de l'Éloquence romaine et la glorieuse main de la Paix; et, fier de ce butin sanglant, comme de dépouilles honorables, dignes de Jupiter Férétrien, il revint à Rome avec l'allégresse d'un triomphateur, sans songer qu'il portait dans ce criminel fardeau la tête même qui avait autrefois parlé pour le salut de la sienne. Les lettres sont impuissantes pour flétrir un pareil monstre; car, pour déplorer assez dignement ce triste sort de Cicéron, il manque un autre Cicéron. (An de R. 710.)

cura quam eloquentia defendit; eumque, causa admodum dubia fluctuantem, salvum ad penates suos remisit. Hic Popilius postea, nec re, nec verbo a Cicerone læsus, ultro M. Antonium rogavit, *ut ad illum proscriptum persequendum et jugulandum mitteretur.* Impetratisque detestabilis ministerii partibus, gaudio exsultans Caietam cucurrit, et virum, omitto quod amplissimæ dignitatis, certe salutis ejus auctorem, studio etiam præstantis officii privatim sibi venerandum, jugulum præbere jussit; ac protinus caput Romanæ eloquentiæ, et pacis clarissimam dexteram, per summum et securum otium, amputavit; eaque sarcina, tanquam opimis spoliis, alacer in Urbem reversus est; neque enim scelestum portanti onus succurrit, illud se caput ferre, quod pro capite ejus quondam peroraverat. Invalidæ ad hoc monstrum sugillandum litteræ, quoniam qui talem Ciceronis casum satis digne deplorare possit, alius Cicero non exstat.

5. Maintenant, je ne sais comment parler de toi, ô grand Pompée! d'un côté, je considère la grandeur de ta fortune, dont l'éclat remplissait toute la terre et toutes les mers; de l'autre, je me souviens de ton malheur : il est trop imposant pour que j'ose y porter une main téméraire. Mais, malgré notre silence, la postérité se représentera, non sans quelque amertume, la mort de Cn. Carbon, assassiné par tes ordres, Carbon, qui protégea ta jeunesse, sauva ton patrimoine. Dans un tel acte d'ingratitude, tu cédas plus à la puissance de Sylla qu'à ton penchant naturel. (An de R. 671.)

Exemples étrangers.

Mais l'aveu que nous faisons de nos torts n'autorise point les nations étrangères à nous insulter. Carthage fut injuste envers Annibal : il avait tué, pour le salut et le triomphe de sa patrie, tant de généraux romains, tant d'armées romaines, que la mort d'un pareil nombre de simples soldats aurait suffi toute seule pour lui assurer une grande renommée; cependant elle osa le bannir de sa présence. (An de R. 558.)

---

5. Quo te nunc modo, magne Pompei, attingam, nescio. Nam et amplitudinem fortunæ tuæ, quæ quondam omnes terras et omnia maria fulgore suo occupaverat, intueor; et ruinam ejus majorem esse, quam ut manu mea attentari debeat, memini; sed tamen, nobis quoque tacentibus, Cn. Carbonis, a quo admodum adolescens de paternis bonis in foro dimicans protectus es, jussu tuo interempti mors animis hominum obversabitur, non sine aliqua reprehensione; quia tam ingrato facto plus L. Syllæ viribus, quam propriæ indulsisti verecundiæ.

De Ingratis externorum.

1. At, ne nostra confessis alienigenæ urbes insultent, Carthaginienses Annibalem, qui pro illorum incolumitate et victoria tot imperatores, totque exercitus nostros trucidaverat, quot gregarios milites hostium si occidisset, magnæ gloriæ foret, e conspectu suo submovere in animum induxerunt.

CHAP. III, DE L'INGRATITUDE. 351

2. Jamais Lacédémone ne produisit un citoyen plus grand, plus utile que Lycurgue, puisque l'oracle d'Apollon, consulté par cet illustre Spartiate, lui fit, dit-on, cette réponse : « Je ne sais si je dois te compter au rang des hommes ou des dieux. » Néanmoins, ni l'extrême pureté de ses mœurs, ni l'amour le plus constant pour la patrie, ni l'établissement des lois les plus salutaires, ne purent le garantir de l'inimitié et des persécutions de ses concitoyens. Souvent assailli à coups de pierres, quelquefois chassé de l'assemblée par la fureur du peuple, privé même d'un œil, il fut enfin banni de sa patrie. Que faudra-t-il attendre des autres villes, lorsque celle-là même qui s'est assuré une haute réputation de constance, de modération, de dignité, s'est montrée si ingrate envers un citoyen qui lui avait rendu tant de services? (Av. J.-C. 873.)

3. Otez aux Athéniens leur Thésée, Athènes n'existera pas, ou du moins n'aura pas autant d'illustration, puisque c'est lui qui rassembla en une seule ville les citoyens épars dans des bourgs; qui, réunissant ce peuple dispersé et sauvage, lui donna la forme et l'ensemble d'une vaste cité. (Av. J.-C. 1257.) Le même Thésée, à peine dans l'adolescence, les délivra du joug cruel du puissant roi Minos : le même Thésée dompta l'insolence

---

2. Neminem Lycurgo aut majorem aut utiliorem virum Lacedæmon genuit; utpote cui Apollo Pythius oraculum petenti respondisse fertur, *nescire se, utrum illum hominum, an deorum numero aggregaret*. Huic tamen neque vitæ summa sinceritas, neque constantissimus erga patriam amor, neque leges salutariter excogitatæ, auxilio esse potuerunt, quo minus infestos cives experiretur. Sæpe enim lapidibus petitus, aliquando furore publico ejectus, etiam privatus oculo, ad ultimum ipsa patria pulsus est. Quid aliæ faciant urbes, ubi etiam illa, quæ constantiæ et moderationis et gravitatis eximiam sibi laudem vindicat, tam ingrata adversus tam bene meritum exstitit?

3. Detrahe Atheniensibus Thesea; nullæ, aut non tam claræ Athenæ erunt; siquidem ille locatim dispersos cives suos in unam urbem contraxit, separatimque et agresti more viventi populo amplissimæ civitatis formam atque imaginem imposuit. Idem sæva potentissimi regis Minois imperia vixdum ætate pubescente

effrénée des Thébains ; le même Thésée protégea les enfants d'Hercule, et, par la force de son courage et de son bras, extermina tout ce qu'il y avait de monstres ou de scélérats sur la terre. Cependant les Athéniens l'éloignèrent, et l'île de Scyros, indigne d'un tel exilé, reçut sa dépouille mortelle.

Solon donna aux Athéniens des lois si belles, si avantageuses, que, s'ils eussent voulu les observer toujours, ils auraient joui d'un empire éternel. (Av. J.-C. 594.) Il les avait remis en possession de Salamine, cette île située dans leur voisinage, comme une forteresse menaçante pour leur indépendance : il avait le premier remarqué la tyrannie naissante de Pisistrate, et seul il avait osé dire et répéter publiquement qu'il fallait l'étouffer par la force des armes. Cependant, Solon fugitif alla vieillir dans l'île de Chypre, et il n'eut pas le bonheur d'être inhumé au sein d'une patrie dont il avait si bien mérité.

Miltiade aurait eu lieu de se féliciter, si les Athéniens, après la défaite des trois cent mille Perses à Marathon, l'avaient sur-le-champ exilé plutôt que de le jeter dans les fers, et de le forcer à mourir dans une prison. Mais sans doute ce fut assez pour eux d'avoir poussé jusque-là leur rigueur contre un généreux citoyen

---

repulit; idem effrenatam Thebarum insolentiam domuit; idem opem liberis Herculis tulit, et, quidquid ubique monstri aut sceleris fuit, virtute animi ac robore dextræ comminuit : hujus tamen submoti ab Atheniensibus, Scyros exsule minor insula, ossa mortui cepit.

Jam Solon, qui tam præclaras tamque utiles Atheniensibus leges tulit, ut, si his perpetuo uti voluissent, sempiternum habituri fuerint imperium, qui Salamina velut hostilem arcem, ex propinquo saluti eorum imminentem, recuperavit, qui Pisistrati tyrannidem primus vidit orientem, et solus armis opprimi debere, palam dictitare ausus est, senectutem Cypri profugus exegit; neque ei in patria, de qua optime meruerat, humari contigit.

Bene egissent Athenienses cum Miltiade, si eum, post trecenta millia Persarum Marathone devicta, in exsilium protinus misissent, ac non in carcere et vinculis mori coegissent. Sed, ut puto, hactenus sævire adversus optime meritum abunde

CHAP. III, DE L'INGRATITUDE

qui leur avait rendu les plus grands services. Non : ils allèrent plus loin ; après l'avoir réduit à expirer de la sorte, ils ne voulurent pas laisser donner la sépulture à son corps, tant que Cimon, son fils, ne serait pas venu se charger des mêmes chaînes. Telle fut la succession laissée par un père, par un grand général, à un fils qui devait lui-même devenir un jour le plus grand capitaine de son siècle. Celui-ci put se glorifier de n'avoir reçu, pour tout héritage, que des fers et une prison. (Av. J.-C. 489.)

Aristide lui-même, dont la justice honore la Grèce entière, Aristide, ce rare modèle de désintéressement, fut condamné à sortir de sa patrie. Heureuse la ville d'Athènes d'avoir pu trouver encore un homme vertueux, un citoyen zélé pour elle, après un exil qui bannissait la probité même ! (Av. J.-C. 483.)

Thémistocle, le plus mémorable exemple de l'ingratitude d'une république envers ses citoyens, après avoir sauvé sa patrie, après l'avoir rendue illustre, opulente, arbitre de la Grèce, fut poursuivi par elle avec tant d'animosité, qu'il fut forcé d'aller à la cour de Xerxès, dont il venait d'abattre la puissance, solliciter une commisération qu'il n'avait pas droit d'attendre. (Av. J.-C. 471.)

---

duxerunt ; imo ne corpus quidem ejus, sic exspirare coacti, sepulturæ prius mandari passi sunt, quam filius ejus Cimon eisdem vinculis se constringendum traderet. Hanc hereditatem paternam maximi ducis filius, et futurus ipse ætatis suæ dux maximus, solam se crevisse, catenas et carcerem, gloriari potuit.

Aristides etiam, quo totius Græciæ justitia censetur, continentiæ quoque eximium specimen, patria excedere jussus est. Felices Athenas, quæ post illius exilium invenire aliquem aut virum bonum, aut amantem sui civem potuerunt, cum quo tunc ipsa sanctitas migravit !

Themistocles, eorum, qui ingratam patriam experti sunt, celeberrimum exemplum, quum illam incolumem, claram, opulentam, principem Græciæ reddidisset, eo usque sensit inimicam, ut ad Xerxis, quem paulo ante destruxerat, non debitam sibi misericordiam perfugere necesse haberet.

Phocion possédait au plus haut degré les qualités les plus capables de gagner les cœurs, je veux dire la clémence et la libéralité. Les Athéniens ne le mirent pas sur le chevalet : ce fut la seule indignité qu'ils lui épargnèrent; mais ils le poursuivirent même après sa mort : on ne put trouver dans toute l'Attique une seule poignée de terre à répandre sur son corps, et il fut jeté hors d'un territoire où il avait passé sa vie en excellent citoyen. (Av. J.-C. 321.)

Pourrait-on ne pas voir le signe d'une démence publique dans cette unanimité à punir les plus nobles vertus comme des crimes horribles, et à payer les bienfaits par des injustices? Un pareil égarement doit paraître insupportable en tout pays, mais principalement à Athènes, où il existait une loi contre l'ingratitude : loi juste et sage; car c'est ruiner, c'est détruire cette réciprocité de bienfaits, soutien presque indispensable de la société, que de manquer de reconnaissance envers un bienfaiteur. Quel reproche ne mérite donc pas un peuple qui, avec une législation si équitable, montrait des sentiments si injustes, et obéissait à ses penchants plutôt que de suivre ses propres lois?

Phocion vero his dotibus, quæ ad pariendum hominem potentissimæ judicantur, clementia et liberalitate instructissimus, tantum non in equuleo ab Atheniensibus impositus est; sed certe post obitum nullam Atticæ regionis, quæ ossibus ejus injiceretur, glebulam invenit, jussus extra fines projici, intra quos optimus civis vixerat.

Quid abest igitur, quin publica dementia sit existimanda, summo consensu maximas virtutes, quasi gravissima delicta, punire, beneficiaque injuriis rependere? Quod quum ubique, tum præcipue Athenis intolerabile videri debet, in qua urbe adversus ingratos actio constituta est; et recte, quia dandi et accipiendi beneficii commercium, sine quo vix vita hominum constat, perdit et tollit, quisquis bene merito parem referre gratiam negligit. Quantam ergo reprehensionem merentur, qui, quum æquissima jura, sed iniquissima haberent ingenia, moribus suis, quam legibus, uti maluerunt?

CHAP. III, DE L'INGRATITUDE

Si, par un effet de la providence divine, ces grands hommes, dont j'ai raconté tout à l'heure l'infortune, revenaient à la vie, et, rappelant la loi qui punit les ingrats, citaient en justice leur patrie devant quelque autre république, ne verrait-on pas ce peuple spirituel et disert demeurer tout à coup muet et interdit à cet acte d'accusation ? « Tes foyers disséminés, tes chaumières divisées en faibles bourgades, sont devenus l'appui de la Grèce ; Marathon est resplendissant des dépouilles des Perses, Salamine et Artémisium rappellent les naufrages de Xerxès ; renversées par une force supérieure, tes murailles s'élèvent plus imposantes et plus belles. Mais les auteurs de ces merveilles, où ont-ils terminé leur carrière ? où reposent-ils ? réponds. Tu as réduit Thésée à n'avoir pour tombeau qu'un misérable rocher ; Miltiade à mourir en prison ; Cimon à se charger des chaînes de son père ; Thémistocle, vainqueur, à embrasser les genoux d'un ennemi vaincu ; Solon, ainsi qu'Aristide et Phocion, à fuir leurs pénates : voilà le fruit de ton ingratitude. Mais tandis que nos cendres sont ignominieusement et tristement dispersées, tu révères comme un objet sacré celles d'un Œdipe, ce prince souillé d'un parricide et du plus odieux des incestes ; tu lui rends des hommages sur un autel placé entre les hauteurs de la citadelle,

Quod si qua providentia deorum effici posset, ut excellentissimi viri, quorum modo casus retuli, legem ingratorum vindicem retinentes, patriam suam in jus ad aliam civitatem pertraherent, nonne ingeniosum et garrulum populum, mutum atque elinguem hac postulatione reddidissent ? « Discordes foci tui, pagisque dividua tuguria, Græciæ facta sunt columen. Lucet Marathon Persicis tropæis ; Salamis et Artemisium Xerxis naufragia numerantur ; prævalidis manibus exhausta mœnia, pulchrioribus operibus consurgunt : harum rerum auctores ubi vixerunt, ubi jacent ? responde. Nempe Thesea parvulo in scopulo sepeliri, et Miltiadem in carcere mori, et Cimona paternas induere catenas, et Themistoclem victorem victi hostis genua complecti, Solonemque cum Aristide et Phocione penates suos ingrata fugere coegisti, quum interim, cineribus nostris fœde ac miserabiliter dispersis, Œdipodis ossa, cæde patris, nuptiis matris contaminata, inter ipsum

d'où Minerve préside à la sûreté de la ville, et l'aréopage même, cette auguste enceinte, témoin d'un démêlé divin et des contestations humaines : tant tu préfères les vices des étrangers aux vertus de tes citoyens ! Lis donc cette loi que tu as juré d'observer ; et, puisque tu n'as pas voulu récompenser nos services comme ils le méritaient, expie du moins tes outrages envers nous par un juste châtiment. » Ces ombres, enchaînées par la rigueur du destin, gardent le silence; mais toutes les langues de la postérité sont déliées pour reprocher sans ménagement, aux Athéniens, leur ingratitude.

CHAPITRE IV

DE LA PIÉTÉ FILIALE

Exemples chez les Romains.

Mais laissons l'ingratitude, et parlons plutôt de la piété filiale; il vaut bien mieux s'occuper d'un sujet aimable que d'un objet

areopagum, divini atque humani certaminis venerabile domicilium, et excelsis præsidiis Minervæ arcem, honore aræ decorata, quasi sacrosancta, colis : adeo tibi aliena mala tuis bonis gratiora sunt ! Lege itaque legem, quæ te jurejurando obstrictam tenet; et, quia bene meritis debita reddere præmia noluisti, læsis justa piacula exsolve. » Tacent mutæ illorum umbræ, fati necessitate constrictæ; at immemores beneficiorum Athenæ reprehensore, lingua sermone licenti soluta, non carent.

CAPUT IV

DE PIETATE IN PARENTES

De Pietate in Parentes, cujus exempla Romanorum sunt.

Sed omittamus ingratos, et potius de piis loquamur; aliquanto enim satius

CHAP. IV, DE LA PIÉTÉ FILIALE 357

odieux. Présentez-vous donc à notre plume, généreux enfants, nés sous d'heureux auspices, qui avez comblé les vœux de vos parents, qui faites à la fois bénir et désirer la fécondité des mariages.

1. Coriolan, qui joignait à un rare courage, à un profond génie, le mérite d'avoir rendu à la république les plus importants services, voyant sa fortune renversée par une injuste condamnation, alla se réfugier chez les Volsques, alors ennemis déclarés des Romains. En tout lieu le mérite est estimé. Coriolan était allé chercher un asile, et bientôt il parvint au commandement suprême ; celui que ses concitoyens avaient repoussé, le général dont ils avaient rejeté l'appui salutaire, faillit devenir, en commandant contre eux, la cause de leur perte. Il mit fréquemment nos armées en déroute, et de victoire en victoire conduisit les Volsques jusqu'au pied de nos murailles. Ce peuple, dédaigneux appréciateur de ses propres avantages, ce peuple, qui s'était montré inexorable envers un accusé, se vit réduit à fléchir devant un banni, et à lui demander grâce.

Une députation envoyée pour lui adresser des prières ne put rien obtenir ; les prêtres, envoyés ensuite en habits sacerdotaux,

---

est favorabili, quam invisæ, rei vacare. Venite igitur in manus nostras, prospera parentum vota, felicibus auspiciis propagatæ suboles, quæ efficitis, ut et genuisse juvet, et generare libeat.

1. Coriolanus, maximi vir animi et altissimi consilii, optimeque de republica meritus, iniquissimæ damnationis ruina prostratus, ad Volscos infestos tunc Romanis confugit. Magno ubique pretio virtus æstimatur. Itaque, quo latebras quæsitum venerat, ibi brevi summum adeptus est imperium; evenitque, ut quem pro se salutarem imperatorem cives habere noluerant, pæne pestiferum adversus se ducem experirentur. Frequenter enim fusis exercitibus nostris, victoriarum suarum gradibus aditum juxta mœnia Urbis Volsco militi struxit. Quapropter fastidiosus illi in æstimandis bonis suis populus, qui reo non pepercerat, exsuli coactus est supplicare.

Missi ad eum deprecandum legati, nihil profecerunt; missi deinde sacerdotes

revinrent avec aussi peu de succès. Le sénat était dans la stupeur, le peuple dans l'épouvante; hommes et femmes, tous déploraient également leur ruine prochaine. Alors Véturie, mère de Coriolan, suivie de Volumnie, son épouse, et de ses enfants, se rendit au camp des Volsques. Sitôt que son fils l'eut aperçue : « Tu l'emportes, ô ma patrie! s'écria-t-il; tu triomphes de ma colère : je ne puis résister à ces larmes; en considération de ce sein maternel, je te fais grâce, quelque raison que j'aie de te haïr. » Et sur-le-champ il délivra le territoire romain des armées ennemies. Ainsi le ressentiment d'un cruel outrage, l'espérance d'une victoire prochaine, la honte de manquer à ses engagements, la crainte de la mort, toutes ces affections, cédant à la piété filiale, la laissèrent maîtresse d'un cœur qu'elles remplissaient auparavant tout entier; et l'aspect seule d'une mère fit succéder à une guerre affreuse une paix salutaire. (An de R. 265.)

2. Cette même piété filiale animait de sa flamme puissante le premier Scipion l'Africain, lorsqu'à peine hors de l'enfance, elle l'arma d'une vigueur supérieure à son âge pour secourir son père dans une bataille. Celui-ci, étant consul, soutenait contre Annibal, auprès du Tésin, un combat engagé sous de mauvais

cum infulis, æque sine effectu redierunt. Stupebat senatus, trepidabat populus, viri pariter ac mulieres exitium imminens lamentabantur. Tunc Veturia, Coriolani mater, Volumniam uxorem ejus et liberos secum trahens, castra Volscorum petiit. Quam ubi filius aspexit : « Expugnasti, inquit, et vicisti iram meam, patria, precibus hujus admotis, cujus utero te, quamvis merito mihi invisam, dono; » continuoque Romanum agrum hostilibus armis liberavit. Ergo pectus dolore acceptæ injuriæ, spe potiundæ victoriæ, verecundia detrectandi ministerii, metu mortis refertum, totum sibi pietas vacuefecit; uniusque parentis aspectus bellum atrox salutari pace mutavit.

2. Eadem pietas viribus suis inflammatum Africanum superiorem, vixdum annos puerilitatis egressum, ad opem patri in acie ferendam virili robore armavit. Consulem enim eum apud Ticinum fluvium adversis auspiciis cum Anni-

auspices : il fut grièvement blessé, et son fils, se jetant devant lui, protégea ses jours contre le fer des Carthaginois. Ni la faiblesse de l'âge, ni l'inexpérience des armes, ni le malheur d'un combat dont l'issue pouvait intimider même un vieux guerrier, rien n'empêcha au jeune Scipion de mériter une couronne doublement glorieuse, en arrachant à la mort son général et son père. (An de R. 535.)

3. Ces actions admirables ne sont arrivées à la connaissance de Rome que par la renommée ; en voici qu'elle a vues elle-même. Le tribun Pomponius avait cité devant le peuple L. Manlius Torquatus. Ce dernier avait saisi l'occasion de terminer heureusement une guerre : le tribun l'accusait d'avoir conservé le commandement au delà du terme légal ; il l'accusait encore de fatiguer, aux travaux de la campagne, un fils d'un noble caractère, et de le soustraire ainsi au service de l'État. Quand le jeune Manlius en fut informé, il partit aussitôt pour Rome et se rendit à la pointe du jour chez Pomponius. Celui-ci, persuadé qu'il venait lui fournir des griefs contre un père qui le traitait avec trop de rigueur, fit sortir tout le monde de son appartement, afin que, se trouvant sans témoins, il pût faire plus librement

bale pugnantem, graviter saucium, intercessu suo servavit ; neque illum aut ætatis infirmitas, aut militiæ tirocinium, aut infelicis prælii etiam veterano bellatori pertimescendus exitus interpellare valuit ; quo minus duplici gloria conspicuus coronam, imperatore simul et patre ex ipsa morte rapto, mereretur.

3. Auribus ista tam præclara exempla Romana civitas accepit ; illa vidit oculis. L. Manlio Torquato diem ad populum Pomponius tribunus plebis dixerat, quod, occasione bene finiendi belli inductus, legitimum obtinendi imperii tempus excessisset ; quodque filium optimæ indolis juvenem, rustico opere gravatum, publicis usibus subtraheret. Id postquam Manlius adolescens cognovit, protinus Urbem petiit, et se in Pomponii domum prima luce direxit Qui, existimans in hoc eum venisse, ut patris crimina, a quo plus justo aspere tractabatur, deferret, excedere omnes jussit cubiculo, quo licentius remotis arbitris indicium per-

sa dénonciation. Voyant l'occasion favorable à son dessein, le jeune homme tire un poignard qu'il tenait caché sous sa robe, presse, menace, épouvante le tribun, et le force à lui promettre avec serment de se désister de ses poursuites. Grâce à cette action hardie, Torquatus n'eut pas la peine de se justifier. Il est honorable de chérir des parents pleins de douceur; mais plus Manlius éprouve les duretés de son père, plus il mérite de louanges pour l'avoir sauvé du péril, puisqu'au sentiment naturel ne se joignait aucun témoignage d'affection capable d'exciter son amour. (An de R. 391.)

4. Imitateur de cette piété filiale, M. Cotta, le jour même qu'il prit la robe virile, au sortir du Capitole, intenta un procès à Cn. Carbon, qui avait fait condamner son père, le pressa de manière qu'il le fit condamner à son tour, et, par cette belle action, consacra les prémices et de son talent et de sa jeunesse. (An de R. 687.)

5. L'autorté paternelle fut également puissante sur l'esprit de C. Flaminius. Étant tribun du peuple, il voulait partager par têtes un canton de la Gaule, et malgré la résistance et les efforts du sénat, il avait déjà publié une loi à cet effet; insensible et

---

ageret. Nactus occasionem opportunam proposito suo juvenis, gladium, quem tectum attulerat, destrinxit, tribunumque minis ac terrore compulsum jurare coegit, a patris ejus accusatione recessurum; eoque effectum est, ne Torquatus causam diceret. Commendabilis est pietas, quæ mansuetis parentibus præstatur; sed Manlius, quo horridiorem patrem habuit, hoc laudabilius periculo ejus subvenit, qui ad eum diligendum præter naturalem amorem nullo indulgentiæ blandimento invitatus fuerat.

4. Hanc pietatem æmulatus M. Cotta, eo ipso die, quo togam sumpsit virilem, protinus ut e Capitolio descendit, Cn. Carbonem, à quo pater ejus damnatus fuerat, postulavit, peractumque reum judicio afflixit, et ingenium et adolescentiam præclaro opere auspicatus.

5. Apud C. quoque Flaminium auctoritas patria æque potens fuit. Nam, quum tribunus plebis legem de Gallico agro viritim dividendo, invito et repugnante

CHAP. IV, DE LA PIÉTÉ FILIALE 361

aux prières et aux menaces, inflexible même à l'appareil d'une armée destinée à agir contre lui, s'il persistait dans sa résolution, il était à la tribune, présentant de nouveau sa loi au peuple, lorsque son père vient l'y saisir. Déconcerté, il cède à une autorité privée : il descend de la tribune, sans que la multitude, ainsi trompée dans son espérance, fasse entendre le moindre murmure. (An de R. 521.)

6. Voilà de grands exemples de piété filiale donnés par des hommes; mais peut-être y a-t-il encore plus de force et de courage dans celui de Claudia, jeune vestale. Voyant son père sur le point d'être arraché du char triomphal par la violence d'un tribun, elle accourut avec une promptitude étonnante, se jeta entre eux deux, et arrêta un pouvoir redoutable qu'animaient encore des haines personnelles. Ainsi l'on vit deux triomphes, celui du père au Capitole, celui de la fille au temple de Vesta; et l'on ne savait lequel des deux féliciter davantage, de celui que la Victoire conduisait, ou de celle qu'accompagnait la piété filiale. (An de R. 610.)

7. Pardonnez, foyers antiques; feux éternels, ne vous offensez pas si le fil de mon ouvrage me conduit de votre sanctuaire au-

---

senatu, promulgasset, precibus minisque ejus acerrime resistens, ac ne exercitu quidem adversus se conscripto, si in eadem sententia perseveraret, absterritus, postquam pro rostris ei legem jam referenti pater manum injecit, privato fractus imperio, descendit e rostris, ne minimo quidem murmure destitutæ concionis reprehensus.

6. Magna sunt hæc virilis pietatis opera; sed nescio an his omnibus valentius, et animosius Claudiæ Vestalis virginis factum, quæ, quum patrem suum triumphantem e curru violenta tribuni plebis manu detrahi animadvertisset, mira celeritate utrisque se interponendo, amplissimam potestatem inimicitiis accensam depulit. Igitur alterum triumphum pater in Capitolium, alterum filia in ædem Vestæ duxit; nec discerni potuit, utri plus laudis tribueretur, cui Victoria, an cui pietas comes aderat.

7. Ignoscite, vetustissimi foci, veniamque æterni date ignes, si a vestro sa-

guste dans un lieu lugubre, mais nécessaire. La fortune n'a point de rigueurs, point d'avilissement qui dégrade un tendre amour filial ; et même l'épreuve est d'autant plus sûre que la conjoncture est plus cruelle. Une femme d'une condition libre, convaincue d'un crime capital au tribunal du préteur, fut renvoyée par celui-ci au triumvir, pour être mise à mort dans la prison. Le geôlier, touché de compassion, n'exécuta pas aussitôt l'ordre qu'il avait reçu ; il permit même à la fille de cette femme l'entrée de la prison, après l'avoir soigneusement fouillée, de peur qu'elle n'apportât quelque nourriture : il se persuadait que l'infortunée ne tarderait pas à expirer de besoin. Voyant que plusieurs jours s'étaient déjà écoulés, il cherchait en lui-même ce qui pouvait soutenir si longtemps cette femme. A force d'observer la fille, il la surprit, le sein découvert, allaitant sa mère, et lui adoucissant ainsi les horreurs de la faim. La nouvelle d'un fait si surprenant, si admirable, parvint du geôlier au triumvir, du triumvir au préteur, du préteur au conseil des juges, qui fit grâce à la mère en considération de la fille. Où ne pénètre point la piété filiale ? Combien n'est pas ingénieux un amour qui trouve un expédient si nouveau pour sauver la vie à une mère

---

cratissimo templo ad necessarium magis quam speciosum urbis locum contextus operis nostri progressus fuerit. Nulla enim acerbitate fortunæ, nullis sordibus, pretium caræ pietatis evilescit; quin etiam eo certius, quo miserius experimentum habet. Sanguinis ingenui mulierem prætor apud tribunal suum capitali crimine damnatam, triumviro in carcerem necandam tradidit. Quo receptam, is qui custodiæ præerat, misericordia motus, non protinus strangulavit, aditum quoque ad eam filiæ, sed diligenter excussæ, ne quid cibi inferret, dedit, existimans futurum, ut inedia consumeretur. Quum autem jam dies plures intercederent, secum ipse quærens, quidnam esset, quod tamdiu sustentaretur, curiosius observata filia, animadvertit illam exserto ubere famem matris lactis sui subsidio lenientem. Quæ tam admirabilis spectaculi novitas, ab ipso ad triumvirum, a triumviro ad prætorem, a prætore ad consilium judicum perlata, remissionem pœnæ mulieri impetravit. Quo non penetrat, aut quid non excogitat pietas; quæ

CHAP. IV, DE LA PIÉTÉ FILIALE 363

dans la prison même! Est-il rien de si rare, de si extraordinaire, que de voir une mère alimentée du lait de sa fille? Cette action paraîtrait contraire à la nature, si la première loi de la nature n'était pas d'aimer les auteurs de nos jours.

Exemples étrangers de Piété filiale.

1. Nous devons les mêmes éloges à Péro. Également pénétrée d'amour pour Cimon son père, qui était fort âgé et qu'un destin semblable avait pareillement jeté dans un cachot, elle le nourrit en lui présentant son sein comme à un enfant. Les yeux s'arrêtent et demeurent immobiles de ravissement à la vue de cette action représentée dans un tableau; l'admiration du spectacle dont ils sont frappés, renouvelle, ranime une scène antique : dans ces figures muettes et insensibles, ils croient voir des corps agir et respirer. Les lettres feront nécessairement sur l'esprit la même impression : leur peinture est encore plus efficace pour rappeler à la mémoire, pour retracer comme nouveaux les événements anciens.

in carcere servandæ genitricis novam rationem invenit? Quid enim tam inusitatum, quid tam inauditum, quam matrem natæ uberibus alitam? Putaret aliquis hoc contra rerum naturam factum, nisi diligere parentes prima naturæ lex esset.

De Pietate in Parentes, cujus exempla externorum sunt.

1. Idem prædicatum de pietate Perus existimetur, quæ patrem suum Cimona consimili fortuna affectum, parique custodiæ traditum, jam ultimæ senectutis, velut infantem pectori suo admotum aluit. Hærent ac stupent hominum oculi, quum hujus facti pictam imaginem vident, casusque antiqui conditionem præsentis spectaculi admiratione renovant, in illis mutis membrorum lineamentis viva ac spirantia corpora intueri credentes : quod necesse est animo quoque evenire, aliquanto efficaciore pictura litterarum, vetera pro recentibus admonito recordari.

2. Je n'oublierai pas non plus, illustre Cimon, ta tendresse pour ton père, toi qui n'hésitas pas à lui acheter la sépulture au prix d'un emprisonnement volontaire. A quelque grandeur que tu sois parvenu depuis, et comme citoyen et comme général, tu t'es fait plus d'honneur encore dans la prison que dans les dignités. Car les autres vertus ne méritent que beaucoup d'admiration; la piété filiale mérite, de plus, tout notre amour. (Av. J.-C. 490.)

3. Vous aussi, je vous rappellerai au souvenir de la postérité, généreux frères, qui eûtes un cœur au-dessus de votre origine. Nés en Espagne, au sein d'une profonde obscurité, vous fîtes noblement le sacrifice de la vie pour fournir des aliments aux auteurs de vos jours : un généreux trépas vous couvrit de gloire. Vous étiez convenus avec les Pacièques d'une somme de douze mille sesterces (deux mille quatre cents francs), payable à vos parents après votre mort, pour tuer Épaste, assassin de leur père et tyran de leur nation. Non-seulement vous fûtes assez intrépides pour oser ce coup d'éclat, vous eûtes encore la force de le couronner par une fin aussi grande que courageuse. Des mêmes mains, vous sûtes venger les Pacièques, punir Épaste, nourrir ceux de qui vous aviez reçu la vie, et vous procurer à vous-

---

2. Ne te quidem, Cimon, silentio involvam, qui patri tuo sepulturam voluntariis vinculis emere non dubitasti. Nam, etsi maximo tibi postea et civi et duci evadere contigit, plus tamen aliquanto laudis in carcere, quam in curia, assecutus es. Cæteræ enim virtutes admirationis tantummodo multum, pietas vero etiam amoris plurimum meretur.

3. Vos quoque, fratres, memoria complectar, quorum animus origine fuit nobilior; siquidem admodum humiles in Hispania nati, pro parentum alimentis spiritum erogando, specioso exitu vitæ inclaruistis. Duodecim enim millia nummum, quæ post mortem vestram his darentur, a Paciæcis pacti, ut eorum patris interfectorem Epastum, gentis suæ tyrannum, occideretis, nec ausi solum insigne facinus estis, sed etiam strenuo ac forti exitu clausistis. Iisdem enim manibus Paciæcis ultionem, Epasto pœnam, genitoribus nutrimenta, vobis gloriosa fata

mêmes une glorieuse destinée. Aussi, vous vivez encore au sein du tombeau, pour avoir mieux aimé soutenir la vieillesse de vos parents que d'attendre la vôtre.

4. Cléobis et Biton, Amphinomus et Anapus, ces deux couples de frères, ont plus de célébrité : ceux-là, pour avoir traîné leur mère sur un char jusqu'au temple de Junon, où elle devait accomplir un sacrifice ; ceux-ci, pour avoir porté sur leurs épaules, à travers les feux de l'Etna, leur père et leur mère. Mais ni les uns ni les autres ne s'étaient proposé d'abandonner la vie pour sauver celle des auteurs de leurs jours.

5. Ce n'est pas que je veuille rabaisser le mérite des deux frères Argiens, ou répandre un nuage sur la gloire des enfants de l'Etna ; mais j'ai à cœur de porter la lumière de l'histoire sur un trait de piété filiale que l'ignorance a tenu dans l'obscurité. C'est ainsi que je me plais à rendre témoignage aux nobles sentiments des Scythes. Darius était venu, à plusieurs reprises, fondre sur leur pays avec toutes les forces de son empire. Ces peuples, se retirant peu à peu, étaient parvenus aux déserts les plus reculés de l'Asie. Il leur envoya demander quand ils cesseraient de fuir ou commenceraient à combattre. Ils répondirent qu'ils n'avaient point de villes, point de champs cultivés à dé-

---

peperistis. Itaque tumulis etiam nunc vivitis, quia parentum senectutem tueri, quam vestram exspectare, satius esse duxistis.

4. Notiora sunt fratrum paria, Cleobis et Biton, Amphinomus et Anapus; illi, quod ad sacra Junonis peragenda matrem vexerunt; hi, quod patrem et matrem humeris per medios ignes Ætnæ portarunt; sed neutris pro spiritu parentum exspirare propositum fuit.

5. Nec ego Argivam detrecto laudem, aut Ætnæi montis gloriam involverim; verum obscuriori propter ignorantiam pietati notitiæ lumen admoveo, sicut Scythis libenter pietatis testimonium reddo. Dario enim totis regni sui viribus in eorum regiones subinde impetum facienti, paulatim cedentes, ad ultimas Asiæ solitudines pervenerant. Interrogati deinde ab eo per legatos, « quem fugiendi finem, aut quod initium pugnandi facturi essent, » responderunt : « Se nec

fendre, mais qu'une fois arrivés aux tombeaux de leurs pères, ils lui apprendraient comment les Scythes savent se battre. Par ce seul mot, plein de sentiment, cette nation farouche et barbare se fait pardonner tout ce qu'on lui reproche de férocité. (Av. J.-C. 517.) Ainsi la nature donne les premières et les meilleures leçons de sensibilité, cette nature qui, sans le ministère de la voix, sans le secours des lettres, par une force invisible et qui lui est propre, insinue dans le cœur des enfants l'amour de leurs parents. A quoi sert donc l'instruction ? à polir les esprits, sans doute, non à les rendre meilleurs ; car la solide vertu est un don de la nature, plutôt que le fruit de l'éducation.

6. En effet, ce peuple errant sur des chariots, sans autre abri que les forêts, vivant, à la manière des bêtes, de la chair crue de ses troupeaux, de qui avait-il appris à faire une pareille réponse à Darius? de celle, sans doute, qui, donnant même la parole à un muet, arma subitement le fils de Crésus du secours de la voix pour sauver la vie à son père. A la prise de Sardes par Cyrus, un soldat perse, qui ne connaissait pas Crésus, se précipitait sur lui pour lui donner la mort. Le fils de ce prince, comme s'il eût oublié ce que le sort lui avait refusé à sa naissance, s'é-

urbes ullas, nec agros cultos, pro quibus dimicarent, habere; cæterum, quum ad parentum suorum monumenta venissent, sciturum quemadmodum Scythæ præliari solerent. » Quo quidem uno tam pio dicto, immanis et barbara gens ab omni se feritatis crimine redemit. Prima igitur et optima rerum natura pietatis est magistra, quæ, nullo vocis ministerio, nullo usu litterarum indigens, propriis ac tacitis viribus, caritatem parentum pectoribus liberorum infundit. Quid ergo doctrina proficit? ut politiora scilicet, non ut meliora fiant ingenia; quoniam quidem solida virtus nascitur magis, quam fingitur.

6. Quis enim plaustris vagos, et silvarum latebris corpora sua tegentes, in modumque ferarum laniatu pecudum viventes, Dario sic respondere docuit? Illa nimirum, quæ etiam Crœsi filium, loquendi usu defectum, ad protegendam patris incolumitatem ministerio vocis instruxit. Captis enim a Cyro Sardibus, quum unus e numero Persarum, ignarus viri, in cædem ejus concitato ferretur

cria : « Soldat, ne tue pas Crésus, » et ces mots arrêtèrent le fer prêt à égorger le monarque. Jusqu'alors muet pour lui-même, il trouva la parole pour le salut de son père. (Av. J.-C. 548.)

7. Ce fut le même sentiment qui, pendant la guerre d'Italie, arma de tant de force et de courage un jeune homme de Pinna, nommé Pulton. Il gardait les portes de sa patrie assiégée : il voyait son père au pouvoir des Romains, placé sous ses yeux au milieu d'un groupe de soldats, l'épée nue, prêts à le percer par l'ordre du général, s'ils ne livrait pas l'entrée de la ville; mais loin d'y consentir, il arracha, lui seul, le vieillard de leurs mains, et s'immortalisa par une double piété filiale, en sauvant son père sans trahir sa patrie. (An. de R. 664.)

CHAPITRE V

DE L'AMITIÉ FRATERNELLE

Après la piété filiale vient immédiatement l'amitié fraternelle.

impetu; velut oblitus, quid sibi nascenti fortuna denegasset, *ne Crœsum regem occideret*, proclamando, pene jam impressum jugulo mucronem revocavit. Ita qui ad id tempus mutus sibi vixerat, saluti parentis vocalis factus est.

7. Eadem caritas Italico bello Pinnensem juvenem, cui Pultoni erat cognomen, tanto animi corporisque robore armavit, ut, quum obsessæ urbis claustris præsideret, et Romanus imperator patrem ejus captivum, in conspectu ipsius constitutum, districtis militum gladiis circumdedisset, *occisurum se minitans, nisi irruptioni suæ iter præbuisset*, solus e manibus senem rapuerit, duplici pietate memorandus, quod et patris servator, nec patriæ fuerit proditor.

CAPUT V

DE BENEVOLENTIA FRATERNA

Hanc caritatem proximus fraternæ benevolentiæ gradus excipit. Nam, ut me-

Car, si l'on considère avec raison comme le premier lien d'amour d'avoir reçu les plus nombreux et les plus grands bienfaits, on doit regarder comme le second de les avoir reçus ensemble. Quelle source de souvenirs délicieux que de pouvoir dire : « J'ai habité la même demeure avant de naître ; j'ai passé le temps de mon enfance dans le même berceau ; j'ai donné aux mêmes personnes les noms de père et de mère ; j'ai été l'objet des mêmes vœux, d'une égale sollicitude ; je tiens des mêmes aïeux une pareille illustration ! » Une épouse est chère, des enfants sont précieux, des amis sont doux, des alliés sont agréables ; mais ces affections, formées plus tard, ne doivent point prendre, dans notre cœur, la place de la première.

1. Et je m'appuie ici du témoignage du premier Scipion l'Africain. Quoiqu'il fût uni de la plus étroite amitié avec Lélius, il ne laissa pas de supplier le sénat de ne point ôter à son frère une province échue par le sort, pour la donner à son ami. Il promit de suivre L. Scipion en Asie comme lieutenant. Le plus âgé consentit à obéir au plus jeune, le plus brave au moins belliqueux, un citoyen éminent en gloire à un chef sans renommée ; et, ce qui surpasse tout, un guerrier déjà décoré du titre d'Africain, à un frère qui n'était pas encore surnommé l'Asiatique.

---

rito primum amoris vinculum ducitur, plurima et maxima beneficia accepisse ; ita proximum judicari debet, simul accepisse. Quam copiosæ enim suavitatis illa recordatio est! in eodem domicilio, antequam nascerer, habitavi ; in iisdem incunabulis infantiæ tempora peregi ; eosdem appellavi parentes ; eadem pro me vota excubuerunt ; parem ex majorum imaginibus gloriam traxi. Cara est uxor, dulces liberi, jucundi amici, accepti affines ; sed postea cognitis nulla benevolentia accedere debet, quæ priorem exhauriat.

1. Atque hoc teste Scipione Africano loquor, qui, tametsi arctissima familiaritate Lælio junctus erat, attamen senatum supplex oravit, *ne provinciæ sors fratri suo erepta, ad eum transferretur*, legatumque se L. Scipioni in Asiam iturum promisit ; et major natu minori, et fortissimus imbelli, et gloria excellens laudis inopi, et quod super omnia est, nondum Asiatico, jam Africanus.

Ainsi, de deux surnoms illustres, il en prit un et donna l'autre; il se réserva la première couronne triomphale, et fit présent de la seconde : plus grand, même dans un rang inférieur, que son frère dans la dignité du commandement. (An de R. 563.)

2. M. Fabius, étant consul, venait de remporter une éclatante victoire sur les Étrusques et les Volsques. Le sénat et le peuple lui décernèrent avec enthousiasme les honneurs du triomphe; mais il ne put se résoudre à les accepter, parce que son frère Q. Fabius, personnage consulaire, avait péri dans la bataille en faisant des prodiges de valeur. Quelle devait être la vivacité de sa tendresse fraternelle, pour effacer, à ses yeux, tout l'éclat d'une distinction si magnifique? (An de R. 272.)

3. Cet exemple honore l'antiquité, le suivant fait la gloire de notre siècle : il a vu avec orgueil l'union de deux frères, illustre ornement naguère de la maison Claudia, aujourd'hui de la famille des Jules. Telle fut l'affection du prince, notre empereur et notre père, pour son frère Drusus, que, recevant à Ticinum, entre les bras de ses augustes parents qu'il était venu visiter après ses victoires, la nouvelle que son frère était dangereusement

---

Itaque clarissimorum cognominum alterum sumpsit, alterum dedit; triumphique prætextam hujus excepit, illius tradidit, ministerio aliquanto major, quam frater imperio.

2. M. vero Fabius consul, inclyta pugna Etruscis et Veientibus superatis, delatum sibi summo senatus populique studio triumphum ducere non sustinuit, quia eo prælio Q. Fabius, frater ejus, consularis, fortissime dimicans occiderat. Quantam in eo pectore pietatem fraternæ caritatis habitasse existimemus, propter quam amplissimi honoris tantus fulgor exstingui potuit?

3. Hoc exemplo vetustas, illo seculum nostrum ornatum est; cui contigit fraternum jugum, Claudiæ prius, nunc etiam Juliæ gentis intueri decus. Tantum enim amorem princeps parensque noster insitum animo fratris Drusi habuit, ut, quum Ticini, quo victor hostium ad complectandos parentes venerat, gravi

malade en Germanie, et que sa vie se trouvait en péril, il partit aussitôt dans la plus grande consternation. On jugera même de la promptitude, de la rapidité avec laquelle il franchit, comme d'une haleine, l'intervalle qui l'en séparait, si l'on considère que, changeant de chevaux de temps en temps, il passa les Alpes et le Rhin, et fit, en un jour et une nuit, à travers les pays barbares qu'il venait de subjuguer, une course de deux cents milles (soixante-sept lieues), sans autre escorte que son guide Antabagius. Mais, dans une route si pénible et si périlleuse, s'il ne fut pas accompagné d'une foule de mortels, il avait pour cortége le céleste génie de l'amour fraternel, les dieux protecteurs des vertus sublimes, et Jupiter, le plus fidèle gardien de l'empire. Drusus touchait à sa dernière heure; il était hors d'état de recevoir le prince; néanmoins, malgré l'extrême affaissement de son corps et de son esprit, dans l'instant même qui sépare la vie de la mort, il ordonne à ses légions d'aller, enseignes déployées, au-devant de son frère, pour le saluer du nom d'*imperator*; il prescrit encore de lui dresser une tente prétorienne à sa droite, de lui donner les titres de consul et de général en chef; et, dans le même temps, il rend hommage à la dignité de son frère, et rend

---

illum et periculosa valetudine in Germania fluctuare cognosset, protinus inde metu attonitus erumperet. Iter quoque quam rapidum et præceps velut uno spiritu corripuerit, eo patet, quod Alpes Rhenumque transgressus die ac nocte, mutato subinde equo, ducenta millia passuum. per modo devictam barbariem, Antabagio duce solo comite contentus, evasit. Sed eum tunc maximo labore et periculo implicatum, mortaliumque frequentia defectum, sanctissimum pietatis numen, et dii fautores eximiarum virtutum, et fidissimus Romani imperii custos Jupiter comitatus est. Drusus quoque, quanquam fato jam suo, quam illius officio propior erat, vigore spiritus, et corporis viribus collapsus, eo ipso tamen, quo vita et mors distinguitur, momento, *legiones cum insignibus suis fratri obviam procedere* jussit, *ut imperator salutaretur*: præcepit etiam, *dextra in parte prætorium ei statui*, *et consulare et imperatorium nomen obtinere* voluit; eodemque tempore, et fraternæ majestati cessit, et vita excessit. His scio equidem

CHAP. V, DE L'AMITIÉ FRATERNELLE 371

le dernier soupir. Je sais bien qu'à ce modèle de tendresse fraternelle, il conviendrait de n'associer que celui de Castor et Pollux. (An de R. 744.)

4. Mais je me persuade que ces héros, à jamais illustres, verront sans déplaisir figurer à leur suite, dans cet endroit de mon ouvrage, un simple soldat, exemple touchant d'amitié envers un frère. Étant au service, sous les ordres de Pompée, il rencontra dans une bataille un soldat de Sertorius, qui l'attaqua avec acharnement, corps à corps : il le tua et se mit à le dépouiller ; mais reconnaissant son propre frère, il se répandit en reproches amers contre les dieux, et maudissant mille fois la victoire sacrilége qu'ils lui avaient accordée, il transporta le cadavre auprès du camp, le couvrit d'une robe précieuse, le plaça sur un bûcher et y mit le feu ; puis, de la même épée qui avait commis le crime, il se perça le sein, et tomba sur le corps de son frère pour être consumé avec lui dans un même brasier. Coupable seulement par ignorance, il pouvait vivre sans reproche ; mais, aimant mieux céder à la voix de son cœur que de profiter de l'indulgence publique, il s'empressa de suivre son frère dans le tombeau. (An de R. 666.)

---

nullum aliud, quam Castoris et Pollucis specimen consanguineæ caritatis convenienter adjici posse.

4. Sed omnis memoriæ clarissimis imperatoribus profecto non erit ingratum, si militis summa erga fratrem suum pietas huic voluminis parti adhæserit. Is namque in castris Cn. Pompeii stipendia peragens, quum Sertorianum militem, acrius sibi in acie instantem, cominus interemisset, jacentemque spoliaret, ut fratrem germanum esse cognovit, multum ac diu convicio deos ob donum impiæ victoriæ insecutus, prope castra transtulit, et, pretiosa veste opertum, rogo imposuit ; ac deinde, subjecta face, protinus eodem gladio, quo illum interemerat, pectus suum transverberavit, seque super corpus fratris prostratum communibus flammis cremandum tradidit. Licebat ignorantiæ beneficio innocenti vivere ; sed, ut sua potius pietate, quam aliena venia uteretur, comes fraternæ neci non defuit.

CHAPITRE VI

DE L'AMOUR DE LA PATRIE

Exemples chez les Romains.

Le cœur a satisfait jusqu'ici aux liens les plus sacrés de la nature : il lui reste maintenant à payer son tribut à la patrie, dont la majesté voit fléchir en sa présence même l'autorité paternelle, cette image de la puissance divine ; la tendresse fraternelle se plaît aussi à reconnaître son empire. Hommage bien légitime ; car une famille peut être renversée sans ébranler la république ; au lieu que la ruine de la patrie entraîne inévitablement celle de toutes les familles. Mais que sert de s'étendre en paroles sur une vérité tellement imposante, que plusieurs l'ont attestée au prix de leur sang ?

1. Brutus, le premier des consuls, et Aruns, fils de Tarquin

CAPUT VI

DE PIETATE ERGA PATRIAM

De Pietate Romanorum erga Patriam.

Arctissimis sanguinis vinculis pietas satisfecit. Restat nunc, ut patriæ exhibeatur ; cujus majestati etiam illa, quæ deorum numinibus æquatur, auctoritas parentum, vires suas subjecit, fraterna quoque caritas æquo animo ac libenti cedit ; summa quidem cum ratione, quia, eversa domo, intentatus reipublicæ status manere potest, urbis ruina penates omnium trahat secum necesse est. Verum quid attinet verbis ista complecti ? quorum tanta vis est, ut aliqui ea salutis suæ impendio testati sint.

1. Brutus consul primus cum Arunte, Tarquinii Superbi, regno expulsi, filio,

le Superbe, chassé du trône, se rencontrèrent dans une bataille : ils fondirent impétueusement l'un sur l'autre, la lance en arrêt, se percèrent mutuellement à mort, et tombèrent tous les deux expirants sur la poussière. Je pourrais ajouter avec raison que la liberté coûta bien cher au peuple romain. (An de R. 244.)

2. Un vaste gouffre s'était subitement formé au milieu de la place publique par l'affaissement des terres; les devins avaient répondu qu'on ne pouvait le combler qu'en y jetant l'objet qui faisait la principale force du peuple romain. Curtius, jeune homme aussi distingué par la noblesse des sentiments que par la naissance, réfléchissant que Rome excellait surtout par les armes et le courage, revêt une armure complète, monte sur un cheval, et, le pressant vivement de l'éperon, se précipite dans cet abîme. Tous les citoyens s'empressent, par hommage, de jeter du blé sur lui. Aussitôt on voit la terre se rejoindre et reprendre sa première consistance. (An de R. 391.) De grandes actions, honneur de la république, ont brillé depuis sur la place romaine; mais aucune ne jette plus d'éclat, même aujourd'hui, que le dévouement de Curtius. A cet exemple, qui tient le premier rang dans les fastes de la gloire, je vais en ajouter un autre assez semblable.

---

in acie ita concurrit, ut, pariter illatis hastis, uterque mortifero vulnere ictus exanimis prosterneretur. Merito adjecerim, populo romano libertatem suam magno stetisse.

2. Quum autem in media parte fori vasto ac repentino hiatu terra subsideret, responsumque esset, *ea re illum tantummodo compleri posse, qua populus romanus plurimum valeret*, Curtius, et animi et generis nobilissimus adolescens, interpretatus Urbem nostram virtute armisque præcipue excellere, militaribus insignibus ornatus equum conscendit; eumque vehementer admotis calcaribus præcipitem in illud profundum egit. Super quem universi cives honoris gratia certatim fruges injecerunt, continuoque terra pristinum habitum recuperavit. Magna postea decora in foro Romano fulserunt; nullum tamen hodieque pietate Curtii erga patriam clarius obversatur exemplum. Cui principatum gloriæ obtinenti, consimile factum subnectam.

3. Le préteur Génucius Cipus sortait de Rome en habit de guerre : comme il passait sous la porte, on vit se développer en sa personne un prodige singulier et inouï. Il lui poussa subitement comme deux cornes sur la tête. Les aruspices, consultés, répondirent qu'il serait roi s'il rentrait dans la ville. Pour empêcher l'accomplissement de cette prédiction, il se condamna de lui-même à un exil perpétuel. Quel amour pour la patrie! la gloire en est plus grande et plus solide que celle des sept rois de Rome. En mémoire de cet événement une tête d'airain fut incrustée dans la porte où sortit Génucius, et nommée *Rauduscu-lana*, parce qu'autrefois les morceaux d'airain se nommaient *raudera*. (An de R. 515.)

4. L'héritage de cette gloire, au-dessus de laquelle il est difficile de rien imaginer, passa de Génucius au préteur Élius. Un jour qu'il tenait audience, un pivert se posa sur sa tête. Les aruspices déclarèrent que la conservation de cet oiseau assurerait une brillante prospérité à la famille d'Élius, le comble du malheur à la république; et que sa mort produirait le contraire. Aussitôt il tua lui-même le pivert d'un coup de dent, sous les yeux du sénat. Dix-sept soldats, membres de sa famille, guerriers pleins de bravoure, périrent à la bataille de Cannes; et la répu-

---

3. Genucio Cipo prætori, paludato portam egredienti, novi et inauditi generis prodigium incidit. Namque in capite ejus subito veluti cornua eruperunt, responsumque est, *regem cum fore, si in Urbem revertisset.* Quod ne accideret, voluntarium sibimet ac perpetuum indixit exsilium : dignam pietatem, quæ, quod ad solidam gloriam attinet, septem regibus præferatur. Cujus testandæ rei gratia capitis effigies ærea portæ, qua excesserat, inclusa est, dictaque *Raudusculana*, quod olim æra *raudera* dicebantur.

4. Genucius laudis hujus, qua major excogitari vix potest, successionem Ælio prætori tradidit. Cui jus dicenti, quum in capite picus consedisset, aruspexque affirmasset, « Conservato eo fore domus ipsius statum felicissimum, reipublicæ miserrimum ; occiso, in contrarium utrumque cessurum, » e vestigio picum morsu suo in conspectu senatus necavit. Decem et septem milites suæ familiæ, eximiæ

blique s'éleva par degrés au comble de la puissance. Sans doute de pareils exemples firent sourire de pitié les Sylla, les Marius et les Cinna. (An de R. 534.)

5. P. Décius, qui le premier porta le consulat dans sa famille, voyant l'armée romaine en désordre et sur le point d'essuyer une entière déroute dans une bataille contre les Latins, se dévoua pour le salut de la république. Aussitôt il s'élança à toute bride au milieu des bataillons ennemis, cherchant le salut pour la patrie, la mort pour lui-même ; et après avoir fait un grand carnage, il tomba, percé de coups, sur un monceau de cadavres. De ses blessures et de son sang généreux sortit une victoire inespérée. (An de R. 413.)

6. Un tel général aurait été un modèle unique, s'il n'eût laissé un fils héritier de ses nobles sentiments. En effet, celui-ci, consul pour la quatrième fois, suivit l'exemple de son père, et un même dévouement, une égale intrépidité, une fin semblable, relevèrent, dans un moment critique et désespéré, la fortune de la république. De sorte qu'on ne saurait décider ce qui fut le plus utile à la patrie, d'avoir ou de perdre les Décius à la tête des

---

fortitudinis viros, cannensi prælio amisit : respublica procedente tempore ad summum imperii fastigium excessit. Hæc nimirum exempla, Sylla, et Marius, et Cinna tanquam stulta riserunt.

5. P. Decius, qui consulatum in familiam suam primus intulit, quum Latino bello Romanam aciem inclinatam et pene jam prostratam videret, caput suum pro salute reipublicæ devovit, ac protinus, concitato equo, in medium hostium agmen, patriæ salutem, sibi mortem petens, irrupit, factaque ingenti strage, plurimis telis obrutus, super corruit : ex cujus vulneribus et sanguine insperata victoria emersit.

6. Unicum talis imperatoris specimen esset, nisi animo suo respondentem filium genuisset. Is namque in quarto consulatu, patris exemplum secutus, devotione simili, æque strenua pugna, consentaneo excitu labantes perditasque vires Urbis nostræ correxit. Itaque dignosci arduum est, utrum Romana civitas utilius

armées : vivants, ils empêchent sa défaite; mourants, ils lui assurent la victoire. (An de R. 458.)

7. Si le premier Scipion l'Africain ne périt pas pour la république, du moins il la préserva d'une entière destruction par un courage admirable. Abattue par le désastre de Cannes, Rome semblait déjà n'être plus que la proie d'Annibal victorieux; et les débris de l'armée vaincue songeaient à déserter l'Italie, sur la proposition de L. Métellus. Tribun de légion, quoique très-jeune encore, Scipion tire son épée, les menace de mort, et les force tous à jurer que jamais ils n'abandonneront la patrie. Non-seulement il donne un éclatant exemple d'amour pour elle, il ranime encore dans le cœur des autres ce sentiment prêt à s'éteindre. (An de R. 537.)

8. Mais passons des individus à la masse des citoyens. Quelle ardeur, quelle unanimité de patriotisme dans le corps entier de la nation! Pendant la seconde guerre punique, le trésor se trouvant épuisé, et ne pouvant même suffire aux frais du culte, les fermiers publics se présentèrent d'eux-mêmes aux censeurs, et les invitèrent à conclure avec eux tous les marchés nécessaires;

---

habuerit Decios duces, an amiserit; quoniam vita eorum ne vinceretur obstitit; mors fecit, ut vinceret.

7. Non est exstinctus pro republica superior Scipio Africanus; sed admirabili virtute, ne respublica exstingueretur, providit. Siquidem, quum afflicta Cannensi clade Urbs nostra nihil aliud quam præda victoris esse Annibalis videretur, ideoque reliquiæ prostrati exercitus deserendæ Italiæ, auctore L. Metello, consilium agitarent; tribunus militum admodum juvenis, stricto gladio mortem unicuique minitando, jurare omnes, nunquam se relicturos patriam, coegit; pietatemque non solum ipse plenissimam exhibuit, sed etiam ex pectoribus aliorum abeuntem revocavit.

8. Age, ut a singulis ad universos transgrediar, quanto et quam æquali amore patriæ tota civitas flagravit. Nam, quum secundo Punico bello exhaustum ærarium, ne deorum quidem cultui sufficeret, publicani ultro aditos censores hortati sunt, ut omnia sic locarent, tanquam respublica pecunia

CHAP. VI, DE L'AMOUR DE LA PATRIE 377

comme si la république était dans l'opulence, promettant de tenir tous leurs engagements sans rien demander à l'État avant la fin de la guerre. Les maîtres des esclaves que Sempronius Gracchus avait affranchis à Bénévent en récompense de leur éclatante bravoure, n'en demandèrent pas le prix à ce général. Dans le camp même il n'y eut ni cavalier, ni centurion qui songeât à réclamer sa paye. Les hommes et les femmes apportaient ce qu'ils avaient d'or et d'argent; les enfants, les marques de distinction de leur naissance : tous concouraient à soutenir l'État dans ces moments difficiles. Et même aucun de ceux qui s'étaient signalés par ces dons volontaires n'accepta la faveur du sénat qui les affranchissait du tribut; tous vinrent s'en acquitter encore avec le plus généreux empressement. (An de R. 539.)

On n'ignorait pas qu'après la prise de Véies, lorsqu'il fallut envoyer à Delphes un présent en or, équivalant au dixième du butin, promesse que Camille avait faite à Apollon par un vœu solennel, Rome se trouva dans l'impossibilité de suffire à cette dépense, et que les femmes apportèrent leurs bijoux dans le trésor public; on savait aussi que les mille livres d'or promises aux Gaulois pour la délivrance du Capitole, ne furent complétées qu'avec les ornements de leur parure : ainsi, autant par in-

---

abundaret, seque præstaturos cuncta, nec ullum assem, nisi bello confecto, petituros polliciti sunt. Domini quoque eorum servorum, quos Sempronius Gracchus ob insignem pugnam Beneventi manumiserat, pretia ab imperatore exigere supersederunt; in castris etiam non eques, non centurio stipendium dari sibi desideravit. Viri atque feminæ, quidquid auri argentive habuerunt, item pueri insignia ingenuitatis, ad sustentandam temporis difficultatem contulerunt. Ac ne beneficio senatus, qui his muneribus functos tributi onere liberaverat, quisquam uti voluit; sed insuper id omnes promptissimis animis præstiterunt.

Non ignorabant enim, captis Veiis, quum decimarum nomine, quas Camillus voverat, aurum Apollini Delphico mitti oporteret, neque emendi ejus facultas esset, matronas ornamenta sua in ærarium retulisse. Similiterque audierant, mille pondo auri, quæ Gallis pro obsidione Capitolii promissa debebantur,

clination que d'après l'exemple des âges précédents, on jugea qu'on ne devait se dispenser d'aucun sacrifice envers la patrie.

Exemples étrangers.

1. Je vais citer aussi des traits de la même vertu chez les étrangers. Codrus, roi des Athéniens, voyant l'Attique en proie à une nombreuse armée d'ennemis qui la saccageaient par le fer et la flamme, et ne comptant plus sur la puissance humaine, eut recours à l'oracle de Delphes ; il lui fit demander, par une ambassade, comment il pourrait dissiper un si cruel fléau. Il reçut pour réponse que le moyen d'y mettre un terme était de mourir lui-même de la main de l'ennemi. Cet oracle se répandit non-seulement dans toute l'armée athénienne, mais encore dans le camp opposé : l'on y publia la défense expresse de blesser la personne de Codrus. Ce prince, à cette nouvelle, quitte les marques de sa dignité, revêt un costume d'esclave, se présente à une troupe de fourrageurs ennemis, et, frappant l'un

---

earum cultu expleta. Itaque et proprio ingenio et exemplo vetustatis admoniti, nulla sibi in re cessandum existimaverunt.

De Pietate externorum erga Patriam.

1. Sed et externa ejusdem propositi exempla attingam. Rex Atheniensium Codrus, quum ingenti hostium exercitu attica regio debilitata, ferro ignique vastaretur, diffidentia humani auxilii ad Apollinis Delphici oraculum confugit, perque legatos sciscitatus est, *quonam modo illud tam grave bellum discuti posset.* Respondit deus : *Ita finem ei fore, si ipsi hostili manu occidisset.* Quod quidem non solum totis Atheniensium in castris, sed etiam contrariis percrebuit; eoque factum est, ut ediceretur, *ne quis Codri corpus vulneraret.* Id postquam cognovit, depositis insignibus imperii, famularem cultum induit, ac pabulantium hostium globo sese objecit, unumque ex his falce percussum, in

CHAP. VI, DE L'AMOUR DE LA PATRIE   379

d'entre eux d'un coup de faux, se fait donner la mort. Son trépas empêcha la ruine d'Athènes. (Av. J.-C. 1092.)

2. Le même patriotisme animait le cœur de Thrasybule. Résolu d'affranchir la ville d'Athènes de l'horrible domination des trente tyrans, il entreprenait l'exécution d'un si grand dessein avec une poignée de braves. L'un de ses compagnons lui dit : « Quelles obligations Athènes ne vous aura-t-elle pas pour la liberté que vous lui aurez conquise! — Fasse le ciel, répondit-il, qu'on me regarde seulement comme acquitté envers elle de tout ce que je lui dois. » De pareils sentiments mirent le comble à la gloire que lui valut l'œuvre immortelle de la destruction des tyrans. (An de R. 403.)

3. Thémistocle, vainqueur des Perses par sa bravoure, devient leur général par l'injustice de sa patrie. Voulant éviter de porter les armes contre elle, il fait un sacrifice, reçoit dans une coupe du sang de taureau, le boit et tombe devant l'autel, comme une illustre victime d'attachement à son pays. Grâce à une fin si mémorable, la Grèce n'eut pas besoin d'un second Thémistocle. (Vers 449 av. J.-C.)

4. Même dévouement dans le trait suivant. Carthage et Cy-

---

cædem suam compulit : cujus interitu, ne Athenæ occiderent, effectum est.

2. Ab eodem fonte pietatis Thrasybuli quoque animus manavit. Is, quum Atheniensium urbem triginta tyrannorum teterrima dominatione liberare cuperet, parvaque manu maximæ rei molem aggrederetur, et quidam e consciis dixeret: « *Quantas tandem tibi Athenæ, per te libertatem consecutæ, gratias debebunt!* » Respondit : « *Dii faciant, ut quantas ipse illis debeo, videar retulisse!* » Quo affectu inclytum destructæ tyrannidis opus laude cumulavit.

3. Themistocles autem, quem virtus sua victorem, injuria patriæ imperatorem Persarum fecerat, ut se ab ea oppugnanda abstineret, instituto sacrificio, exceptum patera tauri sanguinem hausit, et ante ipsam aram, quasi quædam Pietatis clara victima concidit. Quo quidem tam memorabili ejus excessu, ne Græciæ altero Themistocle opus esset, effectum est.

4. Sequitur ejusdem generis exemplum. Quum inter Carthaginem et Cyrenas

rène se faisaient une guerre opiniâtre au sujet des limites de leur territoire. Elles convinrent enfin de faire partir des jeunes gens de chaque côté, à la même heure, et de considérer comme la frontière commune aux deux peuples l'endroit où ils se rencontreraient. Mais les Carthaginois qui furent envoyés (c'étaient deux frères, nommés Philènes) violèrent la convention. Partis d'une marche rapide avant l'heure désignée, ils gagnèrent beaucoup d'espace. La supercherie ne put échapper aux Cyrénéens : ils s'en plaignirent, ils contestèrent longtemps. Enfin, ils tentèrent de déjouer l'injustice par une proposition effrayante : ils dirent qu'ils étaient prêts à reconnaître cet endroit pour la limite, si les Philènes voulaient s'y laisser ensevelir tout vivants. Mais l'événement ne répondit pas à leur attente : les deux Carthaginois se remirent, sans hésiter, entre leurs mains pour être enfouis sous terre. Plus jaloux d'étendre le domaine de leur patrie que la durée de leurs jours, ils ont trouvé une glorieuse sépulture où leurs ossements et leurs mânes signalent l'agrandissement de l'empire carthaginois.

Où sont les superbes remparts de l'orgueilleuse Carthage ? qu'est devenue la gloire maritime de ce port si fameux ? cette

---

de margine agri pertinacissima contentio esset, ad ultimum placuit utrinque eodem tempore juvenes mitti, et locum, in quem ii convenissent finem ambobus haberi populis. Verum hoc pactum Carthaginiensium duo fratres nomine Philæni, perfidia præcucurrere, citra constitutam horam maturato gressu in longius promotis terminis. Quod quum intellexissent Cyrenensium juvenes, diu de fallacia eorum questi, postremo acerbitate conditionis injuriam discutere conati sunt. Dixerunt namque, *sic eum finem ratum fore, si Philæni vivos se ibi obrui passi essent.* Sed consilio eventus non respondit; illi enim, nulla interposita mora, corpora sua his terra operienda tradiderunt. Qui quoniam patriæ, quam vitæ suæ, longiores terminos esse maluerunt, bene jacent manibus et ossibus suis Punico dilatato imperio.

Ubi sunt superbæ Carthaginis alta mœnia? ubi maritima gloria inclyti portus? ubi cunctis littoribus terribilis classis? ubi tot exercitus? ubi tantus equi-

CHAP. VIII, DE L'AMOUR DE LA PATRIE 381

flotte qui portait la terreur sur tous les rivages? tant d'armées, cette cavalerie innombrable? cette ambition qui se trouvait trop resserrée dans l'immense étendue de l'Afrique? La fortune a tout partagé entre les deux Scipions. Mais le souvenir des Philènes, la gloire de leur noble dévouement, n'ont pas été étouffés sous les ruines même de leur patrie. Ainsi, l'âme et le bras des mortels ne peuvent prétendre à rien d'immortel, si ce n'est à la vertu.

5. On voit briller dans cet exemple le feu de la jeunesse. Aristote, à la fin de sa carrière, le corps flétri et abattu par les années, conservant à peine un reste de vie, qu'il consacrait, dans un profond loisir, à l'étude des lettres et des sciences, travailla puissamment au salut de sa patrie : de son lit de repos, dans Athènes, apprenant que l'ennemi avait renversé Stagire, il parvint à l'arracher des mains des Macédoniens, ses destructeurs. Aussi la ruine de cette ville est-elle moins connue comme l'ouvrage d'Alexandre, que son rétablissement comme celui d'Aristote. (Av. J.-C. 334.)

On voit donc quels sentiments de générosité, quel vif amour ont montré envers leur patrie des hommes de tout âge et de toute condition ; comment une foule de merveilleux exemples a

---

tatus? ubi immenso Africæ spatio non contenti spiritus? Omnia ista duobus Scipionibus fortuna partita est; at Philænorum egregii facti memoriam ne patriæ quidem interitus exstinxit. Nihil est igitur, excepta virtute, quod mortali animo ac manu immortale quæri possit.

5. Juvenili ardore plena hæc pietas; Aristoteles vero supremæ vitæ reliquias senilibus ac rugosis membris, in summo litterarum otio, vix custodiens, adeo valenter pro salute patriæ incubuit, ut eam, hostilibus armis solo æquatam, in lectulo Atheniensi jacens, Macedonum de manibus, quibus abjecta erat, eriperet. Ita urbs, non tam strata atque eversa Alexandri, quam restituta Aristotelis notum est opus.

Patet ergo, quam benignæ, quamque profusæ pietatis erga patriam, omnium ordinum, omnis ætatis homines exstiterint; sanctissimisque naturæ

fait briller, dans l'univers, les plus saintes lois de la nature, et leur a rendu un éclatant témoignage.

CHAPITRE VII

DE LA TENDRESSE PATERNELLE

Exemples chez les Romains.

Que la tendresse des pères et mères envers leurs enfants donne maintenant un libre essor à son affectueuse et touchante bonté, et que, poussée d'un mouvement salutaire, elle apporte avec elle un délicieux tribut de satisfaction.

1. Fabius Rullianus, illustré par cinq consulats des plus glorieux, distingué par tous les genres de vertus et de belles actions, ne dédaigna pas d'accompagner, en qualité de lieutenant, son fils Fabius Gurgès, pour terminer une guerre difficile et périlleuse. Presque sans forces corporelles, il ne portait au service

---

legibus mirificorum etiam exemplorum clara mundo subscripserit ubertas

CAPUT VII

DE PATRUM AMORE ET INDULGENTIA IN LIBEROS

Romana exempla.

Det nunc vela pii et placidi affectus parentum erga liberos indulgentia, salubrique aura provecta, gratam suavitatis secum dotem afferat.

1. Fabius Rullianus, quinque consulatibus summa cum gloria peractis, omnibusque et virtutis et vitæ emeritis stipendiis, legatus ire Fabio Gurgiti filio ad bellum difficile et periculosum conficiendum gravatus non est, pene ipso per se

CHAP. VII, DE LA TENDRESSE PATERNELLE

que le secours de son génie : dans l'extrême vieillesse où il était parvenu, le repos du lit convenait mieux à ses membres épuisés que la fatigue des combats. Le même Rullianus, qui autrefois avait porté son fils, encore enfant, sur son char de triomphe, n'eut pas de plus grand plaisir, lorsque celui-ci triompha à son tour, que de le suivre à cheval; et il parut aux spectateurs, non pas le second, mais le premier personnage de cette pompe mémorable. (An de R. 462.)

2. Césetius, chevalier romain, dans une position moins brillante, eut autant de tendresse pour ses enfants. César, déjà vainqueur de tous ses ennemis, tant au dehors qu'au dedans, lui commanda de renier un de ses fils, parce qu'étant tribun du peuple, celui-ci avait osé, de concert avec son collègue Marullus, provoquer la haine publique contre le dictateur, en l'accusant d'aspirer à la royauté. Césetius eut le courage de lui répondre : « César, vous m'ôteriez tous mes enfants, plutôt que de m'en voir moi-même flétrir et chasser un seul. » Il avait encore deux autres fils d'un excellent naturel, auxquels César s'offrait d'accorder libéralement un avancement rapide. Quoique ce père trouvât une sauvegarde dans la souveraine clémence d'un divin héros, pourrait-on ne pas regarder comme un trait de courage

---

duntaxat animo, sine corpore militaturus, utpote propter ultimam senectutem lectuli otio, quam labori præliorum, habilior. Idem triumphantis currum equo insidens sequi, quem ipse parvulum triumphis suis gestaverat, in maxima voluptate posuit; nec accessio gloriosæ illius pompæ, sed auctor spectatus est.

2. Non tam speciosa Cæsetii, equitis Romani, sors patria, sed par indulgentia. Qui a Cæsare, omnium jam et externorum et domesticorum hostium victore, quum abdicare filium suum juberetur, quod is tribunus plebis cum Marullo collega, invidiam ei tanquam regnum affectanti fecerat; in hunc modum respondere sustinuit : « Celerius tu mihi, Cæsar, omnes filios meos eripies, quam ex his ego unum nota pellam mea. » Habebat autem duos præterea optimæ indolis filios, *quibus Cæsar se incrementa dignitatis benigne largiturum* pollicebatur. Hunc patrem tametsi summa divini principis clementia tutum præstitit, quis tamen non hu-

plus qu'humain, de n'avoir pas cédé à celui devant lequel tout l'univers s'était abaissé? (An de R. 709.)

3. Mais peut-être y a-t-il plus de véhémence et de chaleur dans l'affection d'Octavius Balbus pour son fils. Proscrit par les triumvirs, il venait de sortir de chez lui par une porte de derrière, et commençait à fuir en sûreté, lorsqu'un cri parti du voisinage lui annonça faussement qu'on égorgeait son fils dans sa maison : il revint s'offrir à la mort à laquelle il avait échappé, et livra sa tête au fer des assassins. Le bonheur de trouver son fils vivant, contre son attente, lui parut sans doute plus précieux que la vie. Mais quel affreux spectacle pour le jeune homme, que la vie d'un père si tendre, expirant sous ses yeux par un excès d'affection pour lui ! (An de R. 710.)

Exemples étrangers.

1. Passons à des récits plus agréables. Antiochus, fils de Séleucus, roi de Syrie, devint éperdûment amoureux de Stratonice, sa belle-mère. Sentant néanmoins tout ce que sa flamme avait

mano ingenio majus ausum putet, quod, cui totus terrarum orbis succubuerat, non cessit?

3. Sed nescio, an Octavius Balbus concitatioris et ardentioris erga filium benevolentiæ fuerit. Proscriptus a triumviris, quum domo postico clam esset egressus, jamque fugæ expeditum initium haberet, postquam intus filium trucidari falso clamore viciniæ accepit, ei se neci, quam evaserat, obtulit, occidendumque militibus tradidit, pluris nimirum illud momentum, quo illi præter spem videre filium incolumem contigerat, quam salutem suam æstimans. Miseros adolescentis oculos, quibus amantissimum sui patrem, ipsius opera sic exspirantem, intueri necesse fuit!

Externa exempla.

1. Cæterum, ut ad jucundiora cognitu veniamus, Seleuci regis filius Antiochus novercæ Stratonices infinito amore correptus, memor, quam improbis facibus

de criminel, il cachait religieusement au fond de son cœur cette blessure sacrilége : deux affections opposées, un amour extrême, et un respect sans bornes, renfermées dans le même sein, dans les mêmes entrailles, réduisirent le prince au dernier degré de langueur. Il était étendu sur son lit, dans un état voisin de la mort : sa famille fondait en larmes; son père, accablé de douleur, se représentait la perte d'un fils unique et l'horrible malheur de voir sa vieillesse privée d'enfants. Tout le palais offrait l'image de la mort, plutôt que celle de la royauté. Mais la sagacité de l'astrologue Leptine, ou, selon d'autres, du médecin Érasistrate, dissipa ce nuage de tristesse. Assis auprès d'Antiochus, il remarqua que lorsque Stratonice entrait il rougissait, et que sa respiration devenait pressée; que sitôt qu'elle était sortie, il pâlissait et reprenait une respiration plus libre. En observant ces symptômes avec attention, il parvint à découvrir la vérité. Chaque fois que Stratonice entrait et sortait, il prenait sans affectation le bras du malade; et au battement du pouls, tantôt plus fort, tantôt plus faible, il reconnut la cause de la maladie. Aussitôt il en rendit compte à Séleucus. Ce prince, tout passionné qu'il était pour son épouse, n'hésita pas à la céder à son

arderet, impium pectoris vulnus pia dissimulatione contegebat. Itaque diversi affectus iisdem visceribus ac medullis inclusi, summa cupiditas, et maxima verecundia, ad ultimam tabem corpus ejus redegerunt. Jacebat ipse in lectulo, moribundo similis; lamentabantur necessarii; pater mœrore prostratus, de obitu unici filii, deque sua miserrima orbitate cogitabat; totius domus funebris magis, quam regius erat vultus. Sed hanc tristitiæ nubem Leptinis mathematici, vel, ut quidam tradunt, Erasistrati medici, providentia discussit. Juxta enim Antiochum sedens, ut eum ad introitum Stratonices rubore perfundi, et spiritu increbrescere, eaque egrediente pallere, et excitatiorem anhelitum subinde recuperare animadvertit, curiosiore observatione ad ipsam veritatem penetravit. Intrante enim Stratonice, et rursus abeunte, brachium adolescentis dissimulanter apprehendendo, modo vegetiore, modo languidiore pulsu venarum comperit, cujus morbi æger esset : protinusque id Seleuco exposuit; qui carissimam sibi conjugem filio cedere non

fils, imputant à la fortune l'amour qui s'était emparé de son cœur, et attribuant à sa vertu la résolution de le dissimuler jusqu'à la mort. Que l'on se figure un vieillard, un roi, un cœur amoureux, et l'on verra quels puissants obstacles sa tendresse paternelle eut à surmonter. (Av. J.-C. 294.)

2. Si Séleucus céda son épouse à son fils, Ariobarzane céda au sien le royaume de Cappadoce, en présence de Cn. Pompée. Il assistait à l'audience de ce général, et, à son invitation, il s'était assis sur la chaise curule. Mais quand il vit son fils à côté du greffier, dans un coin du tribunal, place indigne de son rang, il ne put se résoudre à le voir au dessous de lui : aussitôt il descendit, lui mit son diadème sur la tête, et le pressa d'aller occuper le siége qu'il venait de quitter. Des larmes s'échappèrent des yeux du jeune prince, son corps devint tout tremblant; il laissa tomber le diadème, et n'eut pas la force de faire un pas vers la place qu'on lui montrait. Un fait presque incroyable, c'est qu'on voyait dans la joie celui qui déposait la couronne, et dans la tristesse celui qui la recevait; et ce combat de générosité n'aurait pas eu de terme, si l'autorité de Pompée ne fût venue appuyer la volonté paternelle. En effet, il donna au fils le titre de

dubitavit, quod in amorem incidisset, fortunæ acceptum referens, quod dissimulare eum usque ad mortem paratus esset, ipsius pudori imputans. Subjiciatur animis senex, rex, amans; jam patebit, quam multa, quamque difficilia, paterni affectus indulgentia superaverit.

2. At Seleucus quidem uxore, Ariobarzanes autem filio suo Cappadociæ regno cessit, in conspectu Cn. Pompeii. Cujus quum tribunal conscendisset, invitatusque ab eo in curuli sella sedisset, postquam filium in cornu scribæ humiliorem fortuna sua locum obtinentem conspexit, non sustinuit infra se collocatum intueri; sed protinus sella descendit, et diadema in caput ejus transtulit, hortarique cœpit, ut eo transiret, unde ipse surrexerat. Exciderunt lacrymæ juveni, cohorruit corpus, delapsum diadema est, nec quo jussus erat, progredi potuit; quodque pene fidem veritatis excedit, lætus erat, qui regnum deponebat, tristis, cui dabatur. Nec ullum finem tam egregium certamen habuisset, nisi patriæ vo-

roi, lui fit prendre le diadème, et le força de s'asseoir sur la chaise curule. (An de R. 692.)

CHAPITRE VIII

SÉVÉRITÉ DES PÈRES ENVERS LEURS ENFANTS

1. Voilà des pères dont la bonté ressemble aux portraits de la comédie ; en voici d'une rigueur qui rappelle ceux de la scène tragique. La gloire de L. Brutus a égalé celle de Romulus : si l'un a fondé la ville de Rome, l'autre y fonda la liberté. Il apprend que ses fils s'efforcent de ramener la domination de Tarquin, dont il avait délivré sa patrie. Revêtu de la souveraine magistrature, il les fait saisir, et, devant son tribunal, les fait battre de verges, attacher à un poteau et frapper de la hache. Il dépouille les sentiments d'un père pour remplir les devoirs de consul : il aime mieux vivre privé de ses enfants, que manquer à la vengeance publique. (An de R. 244.)

luntati auctoritas Pompeii adfuisset; filium enim et regem appellavit, et diadema sumere jussit, et in curuli sella considere coegit.

CAPUT VIII

QUI SEVERI ADVERSUS LIBEROS

1. Comicæ lenitatis hi patres; tragicæ asperitatis illi. Par Romulo gloria L. Brutus, quia ille Urbem, hic libertatem Romanam condidit. Filios suos, Tarquinii dominationem a se expulsam reducentes, summum imperium obtinens, comprehensos, proque tribunali virgis cæsos, et ad palum religatos, securi percuti jussit. Exuit patrem, ut consulem ageret; orbusque vivere, quam publicæ vindictæ deesse, maluit.

2. Cassius imita son exemple. Son fils avait le premier, pendant son tribunat, porté une loi concernant le partage des terres, et par plusieurs autres actes de popularité avait captivé l'affection de la multitude. Quand il eut quitté cette magistrature, Cassius, assemblant ses proches et ses amis, le condamna, dans un conseil de famille, comme coupable d'avoir aspiré à la royauté, le fit battre de verges, mettre à mort, et consacra à Cérès les biens qui lui appartenaient personnellement. (An de R. 268.)

3. T. Manlius Torquatus, parvenu à une rare considération par une foule d'actions éclatantes, et profondément versé dans la science du droit civil et du droit pontifical, ne crut pas, dans une occasion semblable, avoir même besoin d'une assemblée de famille. La Macédoine, par l'entremise d'une ambassade, avait porté plainte au sénat contre son fils Décimus Silanus, qui avait administré cette province. Torquatus pria le sénat de ne pas statuer sur cette affaire, qu'il n'eût lui-même examiné les griefs des Macédoniens et la défense de son fils. Cette auguste compagnie, ainsi que les plaignants eux-mêmes, consentirent volontiers à lui remettre la connaissance de la cause. Il siégea chez lui : seul, il donna audience aux deux parties deux jours en-

---

2. Hujus æmulatus exemplum Cassius, filium, qui tribunus plebis Agrariam legem primus tulerat, multisque aliis rebus populariter animos hominum amore sui devinctos tenebat, postquam illam potestatem deposuit, adhibito propinquorum et amicorum consilio, affectati regni crimine domi damnavit; verberibusque affectum necari jussit, ac peculium ejus Cereri consecravit.

3. T. autem Manlius Torquatus, propter egregia multa rarae dignitatis, juris quoque civilis et sacrorum pontificalium peritissimus, in consimili facto ne consilio quidem necessariorum indigere se credidit. Nam, quum ad senatum Macedonia de filio ejus D. Silano, qui eam provinciam obtinuerat, querelas per legatos detulisset, a patribus conscriptis petiit, ne quid ante de ea re statuerent, quam ipse Macedonum filiique sui causam inspexisset. Summo deinde quum amplissimi ordinis, tum etiam eorum, qui questum venerant, consensu, cognitione suscepta, domi concedit; solusque utrique parti per totum biduum vaca-

tiers; et le troisième jour, après avoir pleinement et scrupuleusement entendu les dépositions des témoins, il prononça cette sentence : « Comme il m'est prouvé que Silanus, mon fils, a reçu de l'argent des alliés, je le déclare indigne et de la république et de ma maison, et lui ordonne de disparaître sur-le-champ de ma présence. » Consterné d'un arrêt si terrible sorti de la bouche d'un père, Silanus ne put supporter plus longtemps la vie, et se pendit la nuit suivante. (An de R. 612.)

Dès lors Torquatus avait rempli les devoirs d'un juge sévère et religieux; la république était satisfaite et la Macédoine vengée. La noble honte qui avait causé la mort du fils pouvait suffire à désarmer la rigueur du père; néanmoins, celui-ci n'assista pas aux funérailles de son fils, et dans le temps même qu'on lui rendait les derniers devoirs, il écoutait tranquillement ceux qui voulurent le consulter. Il voyait son tribunal dressé dans le vestibule où se trouvait l'image de ce Manlius l'Impérieux, si célèbre par sa sévérité. Un homme si éclairé pouvait-il ne pas songer que les familles ne placent ordinairement à l'entrée des maisons les images et les titres de leurs ancêtres, que pour avertir les descendants, non-seulement de lire les inscriptions, mais d'imiter les vertus?

---

vit, ac tertio plenissime die diligentissimeque auditis testibus, ita pronuntiavit : « Quum Silanum filium meum pecunias a sociis accepisse mihi probatum sit, et republica eum et domo mea indignum judico, protinusque e conspectu meo abire jubeo. » Tam tristi patris sententia perculsus Silanus, lucem ulterius intueri non sustinuit, suspendioque se proxima nocte consumpsit.

Peregerat jam Torquatus severi et religiosi judicis partes; satisfactum erat reipublicæ; habebat ultionem Macedonia. Potuit tam verecundo obitu filii patris inflecti rigor : at ille neque adolescentis exsequiis interfuit, et quum maxime funus ejus duceretur, consulere se volentibus, vacuas aures accommodavit. Videbat enim, se in eo atrio consedisse, in quo Imperiosi illius Torquati severitate conspicua imago posita erat; prudentissimoque viro succurrebat, effigies majorum cum titulis suis idcirco in prima ædium parte poni solere, ut eorum virtutes posteri non solum legerent, sed etiam imitarentur.

4. M. Scaurus, l'ornement et la gloire de la patrie, apprenant que les cavaliers romains, repoussés par les Cimbres auprès de l'Adige, avaient abandonné le proconsul Catulus et repris, tout tremblants, le chemin de Rome, fit dire à son fils, qui avait partagé cette épouvante, qu'il aimerait mieux le rencontrer expirant sur le champ de bataille que de le voir ainsi déshonoré par une fuite ignominieuse ; que, s'il lui restait encore quelque sentiment d'honneur, il eût à éviter la présence d'un père dont il avait indignement dégénéré. Scaurus, au souvenir de sa propre jeunesse, jugeait de ce que devait être son fils pour mériter son estime ou sa réprobation. Cet ordre parvint au jeune homme, et le réduisit à tourner courageusement contre lui-même une épée dont il n'avait pas su faire usage contre l'ennemi. (An de R. 652.)

5. A. Fulvius, de l'ordre des sénateurs, n'eut pas moins d'énergie à retenir son fils qui courait au combat, que Scaurus à réprimer le sien qui fuyait. C'était un jeune homme remarquable, entre ceux de son âge, par son esprit, ses connaissances et sa beauté. Il avait pris une résolution impie ; il avait embrassé le parti de Catilina, et se précipitait vers son camp avec une aveu-

---

4. M. Vero Scaurus, lumen ac decus patriæ, quum apud Athesim flumen impetu Cimbrorum Romani equites pulsi, deserto proconsule Catulo, Urbem pavidi repeterent, consternationis eorum participi filio suo misit, qui diceret, « libentius se in acie ejus interfecti ossibus occursurum, quam ipsum tam deformis fugæ reum visurum; itaque, si quid modo reliquum in pectore verecundiæ superesset, conspectum degenerati patris vitaturum. » Recordatione enim juventæ suæ, qualis M. Scauro aut habendus, aut spernendus esset filius, admonebatur. Quo nuntio accepto, juvenis coactus est fortius adversus semetipsum gladio uti, quam adversus hostes usus fuerat.

5. Nec minus animose A. Fulvius, vir senatorii ordinis, euntem in aciem filium retraxit, quam Scaurus e prælio fugientem increpuit. Namque juvenem et ingenio et litteris et forma inter æquales nitentem, pravo consilio amicitiam Catilinæ secutum, inque castra ejus temerario impetu ruentem, medio itinere

gle impétuosité. Son père le fit arrêter en route, et le mit à mort, après lui avoir dit qu'il lui avait donné le jour, non pour servir Catilina contre la patrie, mais la patrie contre Catilina. Il pouvait le tenir en prison jusqu'à la fin de cette guerre que faisaient à leur patrie des citoyens forcenés; mais son action ne serait citée que comme un trait de prudence, au lieu qu'on la publie comme un exemple de sévérité. (An de R. 690.)

CHAPITRE IX

DES PÈRES MODÉRÉS ENVERS DES ENFANTS SUSPECTS

Pour mêler des mœurs moins inflexibles à cette véhémente et âpre sévérité, pour tempérer l'amertume de l'une par la douceur des autres, je vais joindre à des exemples de châtiments des traits d'indulgence.

abstractum, supplicio mortis affecit, præfatus, « non se Catilinæ illum adversus patriam, sed patriæ adversus Catilinam genuisse. » Licuit, donec civilis belli rabies præteriret, inclusum arcere; verum illud cauti patris narraretur opus, hoc severi refertur.

CAPUT IX

QUI MODERATI ERGA SUSPECTOS LIBEROS

Sed, ut hanc incitatam et asperam severitatem mitiores relatu patrum mores clementiæ suæ mixtura temperent, exactæ pœnæ concessa venia jungatur.

1. L. Gellius, qui s'éleva de dignité en dignité jusqu'à la censure, conçut contre son fils les plus graves soupçons, celui d'un commerce incestueux avec sa belle-mère et d'une intention de parricide. Quoiqu'il eût presque la certitude du crime, il ne voulut pas aussitôt courir à la vengeance. Réunissant, pour lui servir de conseil, la plus grande partie des sénateurs, il leur exposa ses soupçons, donna à son fils toute liberté de se défendre; et, la cause mûrement examinée, le jeune homme fut reconnu innocent et par le conseil et par Gellius lui-même. Si, cédant à un transport de colère, il se fût hâté de sévir, il eût commis un crime, au lieu de punir un criminel. (An de R. 583.)

2. Hortensius, qui fut de son temps la gloire de l'éloquence romaine, montra envers son fils une admirable patience. Il lui voyait des sentiments dénaturés; il détestait ses désordres, au point que, dans une accusation où il défendait Messalla, fils de sa sœur, destiné à devenir son héritier, il dit aux juges : « Si vous le condamnez, il ne me restera plus que des petits-fils pour soutenir et consoler ma vieillesse. » Ces paroles, insérées même

---

1. L. Gellius, omnibus honoribus ad censuram defunctus, quum gravissima crimina de filio, in novercam commissum stuprum, et parricidium cogitatum, propemodum explorata haberet, non tamen ad vindictam procurrit continuo, sed pæne universo senatu adhibito in consilium, expositis suspicionibus, defendendi se adolescenti potestatem fecit; inspectaque diligentissime causa, absolvit eum, tum consilii, tum etiam sua sententia. Quod si impetu iræ abstractus sævire festinasset, admisisset magis scelus, quam vindicasset.

2. Q. autem Hortensii, qui suis temporibus ornamentum Romanæ eloquentiæ fuit, admirabilis in filio patientia exstitit. Quum enim eousque impietatem ejus suspectam, et nequitiam invisam haberet, ut Messallum, suæ sororis filium, heredem habiturus, ambitus reum defendens judicibus diceret, « si illum damnassent, nihil sibi præter osculum nepotum, in quibus acquiesceret, superfuturum; » hac scilicet sententia, quam etiam editæ orationi inseruit, filium potius

dans l'édition qu'il donna de son plaidoyer, témoignaient évidemment que son fils faisait son affliction plutôt que ses délices. Néanmoins, ne voulant pas changer l'ordre de la nature, il laissa son héritage à son fils, et non à ses petits-fils. Modéré dans ses affections, il manifesta, pendant sa vie, ce qu'il pensait des mœurs de son fils, et, à sa mort, il sut respecter son propre sang. (An de R. 702.)

3. Fulvius, personnage également considérable par sa naissance et par son mérite personnel, tint la même conduite envers un fils bien plus méprisable encore que celui d'Hortensius. Il avait invoqué le secours du sénat pour mettre le triumvir à la recherche de ce misérable, prévenu de desseins parricides, et qui se tenait caché pour cette raison. Sur un ordre donné par cette compagnie, son fils fut arrêté; mais loin de le flétrir, il voulut encore, en mourant, qu'il restât maître de tous ses biens, déclarant héritier celui que la nature lui avait donné pour successeur, et non celui qu'il avait appris à connaître. (An de R. 702.)

4. Aux traits d'indulgence de ces grands hommes, je joindrai la résolution singulière et inouïe d'un père dont le nom est resté inconnu. Il avait découvert que son fils tramait sa perte : ne

---

in tormento animi, quam in voluptatibus reponens; tamen, ne naturæ ordinem confunderet, non nepotes, sed filium heredem reliquit, moderate usus affectibus suis, quia et vivus moribus ejus verum testimonium, et mortuus sanguini honorem debitum reddidit.

3. Idem fecit clari generis magnæque dignitatis vir Fulvius, sed in filio aliquantum tetriore. Nam, quum auxilium senatus implorasset, ut suspectus in parricidio, et ob id latens, per triumvirum conquireretur, ac jussu patrum conscriptorum comprehensus esset, non solum eum non notavit, sed etiam decedens, dominum omnium esse voluit, quem genuerat heredem instituens, non quem expertus fuerat.

4. Magnorum virorum clementibus actis ignoti patris novæ atque inusitatæ rationi consilium adjiciam. Qui, quum a filio necti sibi insidias comperisset, nec

pouvant se décider à croire son propre sang capable d'une telle scélératesse, il prend son épouse en particulier, la conjure de ne plus lui cacher la vérité, de lui dire sans déguisement si ce jeune homme était un enfant supposé, ou si elle l'avait eu d'un autre. Elle proteste, elle affirme avec serment qu'il ne doit rien soupçonner de pareil : elle le persuade. Alors, menant son fils dans un lieu écarté, il lui met entre les mains un poignard qu'il avait apporté sous sa robe, lui présente la gorge, en lui disant qu'il n'a besoin ni de poison ni d'assassin pour consommer son parricide. A ce trait inattendu, la raison victorieuse entre dans le cœur du jeune homme, non pas peu à peu, mais tout d'un coup et avec impétuosité. Aussitôt jetant le poignard : « Vivez, dit-il, vivez, mon père; et si vous êtes assez bon pour permettre à un fils un pareil vœu, puissiez-vous même me survivre! Je ne vous demande qu'une grâce, c'est de ne pas croire mon amour envers vous moins estimable, pour être le fruit du repentir. » Solitude plus efficace que la nature, forêts plus conciliatrices que la maison paternelle, poignard salutaire et plus attrayant que les soins de l'éducation, offre de la mort plus fortunée et plus efficace que le don de la vie!

inducere in animum posset, ut rerum sanguinem ad hoc sceleris progressum crederet, seductam uxorem suppliciter rogavit, ne se ulterius celaret, sed diceret, sive illum adolescentem subjecisset, sive ex alio concepisset. Asseveratione deinde ejus et jurejurando, se nil tale debere suspicari, persuasus, in locum desertum filio perducto, gladium, quem secum occultum attulerat, tradidit, ac jugulum feriendum præbuit, nec veneno, nec latrone ei ad peragendum parricidium opus esse affirmans. Quo facto non paulatim, sed magno impetu, recta cogitatio pectus juvenis occupavit; continuoque abjecto gladio : « Tu vero, inquit, pater, vive, et, si tam obsequens es, ut hoc precari filio permittas, me quoque exsuperа; sed tantum quæso, ne meus erga te amor eo sit tibi vilior, quod a pœnitentia oritur. » Solitudinem sanguine meliorem, pacatioresque penatibus silvas, et alimentis blandius ferrum, ac mortis oblatæ, quam datæ vitæ, felicius beneficium!

CHAPITRE X

DES PÈRES QUI ONT SUPPORTÉ AVEC COURAGE LA MORT DE LEURS ENFANTS

Exemples chez les Romains.

Après avoir rappelé le souvenir des pères qui ont enduré avec patience les torts de leurs enfants, parlons de ceux qui ont supporté courageusement leur mort.

1. Horatius Pulvillus faisait, en qualité de souverain pontife, la dédicace du temple du grand Jupiter, au Capitole. Au moment même où, la main sur la porte, il prononçait la formule solenelle, il apprit la mort de son fils : néanmoins il ne retira pas sa main, de peur d'interrompre l'inauguration d'un temple si auguste; il ne changea point de visage, il sut dissimuler l'expression de sa douleur sous l'apparence de la gravité religieuse que réclamait son ministère, de peur de paraître remplir le rôle d'un

CAPUT X

QUI FILIORUM OBITUM FORTI ANIMO TULERUNT

Qui Filiorum obitum forti animo tulerunt apud Romanos.

Commemoratis patribus, qui injurias filiorum patienter exceperunt, referamus eos, qui mortes æquo animo tolerarunt.

1. Horatius Pulvillus, quum in Capitolio Jovi Optimo Maximo ædem pontifex dedicaret, interque nuncupationem solemnium verborum postem tenens, mortuum esse filium audisset, neque manum a poste removit, ne tanti templi dedicationem interrumperet; neque vultum a publica religione ad pri-

père plutôt que celui d'un souverain pontife. (An de R. 246.)

2. Voilà un exemple éclatant : celui qui va suivre n'est pas moins mémorable. Paul-Émile fut tour à tour une parfaite image du plus heureux et du plus malheureux des pères. Il avait quatre fils qui joignaient aux qualités du corps un excellent naturel ; deux passèrent par adoption dans les familles Cornélienne et Fabienne : il en fit l'abandon volontaire. La fortune lui ravit les deux autres : les funérailles de l'un précédèrent de quatre jours son triomphe ; l'autre, que l'on avait vu à ses côtés sur le char triomphal, expira trois jours après. Ainsi ce grand homme, qui avait eu assez d'enfants pour en céder à d'autres familles, se trouva tout à coup sans postérité. Il supporta ce malheur avec une grande force d'âme ; et il ne laisse aucun doute à cet égard dans le discours qu'il adressa au peuple pour lui rendre compte de ses exploits : il le termine par ces paroles : « Au milieu d'une si grande prospérité, j'ai appréhendé, Romains, que la fortune ne nous préparât quelques revers : c'est pourquoi j'ai demandé à Jupiter, ce dieu souverainement bon, souverainement puissant, à Junon, reine des cieux, et à Minerve, que, si le peuple romain était menacé de quelque disgrâce, ils la fissent tomber tout en-

---

vatum dolorem deflexit, ne patris magis, quam pontificis partes egisse videretur.

2. Clarum exemplum ; nec minus tamen illustre, quod sequitur. Æmilius Paulus, nunc felicissimi, nunc miserrimi patris clarissima repræsentatio, ex quatuor filiis formæ insignis, egregiæ indolis, duos jure adoptionis in Corneliam Fabiamque gentem translatos, sibi ipse denegravit, duos ei fortuna abstulit ; quorum alter triumphum patris funere suo quartum ante diem præcessit, alter, in triumphali curru conspectus, post diem tertium exspiravit. Itaque, qui ad donandos usque liberos abundaverat, in orbitate subito destitutus est. Quem casum quo robore animi sustinuerit, oratione, quam de rebus a se gestis apud populum habuit, hanc adjiciendo clausulam, nulli ambiguum reliquit : « Quum in maximo proventu felicitatis nostræ, Quirites, timerem, ne quid mali fortuna moliretur, Jovem Optimum Maximum, Junonemque Reginam, et Minervam precatus sum, ut, si adversi quid populo Romano immineret, totum in meam domum conver-

tière sur ma maison. Je rends grâce à leur bonté : ils ont exaucé ma prière ; et vous pouvez déplorer mon sort, sans que j'aie à gémir sur le vôtre. » (An de R. 586.)

3. Je n'ajouterai plus qu'un exemple domestique ; et je laisserai ensuite ma plume parcourir les infortunes étrangères. Q. Marcius Rex l'Ancien, collègue de Caton dans le consulat, perdit un fils d'une grande espérance, modèle de piété filiale, et, pour comble de regrets, son fils unique. Quoique ce coup terrible renversât et anéantît sa famille, il sut néanmoins, par une sagesse profonde, maîtriser tellement sa douleur, que, du bûcher de son fils, il se rendit aussitôt au sénat, et convoqua cette compagnie en vertu de la loi qui prescrivait ce jour-là une assemblée. S'il n'avait pas eu tant de fermeté à supporter l'affliction, il eût été incapable de partager la durée d'un même jour entre les devoirs d'un père malheureux et ceux d'un consul vigilant, sans manquer ni aux uns ni aux autres. (An de R. 635).

Exemples étrangers.

1. Périclès, premier citoyen d'Athènes, se vit priver, dans

---

teretur. Quapropter bene habet; annuendo enim votis meis id egerunt, ut vos potius meum casum doleatis, quam ego vestro ingemiscerem. »

3. Uno etiam nunc domestico exemplo adjecto, in alienis luctibus orationi meæ vagari permittam. Q. Marcius Rex superior, Catonis in consulatu collega, filium summæ pietatis et magnæ spei, et, quæ non parva calamitatis accessio fuit, unicum, amisit. Quumque se obitu ejus subrutum et eversum videret, ita dolorem altitudine consilii coercuit, ut a rogo juvenis protinus curiam peteret, senatumque, quem eo die lege habere oportebat, evocaret. Quod nisi fortiter mœrorem ferre scisset, unius diei lucem inter calamitosum patrem et strenuum consulem, neutra in parte cessato officio, partiri non potuisset.

Qui Filiorum obitum forti animo tulerunt apud externo.

1. Princeps Atheniensium Pericles, intra quatriduum duobus mirificis adole-

l'espace de quatre jours, de deux fils qui donnaient les plus hautes espérances : ces jours-là même il harangua le peuple avec la même sérénité de visage, avec une éloquence non moins ferme, non moins énergique. Malgré son affliction, il se montra, selon l'usage, la couronne sur la tête, ne voulant point, pour des malheurs domestiques, déroger à une ancienne coutume. Aussi n'est-il pas étonnant qu'un homme de ce caractère se soit élevé jusqu'à mériter le surnom de Jupiter Olympien (Av. J.-C. 429.)

2. Xénophon, qui, dans la philosophie de Socrate, ne cède la palme de l'éloquence et de la fécondité qu'à Platon, était occupé à célébrer un sacrifice solennel lorsqu'il apprit que l'aîné de ses deux fils, nommé Gryllus, avait péri à la bataille de Mantinée. Il ne crut pas que ce fût une raison d'interrompre le culte qu'il rendait aux dieux ; il se contenta de quitter sa couronne. Il demanda comment son fils était mort : « En combattant avec la plus grande valeur, » répondit le messager ; et il remit sa couronne, témoignant ainsi, en présence des dieux auxquels il offrait le sacrifice, que la bravoure de son fils lui causait plus de plaisir que sa mort ne lui faisait ressentir d'amertume. Un autre eût laissé la victime, rejeté les objets sacrés, dispersé l'encens

---

scentibus filiis spoliatus, iis ipsis diebus, et vultu pristinum habitum retinente, et oratione nulla ex parte infractiore concionatus est. Ille vero caput quoque solito more coronatum gerere sustinuit ; ut nihil ex vetere ritu propter domesticum vulnus detraheret. Non sine causa igitur tanti roboris animus ad Olympii Jovis cognomen ascendit.

2. Xenophon autem, quod ad Socraticam disciplinam attinet, proximus a Platone felicis ac beatæ facundiæ gradus, quum solemne sacrificium peragerct, e duobus filiis majorem natu nomine Gryllum, apud Mantineam in prælio cecidisse cognovit. Nec ideo institutum deorum cultum omittendum putavit, sed tantummodo coronam deponere contentus fuit ; quam ipsam, percontatus *quonam modo occidisset*, ut audivit, *fortissime pugnantem interiisse*, capiti reposuit ; numina, quibus sacrificabat, testatus, *majorem se ex virtute filii voluptatem, quam ex morte amaritudinem sentire.* Alius removisset hostiam, abjecisset altaria, lacrymis re-

arrosé de ses larmes : Xénophon demeure inébranlable de corps et d'esprit; il conserve la contenance que la religion lui impose, et son âme suit, sans se déconcerter, le conseil de la sagesse. Succomber à la douleur lui paraît plus déplorable que le malheur même dont il vient de recevoir la nouvelle. (Av. J.-C. 363.)

3. Il ne faut pas non plus passer sous silence le mot d'Anaxagore. Quand on lui apprit la mort de son fils, « Vous ne m'annoncez, dit-il, rien d'inattendu, rien de nouveau : je savais bien que je n'avais donné le jour qu'à un mortel. » Voilà les paroles que prononce une vertu nourrie des plus salutaires préceptes de la sagesse. Qui les aura retenues et utilement méditées, saura qu'on ne doit mettre des enfants au monde qu'en se souvenant que la nature, qui leur donne la vie, leur impose en même temps la nécessité de la rendre, et que, si l'on ne saurait mourir sans avoir vécu, il est également impossible de vivre sans être destiné à mourir. (Av. J.-C. 440.)

---

spersa tura disjecisset : Xenophontis corpus religione immobile stetit, et animus in consilio prudentiæ stabilis mansit, ac dolori succumbere, ipsa clade, quæ nuntiata erat, tristius duxit.

3. Nec Anaxagoras quidem supprimendus est. Audita namque morte filii : « *Nihil*, inquit, *mihi inexspectatum, aut novum nuntias; ego enim illum ex me natum sciebam esse mortalem.* » Has voces utilissimis præceptis imbuta virtus mittit; quas si quis efficaciter auribus perceperit, non ignorabit ita liberos esse procreandos, ut meminerit, his a rerum natura, et accipiendi spiritus et reddendi eodem momento temporis legem dici; atque, ut mori neminem solere qui non vixerit, ita nec vivere aliquem quidem posse, qui non sit moriturus.

FIN DU PREMIER VOLUME

NOTES

SUR VALÈRE MAXIME

LIVRE PREMIER

P. 2. — *De votre père et de votre aïeul.* C'est Auguste et Jules César. Tibère était fils adoptif d'Auguste. Quant au genre de flatterie dont se sert Valère Maxime, il était à la mode envers les empereurs et surtout envers les tyrans. Je conviens toutefois que les poëtes l'employèrent plus sensément que notre prosateur. Quoi de plus ridicule que de dire en face à un homme fait comme les autres hommes, qu'il ressemble à un astre! Quelle image!

P. 3. — *Aux pratiques étrusques.* Les Étrusques étaient les grands magiciens de l'Italie, comme les Thessaliens ceux de la Grèce, les Chaldéens ceux de l'Asie. Leur science n'était pas une production indigène; eux-mêmes étaient originaires d'une autre contrée. Virgile et Strabon les font venir de la Lydie, province de l'Asie Mineure; des savants modernes voient en eux une colonie des Cananéens, chassés par Josué de la terre promise. Quoi qu'il en soit, *Étrusques, Toscans, Tyrrhéniens* étaient des noms différents d'une même nation, divisée en dix ou douze peuplades ou cantons, occupant le pays qu'on appelle encore aujourd'hui *Toscane*.

P. 4. — *Velia.* Petite ville de Lucanie, non loin de Pæstum. Le mot *civitatis* paraît devoir s'entendre du droit de *cité romaine*.

— La ville d'Enna, dont il est parlé à la fin de cet alinéa, était située au centre de la Sicile. — Pessinunte, ville de Phrygie, fameuse par son temple de Cybèle. Dans la suite, les Romains, pour n'avoir pas à se rendre en Phrygie vers cette déesse, transportèrent sa statue à Rome.

P. 4. — *D'apaiser l'antique Cérès.* L'un des Gracques avait été tué dans le temple de Cérès.

P. 5. — *Un vice de formalité.* Il est difficile de rendre les mots *vitio tabernaculum captum*, de manière à être clair à des lecteurs français. Voici comment on les explique. Le consul, ou tout autre magistrat qui tenait les comices ou assemblées du peuple, établissait une tente ou choisissait une maison hors de la ville, pour y observer les auspices. Si, après y être entré à l'effet de prendre les auspices, il venait à s'occuper de quelque autre chose, ou à en sortir, avant de les avoir pris, il faisait une faute essentielle qu'on nommait *vitio capere tabernaculum*, et cette faute annulait les auspices qu'il y avait pris, ainsi que l'assemblée qu'il avait tenue en conséquence, avec toutes ses délibérations. Tib. Gracchus, dont il est question ici, est Tib. Sempronius Gracchus, père des deux Gracques, et gendre de Scipion l'Africain l'ancien.

P. 7. — *Des divinités déterminées.* Comme Castor et Pollux, Vénus et Adonis.

P. 8. — *Précédé de ses six licteurs.* Le préteur avait six licteurs, le consul douze, et le dictateur vingt-quatre.

P. 10. — *La robe retroussée à la gabienne.* Manière de retrousser la robe pour avoir le corps et la main droite plus libres. Elle consistait à rejeter l'un des pans de la robe sur l'épaule gauche, en le ramenant par-dessus le dos, sous le bras droit. Les Gabiens les premiers en firent usage dans une alerte ; de là son nom de *Gabienne*.

P. 11. — *Duumvir.* On donnait primitivement ce nom aux

gardiens des livres sacrés, parce qu'ils n'étaient que deux. Dans la suite leur nombre fut élevé à dix, ce qui les fit nommer *décemvirs*. A l'époque de Sylla, on en créa *cinquante*, mais on leur laissa néanmoins le nom de *décemvirs*.

P. 14. — *En grande partie abattu*, etc. Le bois sacré et le temple d'Esculape, dont il est ici question, étaient situés dans l'île de Cos, près des côtes de l'Asie Mineure. Turullius fut un des assassins de Jules César, et conséquemment proscrit par Octave, qui est désigné ici par le mot *Cæsaris*.

P. 15. — *Junon Lacinienne*. Ainsi nommée, ou du brigand Lacinius qu'Hercule fit tomber sous ses coups, et après la mort duquel il dédia un temple à Junon, ou du promontoire *Lacinium*, dans le pays des Locriens, à l'extrémité du Bruttium. La ville de Locres était située à l'endroit où est aujourd'hui la ville appelée Motta di Burzano.

P. 17. — *A Jupiter Olympien*. Ce n'est pas ici le fameux Jupiter Olympien de la Grèce, mais celui d'une ville de Sicile, nommée *Acarnanie*, dans le voisinage de Syracuse.

P. 22. — *L'oracle de la Fortune Prénestine*. Cet oracle, comme l'exprime le mot *sortes*, et comme le demandait la nature de la déesse, consistait dans le sort. Des lettres ou autres signes étaient renfermés dans une boîte; après les avoir mêlés, on renversait la boîte, et un prêtre les interprétait dans l'ordre où le hasard les présentait. Un pareil oracle a du rapport avec la manière dont on dit, de nos jours, la bonne aventure par l'explication des cartes. L'on ne doit pas être étonné que les anciens, qui étaient si superstitieux, ajoutassent foi aux sorts, quand aujourd'hui nous voyons beaucoup de gens croire à de pareilles prédictions.

P. 23. — *Aux Chaldéens*... Il ne s'agit pas ici des hommes de la Chaldée, mais de tout individu qui professait l'astrologie judiciaire, de quelque nation qu'il fût. Les peuples de la Chaldée ayant les premiers pratiqué cette vaine science, leur nom était devenu synonyme de toute espèce de charlatans, et le mépris que les Romains avaient pour eux retomba même sur les savants qui se livraient sérieusement à l'astronomie, sans chercher à en faire un moyen de divination.

P. 25. — *Ne sortaient pas de leur cage.* On leur jetait à manger hors de la cage ; ainsi ne pas sortir et ne pas manger sont ici la même chose, comme le confirment les paroles de Claudius, « Puisqu'ils ne veulent pas manger, qu'ils boivent. »

P. 25. — *Fit justice du premier.* Valère Maxime dit, au livre VIII, c. I, n. 4, de *Absolutis*, que Claudius, sur le point d'être condamné, dut son salut à une pluie subite qui vint, fort heureusement pour lui, faire lever l'assemblée. Le peuple, croyant que les dieux s'intéressaient à l'accusé, ne voulut pas remettre l'affaire en délibération.

P. 26. — *Une ville en Égypte.* C'est la fondation d'Alexandrie. Quinte-Curce raconte aussi cette particularité, liv. IV, ch. VIII.

P. 31. « *Je laisserai le Soleil.* » Cassius entend le Colosse, que les Rhodiens appelaient *le Soleil*, mais que sa grandeur et son poids ne lui permettaient pas d'enlever.

P. 44. — *Xerxès aurait pu éviter son malheur...* La vérité historique n'est pas représentée ici avec assez de clarté. Car, à la manière dont l'auteur vient de s'exprimer, on croirait que Xerxès, en dépit des prodiges, est allé attaquer Lacédémone ; ce qui n'est pas. Il eut affaire, il est vrai, aux Lacédémoniens réunis aux autres confédérés auprès de Salamine ; mais ce ne fut pas Lacédémone qui contribua le plus à la déroute que Xerxès essuya, quoique la bataille fût commandée en chef par un Spartiate. Valère Maxime ne peut faire allusion ici à la bataille de Platée, qui suivit celle de Salamine, puisque Xerxès avait déjà pris la fuite et vérifié les sinistres présages annoncés par les devins. Faut-il entendre que le prodige du vin changé en sang était arrivé avant le passage des Thermopyles, et présageait la résistance et la perte qu'il devait y éprouver contre Léonidas et les Spartiates? C'est ce que l'auteur n'énonce pas.

P. 49. — *La fourche au cou.* On passait au cou du patient une sorte de fourche qu'on lui faisait porter jusqu'au lieu de l'exécution, et qui servait même à l'y traîner. Quelquefois on s'en servait aussi comme d'un instrument de supplice, en serrant entre ses branches le cou du criminel jusqu'à l'étrangler.

P. 54. — *Où l'on tenait déjà préparé*, etc. Il y a dans ce récit un singulier mélange d'affirmation et de doute; de sorte que le mot *creditur* vient nous présenter comme une simple opinion ce que les phrases précédentes annoncent comme un fait avéré. C'est un exemple mal choisi. L'on croit communément qu'Alexandre fut empoisonné. Le fait est certain. Mais quel fut l'empoisonneur? la plupart des auteurs nomment Antipater ou son fils Cassandre; il y aurait plus de vérité à nommer Alexandre lui-même. Serait-il le premier qui fût mort d'intempérance?

P. 56. — *Du mont Olympe.* Le fameux mont Olympe est situé entre la Thessalie et la Macédoine : c'est celui que désigne ici l'index de l'édition de M. Lemaire. Mais il n'est pas probable qu'on vînt d'outre-mer implorer le secours de Crésus contre un sanglier. Il y avait des montagnes de ce nom dans beaucoup de pays; notamment en Galatie, en Lycie, en Bithynie, en Mysie. Ne pouvait-il pas s'en trouver en Lydie? Et s'il n'en existait pas en Lydie, ne pourrait-on pas ici entendre le mont Olympe de Mysie, contrée limithrophe du royaume de Crésus, plutôt que l'Olympe des Grecs?

P. 56. — *Purifié d'un meurtre involontaire.* Adraste, fils de Midas, roi de Phrygie, chassé par son père pour avoir tué son frère involontairement, se réfugia chez Crésus, qui l'accueillit avec bonté, et offrit en sa faveur un sacrifice d'expiation.

Comme l'hospitalité était en grande vénération chez les anciens, Crésus ne fit aucun mal à son hôte pour le meurtre de son fils. Mais Adraste se punit lui-même en se donnant la mort sur le tombeau d'Atys. On a lieu d'être étonné que, dans ces siècles de superstition et de fatalité, Crésus ait confié la vie d'un fils qui lui était si cher à un prince dont la main était si malheureuse.

P. 61. — *P. Vatinius, de la préfecture de Réate.* Il était des villes qui, avec des formes de république, ne se gouvernaient pas néanmoins entièrement par leurs magistrats. On les nommait *préfectures*. Les Romains y envoyaient des magistrats qu'on appelait *préfets*, pour y rendre la justice. Ces préfectures étaient de deux sortes. Les unes recevaient un préfet nommé par le peuple romain, les autres par le préteur de Rome. Dans ce passage faut-il entendre *præfecturæ vir* par le *préfet*, comme l'entendent les interprètes, ou simplement un homme, un habitant du ressort de la préfecture ? C'est ce que je n'oserais décider. Il me semble que l'auteur aurait dit *Reati præfectus* pour désigner le *préfet* : d'un autre côté, le mot de *vir* emporte avec lui une sorte de considération qui paraît annoncer plus qu'un simple habitant du bourg.

P. 64. — *Junon Moneta.* Ce n'était point la déesse de la *Monnaie*, mais *des avertissements, du conseil*, de *moneo*. (CIC., *de la Div.*, l. I, c. XLV.)

P. 68. — *Une ville qui fut le berceau de Rome.* C'est la ville d'Albe, fondée, comme notre auteur vient de le dire, par Ascagne, qui se nommait aussi *Iule*. La flatterie faisait descendre la famille des *Jules*, de cet Iule, et c'est ce que Valère Maxime exprime dans cette transition.

P. 70. — *Situé entre Rhamnus... et Caryste,* etc. Notre auteur s'est-il fait une juste idée de la situation de ce pays de *Cœla Eubœa*, qu'il vient de nommer *Eubœa Cœla* ? C'était un golfe de l'Eubée : Caryste était une ville de l'Eubée, située vers l'extrémité méridionale de l'île. Rhamnus, canton de l'Attique, était au delà du détroit, mais dans une position plus septentrionale. On peut, sans doute, concevoir que Cœla fût dans l'Eubée, moins au nord que Rhamnus et moins au midi que Caryste, et conséquemment située, en quelque sorte, entre les deux pays. Mais c'est une manière bien vague de désigner une position. Aussi M. Hase préfèrerait-il ici, à la place de Rhamnus, une ville de l'Eubée du même nom. Mais Valère Maxime dit expressément *Attici soli partem;* ce qui ne permet aucune interprétation. Au reste, le passage, quoique énoncé d'une manière singulière, s'entend à la rigueur comme je viens de l'expliquer.

P. 73. — *Déjà sauvé d'un péril imminent.* Les dieux l'avaient préservé d'un naufrage par un avertissement donné en songe. (*Voyez* liv. I, c. VII, étrang. 3.)

P. 74. — *S'il pourrait trouver son cheval.* La moquerie du sophiste est dans l'ambiguïté du sens que présentent les mots *an equum invenire posset.* Ils signifient à volonté, *s'il pourrait trouver son cheval* ou *s'il pourrait trouver un cheval.* L'oracle répond-il affirmativement, le sophiste rit, en disant : « Je n'ai jamais eu de cheval; » la réponse est-elle négative, il rit encore, en disant : « Eh quoi! l'on ne peut pas trouver un cheval! »

LIVRE DEUXIÈME

P. 81. — *Recevaient, dans l'opinion, la couronne de chasteté.* Le mot *corona* est pris ici dans un sens métaphorique; il ne signifie pas une couronne réelle, que l'on aurait décernée aux femmes restées veuves après un premier mariage. Autrement, l'on aurait blessé l'esprit de modestie, de réserve et de retraite que ces femmes devaient garder toujours. A quoi aurait servi cette couronne, si elles ne devaient pas se montrer en public? à quelle époque la leur donner? quand aurait-on pu être sûr que leur résolution de rester veuves était invariablement arrêtée?

P. 28. — *De porter la main sur elle,* etc. Quand un homme appelé en justice ne s'y rendait pas de suite, la partie adverse avait le droit, en vertu de la loi des Douze-Tables, de le saisir et de l'y traîner la corde au cou. Mais les femmes étaient exceptées de cette rigueur par un motif de décence. — Le vêtement particulier et distinctif des femmes honnêtes était la robe nommée *stola*. Je n'ai pas trouvé d'expression plus précise pour le rendre que le mot de robe, à moins de franciser *stola* en *stole*. J'ai craint de n'être pas compris.

P. 82. — *Au moyen de la poudre*. C'est un usage emprunté aux Gaulois. *Cinere et sebo*, dit Pline-le-Naturaliste, liv. XXVIII, 1; c'est la poudre et la pommade.

P. 84. — *Un repas annuel nommé* CHARISTIE. Mot grec qui signifie *faveur, bienveillance*. Ce banquet se célébrait le huitième jour avant les calendes de mars, c'est-à-dire le 22 février.

P. 89. — *C'est un bonheur éclatant*, etc. Marius et Cicéron étaient nés à Arpinum. C'était assurément un bonheur unique pour une petite ville d'avoir produit deux pareils génies. Hommes *nouveaux* l'un et l'autre, ils s'élevèrent aux premières dignités par leur seul mérite, quoique dans des carrières différentes; l'un et l'autre sauvèrent la république, le premier en arrêtant un torrent de Barbares sur le point d'inonder l'Italie, l'autre en déjouant les complots d'un odieux et puissant conspirateur, prêt à incendier Rome et à égorger ses meilleurs citoyens.

P. 89. — *Le même Fabius*. Ce n'est pas le même Fabius que le précédent. Le premier se nommait Fabius Maximus Rullianus, le second était le célèbre Fabius Maximus Verrucosus, plus connu sous le surnom de *Cunctator*.

P. 91. — *Qui défendait aux tribuns...* Cet usage ne subsista pas toujours. Au temps de Cicéron, les tribuns du peuple entraient dans le sénat.

P. 93. — *Ce fut Q. Fabius*. C'est celui qui sauva Rome en déconcertant l'activité d'Annibal par sa lenteur, et qui mérita ainsi le glorieux surnom de *Cunctator*. La trabée était une robe de cérémonie, ainsi nommée parce qu'elle était rayée de bandes de pourpre, du mot *trabs*, qui signifie *poutre, chevron*.

P. 99. — *Des pièces de satyres*. C'était une espèce de dialogue en vers, exprimant des plaisanteries, des railleries mordantes, même bouffonnes, telles qu'elles pouvaient convenir à ces dieux ridicules que la fable nous représente moitié hommes et moitié boucs, et que l'on appelait *satyres*; ce qui fit nommer ainsi ces sortes de pièces. On donnait aussi le nom de satyres aux acteurs qui les jouaient.

P. 104. — *La compagnie des joueurs de flûte*. Ce paragraphe, ainsi que le second sur la publication des Fastes, ne me semblent guère répondre au titre de ce chapitre, qui traite de la frugalité et de la pureté des mœurs. Est-il quelque chose de ces qualités-là dans le mystère avec lequel les patriciens tenaient cachées les règles du droit civil, ou dans les masques dont se couvraient les joueurs de flûte? Il ne faut pas s'en prendre à Valère Maxime : il a marqué les divisions de son ouvrage dans le tissu même du discours, sans écrire aucun titre.

Le paragraphe 3 pourrait même être interprété en sens contraire du sujet dont il s'agit, par la seule omission de l'époque où fut découverte cette foule de femmes criminelles. Il était d'une extrême importance de marquer le consulat sous lequel on eut à punir pour la première fois une telle perversité. Que les premières lois des Romains ne fissent pas mention de l'empoisonnement, cela peut faire honneur au siècle où elles furent établies; mais combien de temps fut-il inconnu dans la société? c'est ce que l'auteur aurait dû dire. Ce fut l'an 422 de Rome, sous le consulat de M. Claudius Marcellus et de C. Valérius. (Tite-Live, VIII, xviii.)

P. 106. *Des monuments de Marius*. C'étaient des trophées érigés par Marius après la défaite des Cimbres. Sylla les avait renversés; mais César, devenu dictateur, les rétablit. On en voit encore aujourd'hui des vestiges.

P. 114. — *Je les traiterais d'insensés.* Sur quoi tombe l'idée d'*insensés?* est-ce sur l'opinion précédente, *animas hominum immortales esse?* est-ce sur la coutume de prêter de l'argent pour l'autre monde? Il me semble, en considérant le rapprochement qu'il fait ensuite de l'opinion de Pythagore, qu'il ne peut pas y avoir de doute, et que le mot *stultos* porte sur l'idée qui précède immédiatement, et non sur le prêt d'argent pour l'autre vie, puisque les pythagoriciens ne connaissaient pas ces sortes de transactions. Mais l'auteur ne croit donc pas à l'immortalité de l'âme? Sans doute l'idée *animas hominum immortales esse*, prise isolément, nous forcerait à le penser; mais il paraît n'avoir en vue que la métempsycose, système dans lequel les âmes ne cessent d'animer un corps que pour en animer un autre. Interprété d'après ce système, le mot *immortelles* voudra dire seulement *condamnées à habiter toujours un corps périssable;* et c'est là l'absurdité signalée par notre auteur.

P. 115. — *Se jette dans les flammes.* L'usage de cet héroïque sacrifice subsiste encore aujourd'hui dans l'Inde, quoiqu'il ne soit prescrit ni par les lois ni par la religion du pays. Dans la partie soumise aux Anglais, il faut obtenir leur permission ; et le nombre de ces sacrifices, qu'ils ont tolérés, s'est élevé à trois mille quatre cent deux en cinq années, de 1817 à 1821. On peut voir tous les détails de cette triste cérémonie dans les *Annales européennes* de M. Rauch, t. VII, p. 70.

P. 116. *Elles gagnaient ainsi une dot,* etc. Cette coutume se retrouvait dans d'autres pays. L'on dit qu'elle était passée de Chypre en Afrique lors de la fondation de Carthage. Elle était encore observée en Arménie, selon Strabon, livre II; en Lydie, selon Hérodote, I, XCIII; et Élien, *Hist. div.*, IV, 1. Élien fait la remarque que ces femmes, une fois mariées, se comportaient bien.

P. 116. —*Qu'après la septième année.* Selon Hérodote (I, CXXXVI), c'était après la *cinquième* année. « Jusque-là, dit-il, l'enfant reste auprès des femmes et ne se présente point à la vue de son père. »

Il en donne le même motif que notre auteur. Ainsi l'on avait, chez les Perses, plus d'attention à ménager la sensibilité du père que celle de la mère.

P. 120. — *Pour y reprendre les auspices.* On sait que l'omission d'une seule formalité en prenant les auspices les annulait avec toutes les opérations qui les avaient suivis. Nous voyons ici qu'il ne suffisait pas de les reprendre, si l'on ne retournait à cet effet dans l'endroit où on les avait pris d'abord. Messine, comme chef-lieu du gouvernement de Cotta, était son point de départ. Si, avant d'entamer cette guerre, il eût pris les auspices à Rome, il eût fallu, pour la continuer, revenir les prendre à Rome. Agir sans auspices, c'était agir en quelque sorte sans mandat, sans autorisation; et comme cette autorisation devait venir du ciel, on ne pouvait conséquemment rien faire de bien, quand on ne l'avait pas : aussi notre auteur, dans le début de son premier livre, appelle-t-il les observations des augures, *bene gerendarum rerum auctoritates*. Il n'est donc pas étonnant que l'on mît le plus grand soin, non-seulement à prendre les auspices, mais à les prendre à la véritable source.

P. 120. — *Qui porte le même nom.* C'est P. Aurélius Pécuniola, dont il vient de parler au numéro précédent. Il avait le même nom de famille que C. Cotta, dont le nom entier était C. Aurélius Cotta.

P. 121. — *Le culte de tes dieux domestiques.* Le culte des dieux pénates ou domestiques passait à l'aîné de la famille. Cet usage était commun à tous les peuples de l'antiquité, et notre auteur, même livre, chap. VI, n. 8, en rappelle un exemple dans une île grecque nommée *Céos*, aujourd'hui *Zia*.

P. 131. — *Le privilége des citoyens romains.* Les lois défendaient de battre de verges un citoyen romain, et de lui ôter la vie; elles voulaient qu'on le tînt en prison à perpétuité, s'il était digne de la mort.

P. 134. *Cinq mille hommes en une seule bataille.* Une telle loi devait rendre les combats très-sanglants, même sans nécessité. Le triomphe était si fort ambitionné, que, de peur de ne pas trouver sur le champ de bataille les cinq mille morts exigés, le général devait continuer le carnage, lors même qu'il pouvait vaincre en l'arrêtant. Cette loi, opposée aux principes de l'humanité, était une conséquence du droit de la guerre, comme l'entendaient les païens. Dès qu'il était légal de regarder comme esclaves les prisonniers de guerre, de les réduire à la condition d'une marchandise qui se vend et s'achète comme des bestiaux, il était naturel qu'on ne songeât guère à épargner les ennemis, lors même que l'effusion du sang n'était plus nécessaire pour assurer la victoire. On aurait pu, ce semble, apprécier autrement l'importance des succès obtenus par les généraux, et leur décerner ou refuser, en conséquence, les honneurs du triomphe, au lieu d'aller compter le nombre des hommes qu'ils avaient tués aux ennemis.

P. 136. — *Il expia...* Ce Fulvius avait à se reprocher une conduite dure et inhumaine envers une ville d'Épire, nommée Ambracie. Il ne voulut pas recevoir la soumission qu'elle lui faisait; outrageant ainsi et la religion qui prescrit d'accueillir les suppliants, et l'humanité qui commande d'épargner ceux qui se soumettent. Est-ce là le tort que notre auteur veut désigner par les mots *si quid religionis commisisset*, ou bien celui d'avoir offensé la majesté de l'empire en témoignant du mépris pour le sublime honneur qu'elle lui décernait? Les commentateurs ne décident pas; mais il me semble que l'expression de doute, *si quid religionis*, serait bien faible pour le premier grief, qui était une offense directe à la religion et à l'humanité : d'ailleurs Valère Maxime, ne faisant pas mention, dans ce trait, des autres sujets de plaintes qui firent condamner ce général, ne doit avoir en vue, à la fin du paragraphe, que l'objet dont il a parlé au commencement.

P. 139. — *Ce chêne auguste...* Il y avait un chêne devant la porte du palais de César, où l'on prenait ordinairement les branches destinées à faire les couronnes civiques. Il paraît même qu'il se trouvait entre deux lauriers :

> Postibus Augustis eadem fidissima custos
> Ante fores stabis, mediamque tuebere quercum.
>
> (*Metam.*, I, 562.)

P. 144. — *Fit subir la même peine à Néron.* Cette censure qu'ils s'infligent mutuellement devait être un scandale pour la république, et cependant Valère Maxime a l'air d'en faire l'éloge. On en conçoit le motif; l'auteur le fait entendre, quand il rappelle que ces deux personnages sont les ancêtres de Tibère. Le moyen pour un flatteur de trouver ici l'expression propre! Tite-Live appelle cette rivalité de flétrissure *fœdum certamen* (XXIX, XXVII.)

P. 144. — *A ce prince, notre génie tutélaire.* Tibère était de la famille des Claudes, et descendait du célèbre Claudius Néro, collègue de Livius Salinator. Son aïeul maternel était entré par adoption dans la famille des Livius : ainsi l'empereur régnant tenait des deux familles.

P. 145. — *Soumettre à la taxe du trésor.* Les gens soumis à cette taxe payaient au trésor une certaine somme, comme imposition personnelle, et étaient privés de tout droit de suffrage dans les assemblées du peuple.

P. 152. — *Sa considération personnelle*, etc. Il est parlé du jugement de Rutilius, liv. VI, ch. IV, n. 4. On y voit avec quelle fermeté il paraît devant ses juges.

P. 153. — *Aux jeux Floraux.* Les jeux Floraux, institués en l'honneur de Flore, étaient un spectacle fort indécent, représenté par des courtisanes. Il ne convenait pas à un homme grave et austère de s'y présenter. Martial, comparant, dans sa préface, son livre d'*Épigrammes* aux jeux Floraux, donne ce conseil : « Non intret Cato theatrum nostrum; aut si intraverit, spectet. » Trouvant ridicule d'en sortir après y être entré, il se moque de Caton dans sa première épigramme :

>   Nosses jocosæ dulce quum sacrum Floræ
>   Festoque lusus, et licentiam vulgi,
>   Cur in theatrum, Cato severe, venisti?
>   An ideo tantum veneras, ut exires?

P. 155. — *Une vertu si pure.* Le mot *sinceritas,* dans une acception morale, semble un néologisme ; ce qui n'a rien d'étonnant dans notre auteur. Phèdre, qui vivait en même temps que Valère Maxime, offre dans un fragment d'une fable intitulée *Leo regnans,* au livre IV, le vers suivant :

>   Sed ad perniciem solet agi sinceritas.

LIVRE TROISIÈME

P. 160. — *Afin de leur ôter le loisir,* etc. Susciter une guerre à son pays, pour se tirer d'affaire personnellement! Aristide pensait qu'un citoyen doit se livrer tout entier à sa patrie, et la servir avec un zèle toujours égal. Il y a loin d'une telle règle de conduite à ce trait de Périclès. Quelque admiration qu'inspire le génie de cet illustre Athénien, on ne peut s'empêcher de vouer à l'exécration cette circonstance de sa vie politique, surtout quand on songe que cette guerre qu'il suscita pour se dispenser de rendre ses comptes, fut la guerre du Péloponèse, qui, après vingt-sept ans de combats, livra la ville d'Athènes aux mains de trente tyrans, porta un coup funeste à la constitution de Lacédémone par l'introduction du luxe, concentra, par cet affaiblissement, toute la puissance de la Grèce dans le seul Épaminondas, et, après la mort de ce grand homme, dans les champs de Mantinée, la fit passer aux rois de Macédoine, dont l'ambition, ne trouvant plus d'obstacle, se jeta sur l'Asie et renversa l'empire du grand roi. Quelle source féconde de malheurs, que cette résolution, inspirée, selon notre auteur, par le conseil d'un enfant! cent vingt ans de guerres et de révolutions dans les trois parties du monde!

P. 166. — *Le provoqua à un combat singulier*. Y eut-il provocation? c'est un fait indécis. Les historiens sont partagés : Tite-Live dit simplement que Romulus trouva Acron dans la mêlée, et le tua.

P. 163. — *Cornélius Cossus*, etc. Il y a, dans ce paragraphe, au moins une inadvertance. L'auteur qualifie ce Cossus de général de la cavalerie; il n'était donc pas général en chef. Et presque immédiatement après, au commencement du paragraphe 6, il dit qu'on ne pouvait pas consacrer à Jupiter Férétrien ces sortes de dépouilles, si l'on avait combattu sous les auspices d'autrui, ou, en d'autres termes, si l'on n'était pas général en chef. Donc, selon Valère Maxime, Cossus ne pouvait pas offrir à Jupiter les dépouilles opimes.

Tite-Live, qui a probablement mieux examiné les faits, dit que, dans cette guerre, le général de la cavalerie était L. Quintius Cincinnatus (IV, XVII).

P. 165. — *Atilius*. Tite-Live et Plutarque nomment ce Romain *M. Papirius*.

P. 167. — *Il allait évidemment essuyer une déroute*. Tite-Live est loin de parler ainsi de cette bataille. Il ne fait mention d'aucune imprudence; il dit expressément que, lors même que le dictateur eût été présent, l'affaire n'aurait pu être mieux conduite; que le général et le soldat firent également bien leur devoir, *non dux militi, non miles duci defuit* (lib. VIII, cap. XXX). Quand le témoignage de Tite-Live ne serait pas préférable à celui de Valère

Maxime, sur un fait historique, je ne laisserais pas d'y croire en cette occasion, en considérant l'animosité de Papirius Cursor contre Fabius, au sujet de cette bataille (VAL. MAXIME, liv. II, ch. VII, n. 8). Il me semble y voir un peu de jalousie.

P. 168. — *Et la ramenèrent à la nage*, etc. Ramener une *flotte* à la nage ! Il pourrait bien y avoir là de l'exagération. Un traducteur traite ce récit d'incroyable. Pour moi, je ne vois qu'une hyperbole dans le mot *classem*. Valère Maxime a compté, avec raison, sur le bon esprit de son lecteur pour l'apprécier et en rabattre ce qu'il faut.

P. 171. — *Le courage de me poignarder*. Nous voyons, en effet, qu'elle s'arracha la vie en apprenant la défaite et la mort de Brutus, son époux (liv. IV, ch. VI, n. 5). Ne pouvant trouver un fer pour se détruire, elle avala des charbons ardents.

P. 171. — *Ils vinrent lui demander*, etc. Est-ce Caton l'Ancien qui est l'auteur du fait raconté dans ce paragraphe? Les autres auteurs ne lui attribuent rien de semblable : il paraît plutôt qu'il appartient à son fils, gendre de Paul-Émile et aïeul de Caton d'Utique. Selon Plutarque (*Vie de Paul-Émile*), ce fait se serait passé dans la guerre de Macédoine, mais d'une manière plus vraisemblable que ne le raconte Valère Maxime. Comment aller prendre tranquillement une épée sous les pieds d'un groupe d'ennemis? Plutarque dit que l'épée lui tomba des mains en combattant, et qu'ayant assemblé un gros de ses amis, il écarta les ennemis après un combat sanglant, et retrouva, non sans peine, son épée au milieu d'un monceau d'armes et de cadavres.

Les Macédoniens, deux jours après, allèrent demander la paix, non pas à Caton, mais au général. Il ne faut pas prendre Valère Maxime pour un historien, mais seulement pour un moraliste : c'est le parti le plus sûr.

P. 174. — *Dans un autre combat*. Dans la guerre d'Afrique contre Scipion, gendre de Pompée, douze ans après le trait que l'on vient de lire.

P. 174. — *Lorsqu'Annibal assiégeait Capoue*, etc. Selon Tite-Live, qui rapporte les mêmes traits de bravoure (liv. XXV, ch. XIII et XIV), Capoue était alors occupée par une garnison carthaginoise, et non par les Romains; Annibal envoya un officier, nommé Hannon, pour y porter des vivres avant que les Romains ne se fussent rendus maîtres de toutes les avenues. Ce fut à l'attaque du camp d'Hannon que se passèrent les faits que nous lisons ici dans notre auteur.

P. 177. — *Finit par tomber lui-même*, etc. Il tomba de lassitude et d'épuisement; mais il ne succomba pas à tant de blessures, puisque César annonce au troisième livre de la *Guerre civile*, que, en reconnaissance des services de Scéva, surtout de la conservation de ce fort, à laquelle il avait principalement contribué, il lui donne une somme d'argent, et l'élève du huitième rang des centurions au premier. César ne parle point de ses blessures, mais il fait mention de son bouclier et du nombre de coups dont il était percé.

P. 180. — *Poursuivait la vengeance*, etc. On peut voir à ce sujet des détails au chap. VIII, n. 1 de ce même livre.

P. 181. — *Et Darius*. Les autres historiens donnent à ce Perse le nom de *Gobrias*. Aussi plusieurs éditeurs ont-ils remplacé ici le mot de *Darii* par celui de *Gobriæ*. On peut aisément se tromper sur un nom propre.

P. 182. — *La mort glorieuse d'Othryadès*, etc. Les Spartiates et les Argiens se disputaient un petit pays nommé Thyréa. Trois cents guerriers, choisis de part et d'autre, soutinrent, dans un combat à outrance, les intérêts de leur patrie. De ces six cents hommes, il n'en resta que trois, dont deux Argiens et le Spartiate Othryadès. La nuit les sépara. Les Argiens se retirèrent, comme victorieux, à Argos; le Spartiate, resté seul, érigea un trophée avec les armes des ennemis, y traça de son propre sang une inscription qui attribuait la victoire à son pays, et se donna ensuite la mort, à ce qu'on raconte, pour ne pas survivre à ses compagnons (HÉRODOTE, liv. I, ch. LXXXII).

P. 184. — *Un son clair en tombant.* Théramène fait allusion à un usage superstitieux des anciens. Quand ils versaient du vin d'une bouteille dans une coupe, si la liqueur, en tombant, faisait un bruit remarquable, ils en tiraient un augure favorable pour leurs amours. Ils faisaient ensuite passer la coupe aux autres convives.

P. 185. *Dans une affreuse sédition,* etc. Ce fut contre Hiéronyme, fils de Gélon et petit-fils d'Hiéron, qu'éclata ce soulèvement. Non-seulement le roi y fut tué, mais toute la famille d'Hiéron y fut anéantie.

P. 188. — *Pompée s'est aussi rendu,* etc. Ce ne peut être ici le grand Pompée, qui vivait longtemps après Gentius : ou c'est un de ses ancêtres, ou l'auteur s'est trompé sur le nom. L'histoire fait mention de deux députés envoyés par les Romains vers Gentius, et mis en prison par l'ordre de ce prince (environ l'an 584 de Rome). C'est sans doute en cette occasion qu'eut lieu le fait dont parle Valère Maxime. Ces députés étaient Perpenna et Pétilius.

P. 194. *Un autre philosophe du même nom.* D'autres auteurs attribuent ce fait au même Zénon d'Élée. L'autre Zénon, également célèbre comme fondateur de la secte des stoïciens, mourut de maladie. Néarque, dont il est parlé dans ce paragraphe, était tyran de l'île de Lipari. *Voyez* DIOGÈNE LAERCE.

P. 197. — *A déférer la dictature,* etc. Varron eut la modestie de la refuser. (*Voyez* liv. IV, ch. v, n. 2.)

P. 197. — *Et vengea la mort de Crassus,* etc. — *Voyez* le récit de cette mort, ch. II, n. 12.

La loi Papia, dont parle l'auteur dans la phrase suivante, ordonnait aux étrangers de sortir de Rome. La flétrissure qu'elle imprimait au père de Perpenna retombait sur Perpenna lui-même.

Mais l'expression *mors damnata* est fait entendre qu'elle n'atteignait Perpenna qu'à sa mort; qu'en considération de la haute dignité dont il avait été revêtu, et qui supposait en lui la qualité de citoyen romain, il ne subit pas, de son vivant, l'humiliation d'être chassé de la ville; mais qu'à sa mort, son nom cessant d'être regardé comme un nom romain, fut en quelque sorte banni de Rome, après y avoir, selon l'expression de notre auteur, illégalement séjourné.

P. 197. — *Il enrichit les lettres latines.* Il avait écrit l'histoire romaine et les origines des villes d'Italie. Voir sa vie dans Cornélius Népos, ch. III. Ses ouvrages se sont perdus.

P. 199. — *De plus monstrueux*, etc. Cicéron ne pense pas ainsi du fils de Scipion l'Africain, puisqu'il affirme que, sans la faiblesse de sa santé, il eût soutenu la gloire de son père. (*de Offic.*, lib. I, cap. XXXIII; *Brutus*, cap. XIX). Il était honteux, chez les Romains, de tomber au pouvoir de l'ennemi; mais était-ce nécessairement une preuve de lâcheté? Ne peut-on pas se trouver en telle circonstance qu'on ne puisse recevoir la mort ni de l'ennemi ni de soi-même? Avant de flétrir un homme du nom de monstre, il faudrait d'abord s'être bien assuré s'il s'est laissé prendre en lâche. Or, l'on ne sait pas comment le jeune Scipion tomba entre les mains de l'ennemi, puisque Tite-Live (liv. XXXVII, ch. XXXIV) dit que les historiens ne sont pas d'accord à ce sujet; que, selon les uns, il tomba de cheval en se retirant devant des forces supérieures, et fut ainsi surpris sans pouvoir se défendre.

P. 208. — *Ce même Scipion.* L'on peut douter que ce fils de l'Africain soit le même que celui dont Cicéron fait l'éloge, en disant que, sans la faiblesse de sa santé, il serait devenu un grand homme. Le savant Ernesti, dans son *Clavis Ciceroniana*, après avoir parlé de celui-ci au mot *Africanus*, ajoute, sans aucune expression de doute : « Habuit et alterum filium Cnæum, ut appellat Valerius Maximus, lib. IV, cap. V, n. 3. » L'opinion d'un savant comme Ernesti peut suffire pour nous tenir dans le doute. L'on sait que Valère Maxime est sujet à se tromper sur les noms des personnages.

Quant au fait dont il est question dans ce paragraphe, *voyez* liv. IV, ch. v, n. 3. Il y a une légère différence dans le nom du secrétaire de Scipion l'Africain : d'un côté, il se nomme *Cicereus*, et de l'autre, *Cicereius*; c'est ainsi que l'on trouve, dans les auteurs, tantôt *Cneus* et tantôt *Cneius*, d'autres fois *Cnœus*.

P. 209. — *Malgré la défense du sénat.* Il est difficile de croire que Scipion eût pris une détermination si importante contre la défense du sénat. Quelque confiance qu'un bon citoyen pût avoir en ses talents, elle ne pouvait aller jusqu'à prendre sur soi la responsabilité d'une mesure capable d'attirer sur l'Italie, en cas de revers, les forces victorieuses de l'Afrique, et de les réunir à Annibal, qu'on n'avait pas encore pu en chasser. Il y avait dans le sénat un parti très-prononcé contre Scipion, c'était celui de Fabius Maximus; mais ce n'était pas la majorité du sénat. Le récit de Tite-Live est plus vraisemblable : cet historien dit que « l'on permit au consul de passer en Afrique, s'il le jugeait utile à la république. » — « Permissumque ut in Africam, si id e republica esse censeret, trajiceret. » (Lib. XXVIII, cap. XLV.)

P. 209. — *Quatre millions de sesterces.* Le signe I-IS ou I-I-S n'est qu'une modification d'un signe plus ancien, savoir IIS ou LLS. Le S est l'initiale de *semi*, *demi-as*, et les deux barres font 2 *as*. Ainsi IIS, ou son dérivé I-I-S, vaut 2 *as et demi*; c'est la valeur du *sesterce*. Le signe LLS avait le même sens, parce que L est l'initiale du mot *Libra*, et que *as* et *libra* sont synonymes, *as* n'étant qu'un morceau de cuivre pesant une livre.

L'on sait que les locutions *I-IS quadragies*, *I-IS millies*, *I-IS bis millies*, et autres semblables, sont des formules abrégées, et qu'il faut sous-entendre après l'adverbe le nombre *centena-millia*. Ainsi, *I-IL quadragies* est la même chose que *quadragies centena millia sestertiorum* ou *sestertium*; ce qui fait 4 *mille fois mille sesterces* ou 4 *millions de sesterces*. La pièce de monnaie nommée *sestertius* valant à peu près 20 centimes, ou le cinquième d'un franc, l'on n'a qu'à prendre le cinquième de la somme totale des sesterces pour avoir sur-le-champ la valeur approximative en monnaie française.

P. 213. — *On venait de l'accuser.* C'est dans ce procès qu'un des esclaves d'Antoine eut le courage de s'offrir à la torture et de la subir avec une patience extraordinaire. (Liv. VI, ch. VIII, 1.)

P. 214. — *Quelques années.* Il s'agit d'un espace de soixante-dix ans.

P. 215. — *Accius,* etc. Le poëte Accius, dont il nous reste des fragments, naquit plus de soixante-dix ans avant Jules-César. Le trait que raconte ici notre auteur ne peut lui appartenir. Ou c'est quelque autre Accius, contemporain de César, ou même un poëte d'un autre nom; car, en racontant des faits, il n'est pas rare de se tromper sur le nom de leurs auteurs, et Valère Maxime est assez sujet à cette sorte d'erreur.

P. 220. — *Tant mieux,* etc. Ce mot est de Léonidas, au passage des Thermopyles : le précédent est d'Agésilas.

P. 220. — *Pour des femmes, c'est bien,* etc. L'on sait que les Spartiates regardaient comme honteux à des hommes de se cacher derrière des murailles, et que pour cette raison Sparte n'en avait point.

P. 222. — *Constance plus glorieuse,* etc. Ailleurs (liv. III, ch. II, étr. 1), Valère Maxime flétrit justement du nom de cruauté ce qu'il appelle ici une glorieuse constance. Flaccus était ici doublement coupable; comme homme, puisqu'il se plaît à verser le sang de ses semblables; comme magistrat, puisqu'il élude les ordres de l'autorité supérieure.

P. 227. — *Sorti de je ne sais quel repaire.* Équitius était d'une naissance obscure, et méprisable aux yeux des Romains : il était fils d'un affranchi du Picénum. Saturninus, Glaucia, Apuléius, voulant se donner l'appui d'un nom illustre, faisaient passer cet audacieux Équitius pour un fils de Tibérius Gracchus, et le choisirent pour leur collègue dans le tribunat. (Liv. III, ch. II, 18; liv. IX, ch. VII, 1; liv. IX, chap. XV, 1.)

P. 230. — *Mais que son avis*, etc. Le fait dont il s'agit dans ce paragraphe est celui qui fait le sujet des chap. II et III de la *Vie de Phocion*, dans Cornélius Népos. Phocion, qui était du parti de la noblesse, avait laissé prendre le Pirée par le lieutenant de Cassandre, qui soutenait ce parti, et il avait conseillé aux Athéniens de ne pas chercher à le reprendre, représentant une pareille entreprise comme imprudente et périlleuse. Cependant, le parti du peuple, souten. par les forces de Polysperchon, en chassa la garnison de Cassandre. Ce fut alors que Phocion, félicitant les Athéniens du succès, leur dit qu'ils auraient mieux fait néanmoins de suivre son conseil, comme plus salutaire.

P. 232. — *Dans le sang innocent*, etc. On accusait ces généraux de n'avoir pas recueilli les morts. Ils répondaient par un fait sans réplique; c'est qu'une tempête violente, étant survenue après la bataille, les en avait empêchés : et telle était la vérité. *Voyez* XÉNOPHON, *Hellen.*, liv. I.

LIVRE QUATRIÈME

P. 241. — *Par l'ordre du consul*. Selon Tite-Live (XXXVIII, LVIII, LX), ce fut le préteur et non le consul qui donna cet ordre. Ce préteur se nommait Q. Térentius. Selon Aulu-Gelle (VII, XIX), ce fut un tribun nommé Augurinus, qui ordonna de conduire en prison Scipion l'Asiatique. Cet auteur nous a conservé et le décret des tribuns et celui de Gracchus.

Ce Tib. Gracchus était le père des deux Gracques (Tibérius et Caïus), qui se rendirent si fameux par leur tribunat.

P. 242. — *Parce que l'affaire s'était passée dans le département de Salinator.* A ce motif, Tite-Live (XXXVIII, IX) ajoute celui-ci : « Que le jour où s'était donnée la bataille, c'était Livius qui avait pris les auspices, que l'armée de Livius était venue avec lui à Rome, et que celle de Néron n'avait pu sortir de son gouvernement. »

P. 242. — *Au milieu du sacrifice d'usage.* Ce sacrifice d'usage était ce que l'on nommait *suovetaurilia*, mot composé des trois mots *sus, ovis, taurus,* parce qu'on immolait toujours un porc, un bélier et un taureau dans la cérémonie qui terminait le dénombrement, à l'exemple du roi Servius Tullius, qui institua le cens et cette cérémonie de lustration appelée *conditum lustrum* (TITE-LIVE, liv. I, ch. XLIV).

P. 245. — *Aux jeux publics de la ville de Tralles.* Valère Maxime offre ici une différence fort peu importante avec le récit des autres historiens : tandis qu'il place Métellus à Tralles, Tite-Live le met à Rhodes, Aurélius Victor à Smyrne.

P. 246. — *Il avait transporté à Rome les trésors de l'île de Chypre.* C'était une commission odieuse que l'on avait confiée à la probité de Caton. Il s'agissait de mettre à exécution un décret injuste. Les richesses de Ptolémée, roi de Chypre, excitaient la cupidité des Romains ; et le peuple-roi, sur la proposition du tribun P. Clodius, avait ordonné la confiscation de ses biens, quoique Ptolémée fût encore vivant et allié de l'empire. Les richesses de Chypre étaient si considérables, que, selon la remarque de Florus (III, IX), elles grossirent plus qu'aucun triomphe le trésor de la république.

P. 247. — *Par des soldats de Gabinius.* Gabinius avait replacé sur le trône d'Égypte Ptolémée, père de celui qui fit assassiner Pompée, et dont il est parlé liv. V, ch. I, n. 1.

P. 250. — *Aux attaques du poëte Alcée.* « L'excès et la grossièreté des injures qu'il vomit contre Pittachus n'attestèrent que sa jalousie. Il fut banni de Mitylène ; il revint quelque temps après à la tête des exilés, et tomba entre les mains de son rival, qui se vengea d'une manière éclatante, en lui pardonnant. » (*Voyage d'Anacharsis*, ch. III.)

P. 252. — *A tous les sages*. Platon nous donne les noms des sept sages dans son *Protagoras* : ce sont Thalès de Milet, Pittacus de Mitylène, Bias de Priène, Solon l'Athénien, Cléobule de Lindus, Myson de Chen, et Chilon de Lacédémone. D'autres nomment Périandre de Corinthe au lieu de Chilon.

P. 252. — *Le pouvoir des éphores*. Quelques auteurs attribuent à Lycurgue l'établissement des éphores ; mais le plus grand nombre le rapportent à Théopompe, qui régnait environ un siècle après Lycurgue. (Voir à ce sujet la note de Barthélemy, au ch. XLV du *Voyage d'Anacharsis*.)

P. 256. — *Ne pouvant obtenir de sa mère Cornélie*. « Cornélie est appelée contre l'ordinaire *mater* sans ajouter *Gracchorum* ; ce qui m'a fait juger que cette Cornélie était la mère même de Pompée, outre que l'injustice dont il est parlé ici était indigne de la fille du grand Scipion et de la mère des Gracques. » (*Note de* TARBOICHER.) Ce traducteur a raison, et cette note eût été bien superflue et presque puérile, si des savants, suivis par Min-Hell, n'eussent entendu ici la mère des Gracques. Les lois de la grammaire demandent que cette Cornélie soit la mère de Q. Pompéius, et le mot *impiam* qu'on lit à la fin du paragraphe le confirme. Si les lois du langage repoussent l'interprétation de ces commentateurs, la chronologie ne s'y refuse pas moins. Le fait que Valère Maxime raconte dans ce numéro s'est passé, selon les savants, l'an 702 de Rome : Cornélie, fille de Scipion l'Africain et mère des Gracques, fut fiancée à Tibérius Sempronius Gracchus l'an 566 ; elle avait au moins quatorze ans. Ainsi, à l'époque du procès de Célius avec Cornélie, elle n'aurait pas eu moins de cent cinquante ans : elle aurait été un phénomène de longévité trop extraordinaire pour que l'histoire n'en eût pas fait mention. Pline l'Ancien n'aurait pas manqué de l'associer, sous ce rapport, à ce Fullonius de Bologne, dont il parle au livre VIII, chap. XLVIII, de son *Histoire naturelle*.

P. 257. — *L'avarice dénaturée de Cornélie*. Il appelle cette avarice *impie*, parce que les Romains regardaient comme une impiété de contrevenir aux dernières dispositions d'un défunt. J'ai retranché cette épithète, parce que nous n'avons pas les mêmes idées. » A supposer que ce fût là le sens de *impiam*, le traducteur aurait dû chercher au moins, à défaut d'expression propre, quelque chose qui en retraçât quelque chose à l'esprit du lecteur français. Mais *impiam* a ici un sens tout ordinaire et qui paraît avoir échappé à Tarboicher. *Pius* désigne aussi bien les sentiments qu'un père ou une mère doit avoir pour ses enfants que ceux que la nature réclame des enfants envers leurs père et mère, et, en général, la réciprocité des devoirs des parents entre eux. C'est ainsi que Valère Maxime (III, II, étr. 8) appelle *impietas* l'insensibilité d'Asdrubal, qui se contente d'obtenir de Scipion la vie pour lui seul, à l'exclusion de ses enfants et de sa femme.

P. 258. — *Nommé Indibilis*. Tite-Live (XXVI, L) nomme ce prince Allucius. Indibilis est un autre prince espagnol, selon Tite-Live, même livre, ch. XLIX.

P. 259. — *D'un beau-père et d'un frère*. C'est Auguste et Tibère. Celui-ci était fils de Claudius Néron et de Livie : Auguste épousa Livie, enceinte de Drusus.

Antonia était fille de M. Antoine le triumvir, qui se déshonora par son amour pour Cléopâtre.

P. 262. — *Cinq livres d'argent*. Aulu-Gelle (I, XIV) dit que les Samnites offrirent à Fabricius *grandem pecuniam*; ce qui a fait conjecturer à un savant qu'il y a ici erreur de chiffre. Cela est possible, et même un manuscrit donne le nombre quinze : je n'oserais cependant changer le texte. Savons-nous ce que valait cinq livres d'argent dans ces siècles de tempérance et de frugalité? Fabricius, étant censeur, exclut du sénat Cornélius Rufinus, personnage des plus illustres, pour avoir amassé dix livres d'argenterie (VAL. MAXIME, liv. II, ch. IX, n. 4). Si dix livres étaient une somptuosité digne d'une pareille flétrissure, cinq livres ne pouvaient-elles pas être regardées alors comme une valeur considérable, surtout par rapport à la pauvreté du personnage auquel on en faisait présent?

P. 263. — *De lui en faire présent*. Allusion au décret par lequel le consul T. Flamininus, vainqueur de la Macédoine, déclarait les peuples de la Grèce libres et indépendants. *Voy.* ch. VIII, n. 5 de ce livre.

P. 270. — *Le cœur d'un vieillard ivre*. Qu'y a-t-il là d'étonnant? Pour nous faire admirer ce trait comme un effort de vertu, il fallait supposer notre philosophe dans la force de l'âge.

P. 270. — *Avec plusieurs talents*. Il y avait des talents de différentes valeurs; le moindre était de 2600 fr., le plus élevé de 5400 fr.

P. 271. — *Sans se déranger de dessus la pierre où il était assis*. « Il se campait sur une pierre, au bord du chemin, comme les mendiants. »

P. 271. — *D'un surnom méprisable*. — C'est-à-dire *Cynique*, d'un mot grec qui signifie *chien*, parce que Diogène frondait impudemment par ses manières toutes celles de la société : son langage n'était pas moins hardi et indépendant.

P. 272. — *Entre Valérius Poplicola et Junius Brutus*. Les deux premiers consuls créés après l'expulsion des rois, furent L. Junius Brutus et L. Tarquinius Collatinus (TITE-LIVE, liv. I, ch. LX). Bientôt, comme le nom de Tarquin était odieux et faisait ombrage au peuple, on invita L. Tarquinius Collatinus à se démettre, et on lui substitua L. Valérius, celui qui mérita ensuite le surnom de *Poplicola*. (TITE-LIVE, liv. II, ch. II.)

P. 277. — *Cinq livres d'argent*. La livre romaine n'était que de douze onces, et ces douze onces valaient douze onces et demie, poids de marc. Ainsi, les cinq livres d'argent faisaient presque quatre livres poids de marc, ce qui valait près de 400 francs.

P. 278. — *Onze mille as*. On se rappelle que le *sestertius* ou petit sesterce vaut deux as et demi. Conséquemment, l'as vaut deux cinquièmes de sesterce; et comme le sesterce égale 20 centimes, l'as égalera 8 centimes. Ainsi, onze mille as feront 880 francs; dix mille as, 800 francs; cinquante mille as, 4000 francs.

P. 279. — *Trente-cinq mille écus*. L'écu le plus ordinaire était le *sestertius*. Ainsi, les trente-cinq mille écus feraient 7000 francs (*voyez* note 40 du liv. III). Le mot d'*écu*, selon la valeur que nous lui donnons en français, ferait ici une somme exorbitante pour ces siècles de pauvreté, et Scaurus aurait recueilli un très-riche héritage. Si l'on prend *nummus* pour le denier, *denarius*, qui vaut dix as ou quatre sesterces (80 centimes), l'héritage de Scaurus sera de 28 000 francs.

P. 282. — *Il descendit du temple*. Le mot de *temple* désignait généralement un lieu consacré à quelque acte religieux; ici, il désigne un endroit élevé dans le Champ de Mars, où les candidats se plaçaient pour être en vue de toute l'assemblée : de là le mot *contemplari*.

Cicéréius, qui cède ici généreusement la préture au fils de Scipion l'Africain, en fut dédommagé l'année suivante : il fut élu préteur, et eut la Sardaigne pour gouvernement.

P. 286. — *Tibérius Gracchus*. C'est ici Tibérius Sempronius Gracchus, père des deux fameux tribuns Tibérius et Caïus Gracchus.

P. 288. — *Lui fut rapportée toute sanglante*. La robe n'était pas teinte du sang de Pompée, mais de celui de quelques autres personnes qui furent tuées à ses côtés dans un tumulte, pendant une élection d'édiles.

P. 296. — *La porte des trois Horaces*. C'était la porte par où sortirent les trois Horaces pour aller combattre les Curiaces.

P. 296. — *Leur père et leur aïeul maternel.* Le père des deux Gracques était Tibérius Sempronius Gracchus, surnommé Longus, qui fut consul avec le premier Scipion l'Africain, l'an 559 (liv. IV, ch. v, n. 1). Il fut l'ennemi de ce grand homme, qui se réconcilia avec lui et lui donna en mariage sa fille Cornélie, dont naquirent les Gracques (liv. IV, ch. II, n. 3). Ce Sempronius exerça la censure avec C. Claudius l'an 584, et s'y montra fort sévère, ainsi que son collègue. (Liv. VI, ch. v, n. 3.)

P. 301. — *Un juste châtiment.* A cause du meurtre de César.

P. 301. — *Décimus Lélius, et vous, M. Agrippa...* Le premier fut l'ami intime du premier Scipion l'Africain (liv. V, ch. v, 1); M. Agrippa fut constamment dévoué à Auguste : il gagna la fameuse bataille d'Actium, qui rendit Octave maître de l'empire. Celui-ci lui donna ensuite sa fille en mariage. Valère Maxime s'est trompé sur le prénom de Lélius, ami de Scipion : ce Lélius se nommait *Caius* et non *Décimus*. Mais cette erreur est peu de chose ; je ne lui passerai pas aussi facilement son *deorum maximum* en parlant d'Octave. Si ce recueil n'est que l'abrégé de celui qu'avait fait Valère Maxime, comme l'affirme le P. Cantel, il faut que l'abréviateur soit bien maladroit pour avoir conservé ce trait de flatterie et tant d'autres pareils que l'on rencontre dans cet ouvrage.

P. 307. — *Il venait de racheter d'Annibal.* Annibal et Fabius, faisant l'échange des prisonniers, étaient convenus que celui qui recevrait un plus grand nombre payerait pour le surplus deux livres et demie d'argent par tête. Fabius en reçut deux cent quarante-sept de plus qu'Annibal. Il en paya la rançon, parce que le sénat, pour n'avoir pas été consulté sur cet échange, fit difficulté de la payer (Tite-Live, XX, 23). Les deux livres et demie d'argent font un *sestertium*, ou mille *sestertii* : ainsi, les deux cent quarante-sept prisonniers coûtèrent 247 000 *sestertii*. Le *sestertius* valant environ 20 centimes, chaque prisonnier coûta à Fabius à peu près 200 francs; ce qui fit la somme de 49 400 francs pour les deux cent quarante-sept prisonniers à racheter.

P. 310. — *L'air retentit d'acclamations*. L'on se rappelle à ce sujet la réflexion de Montesquieu. « On voit bien, dit-il, que ces petites républiques ne pouvaient être que dépendantes. Les Grecs se livrèrent à une joie stupide, et crurent être libres en effet parce que les Romains les déclaraient tels. » (*Grandeur et Décadence des Romains*, ch. x.) Mais tout autre peuple, en pareille occasion, aurait donné les mêmes signes de joie, et ce n'est pas là qu'on peut voir si un peuple est incapable de l'indépendance. Les clameurs de la multitude sont toujours un indice fort équivoque.

P. 311. — *Un présent de trois cent mille boisseaux de froment*. Le boisseau romain était moins fort que le nôtre, de manière que neuf boisseaux romains faisaient à peu près sept boisseaux de Paris. Ainsi, trois cent mille boisseaux romains faisaient un peu moins de deux cent trente-trois mille de nos boisseaux (29 591 hectolitres). Deux cent mille boisseaux romains faisaient environ cent cinquante-quatre mille des nôtres (19 558 hectolitres).

La livre romaine n'avait que douze onces, l'once valait un peu plus que l'once de Paris; de manière que douze onces romaines égalaient douze onces et demie : ainsi, les deux cent quarante livres d'or faisaient trois cent soixante-quinze marcs. A 800 francs le marc d'or, cette Victoire du roi Hiéron faisait une valeur de 300 000 fr. Selon Tite-Live (liv. XXII, ch. xxxvii), elle pesait trois cent vingt livres ou cinq cents marcs, et valait conséquemment 400 000 fr.

LIVRE CINQUIÈME

P. 316. — *Une livre d'argent*. Deux livres et demie d'argent font mille sesterces; ainsi, la livre fera quatre cents sesterces ou environ 80 francs.

P. 324. — *Dépouillée de trois couronnes triomphales.* Il avait eu trois fois les honneurs du triomphe : pour ses succès en Afrique, en faveur de Sylla ; pour la destruction des pirates, et pour la conquête de l'Asie sur Mithridate.

P. 325. — *La pieuse victoire.* L'auteur nomme ainsi cette victoire, parce qu'Antoine faisait alors cause commune avec Octave, qui, aux yeux d'un flatteur comme Valère Maxime, combattait pour la patrie, pour les dieux. La bataille de Philippes, ville de Macédoine, fut gagnée contre Brutus.

P. 327. — *De la bouche d'un tyran.* Pisistrate n'était pas un tyran dans le sens que nous donnons ordinairement à ce mot : il n'était nullement cruel (*voyez* l'Introd. du *Voyage d'Anach.*, 2ᵉ part., 1ʳᵉ sect.). Le mot tyran désignait chez les Grecs et les Romains un souverain revêtu d'un pouvoir absolu, et le plus souvent usurpé. Aux yeux d'une population, jusque-là gouvernée démocratiquement, tous les actes émanés d'un pareil pouvoir semblaient injustes : de là l'odieux qu'ils attachèrent à ce mot. Il ne manquait à Pisistrate que d'être légitime. « Il faut l'avouer, dit le jeune Anacharsis, quoique, dans une monarchie, Pisistrate eût été le modèle du meilleur des rois ; dans la république d'Athènes, on fut en général plus frappé du vice de son usurpation que des avantages qui en résultaient pour l'État. »

P. 329. — *La juste récompense de tant d'humanité.* Cette juste récompense, comme on le voit ensuite, était d'être honoré par son ennemi après sa mort, et de n'être pas abandonné sans sépulture. Selon nos idées, ce ne serait pas une si merveilleuse récompense ; mais il faut juger ce passage d'après les opinions religieuses des païens, qui regardaient comme le plus grand des malheurs de rester sans sépulture.

P. 330. — *A la hache inexorable de terribles sujets de vengeance.* Valère Maxime a donné le récit de ce châtiment, liv. III, ch. VIII, n. 1.

P. 333. — *A l'endroit même où Coriolan s'était laissé fléchir.* C'était sur la voie Latine, à quatre milles de Rome, un peu plus d'une lieue. (*Voyez* liv. I, ch. VIII, n. 4.)

P. 334. — *Sous le consulat de C. Nautius et Minucius.* Valère Maxime diffère de Tite-Live dans ce récit. Selon celui-ci (III, XXXI), ce ne fut pas sous le consulat de Nautius et de Minucius, mais trois ans plus tard, sous le consulat de T. Romilius et de C. Véturius, que l'on s'empressa de secourir les Tusculans contre les Èques.

P. 336. — *Un bonnet sur la tête.* Le bonnet était un signe d'affranchissement : on le mettait sur la tête de l'esclave au moment où il recevait la liberté.

P. 338. — *En combattant pour la patrie.* C'est-à-dire contre Antoine, en faveur d'Octave qui l'avait fait déclarer ennemi public. La bataille où Hirtius et Pansa perdirent la vie fut livrée près de Modène.

P. 338. — *Au prix d'un sesterce.* C'était la même chose qu'une adjudication gratuite. Les libitinaires demandaient à faire tous les frais gratuitement : mais comme l'adjudication ne pouvait être valable sans un prix déterminé, elle se fit à un sesterce, pour la forme.

P. 345. — *D'un village obscur.* Le bourg de Siterne, aujourd'hui *Patria*, dans la Campanie.

P. 345. — *A être traîné en prison.* Cette condamnation ne fut pas exécutée, grâce à l'opposition du tribun Gracchus, son ennemi. (*Voyez* VALÈRE MAXIME, IV, I, 8; et AULU-GELLE, VII, XIX.)

P. 346. — *Il empêcha le parricide de Tibérius Gracchus.* Il y a ici une métaphore qui aurait été désagréable en notre langue. La voici : « Il empêcha Tib. Gracchus d'étrangler la république qu'il tenait à la gorge. »

P. 347. — *Donna la mort à Sp. Mélius.* Spurius Mélius, chevalier romain fort riche, fit des distributions de blé au peuple pendant une disette, et acquit ainsi une grande popularité. Il fut accusé d'aspirer à la royauté. On nomma dictateur Cincinnatus, qui choisit pour maître de cavalerie C. Servilius Ahala. Celui-ci alla, par l'ordre du dictateur, trouver Mélius pour l'amener devant ce magistrat : comme il refusait d'obéir, Ahala lui donna la mort (TITE-LIVE, IV, XIII et XIV). On détruisit sa maison et l'on en fit une place que l'on nomma Æquimélium. (TITE-LIVE, même livre, c. XVI; VALÈRE MAXIME, VI, III, 1.)

P. 354. — *Les Athéniens ne le mirent pas sur le chevalet.* Lorsque Phocion fut amené devant le peuple, non pour être jugé, mais pour se voir condamner, quelques-uns voulaient qu'on lui fît subir la torture; mais son accusateur, nommé Agnonidès, répondit : « Quand nous tiendrons le vil Callimédon, je suis d'avis que nous le mettions à la torture; mais à l'égard de Phocion, je ne propose rien de pareil. » (PLUTARQUE, *Vie de Phocion.*) Ainsi, on le reconduisit en prison en l'accablant d'outrages, et on le fit mourir par la ciguë.

P. 355. — *Phocion.* C'est par oubli, sans doute, ou par exagération que notre auteur met ici Phocion avec Aristide et Solon. Les deux derniers furent bannis de leur vivant; Phocion ne le fut qu'après sa mort, comme il vient de le dire tout à l'heure. Quand il fait dire ensuite collectivement à ces grands hommes que leurs cendres sont *ignominieusement* dispersées, c'est encore une exagération de rhéteur, bien loin de la vérité historique : car Aristide mourut tranquillement à Athènes, et ses restes y furent inhumés aux frais de l'État; Cimon mourut, il est vrai, à Citium, en Chypre, mais c'était dans le cours d'une expédition dont Athènes l'avait chargé, et non pendant son exil. S'il y fut inhumé, peut-on en faire un reproche si sanglant à sa patrie, puisque ses ossements furent rapportés dans l'Attique, comme l'atteste un tombeau portant son nom, et qui existait encore au temps de Plutarque?

P. 356. — *Témoin d'un démêlé divin.* Allusion à un trait de la fable, soit au procès intenté au dieu Mars pour un homicide, et dans lequel siégeaient les douze grands dieux comme juges; soit à la querelle de Neptune et de Minerve, quand ils se disputèrent l'honneur de donner leur nom à la ville d'Athènes. La colline nommée *Aréopage*, et où se tenait le célèbre tribunal de ce nom, fut, suivant la fable, le théâtre de ces démêlés.

P. 360. — *Au sortir du Capitole.* C'est au Capitole que les jeunes gens âgés de dix-sept ans quittaient la prétexte ou robe de l'enfance, et prenaient la robe virile.

P. 362. — *Au triumvir, pour être mise à mort dans la prison.* Le triumvir était un de ces magistrats nommés *triumviri capitales*, espèces de commissaires chargés d'avoir soin des prisons et de faire exécuter les criminels condamnés au tribunal du préteur. Nous voyons par ce passage que le préteur livrait le condamné aux mains du triumvir, qui le faisait exécuter par le gardien même, ou geôlier de la prison. Il était encore dans les attributions des triumvirs de rechercher et d'arrêter les prévenus. *Voyez* quelques pages plus loin (c. IX, n. 3; VI, I, 10).

P. 363. — *Pour Cimon son père.* C'est ici un autre Cimon que le fils de Miltiade, dont il est parlé au paragraphe suivant, et au chapitre précédent, n. 3.

P. 364. — *Les Pacièques.* Il existait encore une illustre famille de ce nom, en Espagne, au dix-septième siècle, si l'on en croit le savant Pighius.

P. 367. — *Cléobis et Biton, Amphinomus et Anapus.* Sur Cléobis et Biton, *voyez* HÉRODOTE, liv. I, ch. XXXI; sur l'autre couple de frères, *voyez* SÉNÈQUE (*des Bienf.*, III, XXXVII). Le frère d'Amphinomus est nommé, dans Sénèque, Anapias, et non Anapus. Il est cité aussi sous le nom d'Anapius, témoin ce distique de Claudien :

> Cur non Amphinomo, cur non tibi, fortis Anapi,
> Æternum siculus templa dicavit honos ?

P. 367. — *Soldat, ne tue pas Crésus.* Ceci est incroyable. Il n'est pas possible qu'un homme, muet de nature, ait subitement prononcé cette phrase.

P. 369. — *L'union de deux frères.* Ce sont Tibérius Claudius Néro, celui qui fut ensuite empereur sous le nom de Tibère, et Drusus Germanicus, celui dont parle notre auteur dans le livre précédent (c. III, n. 3). Il fut le père de l'illustre et infortuné Germanicus, ce prince chéri du peuple romain, et, à ce titre, odieux à Tibère, qui le fit empoisonner, à Antioche, par Pison, l'an 19 de l'ère chrétienne.

P. 373. — *De jeter du blé sur lui.* C'était pour apaiser le courroux de la Terre, ou de Cérès, qu'ils confondaient avec la terre. Le mot *fruges* dont l'auteur se sert, désigne spécialement les productions auxquelles Cérès est censée présider, et que nous nommons en langue scientifique *des céréales.*

P. 374. — *Que celles des sept rois de Rome.* Pour un flatteur des Césars, pour un partisan du pouvoir absolu, voilà une réflexion bien républicaine.

P. 377. — *Les mille livres d'or.* Nous avons vu que les douze onces de la livre romaine valaient douze onzes et demie de Paris; ce qui donne pour la livre romaine la valeur approximative de 0,78, poids de marc. Ainsi, les mille livres d'or promises aux Gaulois pour la délivrance du Capitole feront 780 livres, poids de marc. A 800 fr. le marc, cela faisait une somme d'environ 1 248 000 fr. Il n'est pas étonnant que dans ces siècles de pauvreté l'on ait trouvé difficilement une pareille somme, qui serait aujourd'hui si peu de chose.

P. 379. — *Devient leur général par l'injustice de sa patrie.* Voyez CORNÉLIUS NÉPOS, *Thémistocle*, ch. X.

P. 379. — *Du sang du taureau.* Toute l'antiquité a regardé le sang de taureau comme un poison. Pline le Naturaliste (XXVIII, IX) atteste qu'il a cette propriété quand il est pris tout chaud ; des auteurs modernes disent que c'est une erreur, sans citer aucun fait contraire. J'aime mieux seulement douter, dans la persuasion où je suis que l'on s'est trompé plus d'une fois en traitant de fables les assertions des anciens. N'a-t-on pas nié qu'Archimède brûlât les vaisseaux romains avec des miroirs ardents, jusqu'à ce que Buffon en eût démontré la possibilité? Rien assurément n'a été plus regardé comme chimérique que l'affection des dauphins pour l'homme; cependant, nous avons lieu de croire aujourd'hui à l'histoire d'Arion, d'après un fait récent que M. Rauch raconte dans ses *Annales européennes*, tome I, pages 85 et suivantes. Et les pluies de pierre? rien ne fut plus fabuleux pendant des siècles; rien n'est aujourd'hui plus avéré.

P. 388. — *Le fit battre de verges, mettre à mort.* Le fils de ce Cassius était-il un autre personnage que le Spurius Cassius dont il est parlé plus loin (VI, III, 1), puisqu'ici Cassius est condamné et puni par son père, et là c'est le sénat et le peuple qui infligent la punition? Tite-Live répond à cette question en disant : « Sunt qui patrem auctorem ejus supplicii ferant ; eum cognita domi causa verberasse ac necasse, peculiumque filii Cereri consecravisse... Invenio apud quosdam, idque propius fidem est, a quæstoribus Cæsone Fabio et L. Valerio diem dictam perduellionis ; damnatumque populi judicio; dirutas publice ædes. » (Lib. II, c. XLI.) Valère Maxime suit l'une ou l'autre opinion, selon l'auteur dont il extrait son exemple.

P. 388. — *Les biens qui lui appartenaient personnellement.* Ce que les enfants acquéraient appartenait au père, selon les lois romaines, sauf quelques exceptions; ce qu'ils acquéraient alors leur appartenait en propre, et se nommait *peculium* : ces cas d'exception étaient la guerre et le barreau. Ainsi, un fils de famille possédait en toute propriété les biens qu'il avait acquis dans une expédition militaire ou dans l'exercice de l'éloquence.

P. 388. — *Son fils Décimus Silanus.* Le fils de Torquatus se nommait ainsi, parce qu'il avait été adopté par un Silanus (Cic., de Fin., I, VII). Aussi, est-il difficile de comprendre pourquoi Torquatus lui défend sa maison, à moins que par la mort de son père adoptif il ne fût retourné chez son père naturel.

P. 392. — *Il détestait ses désordres.* Il pouvait bien y avoir aussi de la faute d'Hortensius. *Non mirum,* dit un savant, *filium perditis moribus fuisse, quum pater summa esset mollitie.*

P. 394. — *Puissiez-vous même me survivre.* Les anciens considéraient comme une malédiction céleste qu'un fils mourût avant son père, parce qu'un tel événement leur semblait un renversement de la nature. C'est pourquoi ce fils, tout indigne qu'il est, craint d'offenser son père en souhaitant de mourir avant lui.

FIN DES NOTES DU PREMIER VOLUME

TABLE DES MATIÈRES

DU TOME PREMIER

PAGES

Préface. i

LIVRE PREMIER

Chapitre   I. De la Religion observée ou négligée. 1
—   II. Mensonges religieux. 20
—   III. Cultes étrangers rejetés par les Romains. 22
—   IV. Des Auspices. 23
—   V. Des Présages. 27
—   VI. Des Prodiges. 33
—   VII. Des Songes. 46
—   VIII. Des Miracles. 60

LIVRE DEUXIÈME

Chapitre   I. Des Cérémonies du Mariage et des Devoirs envers les Parents. 80
—   II. Devoirs et Usages des magistrats et des divers ordres de la République. 86
—   III. Institutions militaires. 94

Chapitre	IV. Des Spectacles.	96
—	V. De la Frugalité et de la Pureté des Mœurs.	103
—	VI. Des Coutumes étrangères.	107
—	VII. De la Discipline militaire.	117
—	VIII. Du Triomphe.	133
—	IX. De la Censure.	140
—	X. De la Majesté.	147

LIVRE TROISIÈME

Chapitre	I. Du Caractère.	156
—	II. De la Bravoure.	161
—	III. De la Patience.	186
—	IV. Des Hommes nés dans l'obscurité et devenus illustres par leur mérite.	194
—	V. De ceux qui ont dégénéré de la gloire de leur père.	199
—	VI. Des hommes illustres qui se sont permis quelques singularités dans les vêtements et les autres usages de la vie.	202
—	VII. De la Confiance en soi-même.	205
—	VIII. De la Constance.	221

LIVRE QUATRIÈME

Chapitre	I. De la Modération.	235
—	II. De la Réconciliation.	253
—	III. Du Désintéressement et de la Continence.	257
—	IV. De la Pauvreté.	271
—	V. De la Modestie.	280
—	VI. De l'Amour conjugal.	285
—	VII. De l'Amitié.	292
—	VIII. De la Libéralité.	306

LIVRE CINQUIÈME

Chapitre	I. De l'Humanité et de la Clémence.	314
—	II. De la Reconnaissance.	332

TABLE DU TOME PREMIER

		PAGES
Chapitre III.	De l'Ingratitude.	343
— IV.	De la Piété filiale.	356
— V.	De l'Amitié fraternelle.	367
— VI.	De l'Amour de la Patrie.	372
— VII.	De la Tendresse paternelle.	382
— VIII.	Sévérité des Pères envers leurs Enfants.	387
— IX.	Des Pères modérés envers des Enfants suspects.	391
— X.	Des Pères qui ont supporté avec courage la mort de leurs Enfants.	395

FIN DE LA TABLE DU TOME PREMIER

PARIS — IMPRIMERIE ÉDOUARD BLOT, RUE SAINT-LOUIS, 46

RÉIMPRESSION DES CLASSIQUES LATINS DE LA COLLECTION PANCKOUCKE

Format grand in-18 jésus — 3 fr. 50 c. le volume.

1. — **ŒUVRES COMPLÈTES D'HORACE.** Nouvelle édition, précédée d'une *Étude* sur Horace, par H. Rigault. . . . . 1 vol.
2. — **ŒUVRES COMPLÈTES DE SALLUSTE.** Traduction par Durozoir. Nouvelle édition, revue par MM. Charpentier et Félix Lemaistre; précédée d'un nouveau travail sur Salluste, par M. Charpentier. . . . . 1 vol.
3. — **ŒUVRES CHOISIES D'OVIDE** (les Amours, l'Art d'aimer, etc.). Nouvelle édition, revue par M. F. Lemaistre et précédée d'une *Étude* sur Ovide, par M. Jules Janin. . 1 vol.
4. — **ŒUVRES DE VIRGILE.** Nouvelle édition, revue par M. Félix Lemaistre; et précédée d'une *Étude* sur Virgile, par M. Sainte-Beuve. 1 vol.
— Par exception. . . . . 4 fr. 50
5 à 8. — **ŒUVRES COMPLÈTES DE SÉNÈQUE LE PHILOSOPHE.** Nouvelle édition, revue par MM. Charpentier et F. Lemaistre. . 4 vol.
9. — **CATULLE, TIBULLE ET PROPERCE**, traduits par MM. Héguin de Guerle, Valatour et Genouille. Nouvelle édition, revue par M. Valatour. . . . . 1 vol.
10. — **CÉSAR** (Commentaires), traduit par M. Artaud. . . . . 1 vol.
11. — **ŒUVRES COMPLÈTES DE PÉTRONE**, traduit par M. Héguin de Guerle. . . 1 vol.
12. — **ŒUVRES COMPLÈTES DE QUINTE CURCE**, avec la traduction de MM. Aug. et Alph. Trognon, revue avec le plus grand soin par M. Pessonneaux, professeur au lycée Napoléon. . 1 vol.
13. — **ŒUVRES COMPLÈTES DE JUVÉNAL.** Traduction de Dusaulx, revue par MM. Jules Pierrot et F. Lemaistre. . . . . . 1 vol.
14. — **ŒUVRES CHOISIES D'OVIDE** (les Fastes, les Tristes). Nouvelle édition, revue par M. E. Pessonneaux. . . . . 1 vol.
15 à 20. — **ŒUVRES COMPLÈTES DE TITE LIVE.** Trad. par MM. Liez, Dubois, Verger et Corpet. Nouvelle édition, revue par E. Pessonneaux, Blanchet et Charpentier; précédée d'une *Étude* par M. Charpentier. . . 6 vol.
21. — **ŒUVRES COMPLÈTES DE LUCRÈCE**, avec la traduction de Lagrange, revue avec le plus grand soin, par M. Blanchet, professeur au lycée de Strasbourg. . . . . . . 1 vol.
22. — **LES CONFESSIONS DE SAINT AUGUSTIN.** Traduction française d'Arnaud d'Andilly, très-soigneusement revue et adaptée pour la première fois au texte latin, avec une introduction par M. Charpentier. 1 vol. Par exception. . 4 fr. 50
23. — **ŒUVRES COMPLÈTES DE SUÉTONE.** Traduction de La Harpe, refondue avec le plus grand soin par M. Cabaret-Dupaty, professeur de l'Université. . . . . 1 vol.
24 et 25. — **ŒUVRES COMPLÈTES D'APULÉE**, traduites en français par M. Victor Bétolaud, docteur ès-lettres de la Faculté de Paris, ancien professeur de l'Université, membre de la Légion d'honneur. Nouv. éd. entièrement refondue. 2 vol.
26. — **ŒUVRES COMPLÈTES DE JUSTIN**, traduites par MM. J. Pierrot et E. Boitard. Nouv. édit., revue par M. Pessonneaux. 1 vol.
27. — **ŒUVRES CHOISIES D'OVIDE** (les Métamorphoses. Nouvelle édition, revue par M. Cabaret-Dupaty, avec une préface par M. Charpentier. 1 fort volume. Par exception. . 4 fr. 50
28 et 29. — **ŒUVRES COMPLÈTES DE TACITE.** Traduction de Dureau-Delamalle, revue par M. Charpentier. . . . . 2 vol.
30. — **LETTRES DE PLINE LE JEUNE**, traduites en français par De Sacy et J. Pierrot. Nouv. édit., revue avec le plus grand soin par M. Cabaret-Dupaty, professeur de l'Université, auteur de divers ouvrages classiques. . . . . . . 1 vol.
31 et 32. — **ŒUVRES COMPLÈTES D'AULU-GELLE.** Trad. de MM. de Chaumont, Flambart et Buisson. Nouvelle édit., revue par MM. Charpentier et Blanchet. . . . . . . 2 vol.

En préparation : **Martial**, 2 vol., **Quintilien**, 3 vol., **Cicéron**, **Valère Maxime**, **Cornélius Népos**, **Florus**, **Phèdre**, **Lucain**, **Sénèque le tragique**.

BIBLIOTHÈQUE LATINE-FRANÇAISE
PUBLIÉE PAR M. C. L. F. PANCKOUCKE
Au lieu de 7 fr.; net, 3 fr. 50 c. le vol. in-8, pap. des Vosges non mécanique

PREMIÈRE SÉRIE

Œuvres complètes de Cicéron	36 vol.	Juvénal	2 vol.
Œuvres complètes de Tacite	7 vol.	Perse, Turnus, Sulpicia	1 vol.
Œuvres complètes de Quintilien	6 vol.	Ovide, Métamorphoses	3 vol.
Justin	2 vol.	Lucrèce	2 vol.
Florus	1 vol.	Claudien	2 vol.
Velléius Paterculus	1 vol.	Valerius Flaccus	1 vol.
Valère-Maxime	3 vol.	Stace	4 vol.
Pline le Jeune	3 vol.	Phèdre	1 vol.

SECONDE SÉRIE. — Les auteurs désignés par un * sont traduits pour la première fois en français.

Poëtæ Minores : Arborius*, Calpurnius*, Eucheria*, Gratius Faliscus, Lupercus Servastus*, Nemesianus, Pentadius*, Sadinus*, Valerius Cato*, Vestritius Spurinna* et le *Pervigilium Veneris*.	1 vol.	Palladius	1 vol.
Jornandès	1 vol.	Histoire Auguste	3 vol.
		Columelle	2 vol.
Censorinus*, Julius Obsequens, Lucius Ampellius	1 vol.	C. Lucilius, Lucilius Junior, Saleius Bassus, Cornelius Severus, Avianus*, Dionysius Cato	1 vol.
Ausone	2 vol.	Priscianus*, Serenus Sammonicus*, Macer*, Marcellus*	1 vol.
Pomponius Mela, Vibius Sequester*, Ethicus Ister*, P. Victor*	1 vol.	Macrobe	3 vol.
R. Festus Avienus, Cl. Rutilius Numatianus, etc.	1 vol.	Sextus Pompeius Festus*	2 vol.
		C. J. Solin	1 vol.
Varron	1 vol.	Vitruve	2 vol.
Eutrope, Messala Corvinus*, Sextus Rufus	1 vol.	Frontin	1 vol.
		Sextus Aurelius Victor	1 vol.

Il existe encore trois ou quatre collections complètes de la Bibliothèque latine, 214 vol., au prix de 1,200 francs

---

PARIS — IMPRIMERIE ÉDOUARD BLOT, RUE SAINT-LOUIS, 46

www.ingramcontent.com/pod-product-compliance
Lightning Source LLC
Chambersburg PA
CBHW070208240426
43671CB00007B/583